GABLER
KLEINES
LEXIKON
RECHT

GABLER KLEINES LEXIKON RECHT

2000 Rechtsbegriffe

nachschlagen – verstehen – anwenden

Herausgeber:
Gerd Jauch

Bearbeitung und Redaktion:
Doris Evelbauer und Gerd Jauch

Unter Mitarbeit von
Karlhans Damerau, Landgerichtspräsident

GABLER

Evelbauer, Doris:
Gabler kleines Lexikon Recht : 2000 Rechtsbegriffe nachschlagen – verstehen – anwenden / Bearb. von Doris Evelbauer ; Gerd Jauch. Hrsg.: Gerd Jauch. Unter Mitarb. von Karlhans Damerau. –
Wiesbaden : Gabler, 1985.
ISBN 3-409-99155-7

NE: Jauch, Gerd:; HST

Satz: Fotosatz L. Huhn, Maintal
Druck und Buchbinderei: Wilhelm & Adam, Heusenstamm

Printed in Germany

ISBN 3-409-99155-7

Vorwort

Dieses „Kleine Lexikon Recht“ ist für jedermann geschaffen worden, weniger für den Juristen, der sich aus anderen Quellen unterrichten kann, als vielmehr für den juristischen Laien, für Jugendliche und für Erwachsene.

Im Recht spiegeln sich heute alle Lebensvorgänge wieder; im demokratischen Rechtsstaat gründet und mündet alles im Recht. Den Bürger umschwirren tagtäglich Rechtsbegriffe, von denen er viele nicht kennt oder nicht ohne zusätzliche Hilfe begreift.

Mit seinen über 2000 Stichwörtern, den gebräuchlichsten aus allen Bereichen des Rechts, mit denen der Rechtsbürger in Berührung kommen kann, will dieses Lexikon eine solche Hilfe sein.

Wer nicht rechtskundig ist, kann sich hier informieren und orientieren. Die Sprache der Gesetze wird entschlüsselt, das Juristendeutsch erläutert. Das Lexikon kann zur Beschäftigung mit dem Recht anregen und den Wissensstoff für Alltagsdiskussionen über Rechtsfragen liefern.

Vor allem auch für Schüler und Lehrer im Rechtskunde-Unterricht und an Berufsbildenden Schulen ist das Lexikon geschaffen worden. Während der Schulzeit und vor Prüfungen stehen zur Wiederholung des Stoffes kurze, eingängige Texte zur Verfügung.

Der Gabler Verlag stellt dieses Rechtswörterbuch für Laien bewußt neben sein erfolgreiches „Kleines Lexikon Wirtschaft“. Wie dieses will das „Kleine Lexikon Recht“ nicht nur Nachschlagewerk, sondern Ratgeber sein. Verlag, Herausgeber und Autoren wollen mit diesem handlichen Werk eine Lücke schließen und hoffen auf Zustimmung in einer breiten Leserschaft. Für Anregungen und Vorschläge sind sie dankbar.

Gerd Jauch

Abkürzungsverzeichnis

Abs.	Absatz	i.d.R.	in der Regel
Abk.	Abkürzung	i.e.S.	im engeren Sinn
Ausn.	Ausnahme	i.S.v.	im Sinne von
BGB	Bürgerliches Gesetzbuch	i.w.S.	im weiteren Sinn
BGH	Bundesgerichtshof	insbes.	insbesondere
BImSchG	Bundes-Immissions-schutzgesetz	JGG	Jugendgerichtsgesetz
		lat.	lateinisch
bzw.	beziehungsweise	mind.	mindestens
d.h.	das heißt	OLG	Oberlandesgericht
EG	Europäische Gemeinschaft	s.	siehe
		S.	Seite
einschl.	einschließlich	sog.	sogenannte(r) (s)
engl.	englisch	StPO	Strafprozeßordnung
evtl.	eventuell	u.a.	unter anderem
frz.	französisch	urspr.	ursprünglich
GewO	Gewerbeordnung	usw.	und so weiter
GG	Grundgesetz	u.U.	unter Umständen
GmbH	Gesellschaft mit beschänkter Haftung	vgl.	vergleiche
		VwGO	Verwaltungsgerichts-ordnung
grds.	grundsätzlich		
griech.	griechisch	z.B.	zum Beispiel
HGB	Handelsgesetzbuch	z.T.	zum Teil
hpts.	hauptsächlich	ZPO	Zivilprozeßordnung

Benutzerhinweis

In diesem Lexikon werden Sie bei vielen Definitionen Verweise (→) auf andere Stichwörter finden. Es wurden jedoch nicht in jedem Fall Verweise angebracht, so daß es sich empfiehlt selbst nachzusehen, ob der betreffende Begriff im Lexikon als eigenständiges Stichwort aufgenommen ist.

Formulierungen wie „in der Regel (i.d.R.)“ oder „grundsätzlich (grds.)“, die Ihnen des öfteren begegnen werden, sind nicht gleichbedeutend mit „immer“, wie ein Laie vielleicht denken könnte, sondern weisen im juristischen Sprachgebrauch gerade darauf hin, daß es auch Ausnahmen gibt.

A

Abgabe
Geldleistung, die der Staat natürlichen und juristischen Personen im Gesetzeswege zur Finanzierung seiner Aufgaben auferlegt. *Arten:* Steuern und Zölle, Gebühren und Beiträge.

Abgabenordnung
Bundesgesetz, das das Recht der → Abgaben regelt, insbes. das Steuerrecht (Steuerschuld, Besteuerungsverfahren, Steuererhebung, Steuerstrafen, Steuergeheimnis).

Abgeordneter
Mitglied eines Parlaments (Bundestag, Landtage), das vom Volk als dessen Vertreter auf Zeit gewählt ist. Bei Ausübung seines → Mandats ist der A. an Aufträge und Weisungen nicht gebunden und nur seinem Gewissen unterworfen. Für ihn gilt → Indemnität und → Immunität. A. erhält Aufwandsentschädigung (→ Diäten).

Abhörgesetz
Gesetz zur Beschränkung des → Brief-, Post- und Fernmeldegeheimnisses. Bei begründetem Verdacht einer staatsgefährdenden Straftat (z.B. Hochverrat, Landesverrat) darf, falls die Erforschung des Sachverhalts sonst aussichtslos oder wesentlich erschwert wäre, in das vom *GG* in *Art. 10 Abs. 1* geschützte Grundrecht eingegriffen werden, wobei die Mitteilung der Beschränkung an den Verdächtigen unterbleiben kann und der Rechtsweg zu den Gerichten ausgeschlossen ist. Die Verfassungschutzbehörden des Bundes und der Länder, das Amt für Sicherheit der Bundeswehr und der Bundesnachrichtendienst sind berechtigt, Postsendungen zu öffnen und einzusehen, den Fernschreiber mitzulesen und den Fernmeldeverkehr abzuhören und auf Tonträger aufzunehmen. Die Beschränkungen werden auf Antrag von einem Bundesminister oder der zuständigen obersten Landesbehörde angeordnet. Die Nachprüfung erfolgt durch parlamentarische Kontrollgremien.

Abkömmling
Verwandter in absteigender Linie (eheliches und nichteheliches Kind, Enkel, Urenkel). Begriff hat Bedeutung im Familien-, Erb- und Steuerrecht.

Ablehnung
allgemein die Zurückweisung eines Verhaltens oder einer Person. Im *Verfahrensrecht* kann die Mitwirkung von Amts- oder Gerichtspersonen (z.B. Richter, Sachverständiger) an einem bestimmten Verfahren abgelehnt werden. Voraussetzung: das Vorliegen gesetzlicher Ausschlußgründe (→ Ausschließung) oder die begründete Besorgnis der → Befangenheit. Über ein A-Gesuch entscheidet das betroffene Gericht, jedoch ohne den abgelehnten Richter. Auch ein Antrag, eine Leistung und ein Verwaltungsakt können abgelehnt werden.

abortus
(lat. = Fehlgeburt); kann Folge einer → Abtreibung sein.

Abschiebung
zwangsweise Entfernung eines → Ausländers aus dem Bundesgebiet (insbes. nach → Ausweisung), wenn seine freiwillige Ausreise nicht gesichert ist oder aus Gründen der öffentlichen Sicherheit oder Ordnung eine Überwachung der Ausreise erforderlich erscheint. A. soll unter Fristsetzung schriftlich vorher angedroht werden. Zur Sicherung

der A. ist richterlich angeordnete *A.-Haft* (höchstens bis zu 1 Jahr) möglich (zur Vorbereitung der Ausweisung nur bis zu 6 Wochen).

Abschluß
Beginn der Bindung von Vertragsparteien an einen Vertrag durch Willenserklärungen. Auch Ende eines Verfahrensabschnitts (A. der Ermittlungen im Strafprozeß) sowie notwendiger Vorgang im Aktienrecht (*Jahres-A.*) und im sonstigen Handelsrecht (*A.-Bilanz*).

Abschlußzwang
Verpflichtung zum Abschluß eines Vertrages. Ausnahme von der sonst grds. herrschenden → Vertragsfreiheit. A. entweder auf Grund eines Gesetzes (z.B. Personenbeförderungsgesetz) oder auf Grund einer rechtlichen oder tatsächlichen Monopolstellung eines Unternehmens, wenn das Allgemeininteresse verlangt, daß jedermann an den von diesem Unternehmen angebotenen Gütern oder Dienstleistungen teilhat (z.B. Versorgungsbetriebe).

Abschreckung
(Prävention); dient als Strafzweck in der Form der *Spezialprävention* (A. des einzelnen Täters vor erneuter Begehung von Straftaten und Besserung i.S. einer Resozialisierung) und der *Generalprävention* (A. anderer vor der Begehung gleichartiger Straftaten).

Abschreibung
im *Handelsrecht* planmäßige Verteilung der Anschaffungs- oder Herstellungskosten abnutzbarer Vermögensgegenstände auf die Geschäftsjahre der voraussichtlichen Nutzungsdauer.– Im *Steuerrecht* Oberbegriff für Absetzung für Abnutzung (AfA), Absetzung für Substanzverringerung (AfS), Sonderabschreibung, Teilwertabschreibung.

Absehen von Strafe
kann das Gericht bei allen Straftaten, wenn die Tatfolgen, die den Täter getroffen haben, so schwer sind, daß die Verhängung einer Strafe offensichtlich verfehlt wäre (z.B. fahrlässige Tötung des eigenen Kindes); gilt nicht bei Verwirkung von Freiheitsstrafen von mehr als einem Jahr.
Darüber hinaus weitere Möglichkeiten des A. v. S. bei einzelnen Delikten (z.B. bei sog. tätiger Reue).

absolute Fahruntüchtigkeit
→ Fahruntüchtigkeit.

absolute Mehrheit
→ Mehrheit.

Abstammung
Herkunft eines Kindes von bestimmten Eltern und deren Vorfahren. Das Familienrecht unterscheidet zwischen ehelicher und nichtehelicher A. *Eheliche A.* liegt bei einem Kind vor, das nach Eingehung der Ehe geboren wird, sofern es vor oder während der Ehe empfangen worden ist und der Mann der Mutter während der Empfängniszeit beigewohnt hat. Liegt die Empfängniszeit innerhalb der Ehe, so wird letzteres vermutet. Die Vermutung gilt nicht, wenn es offenbar unmöglich ist, daß das Kind vom Ehemann empfangen ist (z.B. bei langer Abwesenheit des Mannes). Die *nichteheliche A.* wird durch Anerkennung der Vaterschaft oder gerichtliche Entscheidung mit Wirkung für und gegen alle festgestellt.

Abstimmung
Mittel der Willensentscheidung im demokratischen Verfassungssystem. Ermittlung der Stellungnahme der Gesamtheit von Personen (z.B. Volk, Parlament, Regierung, Gemeindevertretungen, Kollegialgerichte, Mitgliederversammlungen von Parteien und Vereinen). Es entscheidet jeweils die erforderliche → Mehrheit. A. kann *offen* (auch namentlich) oder *geheim* sein, im Parlament bei Unklarheit → Hammelsprung. – Eine Sonderform der A. ist die → Wahl.

Abtreibung
Abbruch der Schwangerschaft zwischen dem Abschluß der Einnistung des Eies in der Gebärmutter und dem Beginn der Geburt. A. durch Schwangere selbst (*Eigen-A.*) und durch einen anderen (*Fremd-A.*) ist grundsätzlich strafbar nach §§ *218 ff. StGB*. In be-

stimmten gesetzlich festgelegten Fällen (§ *218 a StGB*, → Indikation) bleibt der mit Einwilligung der Schwangeren vorgenommene Abbruch straflos. Die Fremd-A. bleibt jedoch trotz vorliegender Indikation strafbar, wenn die Schwangere nicht vorher einen Arzt oder eine anerkannte Beratungsstelle aufgesucht hat und ärztlich beraten worden ist; ebenso, wenn nicht ein Arzt, der selbst den Abbruch nicht vornimmt, schriftlich einen Indikationsgrund bestätigt hat. Die A. darf, abgesehen von dringenden Notfällen, nur in einem Krankenhaus oder einer speziellen Klinik vorgenommen werden. Ärzte und Schwestern sind zur Mitwirkung nicht verpflichtet. – Bei rechtmäßigem Schwangerschaftsabbruch besteht Anspruch auf Leistungen der Krankenversicherung und der Sozialhilfe.

Abtretung

(Zession); Übertragung einer Forderung vom bisherigen Gläubiger (*Zedent*) auf einen neuen Gläubiger (*Zessionar*) durch i.d.R. formlosen Vertrag. Bedarf weder der Benachrichtigung noch der Mitwirkung des Schuldners. Dem Schuldner bleiben Einwendungen erhalten. Neuer Gläubiger muß Leistung, die der Schuldner nach der A. an den bisherigen Gläubiger erbringt, gegen sich gelten lassen, wenn der Schuldner A. in diesem Zeitpunkt nicht kannte. Schuldner braucht an den neuen Gläubiger nur zu leisten, wenn der bisherige Gläubiger ihm die A. schriftlich angezeigt hat oder der neue Gläubiger eine entsprechende *A.-Urkunde* vorlegt.

Abwicklung

→ Liquidation.

Abzahlungskauf

Kauf einer beweglichen Sache durch einen Nichtkaufmann, bei dem der Kaufpreis nicht bar (→ Barkauf), sondern in Teilzahlungen (Raten) entrichtet werden soll (Teilzahlungsgeschäft, Ratenkauf). A. bedarf (auch beim sog. „Haustürgeschäft") nach dem Abzahlungsgesetz der → Schriftform. Kauferklärung kann vom Käufer innerhalb einer Woche schriftlich widerrufen werden. Gerichtsstand wird durch Wohnsitz des Käufers bestimmt.

Adoption

(lat.: adoptio = Annahme); Annahme einer Person als Kind durch eine andere Person oder durch ein Eheepaar. Vormundschaftsgericht entscheidet auf Antrag des Annehmenden. Bei *Minderjährigen* (Mindestalter acht Wochen) nur zulässig, wenn sie dem Wohl des Kindes dient und zu erwarten ist, daß zwischen dem Annehmenden und dem Kind ein echtes Eltern-Kind-Verhältnis entsteht; bei *Volljährigen*, wenn A. sittlich gerechtfertigt, insbes. wenn ein Eltern-Kind-Verhältnis bereits entstanden ist; keine Schein- oder Namens-A. Der Angenommene wird rechtlich voll in die Adoptionsfamilie eingegliedert, die bisherigen Verwandtschaftsverhältnisse erlöschen; das angenommene Kind erhält die Rechtsstellung eines ehelichen Kindes (Erbrecht, Wohnsitz, Staatsangehörigkeit, Familiennamen nach dem Annehmenden). Die A. bedarf der Einwilligung des Kindes und der Zustimmung des gesetzlichen Vertreters; bei einem geschäftsunfähigen oder noch nicht 14 Jahre alten Kind kann nur der gesetzliche Vertreter die Einwilligung erteilen. Außerdem Einwilligung der Eltern, bei nichtehelichem Kind der Mutter erforderlich. Der Annehmende muß mindestens 25 Jahre, sein Ehegatte mindestens 21 Jahre alt sein.

Affekt

(lat.: affectus = Gemütszustand); heftige Gemütsbewegung (z.B. Zorn, Angst, Ekel), die zur Einengung des Bewußtseins und der Willenskontrolle führt. Eine Straftat, die im A. begangen ist, kann in besonderen Fällen milder bestraft werden oder wegen → Schuldunfähigkeit des Täters straflos bleiben.

Agententätigkeit

strafbare Tätigkeit für eine fremde Macht zur Erlangung oder Mitteilung eines → Staatsgeheimnisses (*landesverräterische A.*) oder für den Geheim-

dienst einer fremden Macht, auch wenn die Tat nicht ein Staatsgeheimnis betrifft (*geheimdienstliche A.*).
Auch A. zu Sabotagezwecken ist strafbar.

agent provocateur
(frz.); Lockspitzel, V-(ertrauens)-Mann, der sich im Dienste der Polizei oder dritter Personen in das Vertrauen eines Verdächtigen einschleicht und ihn zu einer Tat provoziert (um ihn zu überführen).
Der a.p. kann nicht wegen Anstiftung bestraft werden, wenn er es nur bis zum Versuch kommen lassen wollte.

Akkordlohn
Lohn, der nach dem erzielten Arbeitsergebnis bemessen wird (z.B. nach der Anzahl der gefertigten Stücke, sog. Stückakkord). Wird durch → Betriebsvereinbarung oder im Einzelarbeitsvertrag festgelegt. Für → Jugendliche ist Akkordarbeit grds. verboten. Es gibt Einzel- und Gruppenakkord. Gegensatz: → Zeitlohn; dieser wird meist neben A. als Mindestlohn vereinbart.

Akkreditiv
(frz.: accrediter = beglaubigen, bevollmächtigen);
I. Beglaubigungsschreiben (→ Beglaubigung) eines Botschafters.
II. Erklärung, durch die sich der Käufer einer Ware verpflichtet, eine bestimmte Bank zu veranlassen, die dem Kaufpreis entsprechende Summe an den Verkäufer bereits nach Prüfung und Aushändigung bestimmter Dokumente (z.B. Frachtbrief) zu zahlen. Das von der Bank bestätigte A. hat die Wirkung eines Schuldversprechens. A. hat vor allem im Außenhandel praktische Bedeutung.

Akteneinsicht
Einsichtnahme in die von der Behörde angelegten Akten. Das *Recht auf A.* ist Teil des grundgesetzlich geschützten → rechtlichen Gehörs, aber in den einzelnen Verfahrenszweigen unterschiedlich ausgeprägt.

Aktie
Anteil des Aktionärs am Grundkapital einer → Aktiengesellschaft. Bildet die Summe der Rechte und Pflichten des → Aktionärs und ist zugleich Urkunde, die die Mitgliedschaft verbrieft (*Namens-A., Inhaber-A., Vorzugs-A., Stamm-A.*). Mindestnennwertbetrag 50 DM.

Aktiengesellschaft
abgekürzt AG; Gesellschaft des Handelsrechts mit eigener Rechtspersönlichkeit (→ juristische Person). Für die Verbindlichkeiten der A. haftet den Gläubigern nur das *Gesellschaftsvermögen*. Die Gesellschafter sind mit Einlagen (→ Aktie) an dem Aktienkapital beteiligt. Die A. ist heute die typische Form der Großunternehmen. Rechtsgrundlage ist das Aktiengesetz. Für die *Gründung* sind mindestens 5 Personen erforderlich. Das Grundkapital muß 100 000 DM betragen. – Die → Aktionäre üben ihre Rechte in der Hauptversammlung aus. Sie sind verpflichtet, ihre Einlage zu leisten, die dem Nennwert der Aktie entspricht. Ihre Rechte sind das Aktienstimmrecht, Recht auf Gewinn (Dividende) und auf Teilnahme am Liquidationserlös.

Aktionär
Gesellschafter einer → Aktiengesellschaft. Haftet für Schulden der AG nicht persönlich, sondern nur mit seiner Beteiligung.

Akzept
(lat.: accipere = annehmen); schriftliche Annahmeerklärung des Bezogenen (Akzeptanten) auf dem → Wechsel. Das A. verpflichtet den Annehmenden, den Wechsel bei Verfall zu zahlen.

Alias-Name
(lat.: alias = anders); anderer Name neben dem Vor- und Familiennamen; wird oft von Rechtsbrechern verwendet.

Alibi
(lat. = anderswo); Nachweis, daß der Beschuldigte sich zur Tatzeit an einem anderen Ort als dem Tatort aufgehalten hat. Das Fehlen eines A. führt für sich allein nicht zur Verurteilung.

Alimente
(lat.: alimentum = Nahrung); noch gebräuchliche Bezeichnung für Unterhaltsbeiträge insbes. des Vaters für sein → nichteheliches Kind.

Alkoholverbot
Maßnahme gegen Alkoholmißbrauch insbes. durch Kinder und Jugendliche sowie Betrunkene. Nach dem Jugendschutzgesetz besteht ein A. in der Form, daß an unter 18jährige Branntwein in Gaststätten und Verkaufsstellen nicht abgegeben werden darf. Andere alkoholische Getränke dürfen an Kinder und Jugendliche unter 16 Jahren zum eigenen Genuß nur abgegeben werden, wenn sich diese in Begleitung eines Erziehungsberechtigten befinden. In Gaststätten und im Kleinhandel dürfen geistige Getränke nicht an Betrunkene verabreicht werden. Unzulässig ist auch das Feilhalten von Branntwein in Automaten.

Allgemeine Geschäftsbedingungen (AGB)
für eine Vielzahl von Verträgen vorformulierte Vertragsbedingungen (Lieferungs-, Zahlungsbedingungen), die eine Vertragspartei (Verwender) der anderen bei Vertragsabschluß einseitig auferlegt. Sie werden nach dem *AGB-Gesetz* nur dann Bestandteil des Vertrages, wenn der Verwender deutlich auf sie hinweist und die andere Seite mit ihrer Geltung einverstanden ist. Bestimmungen in AGB, die nach den Umständen, insbes. nach dem äußeren Erscheinungsbild des Vertrags, so ungewöhnlich sind, daß der Vertragspartner des Verwenders mit ihnen nicht zu rechnen braucht (überraschende Klauseln), werden nicht Vertragsbestandteil. Zweifel bei der Auslegung von AGB gehen zu Lasten des Verwenders. Unwirksam sind Bestimmungen, wenn sie den Vertragspartner des Verwenders entgegen Treu und Glauben unangemessen benachteiligen. Diese Generalklausel wird durch eine Liste von verbotenen Klauseln konkretisiert, die teilweise noch eine Wertungsmöglichkeit lassen (z.B. unangemessen lange Frist für die Erbringung einer Leistung) oder in jedem Fall unwirksam sind (z.B. Verkürzung der gesetzlichen Gewährleistungspflichten). – *Umgangssprachlich* auch „das Kleingedruckte."

Altenteil
Gesamtheit der Rechte eines Bauern nach der Übergabe seines Hofs an einen anderen. Vor allem Wohnrecht, Naturalleistungen, Nutzungsrechte, Geldrente werden im Übergabevertrag als A. gesichert (*Leibgedinge, Einsitz, Ausgedinge*).

Altersgrenze
im Beamtenrecht das Lebensalter, bei dessen Erreichen der Beamte auf Lebenszeit in den Ruhestand tritt. In der Regel gilt als A. die Vollendung des 65. Lebensjahres. Vgl. auch → Ruhestand, → Altersruhegeld, → flexible A., → Lebensalter.

Alterspräsident
der an Lebensjahren älteste Abgeordnete eines Parlaments; führt beim ersten Zusammentritt nach einer Neuwahl den Vorsitz bis zur Wahl des Präsidenten.

Altersruhegeld
laufende Leistung (Rente) der → Sozialversicherung (→ Rentenversicherung) zur Sicherung des Alters des Versicherten. Wird bei Erreichen der gesetzlichen Altersgrenze, allgemein nach Vollendung des 65. Lebensjahres, gezahlt.

Altersversorgung
Maßnahmen zur Bereitstellung und Sicherung der erforderlichen Mittel für den Ruhestand nach Erreichen der Altersgrenze oder bei Invalidität und für die Hinterbliebenen im Todesfall (→ Sozialversicherung, → Rentenversicherung). *Betriebliche Zusatz-A.* wird durch Arbeitgeber freiwillig finanziert.

Ältestenrat
nach der Geschäftsordnung eines Parlaments das Gremium, das den Präsidenten in der Geschäftsführung unterstützt. Es handelt sich nicht um die ältesten, sondern um die von den Fraktionen bestimmten Abgeordneten, die

zusammen mit dem Präsidenten und dessen Stellvertretern (Vizepräsident) den A. bilden.

Amnestie

(griech.: amnestia = Vergessen; Vergebung); durch Gesetz ausgesprochener allgemeiner Gnadenerweis für eine unbestimmte Zahl rechtskräftig verhängter, aber noch nicht vollständig vollstreckter Strafen (*Gegensatz* zur → Begnadigung im Einzelfall). Wird meist mit der Niederschlagung entsprechender noch anhängiger Verfahren verbunden (gilt jedoch nur allgemein, für Einzelfall unzulässig).

Amt

I. Organisationseinheit der Verwaltung, deren Aufgabe und Zuständigkeit vorgeschrieben ist (*Landrats-A., Finanz-A.*). Teilweise auch Bezeichnung für eine Behörde (→ Verwaltungsbehörde; z.B. Auswärtiges Amt) oder – vor allem in der Kommunalverwaltung – die Abteilung einer Behörde (z.B. Ordnungsamt).
II. Gesamtheit der Aufgaben eines Geschäftsbereichs der Staatsgewalt oder Selbstverwaltung (*öffentliches A.*).
In der Regel → Beamten übertragen, die damit ein A. übernehmen. Der Zugang zu einem öffentl. A., das sind alle Tätigkeiten im öffentl. Dienst, ist nach *Art. 33 Abs. 2 GG* jedem Deutschen nach Eignung, Befähigung und fachlichem Können gewährleistet.

Amtsanmaßung

Straftat, die begeht, wer sich unbefugt mit der Ausübung eines öffentlichen Amtes befaßt oder eine Handlung vornimmt, welche nur kraft eines öffentl. Amtes vorgenommen werden darf.

Amtsdelikt

(lat.: delictum = Vergehen); Straftat, deren Täter ein Amtsträger ist. Ein *echtes A.* kann *nur* ein Amtsträger begehen (z.B. Rechtsbeugung); ein *unechtes A.* kann zwar *jeder* begehen, ein Amtsträger wird dafür aber *schwerer* bestraft (z.B. Körperverletzung im Amt).

Amtsgericht

Gericht erster Instanz in Zivil- und Strafsachen. Entscheidet grds. durch Einzelrichter (Ausnahme: → Schöffengericht; in Zivilsachen auch durch Rechtspfleger).
I. In *Zivilsachen* hauptsächlich zuständig bei vermögensrechtlichen Ansprüchen mit einem Streitwert bis 5000 DM, bei Mietstreitigkeiten und bei Kindschafts- und Unterhaltssachen. Beim A. sind außerdem u.a. eingerichtet: Familiengericht, Grundbuchamt, Konkursgericht, Nachlaßgericht, Vollstreckungsgericht, Vormundschaftsgericht.
II. In *Strafsachen* zuständig für leichtere Straftaten.
Kein → Anwaltszwang (Ausn.: bei Verfahren vor dem Familiengericht). Vgl. auch Abbildungen Gerichtsorganisation S. 274 und Instanzenweg in Zivil- und Strafsachen S. 275 f.

Amtshaftung

Haftung des Staats und seiner Beamten bei Schädigung eines Dritten durch Verletzung einer Amtspflicht (→ Amtspflichtverletzung). Grds. hat der Beamte für den Schaden einzustehen, jedoch tritt an seine Stelle nach *Art. 34 GG* bei hoheitlichem Handeln der Staat.

Amtshilfe

ergänzende Hilfe, zu der alle Verwaltungsbehörden von Bund und Ländern untereinander und gegenüber Gerichten auf Ersuchen verpflichtet sind, vor allem, wenn die ersuchende Behörde aus rechtlichen oder sachlichen Gründen eine Amtshandlung nicht selbst vornehmen kann oder → Beweismittel benötigt. Zur Vorlage von Urkunden oder Akten sowie zur Erteilung von Auskünften besteht jedoch keine Verpflichtung, wenn die betreffenden Vorgänge nach einem Gesetz oder ihrem Wesen nach geheimgehalten werden müssen. → Rechtshilfe.

Amtspflichtverletzung

vorsätzliche oder fahrlässige Verletzung einer Amtspflicht, die einem → Beamten einem Dritten gegenüber obliegt (z.B. Aufsichtspflicht des Lehrers über Schüler).

Amtsträger
Beamter im strafrechtlichen Sinn. Begriff umfaßt neben → Beamten und Richtern auch andere in einem öffentl. Amtsverhältnis stehende Personen und solche, die bei einer Behörde oder in deren Auftrag öffentl. Verwaltungsaufgaben wahrnehmen. Bestimmte Straftaten können nur A. begehen (z.B. Bestechlichkeit, Rechtsbeugung).

Analogie
(griech.: analogia = Entsprechung, Gleichartigkeit, Übereinstimmung); die sinngemäße Anwendung eines Rechtssatzes auf einen vom Gesetz nicht geregelten Tatbestand. Also nicht Auslegung eines Gesetzes, sondern Ausfüllung einer Lücke des Gesetzes. Im Strafrecht zu ungunsten des Beschuldigten unzulässig nach dem Satz, daß Strafe nur verhängt werden darf, wenn Strafbarkeit und Strafmaß zur Tatzeit gesetzlich bestimmt waren (*nullum crimen, nulla poena sine lege*).

Anarchie
(griech.); Herrschaftslosigkeit und Gesetzlosigkeit im Staat.

Änderungskündigung
Kündigung eines Dauerschuldverhältnisses, insbes. eines Arbeits- oder Mietverhältnisses, unter der Bedingung, daß der Vertragspartner sich nicht mit einer vorgeschlagenen Vertragsänderung einverstanden erklärt. Stimmt er zu, wird das Vertragsverhältnis mit dem geänderten Inhalt fortgesetzt, andernfalls wird die Kündigung wirksam. Für den Arbeitnehmer gelten jedoch auch hier die Kündigungsschutzvorschriften.

Aneignung
im Sachenrecht der Eigentumserwerb an einer herrenlosen (beweglichen) Sache durch rechtmäßige Inbesitznahme (Okkupation). A. ist nicht rechtmäßig, wenn sie gesetzlich verboten ist (z.B. bei geschützten Pflanzen) oder das *A.-Recht* eines anderen verletzt (z.B. des Jagd- oder Fischereipächters).

Anfechtung
rückwirkende Vernichtung bestimmter Rechtsfolgen durch denjenigen, der eine Willenserklärung abgegeben hat. A. erfolgt durch *A.-Erklärung*, z.B. wegen Irrtums, arglistiger Täuschung oder widerrechtlicher Drohung.
Angefochten werden können auch eine Ehe, die Ehelichkeit eines Kindes, die Anerkennung der Vaterschaft und Verwaltungsakte.

Anfechtungsklage
besondere Art der → Gestaltungsklage, die
I. im *Zivilprozeß* auf die Aufhebung eines Rechtsverhältnisses (z.B. Anfechtung der Ehelichkeit eines Kindes) oder bestimmter gerichtlicher Entscheidungen (z.B. Entmündigungsbeschluß) gerichtet ist.
II. Im *Verwaltungsprozeß* die Klage auf Aufhebung eines → Verwaltungsaktes. Voraussetzung ist das vorherige erfolglose Durchlaufen eines → Widerspruchsverfahrens. Die Klage ist nur *zulässig* (→ Zulässigkeit), wenn der Kläger geltend macht, durch den Verwaltungsakt in seinen Rechten beeinträchtigt zu sein (Ausschluß der → Popularklage). Sie ist *begründet,* soweit der Verwaltungsakt rechtswidrig und der Kläger dadurch tatsächlich in seinen Rechten verletzt ist.

Anfrage
Auskunftsersuchen des Parlaments an die Regierung. Dient der Kontrolle der Regierung; kann mündlich oder schriftlich als *große* oder *kleine A.* erfolgen.

Angebot
bei Verträgen der Antrag (*Offerte*) der einen Seite zum Vertragsschluß, der durch Annahmeerklärung der anderen zustande kommt.

Angehöriger
je nach Rechtsgebiet unterschiedlich weit gefaßter Kreis von nahestehenden Personen, der über Ehegatten und Verwandte hinausgeht. *A.-Eigenschaft* kann ganz verschiedene Auswirkungen haben (z.B. → Zeugnisverweigerungsrecht).

Angeklagter
→ Angeschuldigter, gegen den das Gericht die Eröffnung des → Hauptverfahrens beschlossen hat. Vgl. auch → Beschuldigter, → Verdächtigter.

Angeschuldigter
→ Beschuldigter, gegen den die öffentliche Klage erhoben ist. Wird nach Eröffnung des → Hauptverfahrens zum Angeklagten.

Angestelltenversicherung
Zweig der → Sozialversicherung, der die Rentenversicherung der → Angestellten umfaßt. Die A. hat als Pflichtmitglieder alle Personen, die als Angestellte gegen Entgelt oder die als Auszubildende für den Beruf eines Angestellten beschäftigt sind sowie freiwillig Versicherte. Ihr Träger ist vor allem die Bundesversicherungsanstalt (BfA) in Berlin(West).

Angestellter
→ Arbeitnehmer, der überwiegend eine kaufmännische, höhere technische oder büromäßige oder überwiegend gehobene geistige Tätigkeit ausübt und von den beteiligten Berufskreisen als A. angesehen wird. Unterschieden werden *kaufmännische A., gewerbliche technische A., A. des öffentlichen Dienstes.*

Angriff
von einem Menschen drohende Verletzung rechtlich geschützter Interessen. Bedeutsam als Voraussetzung für → Notwehr.

Angriffskrieg
völkerrechtswidrige bewaffnete Aggression. In der Bundesrepublik Deutschland durch *Art. 26 Abs. 1 GG* verboten. Zur Strafbarkeit der Vorbereitung eines A. und des Aufstachelns zum A. vgl. → Friedensverrat.

Anhängigkeit
Zustand, in dem ein Gericht mit einer Streitsache befaßt ist. Beginnt mit der Einreichung eines Antrags, einer Klage oder eines Rechtsmittels; dauert solange, wie das Gericht in diesem Verfahren noch tätig werden kann.

Anhörung
Gelegenheit zur Äußerung. In Verfahren vor Gerichten und Behörden Ausprägung des Verfassungsgrundsatzes des → rechtlichen Gehörs. A. (von Sachverständigen) auch in Ausschüssen und Fraktionen des Parlaments (*Hearing*).

Anklage
die vor dem Strafgericht erhobene Anschuldigung gegen eine bestimmte Person wegen einer bestimmten Straftat. Durch sie wird der Beschuldigte zum Angeschuldigten. Sie ist der Staatsanwaltschaft vorbehalten (→ Anklagemonopol); nur ausnahmsweise tritt an die Stelle der öffentlichen Klage die → Privatklage. Die Staatsanwaltschaft ist zur *A.-Erhebung* wegen aller verfolgbaren Straftaten verpflichtet (→ Legalitätsprinzip). Die Erhebung der A. erfolgt durch Einreichung der → *Anklageschrift* beim zuständigen Gericht, ausnahmsweise auch mündlich im → beschleunigten Verfahren und als → Nachtragsanklage. Sie setzt hinreichenden Tatverdacht voraus und schließt das Ermittlungsverfahren ab. Über ihre Zulassung zur → Hauptverhandlung entscheidet das Gericht im → Eröffnungsverfahren.

Anklagemonopol
ausschließliche Zuständigkeit zur Erhebung der öffentl. Klage (→ Anklage). Steht im deutschen Strafprozeß allein der Staatsanwaltschaft zu. Ausnahme: → Privatklage durch den Verletzen.

Anklageschrift
die zur Anklageerhebung grds. notwendige schriftliche → Anklage. Sie hat den Angeschuldigten, die Tat, die ihm zur Last gelegt wird, Zeit und Ort ihrer Begehung, die gesetzlichen Merkmale der Straftat und die anzuwendenden Strafvorschriften zu bezeichnen *(Anklagesatz)*; ferner sind die → Beweismittel, das Gericht, vor dem die Hauptverhandlung stattfinden soll und ggfs. der Verteidiger anzugeben. In der A. muß auch das wesentliche Ergebnis der Ermittlungen dargestellt werden (außer

bei einer Anklage vor dem Strafrichter).
Die A. ist dem Angeschuldigten vom Gerichtsvorsitzenden zuzustellen, damit er die Möglichkeit erhält, vor der Entscheidung über die Eröffnung des Hauptverfahrens einzelne Beweiserhebungen zu beantragen oder Einwendungen zu erheben.

Anlage
Sache, Einrichtung, meist technischer Art. Bestimmte A. bedürfen nach der → *GewO* oder dem *BImSchG* der Überwachung bzw. der Genehmigung (z.B. *Kernkraftwerke*).

Annahme
vorbehaltlose Bejahung eines Antrags auf Abschluß eines → Vertrages. Sie muß dem Antragenden gegenüber erklärt werden (Ausnahme: wenn Erklärung nach der Verkehrssitte nicht zu erwarten ist oder wenn der Antragende auf sie verzichtet hat). Bloßes Nichtstun bedeutet keine Annahme (Ausnahme: bei Kaufleuten). Der einem Anwesenden (auch telefonisch) gemachte Antrag kann nur sofort, der einem Abwesenden gemachte Antrag nur bis zu einem Zeitpunkt angenommen werden, in welchem der Antragende eine Antwort unter regelmäßigen Umständen erwarten darf. Hat der Antragende eine Frist bestimmt, so kann die A. nur innerhalb der Frist erfolgen. Die verspätete A. eines Antrags gilt als neuer Antrag. Eine A. unter Erweiterungen, Einschränkungen oder sonstigen Änderungen gilt als Ablehnung, verbunden mit einem neuen Antrag. – Zur *A. als Kind* vgl. → Adoption.

anonym
(griech. = namenlos); ohne Namen, dem Namen nach unbekannt. Begriff hat im Urheber- und Presserecht Bedeutung. Der Staatsanwalt muß auch bei a. Anzeigen tätig werden.

Anschlußkonkurs
der im Anschluß an ein → Vergleichsverfahren eröffnete → Konkurs, wenn dieses gescheitert ist.

Anschlußzwang
Recht der Gemeinde aufgrund der Gemeindeordnung, den Anschluß der in der Gemeinde gelegenen Grundstücke an eine gemeindliche Einrichtung vorzuschreiben (z.B. Wasserleitung, Kanalisation, Müllabfuhr, Straßenreinigung), zumeist mit einem *Benutzungszwang* verbunden.

Anspruch
Recht, von einem anderen ein Tun oder Unterlassen zu verlangen. Kann durch → Klage durchgesetzt werden. Unterliegt der Verjährung.

Anstalt des öffentlichen Rechts
von einem Träger öffentlicher Verwaltung zur Erfüllung einer besonderen Verwaltungsaufgabe errichtete verwaltungsorganisatorisch oder rechtlich verselbständigte Verwaltungseinheit von persönlichen und sachlichen Mitteln. Die A. ist im Gegensatz zur Körperschaft d.ö.R. nicht mitgliedschaftlich organisiert; die Rechtsbeziehungen zwischen der A. und ihren Benutzern werden durch die Anstaltsordnung geregelt, die öffentlich- oder privatrechtlich ausgestattet sein kann. Juristische Personen des öffentlichen Rechts sind nur die *voll rechtsfähigen A.* (z.B. *Rundfunk-A.),* nicht jedoch die nur *teilrechtsfähigen A.* (z.B. Deutsche Bundesbahn) und die *nichtrechtsfähigen A.,* die nur organisatorisch eine selbständige Einheit bilden (z.B. Schule).

Anstifter
Person, die vorsätzlich einen anderen zu dessen vorsätzlich begangener rechtswidriger (nicht notwendig schuldhafter) Tat (→ Versuch des Angestifteten genügt) bestimmt hat. Der A. wird gleich dem Täter bestraft; er ist aber nur soweit verantwortlich, wie er dessen Tat gewollt hat, nicht jedoch für einen Exzeß des Täters. *Versuchte* Anstiftung gibt es nur bei *Verbrechen.*

Anstiftung
Fall der → Teilnahme an einer Straftat. Vgl. auch → Anstifter.

Antrag

I. Im *Privatrecht* das Angebot zum Abschluß eines Vertrages *(Offerte)*. Er muß den hauptsächlichen Vertragsinhalt bezeichnen, so daß der Vertrag durch die bloße Einverständniserklärung des Antragsempfängers zustande kommen kann. Nach Zugang des A. beim Antragsempfänger kann der Anbietende den A. nicht mehr widerrufen, es sei denn, er hat ihn ausdrücklich als nicht bindend (z.B. „freibleibend") bezeichnet. Der A. erlischt, wenn er dem Anbietenden gegenüber abgelehnt oder nicht rechtzeitig angenommen (→ Annahme) wird. Vom A. zu unterscheiden ist die bloße Aufforderung, seinerseits ein Angebot abzugeben (sog. invitatio ad offerendum, z.B. Zeitungsinserat).
II. *Im öffentlichen Recht* die von einem möglicherweise Berechtigten an eine Behörde gerichtete Erklärung, mit der diese zu einem bestimmten Verhalten aufgefordert wird (z.B. A. auf Erteilung einer Baugenehmigung). Zu unterscheiden von der bloßen-jedermann zustehenden – Anregung, bei der kein Recht auf eine Entscheidung besteht. Im *Zivilprozeß* ist das Gericht an die von den Parteien gestellten A. gebunden, d.h., es darf nicht mehr und nichts anderes zusprechen als beantragt worden ist; anders im *Strafprozeß,* wo das Gericht z.B. über den A. des Staatsanwalts hinausgehen darf.

Antragsdelikt

strafbare Handlung, die nur auf Strafantrag des Verletzten verfolgt werden kann, z.B. → Beleidigung, → Hausfriedensbruch, einfache → Sachbeschädigung, leichte und fahrlässige → Körperverletzung. Bildet für diese leichteren Delikte die Ausnahme vom sonst bestehenden Verfolgungszwang der Staatsanwaltschaft (→ Legalitätsprinzip).

Anwalt

→ Rechtsanwalt.

Anwaltsgehilfe.

→ Rechtsanwaltsgehilfe.

Anwaltszwang

Verpflichtung, sich vor Gericht durch einen beim Prozeßgericht zugelassenen Rechtsanwalt vertreten zu lassen.
I. Im *Zivilprozeß* grds. vor dem Landgericht und allen höheren Gerichten, in Ehescheidungs- und Scheidungsfolgesachen auch vor dem Amtsgericht (Familiengericht).
II. Im *Strafprozeß* als „notwendige Verteidigung" bezeichnet; hauptsächlich bei Verfahren, die im 1. Rechtszug vor dem Landgericht oder Oberlandesgericht stattfinden.

Anwartschaft

tatsächliche Aussicht auf einen künftigen Rechtserwerb (z.B. *A. des Nacherben, Renten-A.)*

Anzahlung

Zahlung, die bei Abschluß eines Vertrags geleistet und auf die vereinbarte Vergütung angerechnet wird.

Anzeige

Mitteilung eines rechtlich erheblichen Vorgangs oder Zustands (z.B. Abtretung einer Forderung). Vgl. auch Strafanzeige.

Anzeigepflicht

hpts. gegenüber einer Behörde bestehende Pflicht zur Erstattung einer → Anzeige (z.B. *im Gewerbe-, Bau-, Steuerrecht).* Im Strafrecht besteht keine allgemeine A., doch ist die Nichtanzeige bestimmter schwerer geplanter Straftaten strafbar, wenn jemand glaubhaft von ihnen Kenntnis erlangt hat.

Arbeiter

→ Arbeitnehmer, der nicht unter den Begriff des → Angestellten fällt. Meist erhält er Wochen- oder Stundenlohn. Man unterscheidet insbes. *gewerbliche A.* (z.B. Bau-, Fach-A.), *Bergleute, Schiffsleute,* die *A. des öffentlichen Dienstes* und die *land- und forstwirtschaftlichen A. und Hausgehilfen.*

Arbeitgeber

Person oder Personengruppe, in deren Dienst → Arbeitnehmer (einer genügt) stehen.

Arbeitnehmer
abhängig Beschäftigte, die meist innerhalb eines Betriebes Arbeiten für den Arbeitgeber leisten. Die Arbeit unterliegt nach Art, Zeit, Dauer und Ort dem Weisungs- und Kontrollrecht des Arbeitgebers. Zu den A. gehören → Arbeiter, → Angestellte und → Auszubildende. Der A. hat Anspruch auf das Arbeitsentgelt. Er ist zur Arbeitsleistung und zur Wahrung der Betriebsinteressen, insbes. zur Wahrung der Geschäftsgeheimnisse verpflichtet. Für A. gilt das → Arbeitsrecht.

Arbeitsgericht
das im ersten Rechtszug zuständige Gericht der → Arbeitsgerichtsbarkeit. Es entscheiden Kammern mit je einem Berufsrichter als Vorsitzendem und zwei ehrenamtlichen Richtern. Gegen die Entscheidung des A. ist → Berufung oder → Beschwerde zum Landesarbeitsgericht und gegen dessen Urteil → Revision zum Bundesarbeitsgericht (Sitz in Kassel) möglich, wenn sie zugelassen worden ist.

Arbeitsgerichtsbarkeit
Zweig der Gerichtsbarkeit, dem die Rechtsstreitigkeiten aus dem → Arbeitsrecht zugewiesen sind. Dies sind bürgerliche Rechtsstreitigkeiten zwischen Tarifvertragsparteien oder zwischen Arbeitnehmern und Arbeitgebern aus dem Arbeitsverhältnis.
Die A. wird durch die → Arbeitsgerichte, Landesarbeitsgerichte und das Bundesarbeitsgericht ausgeübt. Vgl. auch Abbildung Gerichtsorganisation S. 274.

Arbeitskampf
von Arbeitnehmer- oder Arbeitgeberseite aufgrund eines Kampfbeschlusses nach gescheiterten Tarifverhandlungen vorgenommene Störung des Arbeitsablaufs zu dem Zweck, Löhne oder Arbeitsbedingungen durchzusetzen oder abzuwehren.
Die wichtigsten Kampfmittel sind *Streik, Aussperrung* und *wirtschaftlicher Boykott.*

Arbeitslohn
Vergütung, die der Arbeitnehmer vom Arbeitgeber auf Grund eines Arbeitsverhältnisses erhält. Grds. Geldlohn, der nach Arbeitsleistung fällig wird.

Arbeitslosengeld
Versicherungsleistung der → Arbeitslosenversicherung (früher Arbeitslosenunterstützung). Voraussetzungen: Vgl. → Arbeitslosigkeit, ferner Erfüllung der Anwartschaftszeit (bei beitragspflichtiger Beschäftigung von grds. wenigstens 360 Kalendertagen innerhalb der letzten 3 Jahre). A. beträgt 63 oder 68 % des letzten Nettoentgelts. Die Bezugsdauer hängt von der Dauer der versicherungspflichtigen Beschäftigung ab, höchstens jedoch 312 Wochentage. Die Bezieher von A. sind außerdem kostenlos krankenversichert, zum Teil auch unfall- und rentenversichert; soweit letzteres nicht der Fall ist, werden Zeiten des Bezuges von A. jedoch als Ausfallzeit gewertet.

Arbeitslosenhilfe
Leistungen im Rahmen des Arbeitsförderungsgesetzes (keine Versicherungsleistung der → Arbeitslosenversicherung) für bestimmte Arbeitslose, die keinen Anspruch auf → Arbeitslosengeld haben (z.B. weil sie die Anwartschaftszeit nicht erfüllen oder ihr Anspruch auf Arbeitslosengeld ausgelaufen ist). Voraussetzungen: Vgl. → Arbeitslosengeld; anstelle der Anwartschaftszeit müssen sie ein Jahr vor der Arbeitslosenmeldung Arbeitslosengeld bezogen haben oder mindestens 150 Kalendertage beitragspflichtig beschäftigt gewesen sein. A. beträgt 56 oder 58 % des letzten Nettoentgelts. Die Bewilligung erfolgt i.d.R. längstens für ein Jahr; danach müssen die Voraussetzungen des Anspruchs auf A. erneut nachgewiesen werden. A. hängt ferner von der Bedürftigkeit des Arbeitslosen ab; angerechnet werden sein eigenes Einkommen und Vermögen sowie das seines Ehegatten und seiner Eltern, jeweils in unterschiedlicher Höhe.

Arbeitslosenversicherung
Pflichtversicherung gegen die wirt-

schaftlichen Folgen der Arbeitslosigkeit; Zweig der Sozialversicherung. Die A. umfaßt alle → Arbeitnehmer und gewährt Arbeitslosengeld, Kurzarbeitergeld, Schlechtwettergeld, Arbeitsbeschaffung. Beitragssatz für Arbeitgeber und Arbeitnehmer je 2,2 % des Arbeits-Entgelts. Träger ist die *Bundesanstalt für Arbeit in Nürnberg* mit Landesarbeitsämtern und Arbeitsämtern.

Arbeitslosigkeit

Zustand, in dem Personen vorübergehend nicht in einem Beschäftigungsverhältnis stehen oder nur eine geringfügige Beschäftigung ausüben. Um vom Arbeitsamt als Arbeitsloser anerkannt zu werden, muß der Betreffende sich arbeitslos melden, der Arbeitsvermittlung zur Verfügung stehen, mehr als 20 Stunden pro Woche arbeiten wollen und arbeitsfähig sein. Wer arbeitslos ist, kann Anspruch auf → Arbeitslosengeld oder → Arbeitslosenhilfe haben.

Arbeitsrecht

Gesamtheit derjenigen Rechtsvorschriften, die die Beziehungen zwischen Arbeitgeber und Arbeitnehmer *(individuelles A.)* und ihren Zusammenschlüssen wie Gewerkschaften, Arbeitgeberverbänden und Betriebsrat *(kollektives A.)* regeln sowie das Arbeitsschutzrecht. Das A. ist teilweise Privatrecht und teilweise öffentliches Recht. Es findet sich in vielen Einzelgesetzen und in Einzelbestimmungen. Ein zusammenfassendes Arbeitsgesetzbuch ist in Vorbereitung.

Arbeitsschutz

zwingende Vorschriften, die den Arbeitnehmer vor Ausbeutung, ungerechtfertigter Kündigung, unsozialer Behandlung und gesundheitlicher Gefährdung am Arbeitsplatz schützen sollen. Wichtig sind die Sozialversicherungsgesetze, allgemeine A.-Gesetze, um Mindestfreizeit und gesundheitliche Mindestvoraussetzungen zu gewähren, Kündigungsschutzgesetze und die speziellen Schutzgesetze, wie z.B. Mutterschutzgesetz, Jugendschutzgesetz und Schwerbehindertengesetz.

Arbeitsunfall

Unfall, der bei einer von der gesetzlichen → Unfallversicherung erfaßten Tätigkeit entstanden ist (oder auf dem Weg zu oder von dieser Tätigkeit). Auch Kinder im Kindergarten, Schüler und Studenten beim Besuch und auf dem Weg zu und von der Schule bzw. Hochschule sind gesetzlich unfallversichert. Dem A. ist die Berufskrankheit gleichgestellt.

Arbeitsverhältnis

Rechtsverhältnis zwischen Arbeitnehmer und Arbeitgeber zur Erfüllung des → Arbeitsvertrages. Das A. beginnt mit der Eingliederung des Arbeitnehmers in den Betrieb und endet mit dem Ausscheiden, vor allem durch Kündigung. Die *Wirkungen des A.*, wie z.B. Auskunfts- und Schweigepflichten, reichen teilweise über das Vertragsende hinaus.

Arbeitsvertrag

grds. formloser Vertrag, durch den sich ein Arbeitnehmer gegenüber seinem Arbeitgeber zur entgeltlichen Arbeitsleistung verpflichtet. Besondere Form des → Dienstvertrages. In ihm werden unter Berücksichtigung des → Tarifvertrags und von Betriebsvereinbarungen Arbeitsleistung und Arbeitslohn festgelegt. Aus dem A. erwächst für den Arbeitnehmer auch die Treuepflicht, für den Arbeitgeber die Beschäftigungs- und Fürsorgepflicht. Der A. endet durch Zeitablauf, Kündigung, Aufhebungsvertrag oder Tod des Arbeitnehmers.

Arbeitsverwaltung

Bezeichnung für die Bundesanstalt für Arbeit und die nachgeordneten Behörden *(Landesarbeitsämter, Arbeitsämter)*. Die A. ist als Teil der öffentl. Verwaltung zuständig für die Arbeitsvermittlung, Berufsberatung, Maßnahmen der Arbeitsbeschaffung und für die → Arbeitslosenversicherung.

Arbeitszeit

Zeit zwischen Beginn und Ende der Arbeit ohne Ruhepausen. In der Arbeitszeitordnung werden die Höchstdauer der täglichen oder wöchentlichen A. und die Arbeits- und Ruhepausen geregelt. Die *gesetzliche A.* beträgt höchstens 8 Stunden am Tag und 48 Stunden in der Woche, für Jugendliche zwischen 15 und 18 Jahren höchstens 40 Stunden in der Woche unter Einschluß von Berufsschulunterricht und außerbetrieblichen Ausbildungsmaßnahmen. Für Frauen gilt ein *verstärkter Schutz,* vor allem ein Verbot der Nachtarbeit.

Armenrecht

frühere Bezeichnung für → Prozeßkostenhilfe.

Arrest

(lat.: restare = anhalten); abgekürztes zivilrechtliches Verfahren zur vorläufigen Sicherung der Zwangsvollstreckung wegen einer Geldforderung oder wegen eines Anspruchs, der in eine Geldforderung übergehen kann *(A.-Anspruch),* wenn sonst die Gefahr bestünde, daß die Vollstreckung vereitelt oder wesentlich erschwert würde *(A.-Grund).*

Der *dingliche A.* wird durch Zwangsvollstreckung in das Vermögen des Schuldners vollzogen (die jedoch nur zur Sicherung, nicht zur Befriedigung des Gläubigers führen darf), der *persönliche A.* durch Haft oder sonstige Beschränkung der persönlichen Freiheit.

ärztlicher Kunstfehler

→ Kunstfehler.

Arztrecht

mit der Tätigkeit des Arztes zusammenhängende Rechtsnormen (Berufs- und Standesrecht, Behandlungs- und Aufklärungspflicht, Sorgfaltspflicht).

Asylrecht

(griech.: asylon = Zufluchtsstätte); Zufluchtsrecht für politisch verfolgte Ausländer; in der Bundesrepublik Deutschland als Grundrecht im *Art. 16 Abs. 2 GG* gewährleistet. Über einen *Asylantrag* entscheidet das Bundesamt für die Anerkennung ausländischer Flüchtlinge in Zirndorf.

Rechtsbehelf: nur Klage vor dem Verwaltungsgericht (kein Widerspruchsverfahren).

Atomgesetz

auch: „Gesetz über die friedliche Verwendung der Kernenergie und den Schutz gegen ihre Gefahren"; *Hauptzweck:* Förderung der Erforschung, Entwicklung und Nutzung der Kernenergie zu friedlichen Zwecken, Schutz von Leben, Gesundheit und Sachgütern vor den Gefahren der Kernenergie und Ausgleich verursachter Schäden. Schutzzweck hat Vorrang vor Förderzweck.

Atomrecht

Rechtsvorschriften über die friedliche Nutzung der Kernenergie und den Schutz gegen ihre Gefahren. Für Ein- und Ausfuhr, Beförderung und Aufbewahrung von Kernbrennstoffen sowie für die Errichtung und das Betreiben von Atomanlagen bestehen umfangreiche Genehmigungsvorbehalte und Schutzvorschriften. Bei Schaden haftet der Inhaber einer Kernanlage auch ohne Verschulden (Gefährdungshaftung), dann jedoch mit einer Höchstbegrenzung, die die Verwaltungsbehörde im Genehmigungsverfahren festlegt.

audiatur et altera pars

(lat.: auch die andere Partei ist zu hören); Verfahrensgrundsatz, der vor einer Entscheidung die Anhörung der Gegenseite bestimmt (→ rechtliches Gehör).

Aufenthalt

Ort, an dem sich der Mensch befindet. Unterscheidet sich vom → Wohnsitz, der als *ständiger A.* gilt. Der A. kann insbes. Voraussetzung für die gerichtliche Zuständigkeit sein.

Aufenthaltserlaubnis

Erlaubnis, die Ausländer zur Einreise und zum Aufenthalt in der Bundesrepublik Deutschland benötigen. Darf erteilt werden, wenn die Anwesenheit des Ausländers keine Belange der Bundesrepublik beeinträchtigt. Vom Erfordernis einer A. gibt es zahlreiche Ausnahmen, z.B. für Touristen und für Angehörige der EWG-Mitgliedstaaten. A. erlischt, wenn der Ausländer keinen gültigen Paß mehr besitzt, seine Staatsangehörigkeit wechselt oder verliert, wenn er das Bundesgebiet nicht nur vorübergehend verläßt und im Falle der → Ausweisung.

Aufgebot

öffentliche (gerichtliche) Aufforderung an unbekannte Beteiligte eines Verfahrens zur Anmeldung von Rechten und zur Vermeidung von Rechtsnachteilen. Im Eherecht soll ein A. der Verlobten durch den Standesbeamten vor der Eheschließung erfolgen, um bisher unbekannt gebliebene Ehehindernisse bekannt zu machen; davon kann er auf Antrag befreien.

Aufhebung

I. Im *Verwaltungsrecht* die gänzliche oder teilweise Beseitigung eines Verwaltungsakts durch die Verwaltung; sie ist entweder → Rücknahme (bei rechtswidrigen Verwaltungsakten) oder Widerruf (bei rechtmäßigen Verwaltungsakten).
II. Im *Privatrecht* ist ein A.-Vertrag die gänzliche Beseitigung eines Vertrages durch einen späteren Vertrag; durch *einseitige* Erklärung kann ein Vertrag nur aufgehoben werden, soweit dies ausdrücklich gesetzlich zugelassen ist (z.B. Rücktritt).
Die *A. der Ehe* ist nur durch Urteil möglich. Sie ist Auflösung einer Ehe aus Gründen, die schon bei der Eheschließung bestanden haben müssen, jedoch erst mit Wirkung für die Zukunft. Sie ist nur zulässig bei mangelnder Einwilligung des gesetzlichen Vertreters bei Eheschließungen von nur beschränkt Geschäftsfähigen, bei Irrtum über die Eheschließung oder über die Person oder die persönlichen Eigenschaften eines Ehegatten, bei arglistiger Täuschung, Drohung und bei Wiederverheiratung nach fälschlicher Todeserklärung des früheren Ehegatten. Die A. der Ehe hat die gleichen Wirkungen wie eine Scheidung. – Zur *A. der ehelichen Lebensgemeinschaft* vgl. → Getrenntleben der Ehegatten.
III. Im *Verfahrensrecht* A. eines Termins.

Aufklärungspflicht

Rechtspflicht zur Aufklärung insbes. für Richter, Verwaltungsbehörden und Ärzte. Richtet sich im Zivilprozeß darauf, daß die Prozeßbeteiligten sachdienliche Anträge stellen, unvollständiges und unklares Vorbringen ergänzen und erläutern, Beweismitteln bezeichnen und sonstige erforderliche Erklärungen abgeben. Noch wesentlich umfassender ist die A. im Strafverfahren. – Der *Arzt* muß den Patienten über etwaige Gefahren und Folgen eines beabsichtigten Eingriffs aufklären, da sonst die Einwilligung des Kranken nicht wirksam ist und der Eingriff als Körperverletzung bestraft werden kann.

Auflage

I. Im *Verwaltungsrecht* eine Nebenbestimmung eines begünstigenden Verwaltungsaktes, durch die dem Begünstigten ein Tun, Dulden oder Unterlassen vorgeschrieben wird (z.B. bei *Baugenehmigungen*); sie ist selbständig anfechtbar.
II. Im *Privatrecht* 1. die mit einer Schenkung verbundene Nebenbestimmung, durch die der Beschenkte nach erfolgter Schenkung zu einer Leistung verpflichtet wird; 2. die mit einem Testament verbundene Nebenbestimmung, durch die der Erbe oder der Vermächtnisnehmer zu einer Leistung verpflichtet wird, ohne daß damit einem anderen ein Recht auf diese Leistung eingeräumt wird (z.B. *Grabpflege*).
III. Im *Jugendstrafrecht* ein → Zuchtmittel; dem Jugendlichen kann auferlegt werden, nach Kräften den durch die Tat verursachten Schaden wiedergutzumachen, sich beim Verletzten persönlich zu entschuldigen oder (im Rahmen des einem Jugendlichen Zumutbaren) einen Geldbetrag zugunsten einer gemeinnützigen Einrichtung zu zahlen. Vgl. auch Bewährungsauflage.

Auflassung

die zur Übertragung des Eigentums an einem Grundstück erforderliche Einigung des Veräußerers und des Erwerbers über den Eigentumsübergang, die bei gleichzeitiger Anwesenheit beider

Seiten (Stellvertretung zulässig) vor einer zuständigen Stelle (i.d.R. → Notar) erklärt werden muß. Zu trennen von dem zugrundeliegenden *Grundstückskaufvertrag,* der lediglich eine *Verpflichtung* zur Eigentumsübertragung beinhaltet, während erst die nachfolgende A. (in Verbindung mit der Eintragung ins Grundbuch) den Eigentumsübergang selbst bewirkt.

Aufopferung
Schaden durch Verlust eines persönlichen Rechts.

Aufopferungsanspruch
im Verwaltungsrecht Grundlage für Ausgleich eines Schadens bei hoheitlichem Eingriff in ein nichtvermögenswertes Recht (z.B. Gesundheit), der dem Betroffenen ein besonderes, anderen nicht zugemutetes Opfer (Sonderopfer) auferlegt. Dafür steht dem Betroffenen gewohnheitsrechtlich eine → Entschädigung zu, jedoch nur zum Ausgleich des Vermögensschadens, kein Schmerzensgeld. Für Klagen ist der ordentliche Rechtsweg gegeben.
Neben diesem *öffentlich-rechtlichen* gibt es einen *bürgerlich-rechtlichen A.* gegen einen Dritten (z.B. Eigentümer des Nachbargrundstücks) wegen Beeinträchtigung.

Aufrechnung
wechselseitige Tilgung zweier gleichartiger, sich gegenüberstehender Forderungen durch Verrechnung. Kann durch einseitige Erklärung erfolgen, sobald die Forderung, mit der aufgerechnet werden soll, fällig ist, und wenn die A. nicht gesetzlich oder vertraglich ausgeschlossen ist.
A. bewirkt, daß die Forderungen, soweit sie sich decken, als in dem Zeitpunkt erloschen gelten, in welchem sie zur Aufrechnung geeignet einander erstmals gegenübergetreten sind.

Aufsichtspflicht
Pflicht zur Überwachung des Verhaltens eines anderen (Person oder Behörde). Besteht hpts. gegenüber Minderjährigen und Personen, die wegen ihres geistigen oder körperlichen Zustands der Aufsicht bedürfen, kraft Gesetzes (u.a. für die Eltern), kraft Amtes (Lehrer) oder Vertrages (z.B. für Kindermädchen). Bei einem Schaden, den ein zu Beaufsichtigender einem Dritten widerrechtlich zufügt, ist der Aufsichtspflichtige zum Schadensersatz verpflichtet, soweit er seiner A. nicht genügt hat und der Schaden ursächlich darauf zurückzuführen ist. Zu den strafrechtlichen Folgen vgl. → Obhutspflicht.

Aufsichtsrat
gesetzlich vorgeschriebenes Organ zur Überwachung der Geschäftsführung bei Aktiengesellschaft, Kommanditgesellschaft auf Aktien und Genossenschaft. A. auch bei GmbH, wenn diese mehr als 500 Arbeitnehmer beschäftigt.

Auftrag
Vertrag, bei dem sich der eine Teil (*der Beauftragte*) verpflichtet, für den anderen Teil (*den Auftraggeber*) unentgeltlich ein Geschäft zu besorgen. Auch das Angebot des Auftraggebers zu einem solchen Vertrag (bzw. dessen Annahme, wenn das Angebot vom Beauftragten ausgegangen ist); im allgemeinen Sprachgebrauch auch der Antrag zum Abschluß anderer Verträge (z.B. Kaufvertrag), falls der Besteller mit der Annahme seines Antrags rechnet. Der A. unterscheidet sich (als Vertrag) vom Dienst- und Werkvertrag durch seine Unentgeltlichkeit und vom reinen Gefälligkeitsverhältnis durch seinen rechtlichen Bindungswillen. Der A. ist streng von der → Vollmacht zu unterscheiden. Der Beauftragte ist zur Benachrichtigung, Auskunft und Rechenschaft verpflichtet; ferner zur Herausgabe dessen, was er zur Ausführung seines A. vom Auftraggeber erhalten und was er durch die Geschäftsbesorgung erlangt hat; eventuelle Aufwendungen hat der Auftraggeber zu erstatten. Der A. kann jederzeit vom Auftraggeber widerrufen und vom Beauftragten gekündigt werden.

Augenschein
richterlicher A., ein Beweismittel, bei dem das Gericht durch unmittelbare

sinnliche Wahrnehmung (durch Sehen, Hören, Riechen, Schmecken oder Fühlen) Beweis über eine Tatsache erhebt. Auch die → Leichenschau ist eine Form des A.

Ausbildung
Vermittlung von Kenntnissen und Fähigkeiten an einen Menschen, vor allem durch Schulen, Hochschulen und Betriebe.

Ausbildungsförderung
Leistungen des Staates nach dem Bundesausbildungsförderungsgesetz (BAfög) an Personen, denen die für ihren Lebensunterhalt und ihre Ausbildung erforderlichen Mittel nicht zur Verfügung stehen. *Gefördert* werden insbes. Schüler von weiterführenden allgemeinbildenden Schulen und Berufsfachschulen ab Klasse 10, von Berufsaufbauschulen, Fachschulklassen, deren Besuch eine abgeschlossene Berufsausbildung nicht voraussetzt sowie Fachoberschulen, jedoch nur, wenn der Auszubildende nicht bei seinen Eltern wohnt und von der Wohnung der Eltern aus eine entsprechende zumutbare Ausbildungsstätte nicht erreichbar ist; Schüler von Abendhauptschulen, Abendrealschulen, Abendgymnasien und Kollegs; Schüler von Fachschulklassen, deren Besuch eine abgeschlossene Berufsausbildung voraussetzt, Studierende an Höheren Fachschulen und Akademien, Studenten an Hochschulen. – Als *Leistungen* werden Zuschüsse bzw. für den Besuch von Höheren Fachschulen, Akademien und Hochschulen nur noch Darlehen gezahlt. Die Rückzahlung der (zinslosen) Darlehen beginnt 5 Jahre nach Ende der Förderungshöchstdauer mit monatlichen Mindestraten von 120 DM. Unter bestimmten Voraussetzungen kann sich die Rückzahlung ermäßigen (z.B. bei besonders guten Studienleistungen). – Die *Höhe der Leistung* wird nach dem festgesetzten Bedarf unter Berücksichtigung des Einkommens und Vermögens des Auszubildenden, seines Ehegatten und seiner Eltern festgesetzt.

Ausbildungsstätte
Betrieb oder Betriebsteil, in dem die → Ausbildung stattfindet. Die A. muß nach Art und Einrichtung für die Berufsausbildung geeignet sein. Die Zahl der Auszubildenden muß in angemessenem Verhältnis zur Zahl der Ausbildungsplätze und zur Zahl der beschäftigten Fachkräfte stehen.
A. im Sinne von *Art. 12 Abs. 1 GG* sind auch Schule und staatlicher Vorbereitungsdienst.

Ausbildungsverhältnis
das mit Abschluß des Berufsausbildungsvertrages zwischen dem Ausbildenden und dem Auszubildenden entstehende Rechtsverhältnis. Der Vertrag bedarf der Schriftform. Das A. beginnt mit einer Probezeit von 1 bis 3 Monaten, in der das A. jederzeit fristlos gekündigt werden kann. Danach kann es nur aus wichtigem Grund fristlos oder vom Auszubildenden mit 4-Wochen Frist bei Aufgabe der Berufsausbildung gekündigt werden.

Auseinandersetzung
Verfahren zur Auflösung des Vermögens einer Personenmehrheit, i.d.R. durch *Teilung in Natur* (z.B. Hausrat) oder des *Verkaufserlöses*. A. vor allem im *Erbrecht* (Erbengemeinschaft) und im *ehelichen Güterrecht* (Gütergemeinschaft) sowie bei Gesellschaften.

Auskunftspflicht
Pflicht zur Mitteilung von Tatsachen. Behörden haben A. nur gegenüber dem Betroffenen (i.d.R. nicht gegenüber Dritten) über die ihm zustehenden Rechte und die ihm obliegenden Pflichten. Auskunft bedeutet noch keine Zusicherung (= Selbstverpflichtung der zuständigen Behörde einen bestimmten Verwaltungsakt später zu erlassen oder zu unterlassen). Der einzelne hat bestimmte A. gegenüber Behörden (*z.B. Finanzamt*). Auch im *Privatrecht* gibt es A., z.B. des Beauftragten (→ Auftrag).

Auskunftsverweigerungsrecht
Recht, eine Auskunft nicht zu erteilen, in Verfahren aller Gerichtszweige, vor

allem bedeutsam im Strafprozeß. Hier kann jeder Zeuge Auskunft *auf bestimmte Fragen* verweigern, wenn die Antwort ihn oder einen Angehörigen in die Gefahr strafgerichtlicher Verfolgung bringen würde.

Ausland
fremdes Staatsgebiet. Die → DDR gilt in der Bundesrepublik Deutschland nicht als A.

Ausländer
jeder, der nicht Deutscher i.S. des GG ist. Für A. gilt im *öffentl. Recht* das → Ausländergesetz, im *Privatrecht* sind sie Deutschen grds. gleichgestellt.

Ausländergesetz
regelt im *öffentlichen Recht* die Rechte und Pflichten der Ausländer, d.h. der Nicht-Deutschen in der Bundesrepublik Deutschland, wie z.B. Einreise, Aufenthaltserlaubnis, Ausweispflicht, Ausweisung, Abschiebung, Ausreise und Asyl.

Auslegung
Erkennen und Erfassen der Bedeutung eines Rechtsbegriffs, eines Sachverhalts oder einer Willenserklärung. Bei letzterer ist der wirkliche Wille zu erforschen. Verträge sind so auszulegen, wie Treu und Glauben und Rücksicht auf die Verkehrssitte es erfordern.

Auslieferung
Überstellung eines wegen einer Straftat Verfolgten vom Aufenthaltsstaat in den Staat, der darum ersucht hat. A. ist ein Fall internationaler Rechtshilfe, meist in zwischenstaatlichen Verträgen geregelt. Straftat muß in beiden Staaten strafbar sein (Grundsatz der Gegenseitigkeit). Strafverfolgung muß auf die Tat beschränkt werden, derentwegen ausgeliefert wurde, andernfalls ist nachträgliche Zustimmung erforderlich. Keine A. erfolgt bei politischen Delikten sowie bei eigenen Staatsangehörigen. Das Verbot, einen Deutschen ans Ausland auszuliefern, ist als Grundrecht gewährleistet *(Art. 16 Abs. 2 GG)*.

Auslobung
bindendes, einseitiges Versprechen durch öffentliche Bekanntmachung, jemand für die Vornahme einer Handlung zu belohnen (z.B. für Aufklärung eines Diebstahls oder Verkehrsunfalls, für Wiederbeschaffung eines verlorenen Gegenstandes usw.). *Besondere Form der A.:* Preisausschreiben.

Aussageerpressung
Straftat, die ein Amtsträger begeht, wenn er insbes. im Straf- oder Bußgeldverfahren einen anderen körperlich mißhandelt, gegen ihn sonst Gewalt anwendet oder sie ihm androht oder ihn seelisch quält, um ihn zu einer Aussage oder zum Schweigen zu nötigen.

Aussagepflicht
die Verpflichtung, vor Gericht auszusagen. Besteht grds. für den Zeugen (Ausn.: → Zeugnisverweigerungsrecht), nicht jedoch für den Beschuldigten im Strafverfahren; für die Partei im Zivilprozeß vgl. → Parteivernehmung.

Aussageverweigerungsrecht
das Recht, einer grds. bestehenden → Aussagepflicht nicht nachzukommen (→ Zeugnisverweigerungsrecht). Vgl. auch → Auskunftsverweigerungsrecht (hinsichtlich der Beantwortung einzelner Fragen).

Ausschlagung
die nach dem Erbfall mögliche Erklärung eines zum Erben Berufenen, die Erbschaft nicht anzunehmen. Muß innerhalb von i.d.R. sechs Wochen nach Kenntnis des → Erbanfalles zur Niederschrift des Nachlaßgerichts oder diesem gegenüber in öffentlich beglaubigter Form erklärt werden. Kann sich nur auf die gesamte Erbschaft beziehen und ist unwiderruflich.

Ausschließung
im Verfahrensrecht die auf Gesetz beruhende Verhinderung der Mitwirkung einer Gerichtsperson an einem bestimmten Verfahren wegen naher persönlicher Beziehungen zu dem Rechtsstreit. Im Verwaltungsverfahren darf

für eine Behörde nicht tätig werden, wer mit der Sache selbst zu tun hat. *A. von der Erbfolge* → Enterbung.

Aussetzung
Straftat, die begeht, wer einen wegen jugendlichen Alters, Krankheit (auch starker Trunkenheit) oder Gebrechen hilflosen Menschen aussetzt oder in hilfloser Lage verläßt.

Aussetzung des Verfahrens
→ Stillstand des Verfahrens.

Aussperrung
Arbeitskampfmaßnahme der Arbeitgeberseite, mit der die Arbeitsverhältnisse einer größeren Zahl von Arbeitnehmern aufgehoben werden. Damit entfallen insbes. die Arbeits- und die Lohnzahlungspflicht; die A. ist jedoch keine Kündigung. Durch die A. wird das Arbeitsverhältnis i.d.R. nur suspendiert, d.h. die Rechte und Pflichten daraus ruhen, leben aber nach dem Arbeitskampf wieder voll auf; die Arbeitnehmer werden also weiter beschäftigt, ohne daß es einer Wiedereinstellung bedarf. Hingegen wird bei der sog. *lösenden A.* das Arbeitsverhältnis aufgelöst, mit der Folge, daß nach dem Arbeitskampf eine Neubegründung des Arbeitsverhältnisses erforderlich ist, wozu der Arbeitgeber jedoch grds. verpflichtet ist. – Unterschieden wird zwischen der sog. *Abwehr-A.*, einer Abwehrmaßnahme gegen Streikende, und der sog. *Angriffs-A.*, einer A. gegen Nichtstreikende. Die A. ist grds. zulässig; sie darf sich jedoch nicht auf bestimmte Gruppen von Arbeitnehmern (z.B. Gewerkschaftsmitglieder) beschränken und muß dem Verhältnismäßigkeitsgrundsatz Rechnung tragen.

Ausstand
→ Streik.

Ausstattung
das, was einem Kind mit Rücksicht auf seine Verheiratung oder auf die Erlangung einer selbständigen Lebensstellung von den Eltern zugewendet wird (z.B. Mittel zur Berufsausbildung). Auf eine A. besteht kein Rechtsanspruch, sie braucht aber auch nicht zurückgezahlt zu werden; nur insoweit sie das den Vermögensverhältnissen der Eltern entsprechende Maß übersteigt gilt sie als Schenkung, die insoweit bei grobem Undank oder in Notfällen zurückgefordert werden kann. Abkömmlinge haben bei gesetzlicher Erbfolge die erhaltene A. untereinander auszugleichen. Vgl. auch → Aussteuer und → Mitgift.

Aussteuer
die einer Tochter von ihren Eltern anläßlich ihrer bevorstehenden Heirat zugewendeten Gegenstände zur angemessenen Einrichtung eines Haushalts bzw. das entsprechende Geld dafür. Auf A. bestand früher ein Rechtsanspruch. Dieser ist jedoch durch das Gleichberechtigungsgesetz ersatzlos gestrichen worden, da heute eine Berufsausbildung auch für Töchter üblich ist und hierzu eine Verpflichtung der Eltern im Rahmen ihrer Unterhaltspflicht besteht. Bei elterlichen Zuwendungen anläßlich der Heirat für Töchter, aber auch Söhne kann jedoch eine → Ausstattung vorliegen.

Ausverkauf
Verkauf zur völligen oder teilweisen Aufgabe des Warenbestands durch einen Gewerbetreibenden zu herabgesetzten Preisen. A. muß vorher bei der Behörde angezeigt und darf dann öffentlich angekündigt werden. Nach einem A. in der Regel ein Jahr Sperrfrist.

Auswanderung
Verlassen eines Staatsgebiets auf Dauer. Steht jedem Bundesbürger frei; fällt jedoch nicht unter die grundgesetzlich gewährleistete Freizügigkeit, da diese nur *innerhalb* des Bundesgebietes besteht.

auswärtige Angelegenheiten
alle Beziehungen eines Staates zu anderen Staaten. Begriff umfaßt den auswärtigen Dienst im Inland (in der Bundesrepublik Deutschland *„Auswärtiges Amt"* als Außenministerium) und im Ausland *(diplomatische Vertretungen)*. A.A. unterliegen der ausschließlichen

Gesetzgebung des Bundes. Der → Bundespräsident schließt im Namen des Bundes Verträge mit auswärtigen Staaten. Auch die Pflege der Beziehungen zu auswärtigen Staaten ist Sache des Bundes.

Ausweismißbrauch
Benutzen eines fremden oder Überlassen des eigenen Ausweises (z.B. Paß, Führerschein) zur Täuschung im Rechtsverkehr. Schon der Versuch ist strafbar; → Urkundenfälschung.

Ausweisung
Verbot des Aufenthalts in der Bundesrepublik Deutschland. Ein Deutscher kann nicht ausgewiesen werden. Die A. eines Ausländers ist an gesetzlich bestimmte Voraussetzungen gebunden (u.a. wenn er die → freiheitlich-demokratische Grundordnung verletzt oder die Sicherheit der Bundesrepublik Deutschland gefährdet oder wenn er wegen einer Straftat verurteilt worden ist). Für bestimmte Ausländer (z.B. Asylanten und Angehörige der Mitgliedsstaaten der EG), sind die Gründe für eine A. weiter eingeschränkt. A. wird von der Ausländerbehörde verfügt und notfalls durch → Abschiebung vollzogen.

Auszubildender
Bezeichnung für eine im Berufsausbildungsverhältnis stehende Person (früher: Lehrling).

Automatenmißbrauch
Straftat, die begeht wer die Leistung eines Automaten erschleicht in der Absicht, das Entgelt nicht zu entrichten (z.B. durch Einwerfen von Falschgeld).

Autonomie
(griech.: autonomia = Selbstgesetzgebung, Eigengesetzlichkeit). *Innerstaatlich* die Befugnis von Gemeinden, Universitäten und anderen Körperschaften des öffentlichen Rechts, bestimmte eigene Angelegenheiten im Wege der Selbstverwaltung zu regeln, insbes. durch den Erlaß von Satzungen. Vgl. auch Tarif-A. – *Völkerrechtlich* wird A. auf bestimmten Sachgebieten (z.B. kulturellen Angelegenheiten) für Teile eines Staates gewährt, i.d.R. zum Schutz nationaler Minderheiten.

Autor
(lat.: auctor = Urheber; Schöpfer); Urheber oder Verfasser eines Werks, das Gegenstand des → Urheberrechts ist (vor allem im Verlagsvertrag).

B

BAföG
→ Ausbildungsförderung.

Bande
Zusammenschluß von mindestens zwei Personen durch ausdrückliche oder stillschweigende Vereinbarung zur Begehung von vorher nicht im einzelnen geplanten Straftaten. Wegen *B.-Bildung* wird bestraft, wer unbefugt einen „bewaffneten Haufen“ bildet oder befehligt oder sich einer solchen B. anschließt. Der Begriff wird im StGB auch für entsprechende Formen des Diebstahls und des Raubs (Bandendiebstahl, Bandenraub) verwendet, in der *Abgabenordnung* für die gemeinschaftliche Ausübung der Zollhinterziehung (Bandenschmuggel).

Bank
nach dem Kreditwesengesetz ein (Kredit-)Unternehmen, das mindestens *eine* Art von *B.-Geschäften* betreibt (z.B. Einlagen-, Kredit-, Diskont-, Effekten-, Girogeschäft), und zwar in einem Umfang, der einen in kaufmännischer Weise eingerichteten Geschäftsbetrieb erfordert. Arten: *Kredit-B. (Universal-B.), Hypotheken-B., Sparkassen;* vgl. auch → Bundesbank.

Bankgeheimnis
einerseits die *Pflicht* der → Bank zur Geheimhaltung aller Tatsachen, die die ihr bekannten Vermögensverhältnisse des Kunden betreffen; ergibt sich nach → Treu und Glauben aus den vertraglichen Beziehungen zwischen Bank und Kunden (Bankvertrag). Andererseits das *Recht* der Bank, entsprechende Auskünfte zu verweigern; den Finanzbehörden gegenüber nicht rechtlich geschützt, von ihnen aber weitgehend respektiert. B. gibt den Bankbediensteten ein → Zeugnisverweigerungsrecht im Zivilprozeß, nicht jedoch im Strafprozeß.

Banknote
Papiergeld, das auf einen runden Betrag von Währungseinheiten lautet; zuständig zur Ausgabe von B. sind spezielle Banken (Notenbanken), in der Bundesrepublik Deutschland ausschließlich die Deutsche Bundesbank. B. sind das einzige unbeschränkte gesetzliche → Zahlungsmittel.

Bankrott
(ital.: banca rotta = zerschlagene Bank); → Zahlungsunfähigkeit des Schuldners. Gleichzeitig eine Konkursstraftat, wenn der Schuldner bei Überschuldung oder bei drohender oder eingetretener Zahlungsunfähigkeit bestimmte verschleiernde Handlungen vornimmt.

Bannmeile
auch Bannkreis; Schutzzone um den Sitz der Gesetzgebungsorgane des Bundes und der Länder und des Bundesverfassungsgerichtes, innerhalb derer die → Versammlungsfreiheit eingeschränkt ist. B. dient dem Schutz gegen verfassungsfeindliche Störungen. Für die Bundesorgane durch das Bannmeilengesetz festgelegt. Die Verletzung der B. ist strafbar.

Barkauf
übliche Form des Kaufs, wobei der Kaufpreis Zug um Zug gegen Übereignung der Kaufsache gezahlt wird. Andere Formen, wie z.B. *Ratenkauf* bedürfen der besonderen Vereinbarung.

Barscheck
Scheck, der vom Bezogenen in Bargeld einzulösen ist. Im Gegensatz dazu →

Verrechnungsscheck.

Barzahlung
Zahlung durch Übereignung von Geldstücken und -scheinen, i.d.R. in inländischer Währung. *Bargeldlose Zahlungsarten* (z.B. durch Scheck oder Wechsel) müssen besonders vereinbart oder gestattet sein.

Baufreiheit
Recht des Eigentümers, sein Grundstück zu bebauen. Die B. folgt aus dem Eigentumsrecht *(Art. 14 GG)*. Die B. wird durch die Vorschriften des öffentlich-rechtlichen Baurechts sowie durch das privatrechtliche Nachbarrecht beschränkt.

Baurecht
Gesamtheit der rechtlichen Vorschriften, soweit sie das Bauen und die Nutzung von Bauten betreffen. Gesetzliche Grundlagen für das B. sind das *Bundesbaugesetz* und die *Landesbauordnungen*. Das B. umfaßt vor allem die Bauleitplanung, die Bauordnung und die Bodenordnung.

Beamtenrecht
Recht, das die Rechtsverhältnisse der Beamten regelt, im Bund vor allem das Bundesbeamtengesetz, das Beamtenversorgungsgesetz, die Bundesdisziplinarordnung und zahlreiche Nebengesetze; in den Ländern das Beamtenrechtsrahmengesetz des Bundes sowie Beamtengesetze der Länder. Das B. muß nach *Art. 33 Abs. 5 GG* die hergebrachten → Grundsätze des Berufsbeamtentums beachten.

Beamter
Person, die nach Aushändigung einer Urkunde mit den Worten „unter Berufung in das Beamtenverhältnis" oder als Wahlbeamter (z.B. Bürgermeister) durch Annahme der Wahl beim Staat (Bund oder Land), einer Gemeinde oder einer sonstigen juristischen Person des öffentl. Rechts in einem öffentl.-rechtl. Dienstverhältnis steht (B. im staatsrechtlichen Sinn). Der B. ist entweder *B. auf Lebenszeit, B. auf Zeit, B. auf Probe* oder *B. auf Widerruf*. B. kann grds. nur ein Deutscher werden. Er muß für die freiheitlich-demokratische Grundordnung eintreten und die für seine Laufbahn vorgeschriebene Vor- und Ausbildung besitzen. Vgl. ferner → Amt, → Amtsdelikt, → Amtshaftung, → Amtsträger, → Amtsverschwiegenheit, → Befehl, → Besoldung, → Bestechlichkeit, → Dienstbezüge, → Ehrenamt, → Fürsorgepflicht, → Gehorsamspflicht, → Grundsatz (hergebrachte Grundsätze des Berufsbeamtentums), → Inkompatibilität, → Ruhegehalt, → Versorgung, → Vorteilsannahme.

Bedingung
I. Im *Privatrecht* allgemein der einzelne Vertragsbestandteil (z.B. Preis, Leistungszeit; u.a. auch in → Allgemeinen Geschäftsbedingungen); im speziellen Sinn die einer Willenserklärung hinzugefügte Bestimmung, nach der die Wirksamkeit eines Rechtsgeschäfts von einem zukünftigen, ungewissen Ereignis abhängen soll, z.B. „nach bestandenem Examen". Bei der *aufschiebenden B.* soll die Rechtswirkung erst mit dem Eintritt der B. eintreten; bei der *auflösenden B.* soll die Rechtswirkung mit dem Eintritt der B. enden.
II. Im *Verwaltungsrecht* kann eine B. Nebenbestimmung eines Verwaltungsaktes sein.
III. Im *Strafrecht* versteht man unter einer objektiven B. der Strafbarkeit einen Umstand, der außerhalb des Unrechtstatbestandes liegt, aber Voraussetzung für eine Bestrafung ist; er braucht nicht vom Vorsatz des Täters umfaßt zu sein.

Befangenheit
Zustand der Voreingenommenheit, in dem eine unparteiliche Entscheidung nicht mehr gewährleistet ist. Die begründete *Besorgnis der B.* ist ein Ablehnungsgrund (→ Ablehnung).

Befehl
Anweisung durch einen zuständigen Vorgesetzten an einen Untergebenen (Beamten oder Soldaten). B. muß zu amtlichen oder dienstlichen Zwecken ergehen und ist nur zu befolgen, wenn er nicht erkennbar rechtswidrig ist. Vgl. auch → Gehorsamspflicht.

Beglaubigung
I. *Amtliche Bescheinigung,* daß die Unterschrift unter einer schriftlich abgefaßten Erklärung von dem Erklärenden herrührt oder eine Abschrift mit der Urschrift übereinstimmt. Die B. erfolgt durch *B.-Vermerk,* nachdem die Unterschrift im Beisein der Urkundsperson vollzogen oder anerkannt ist. Soweit *öffentliche B.* erforderlich ist, kann Urkundsperson nur ein Notar (oder eine andere landesrechtlich für zuständig erklärte Stelle) sein, während bei der *amtlichen B.* (z.B. durch Gemeindebehörde) die Beweiskraft auf den im B.-Vermerk genannten Verwendungszweck beschränkt ist. Die B. kann durch die notarielle → Beurkundung ersetzt werden.
II. Im *Völkerrecht* ist das Beglaubigungsschreiben ein Schreiben des Entsendestaates an den Empfangsstaat, das einen Gesandten als solchen ausweist.

Begnadigung
Erlaß, Umwandlung oder Ermäßigung der gegen einen *einzelnen* rechtskräftig verhängten Strafe durch Gnadenerweis des Bundespräsidenten, in den Ländern meist des Ministerpräsidenten (Zuständigkeit kann auf nachgeordnete Stellen übertragen werden). Ist kein Verwaltungsakt und daher gerichtlich nicht nachprüfbar (anders jedoch beim Widerruf der *B.).*
Als *generelle* Maßnahme nur durch Gesetz möglich (→ Amnestie).

Begünstigung
Straftat, die darin besteht, daß jemand einem anderen, der eine rechtswidrige Tat begangen hat, in der Absicht Hilfe leistet, ihm die Vorteile der Tat zu sichern (früher sachliche B. im Gegensatz zur persönlichen B., → Strafvereitelung). Die Selbstbegünstigung ist nicht strafbar.

Behörde
organisatorisch selbständige Einrichtung des Staates, die Aufgaben der öffentlichen Verwaltung wahrnimmt. Vgl. auch → Verwaltungs – B., → Amt.

Beihilfe
I. Im *Strafrecht* Fall der Teilnahme an einer Straftat. Der Teilnehmer, der B. begeht, heißt Gehilfe.
II. Im *Verwaltungsrecht* Nebenleistung des → Dienstherrn an die Bediensteten auf Grund der Fürsorgepflicht im Krankheits-, Geburts- und Sterbefall.

Beischlaf
das zur Zeugung geeignete (auch das nicht vollständige) Eindringen des männlichen Glieds in das weibliche Geschlechtsorgan. Im *Strafrecht* Tatbestandsmerkmal der → Blutschande, → Vergewaltigung und → Verführung.

Beisitzer
Richter eines → Kollegialgerichts, der nicht Vorsitzender ist. Hat bei Abstimmungen das gleiche Stimmrecht wie der Vorsitzende, gleichgültig, ob der B. Berufs- oder ehrenamtlicher Richter ist.

Beitrag
im Verwaltungsrecht Abgabe, die zur Errichtung oder zum Betrieb öffentlicher Einrichtungen von demjenigen verlangt werden kann, dem das Bestehen der Einrichtung und die Möglichkeit, sie in Anspruch zu nehmen, objektiv einen Vorteil bietet (z.B. Anlieger-B., Kurtaxe). Im Gegensatz zur → Gebühr kommt es auf die tatsächliche Inanspruchnahme nicht an.
In der → Sozialversicherung Leistung des Versicherten.

Beitreibung
zwangsweise Beschaffung einer Geldleistung, die im *Zivilverfahren* durch → Zwangsvollstreckung, im *Verwaltungsverfahren* durch Vollstreckungsanordnung der → Behörden erfolgt.

Beiwohnung
Geschlechtsverkehr durch Vereinigung der Geschlechtsteile. Sie ist Voraussetzung für die Vaterschaftsvermutung und für Schadensersatzansprüche (z.B. → Kranzgeld für die unbescholtene Verlobte).

Bekenntnisfreiheit
vom Grundgesetz in *Art. 4* garantierte Freiheit des religiösen und weltan-

schaulichen Bekenntnisses und der Religionsausübung. Niemand ist verpflichtet, seine religiöse Überzeugung offenzulegen. Die Zugehörigkeit zu einer Religionsgemeinschaft darf von Behörden nur erfragt werden, soweit Rechte und Pflichten davon abhängen (z.B. Kirchensteuer) sowie zu statistischen Zwecken.

Beklagter
Prozeßpartei, gegen die sich eine Klage richtet.

Beleidigung
rechtswidriger Angriff auf die Ehre eines anderen durch vorsätzliches Kundgeben der Mißachtung oder Nichtachtung, die mündlich, schriftlich oder tätlich erfolgen kann, auch gegenüber einer Personenmehrheit. Strafbar (i.d.R. nur auf Antrag des Verletzten) in den Formen der (einfachen) B. (durch Äußerung eines negativen Werturteils dem Beleidigten selbst oder Dritten gegenüber oder von ehrenrührigen Tatsachenbehauptungen dem Beleidigten gegenüber), der → üblen Nachrede, der → Verleumdung oder der Verunglimpfung des Andenkens Verstorbener. Die B. ist nicht rechtswidrig, wenn der Täter in → Wahrnehmung berechtigter Interessen handelt.

Beratung
bei einem → Kollegialgericht der Teil des Gerichtsverfahrens, in dem die Mitglieder des Gerichts die Lösung des Falles diskutieren; endet mit der durch Abstimmung zustande kommenden Entscheidung. Die B. unterliegt dem B. - Geheimnis (vgl. aber → dissenting opinion).

Beratungshilfe
staatliche Hilfe für Personen mit geringem Einkommen zur Wahrnehmung ihrer Rechte außerhalb eines gerichtlichen Verfahrens (vor Gericht vgl. → Prozeßkostenhilfe). Wird grds. durch Rechtsanwälte geleistet, entweder in deren Kanzlei oder in Beratungsstellen; in einfachen Angelegenheiten auch durch den Rechtspfleger am Amtsgericht. Der Rechtsuchende kann beim Amtsgericht einen *Antrag auf B.* stellen, woraufhin er einen Berechtigungsschein für einen Anwalt seiner Wahl erhält; er kann aber auch unmittelbar einen Anwalt aufsuchen, den er jedoch darauf hinweisen muß, daß er sich im Rahmen der B. beraten lassen möchte. Der Rechtsanwalt kann eine Gebühr von 20 DM verlangen; außerdem erhält er eine Vergütung aus der Staatskasse.

Bereicherung
Vermögensvermehrung; → ungerechtfertigte B.

Bergrecht
für den Bergbau, d.h. für die Gewinnung von Bodenschätzen, geltende Rechtsvorschriften. Nach dem Bundesberggesetz sind praktisch alle wertvollen Bodenschätze (z.B. Gold, Silber, Blei, Kupfer, Zinn, Schwefel, Stein- und Braunkohle) bergfrei, d.h. dem B. unterstellt. Der Staat verleiht für den Abbau Bergbauberechtigungen *(Berwerkseigentum)*. Im Gegensatz zu den *bergfreien Bodenschätzen* stehen die *grundeigenen Bodenschätze* im Eigentum des Grundeigentümers.

Berufsfreiheit
vom Grundgesetz in *Art. 12* garantierte Freiheit, Beruf, Arbeitsplatz und Ausbildungsstätte selbst zu wählen. Gilt für jede auf Dauer angelegte, selbständige und unselbständige Tätigkeit, die die Arbeitskraft überwiegend in Anspruch nimmt und dazu dient, den Lebensunterhalt zu beschaffen.
Die *Berufswahl* darf nur eingeschränkt werden, wenn es zum Schutz besonders wichtiger Gemeinschaftsgüter zwingend erforderlich ist. Insbes. sind dabei Befähigungs- und Eignungsnachweise als Zulassungsvoraussetzungen erlaubt. Der freie Zugang zu Ausbildungsplätzen darf durch → numerus clausus verfassungsrechtlich nur unter besonderen Voraussetzungen beschränkt werden. Ein Recht, im gewählten Beruf unterzukommen, besteht nicht.
Bei *Berufsausübung* darf durch Gesetz und Verwaltung eingeschränkt werden; unzulässig sind nur übermäßige Belastungen.

Berufsgenossenschaft
Selbstverwaltungskörperschaft des öffentlichen Rechts, die als gesetzlich vorgeschriebener Zwangszusammenschluß der Unternehmen einer Branche Träger der sozialen Unfallversicherung ist. Es gibt insgesamt 30 B..

Berufsgericht
→ Ehrengericht.

Berufsrichter
der meist auf Lebenszeit in das Richterverhältnis berufene Richter des Bundes und der Länder (auch als Richter auf Zeit, auf Probe oder kraft Auftrags). B. sind nicht Beamte, sondern stehen zum Staat in einem besonderen Dienst- und Treueverhältnis. – *Voraussetzungen:* deutsche Staatsangehörigkeit, Befähigung zum Richteramt durch Bestehen zweier juristischer Staatsprüfungen, persönliche Eignung und Verfassungstreue. Im Gegensatz zum B. steht der → ehrenamtliche Richter (→ Laienrichter).

Berufsverbot
zeitweilige oder dauernde Untersagung der Ausübung eines bestimmten Berufs wegen eines schwerwiegenden Verstoßes gegen die Berufspflichten. Kann von Berufsgerichten (→ Ehrengericht) für verschiedene freie Berufe (z.B. Rechtsanwälte, Ärzte) ausgesprochen oder im Strafverfahren als → Maßregel der Besserung und Sicherung verhängt werden. Die rechtmäßige Festlegung von Voraussetzungen zur Zulassung ist kein B.

Berufung
→ Rechtsmittel, das grds. gegen das Urteil des ersten Rechtszuges gegeben ist. Eröffnet die Nachprüfung eines Urteils durch die nächsthöhere Instanz (Berufungsgericht), und zwar nicht nur wie bei der → Revision in rechtlicher, sondern auch in tatsächlicher Hinsicht. Hält das Berufungsgericht die B. für begründet, so hebt es das erstinstanzliche Urteil auf und entscheidet entweder selbst oder verweist zur erneuten Verhandlung und Entscheidung an die erste Instanz zurück. Die *B.-Frist* beträgt einen Monat von der Zustellung des Urteils an, im Strafprozeß eine Woche ab Verkündung des Urteils. Vgl. auch Abbildungen Instanzenweg in Zivil- und Strafsachen S. 275 f.

Besatzungsrecht
das von einer Besatzungsmacht auf Grund der Besatzungsgewalt für das Besatzungsgebiet geschaffene Recht (z.B. die Gesetze der Obersten Befehlshaber der Alliierten Streitkräfte, der Militärregierungen, des Kontrollrates). Durch den Überleitungsvertrag wurden die Bundesrepublik Deutschland und ihre Länder zur Änderung und *Aufhebung des B.* ermächtigt. Soweit das B. nicht aufgehoben wurde, gilt es weiter.

Beschäftigungspflicht
Pflicht des Arbeitgebers, den Arbeitnehmer im Rahmen des Arbeitsverhältnisses auch tatsächlich zu beschäftigen. Sie entfällt nur ausnahmsweise, wenn überwiegende Interessen des Arbeitgebers entgegenstehen (z.B. bei Auftragsmangel).

Bescheid
Entscheidung am Ende eines Verwaltungsverfahrens oder eines Verfahrensabschnitts (z.B. Steuerbescheid, Baubescheid). Kann Verwaltungsakt, aber auch bloße Mitteilung sein.

Beschlagnahme
zwangsweise Sicherstellung einer Sache durch Verwaltungsakt zur Sicherung öffentlicher oder privater Belange. B. durch Pfändung, durch Polizei oder im Strafprozeß.

beschleunigtes Verfahren
vereinfachtes Strafverfahren vor dem Amtsgericht (Einzelrichter und Schöffengericht), wenn der Sachverhalt einfach und die sofortige Aburteilung des Täters möglich ist (z.B. bei Geständnis oder wenn jemand auf frischer Tat ertappt wird). Eine höhere Strafe als ein Jahr Freiheitsstrafe sowie Maßregeln der Besserung und Sicherung dürfen nicht verhängt werden. Zulässig auch bei Heranwachsenden, nicht jedoch bei Jugendlichen (gegen diese ist stattdessen das vereinfachte Jugendverfahren vorgesehen).

Beschluß

gerichtliche → Entscheidung (neben → Verfügung und → Urteil), die ohne mündliche Verhandlung und in weniger strenger Form ergeht; meist durch das Rechtsmittel der → Beschwerde angreifbar.

Beschuldigter

→ Verdächtigter, gegen den das Strafverfahren betrieben wird. Im → *Ermittlungsverfahren* vorgeschriebene Bezeichnung (im *Bußgeldverfahren „Betroffener“).* Der B. wird nach Anklageerhebung zum → Angeschuldigten, nach Eröffnung des Hauptverfahrens zum → Angeklagten.

Beschwerde

→ Rechtsbehelf, der in vielen Rechtsgebieten gesetzlich vorgesehen und geregelt ist *(Verfassungs-B., Rechts-B., Dienstaufsichts-B.).* Im gerichtlichen Verfahren ist die B. grds. gegen Beschlüsse und Verfügungen zugelassen.

Besitz

tatsächliche Herrschaft einer Person über eine Sache (z.B. Mieter über Mietwohnung, Dieb über gestohlene Sache). Zu unterscheiden vom → Eigentum, mit dem der B. jedoch auch zusammenfallen kann (z.B. Hauseigentümer wohnt im eigenen Haus). Besitzer ist auch, wer einem anderen den unmittelbaren B. auf Grund eines bestimmten Rechtsverhältnisses (z.B. → Sicherungsübereignung) überlassen hat (*mittelbarer B.*).

Besoldung

regelmäßige Dienstbezüge von Beamten und Soldaten; in den B.-Gesetzen geregelt.

Bestandteil

Teil einer Sache, der nach natürlicher Betrachtungsweise als zu dieser Sache gehörig und nicht als selbständige Sache angesehen wird (z.B. Motor eines Autos); entscheidend ist der räumliche Zusammenhang und der Zweck der Verbindung. B. wird i.d.R. rechtlich wie die Hauptsache behandelt.

Wesentliche B. sind B., deren Trennung zur Zerstörung oder Wesensänderung eines der Sachteile führt, z.B. Tapeten an der Wand. Zu den wesentlichen B. eines Grundstücks gehören die mit dem Boden nicht nur vorübergehend fest verbundenen Sachen, insbes. Gebäude; zu den wesentlichen B. eines Gebäudes (und damit eines Grundstücks) gehören die zur Herstellung eines Gebäudes eingefügten Sachen (z.B. Fenster). Wesentliche B. können nicht Gegenstand besonderer Rechte sein (so erlischt beim Einbau von Fenstern der ursprünglich bestehende Eigentumsvorbehalt des Lieferanten).

Bestechlichkeit

(früher: passive Bestechung); Straftat, die ein Amtsträger oder ein für den öffentlichen Dienst besonders Verpflichteter begeht, der einen Vorteil als Gegenleistung dafür fordert, sich versprechen läßt oder annimmt, daß er unter Verletzung seiner Dienstpflichten eine Diensthandlung vorgenommen hat oder künftig vornehme. Handelt es sich um eine nicht pflichtwidrige Diensthandlung, so liegt (ebenfalls strafbare) → Vorteilsannahme vor.

Bestechung

Straftat, die begeht, wer einem Amtsträger, einem für den öffentlichen Dienst besonders Verpflichteten oder einem Soldaten der Bundeswehr einen Vorteil als Gegenleistung dafür anbietet, verspricht oder gewährt, daß er unter Verletzung seiner Dienstpflichten eine Diensthandlung vorgenommen hat oder künftig vornehme (aktive B., zur passiven B. → Bestechlichkeit). Steht die Diensthandlung im Ermessen des Betreffenden, so liegt (ebenfalls strafbare) → Vorteilsgewährung vor.

Betrieb

organisatorische Einheit, in der unter einheitlicher Leitung Personen in Dienst- oder Arbeitsverhältnissen und Sachen zusammengefaßt sind, um Sachgüter zu produzieren oder Dienstleistungen zu erbringen.

Betriebsgeheimnis

→ Geschäftsgeheimnis.

Betriebsrat
gewählte Vertretung der Arbeitnehmer als Partner des Arbeitgebers zur Mitwirkung und Mitbestimmung in Angelegenheiten des Betriebes.
I. *Gesetzliche Grundlage:* Betriebsverfassungsgesetz von 1972.
II. *Zusammensetzung/Wahl*: B. besteht in Kleinbetrieben (5 bis 20 Arbeitnehmer) aus einer Person (Betriebsobmann), in Mittel- und Großbetrieben aus mehreren Mitgliedern. Er wird auf 3 Jahre in geheimer, gleicher, freier und unmittelbarer Wahl gewählt. Wahlberechtigt sind alle Arbeitnehmer und Auszubildenden über 18 Jahre. Wählbar sind alle Wahlberechtigten, die mindestens 6 Monate dem Unternehmen angehören.
III. *Aufgaben*: Die Aufgaben des B. liegen im allgemeinen Bereich (Interessenvertretung der Arbeitnehmer, Überwachung der Einhaltung der Gesetze und Vereinbarungen, Weiterleitung berechtigter Beschwerden, Eingliederung Schwerbehinderter, Vorbereitung der Wahl der Jugendvertretung, Abhalten der Betriebsversammlung), im sozialen Bereich (Abschluß von Arbeits- und Arbeitszeitordnungen, Aufstellen von Entlohnungsgrundsätzen, Zeit, Ort und Art der Lohn- und Gehaltszahlung, Aufstellung des Urlaubsplans, Verwaltung der betrieblichen Sozialeinrichtungen, Unfallverhütung, betriebliches Vorschlagswesen, vermögenswirksame Leistungen), bei der Mitwirkung im personellen Bereich (Personalplanung, Förderung der beruflichen Aus- und Weiterbildung, Entfernung betriebsstörender Arbeitnehmer; in Unternehmen mit mehr als 20 Arbeitnehmern ist der Betriebsrat vor jeder Einstellung, Entlassung, Ein- und Umgruppierung und Versetzung zu unterrichten) und bei der Mitwirkung im wirtschaftlichen Bereich (Mitbestimmungsrecht bei geplanten Betriebsänderungen, Stillegung des Betriebes oder wesentlicher Teile, Verlegung des Betriebes, Zusammenschluß mit anderen Betrieben, grundlegende Änderung der Betriebsorganisation, Einführung neuer Arbeitsmethoden und Fertigungsverfahren, Aufstellung eines Sozialplans).
IV. *Kündigungsschutz*: Mitglieder des B. genießen einen weitgehenden Kündigungsschutz.

Betriebsrisiko
Risiko der Lohnzahlung bei einem Arbeitsausfall infolge von Störungen, die weder durch den Arbeitgeber noch durch den Arbeitnehmer verschuldet sind. Nach den von der Wissenschaft und der Rechtsprechung erarbeiteten Regeln trägt der Arbeitgeber das B., d.h. er muß den Lohn weiterzahlen (etwa bei Stromausfall). Die Lohnzahlung entfällt oder wird gemindert, wenn die Betriebsstockung aus der Sphäre der Arbeitnehmer kommt (z.B. Teilstreik) oder wenn die Existenz des Betriebs gefährdet wird.

Betriebsvereinbarung
schriftliche Vereinbarung über Regelung der betrieblichen Ordnung oder einzelner betrieblicher Angelegenheiten zwischen Betriebsrat und Arbeitgeber. Regelungen in Tarifverträgen haben Vorrang vor B., B. hat Vorrang vor Einzelarbeitsvertrag. B. endet mit Fristablauf oder durch Kündigung mit einer Frist von drei Monaten.

Betriebsverfassung
Gesamtheit der Normen, die die Rechte des Arbeitgebers, des Arbeitnehmers, des Betriebsrats sowie der Betriebsversammlung im Betrieb regeln. B. gründet sich auf Gesetz, Tarifvertrag und Betriebsvereinbarung.

Betriebsverfassungsgesetz
Gesetz von 1972, das die → Betriebsverfassung regelt. Das B. gilt für alle Betriebe mit mindestens 5 wahlberechtigten Arbeitnehmern. Es regelt hauptsächlich die Mitbestimmung und Mitwirkung des Betriebsrats, die Informationspflicht des Arbeitgebers gegenüber dem Betriebsrat sowie die Bestimmungen bei Verletzung der bestehenden Verpflichtungen.

Betrug
Straftat, die begeht, wer in Bereicherungsabsicht durch Täuschung das Vermögen eines anderen beschädigt.

Beugemittel
staatliches Ordnungsmittel wie Ordnungsgeld (Zwangsgeld), ersatzweise auch Ordnungshaft (Zwangshaft), zur Erzwingung bestimmter Handlungen, Duldungen oder Unterlassungen (z.B. in der → Zwangsvollstreckung, bei unentschuldigtem Nichterscheinen eines Zeugen oder ehrenamtlichen Richters, bei unbegründeter Aussage- oder Eidesverweigerung).

Beurkundung
Festlegung einer Willenserklärung in einer → Urkunde, im Rechtsverkehr häufig als *notarielle B.* zwingend vorgeschrieben. Dabei wird die Urkunde als solche, d.h. ihr gesamter Inhalt vom → Notar als Urkundsperson errichtet. Sie bringt dadurch den vollen Beweis des beurkundeten Vorgangs. *Hauptfälle der B.:* Grundstückskaufvertrag, Verfügung über ein Erbteil, Gründung einer GmbH usw.

Bewährung
Tun und Lassen, durch das sich der Mensch als zuverlässig erweist. Im → Strafrecht ist bei Freiheitsstrafen von nicht mehr als einem Jahr, bei besonderen Umständen auch von nicht mehr als zwei Jahren, die Aussetzung der → Strafe zur B. möglich. Sie erfordert B. von 2 bis 5 Jahren.

Bewährungshelfer
vom Gericht bestellte Person, die bei der → Strafaussetzung zur Bewährung dem Verurteilten helfend und betreuend zur Seite steht, ihn beaufsichtigt und leitet, um ihn von weiteren → Straftaten abzuhalten. B. kann haupt- oder ehrenamtlich tätig sein.

Beweis
Nachweis der Wahrheit oder Unwahrheit einer Tatsachenbehauptung. Im Zivilprozeß durch Angebot eines B.-Mittels (→ Beweisantritt), in Verfahren mit → Untersuchungsgrundsatz durch → Beweisantrag. Die → Beweisaufnahme obliegt dem Gericht.

Beweisantrag
im Strafverfahren das Verlangen, über eine bestimmte Tatsache durch ein bestimmtes → Beweismittel → Beweis zu erheben. In der → Hauptverhandlung darf der zulässige B. nur aus bestimmten Gründen vom Gericht abgelehnt werden. B. auch in anderen vom → Untersuchungsgrundsatz beherrschten Verfahren (z.B. Verwaltungsgerichtsverfahren).

Beweisantritt
im Zivilprozeß die Einführung eines → Beweismittels für eine bestimmte Behauptung durch den → Kläger oder → Beklagten.

Beweisaufnahme
Erhebung des Beweises durch das Gericht. Das durch die B. gefundene Ergebnis unterliegt der freien → Beweiswürdigung des Gerichts.

Beweislast
die Notwendigkeit, den Beweis für etwas zu erbringen. Mißlingt der Beweis, so geht dies zu Lasten dessen, der die B. trägt. Grds. trägt jede Partei die B. für die tatsächlichen Voraussetzungen der ihr günstigen Rechtsnormen (es gibt jedoch gesetzliche Ausnahmen, sog. Umkehr der B.).

Beweismittel
Mittel zur Führung eines Beweises. Im *Zivilprozeß* kann die Partei den Beweis durch folgende B. antreten: richterlicher → Augenschein, → Zeuge, → Sachverständiger, → Urkunde, → Parteivernehmung. Ähnlich im *Verwaltungs-, Sozial- und Finanzgerichtsprozeß.* Im *Strafprozeß* ist die Vernehmung des Angeklagten formell kein B.

Beweissicherung
besonderes Verfahren zur Sicherung des Beweises. Die B. ist eine vorsorgliche Beweiserhebung vor der eigentlichen → Beweisaufnahme. Sie kann durch Augenschein, Zeugen oder Sachverständige, vorwiegend bei drohendem Verlust eines → Beweismittels (z.B. bei lebensgefährlicher Erkrankung eines Zeugen oder bei Veränderung eines baulichen Zustands) vorgenommen werden.

Beweiswürdigung
Bildung der Überzeugung des Gerichts

von der Wahrheit oder Unwahrheit einer Tatsache auf Grund der → Beweisaufnahme. Es gilt allgemein der Grundsatz der *freien B.* Für die Überzeugung genügt ein so hoher Grad an Wahrscheinlichkeit, daß vernünftige Zweifel nicht mehr bestehen. Im *Strafprozeß* ist im Zweifel zugunsten des Angeklagten zu entscheiden (→ in dubio pro reo).

Bigamie
(griech.: bigamos = zweifach verheiratet); auch Doppelehe; Ehe, die jemand schließt, obwohl er oder sein Partner schon anderweitig verheiratet ist. B. ist strafbar und führt zur → Nichtigkeit der späteren Ehe.

Bilanz
(lat.: bilanx = zwei Waagschalen habend); Abschluß, der das Vermögen und die Schulden einer Person gegenüberstellt. Ein Vollkaufmann muß bei Beginn des Geschäftsbetriebs eine *Eröffnungs-B.* und zum Ende jedes Geschäftsjahres eine *Jahresabschluß-B.* erstellen *(Handels-B.)*. Im Steuerrecht müssen selbständig Tätige und Gewerbetreibende eine *Steuer-B.* aufstellen. Der B. muß eine ordnungsgemäße → Buchführung zugrunde liegen.

Billigung von Straftaten
Straftat, die begeht, wer bestimmte schwere Straftaten (u.a. Mord, Völkermord), nachdem sie begangen oder versucht worden sind, in einer Weise, die geeignet ist, den öffentlichen Frieden zu stören, öffentlich, in einer Versammlung oder durch Verbreiten von Schriften billigt.

blanco
(span. = weiß); das Blanko = die nicht vollständig ausgefüllte, häufig nur unterschriebene Urkunde, z.B. *B.-Vollmacht, B.-Kredit, B.-Wechsel.* Wird durch *B.-Unterschrift* hergestellt.

Blutalkohol
Alkoholgehalt des Blutes. Kann im Strafrecht von Bedeutung sein für die Feststellung der Schuldfähigkeit und für die Strafbarkeit wegen einer unter Alkoholeinwirkung begangenen strafbaren Handlung. Im Straßenverkehr ist das Führen eines Kraftfahrzeuges von 0,8 Promille B. an als Ordnungswidrigkeit mit Geldbuße bis 3000 Mark bedroht. Bei einem Alkoholgehalt ab 1,3 Promille gilt der Kraftfahrer nach der Rechtsprechung als absolut fahruntüchtig (→ Fahruntüchtigkeit). B. wird durch Blutprobe festgestellt.

Blutprobe
geringe Menge Blut sowie deren Entnahme zu Untersuchungszwecken, insbes. im Strafverfahren zur Ermittlung des Promille-Gehalts an Alkohol im Blut (→ Blutalkohol, → Fahruntüchtigkeit). Auch gegen den Willen des Beschuldigten zulässig; darf jedoch nur durch einen Arzt und nur auf Anordnung eines Richters, bei Gefahr im Verzuge auch eines Staatsanwaltes oder Hilfsbeamten der Staatsanwaltschaft vorgenommen werden. Hingegen kann der Beschuldigte zu einem Alkoholtest (aktives Mitwirken durch Blasen in ein Röhrchen) nicht gezwungen werden. Im *Zivilprozeß* kommt die B. insb. zur Feststellung der Abstammung einer Person durch Blutgruppenuntersuchung in Betracht.

Blutschande
auch Inzest; Straftat, die im Beischlaf (nicht anderen sexuellen Handlungen) zwischen Verwandten auf- und absteigender Linie (Großeltern, Eltern, Kinder) und zwischen Geschwistern besteht. Straflos bleiben zur Tatzeit noch nicht 18jährige Verwandte absteigender Linie und Geschwister.

Bodenrecht
öffentliches und privates Recht, das Grund und Boden (Grundstücke) betrifft.

Bordell
(Freudenhaus, urspr. „Dirnenhütte"); rechtlich ein auf Gewinnerzielung gerichtetes Unternehmen, dessen Inhaber Personen zur Prostitution bereithält. Nach dem Strafgesetzbuch ist das Unterhalten oder Leiten eines B. wegen Förderung der Prostitution strafbar, wenn die Prostituierten in persönlicher oder wirtschaftlicher Abhängigkeit ge-

halten werden oder die Prostitution durch Maßnahmen gefördert wird, die über das bloße Gewähren von Wohnung, Unterkunft oder Aufenthalt hinausgehen.

Börse
regelmäßig zu bestimmter Zeit an bestimmtem Ort stattfindender Markt für vertretbare Sachen (Waren, Devisen und Wertpapiere) und das Gebäude, das den Markt beherbergt. Das *B.-Gesetz* unterscheidet Waren *(Produkten)-B., Effekten-B.* (für den Handel mit Geld oder Wertpapieren) und *Versicherungs-B.* Träger ist in der Regel ein *B.-Verein.* An der B. werden Angebot und Nachfrage zusammengeführt und im größtmöglichen Umfang ausgeglichen.

Boykott
(engl.: boycott, urspr. Name eines geächteten irischen Gutsverwalters = Verruf, Ächtung, Abbruch der Geschäftsbeziehungen); auf Verabredung beruhender Kampfzustand, durch den jemand zu einem bestimmten Verhalten gezwungen werden soll. Kann in der Ausschließung vom Geschäftsverkehr (Liefer- und Bezugsperren) bestehen. Ist auch ein Mittel des → Arbeitskampfes (z.B. Aufruf einer Gewerkschaft, bei bestimmten → Arbeitgebern nicht mehr zu arbeiten). Der B. kann u.U. rechtswidrig sein und Schadensersatzansprüche oder Strafbarkeit begründen. B. auch in der Innen- und Außenpolitik gebräuchlich (Wahl-B., B. der Olympischen Spiele).

Brief-, Post- und Fernmeldegeheimnis
durch *Art. 10 Abs. 1 GG* garantiertes Grundrecht auf Unverletzbarkeit der Geheimhaltung von Briefen und anderen schriftlichen Mitteilungen von Person zu Person, aller anderen Postsendungen (Päckchen, Pakete) sowie des Telefon-, Telegraphen- und Fernschreibverkehrs. Der Schutz erstreckt sich auf die Tatsache des Brief- und sonstigen Postverkehrs wie auf dessen Inhalt. Das Grundrecht besteht gegenüber der Post und allen Staatsorganen. Gegenüber Privatpersonen und Amtsträgern besteht zivil- und strafrechtlicher Schutz (mit gesetzlich geregelten Ausnahmen). So werden z.B. Postbedienstete bestraft, die unbefugt dienstlich bekanntgewordene Tatsachen aus dem Post- und Fernmeldeverkehr an einen anderen weitergeben. Das unbefugte Mithören von Telefongesprächen ist für jedermann strafbar. Das B. wird durch das *Gesetz zur Beschränkung des B.* eingeschränkt (siehe Abhörgesetz, Nachrichtendienste), und auch durch die StPO.

Briefwahl
durch Wahlgesetze zugelassene Art der Stimmabgabe, die auf Antrag anstelle der eigenhändigen Abgabe des Stimmzettels im Wahllokal die Zusendung des Stimmzettels in verschlossenem Umschlag an das zuständige Wahlorgan ermöglicht.

Bringschuld
Schuld, die ausnahmsweise nicht vom Gläubiger beim Schuldner der Leistung abzuholen, sondern vom Schuldner an den Wohnsitz des Gläubigers zu bringen ist. Nur bei besonderer Vereinbarung. *Gegensatz:* Holschuld und Schickschuld.

brutto
(ital. = roh); im Rechtsverkehr insgesamt, ohne Abzüge. *(B.-Lohn, B.-Gewicht).*

Buchführung
Teil des (betrieblichen) Rechnungswesens, bei dem anhand von Belegen die Geschäftsvorgänge und Vermögensveränderungen fortlaufend aufgezeichnet werden. Ermöglicht Übersicht und Kontrolle. Für den Kaufmann besteht *Pflicht zur B.;* im Steuerrecht ergänzende Vorschriften. Wer nicht oder falsch verbucht, kann wegen Steuergefährdung bestraft werden.

Budget
(engl.: budget = Balg, Lederbeutel); andere Bezeichnung für Etat oder Haushaltsplan (→ Haushaltsrecht), den Finanzplan eines Zeitabschnitts, der über alle zu erwartenden öffentlichen Einnahmen und Ausgaben (ge-

trennt nach Bund, Ländern und Gemeinden) Auskunft gibt.

Budgetrecht
die dem Parlament (Bundestag, Landtag) vorbehaltene Befugnis, den Haushaltsplan des Staates verbindlich festzustellen. Das B. ist das wichtigste Recht des Parlaments, mit dem es die Tätigkeit der Regierung beeinflussen kann. → Haushaltsrecht.

Bundesanwaltschaft
Staatsanwaltschaft beim → Bundesgerichtshof (die Behörde heißt förmlich „Der *Generalbundesanwalt beim Bundesgerichtshof"*) sowie als Vertreter des öffentlichen Interesses beim Bundesverwaltungsgericht *(Oberbundesanwalt)* sowie beim Bundesdisziplinargericht und bei den Disziplinarsenaten des Bundesverwaltungsgerichts *(Bundesdisziplinaranwalt).*

Bundesarbeitsgericht
oberster Gerichtshof des Bundes für die → Arbeitsgerichtsbarkeit mit Sitz in Kassel. Zuständig insbes. für Revision gegen Urteile der Landesarbeitsgerichte.

Bundesausbildungsförderungsgesetz
→ Ausbildungsförderung.

Bundesbank
(Deutsche B.); bundesunmittelbare Zentralbank der Bundesrepublik Deutschland mit Sitz in Frankfurt (Bank der Banken und Staatsbank). Regelt nach dem B.-Gesetz durch ihre währungspolitischen Befugnisse (insbes. alleiniges Recht zur Ausgabe von Banknoten, Diskont- und Mindestreserve-Politik) den Geldumlauf und die Kreditversorgung der Wirtschaft mit dem Ziel der Währungssicherung; sorgt außerdem für die bankmäßige Abwicklung des Zahlungsverkehrs im Inland und mit dem Ausland. Ist von Weisungen unabhängig, jedoch verpflichtet, unter Wahrung ihrer Aufgaben die allgemeine Wirtschaftspolitik der Bundesregierung zu unterstützen. Die *Organe der B.* sind der Zentralbankrat, das Direktorium und die Vorstände der Landeszentralbanken.

Bundesbehörde
Behörde des Bundes im Gegensatz zur Landesbehörde. Oberste B. sind die Ministerien sowie gleichrangige Behörden (z.B. Bundesrechnungshof, Deutsche Bundesbank). Ferner Bundesoberbehörden (Bundesämter, Bundesanstalten) und bundeseigene Mittel-und Unterbehörden (z.B. Gesandtschaften, Konsulate, Finanzämter sowie Bahn, Post, Bundesverwaltung).

Bundesfinanzhof
oberster Gerichtshof des Bundes für die → Finanzgerichtsbarkeit mit Sitz in München. Entscheidet über die Revision gegen Urteile der Finanzgerichte und in bestimmten Fragen, die Zölle, Verbrauchsteuern und Monopolabgaben betreffen, auch unmittelbar in erster und letzter Instanz.

Bundesgebiet
Staatsgebiet der Bundesrepublik Deutschland. Es besteht aus den Gebieten der Länder, deren Gebietshoheit neben der des Bundes besteht.

Bundesgericht
Gericht des Bundes, das in bestimmten dem Gesamtstaat vorbehaltenen Angelegenheiten Recht spricht. In der Bundesrepublik Deutschland sind fünf oberste Gerichtshöfe des Bundes eingerichtet: der → Bundesgerichtshof (BGH) in Karlsruhe, das → Bundesarbeitsgericht (BAG) und das → Bundessozialgericht (BSG) in Kassel, das → Bundesverwaltungsgericht (BVerwG) in Berlin und der → Bundesfinanzhof (BFH) in München. Daneben gibt es folgende B.: das Bundespatentgericht in München, das Bundesdisziplinargericht in Frankfurt und die Truppendienstgerichte. Bundeswehrstrafgerichte für den Verteidigungsfall sind noch nicht errichtet. Eine Sonderstellung nimmt das → Bundesverfassungsgericht mit Sitz in Karlsruhe als höchstes Organ der Rechtsprechung ein.

Bundesgerichtshof
oberster Gerichtshof des Bundes für die ordentliche (Zivil- und Straf-) Gerichtsbarkeit mit Sitz in Karlsruhe (der

5. Strafsenat hat seinen Sitz in Berlin(West). Zuständig für Revisionen gegen Urteile der Oberlandesgerichte (in Zivilsachen) und der Land- und Oberlandesgerichte (in Strafsachen). Vgl. auch Abbildungen Gerichtsorganisation S. 274 und Instanzenweg in Zivil- und Strafsachen S. 275 f.

Bundesgesetzblatt
amtliches Verkündigungsblatt für Gesetze und Rechtsverordnungen des Bundes, auch der Entscheidungen des → Bundesverfassungsgerichts, die Gesetzesrang haben. Daneben veröffentlichen die → Bundesminister in ihren Amtsblättern lediglich Verwaltungsvorschriften.

Bundesgrenzschutz
Sonderpolizei (-Behörde) des Bundes, die dem Bundesminister des Innern untersteht. Der BGS hat nach dem *B.-Gesetz* die Aufgabe, das Bundesgebiet gegen unberechtigte Grenzübertritte (polizeilich) zu sichern und gegen sonstige Störungen der öffentlichen Sicherheit und Ordnung an den Grenzen zu schützen. Kann auch zum Schutz von Bundesorganen, zur Unterstützung der Polizei eines Landes (z.B. bei Naturkatastrophen), im Falle des inneren Notstands und im Verteidigungsfall eingesetzt werden.

Bundeshaushalt
Haushalt des Bundes, der die planmäßigen Einnahmen und Ausgaben für jeweils ein Rechnungsjahr enthält. Die Feststellung des Haushaltsplans erfolgt durch den → Bundestag im Haushaltgesetz.

Bundeskanzler
Mitglied der → Bundesregierung, deren Geschäfte er leitet. Bestimmt die Richtlinien der Politik der Bundesrepublik Deutschland. Seine Wahl erfolgt auf Vorschlag des → Bundespräsidenten durch den → Bundestag ohne Aussprache mit den Stimmen der Mehrheit seiner Mitglieder. Ernennung durch den Bundespräsidenten. Auf Vorschlag des B. werden die → Bundesminister ernannt und entlassen. Der B. ernennt einen Bundesminister zu seinem Stellvertreter („Vizekanzler“).

Bundeskartellamt
selbständige Bundesoberbehörde mit Sitz in Berlin. Das B. ist die → Kartellbehörde des Bundes zur Überwachung der → Kartelle.

Bundeskriminalamt (BKA)
Bundesoberbehörde (Sitz in Wiesbaden, Sicherungsgruppe in Bonn) zur Bekämpfung des Verbrechens in Zusammenarbeit mit den Länderpolizeibehörden. Das BKA wird i.d.R. nur tätig, wenn es von einer zuständigen Landesbehörde oder (in Staatsschutzsachen) vom Generalbundesanwalt ersucht wird oder der Bundesminister des Innern es anordnet. B. ist auch für den Dienstverkehr mit der ausländischen Kriminalpolizei zuständig und nationales Zentralbüro von Interpol, der internationalen kriminalpolizeilichen Kommission.

Bundesländer
Gliedstaaten eines Bundesstaates. Vom GG nur → „Länder“ genannt.

Bundesminister
neben dem → Bundeskanzler die Mitglieder der → Bundesregierung, die auf Vorschlag des Bundeskanzlers vom → Bundespräsidenten ernannt und entlassen werden. Sie leiten innerhalb der vom Bundeskanzler bestimmten Richtlinien der Politik ihren Geschäftsbereich selbständig und unter eigener Verantwortung. Vgl. auch → Minister.

Bundesnachrichtendienst (BND)
Auslandsnachrichtendienst der Bundesrepublik. Er gehört zu den „Geheimdiensten“ neben den Ämtern für Verfassungsschutz und dem Amt für Sicherheit der Bundeswehr. Untersteht dem Bundeskanzleramt. Sammelt Informationen politischer, wirtschaftlicher, technischer und militärischer Art im Ausland.

Bundespatentgericht
Bundesgericht für Patentstreitigkeiten am Sitz des Bundespatentamts in München. Entscheidet über Beschwerden gegen Beschlüsse des Patentamts in Patent-, Gebrauchsmuster- und Warenzeichensachen. Berufsrichter können auch sog. technische Mitglieder sein.

Bundespräsident
Staatsoberhaupt der Bundesrepublik Deutschland. Dient der Wahrung der Einheit des Staates; hat hpts. repräsentative Aufgaben; fast alle Anordnungen und Verfügungen des B. bedürfen zu ihrer Gültigkeit der Gegenzeichnung durch den Bundeskanzler oder den zuständigen Minister.
I. *Wahl:* erfolgt auf 5 Jahre (mit einmaliger Wiederwahlmöglichkeit) durch die Bundesversammlung, die aus den Mitgliedern des Bundestages und einer gleichen Zahl von Mitgliedern, die von den Volksvertretungen der Länder gewählt werden, besteht. Stellvertreter ist der jeweilige Bundesratspräsident.
II. *Hauptaufgaben und -befugnisse:*
1. Vertritt die Bundesrepublik Deutschland völkerrechtlich, schließt im Namen des Bundes Verträge mit auswärtigen Staaten ab, beglaubigt und empfängt die Gesandten.
2. Fertigt die Gesetze aus und verkündet sie im → Bundesgesetzblatt. Kann den → Bundestag auflösen, wenn der → Bundeskanzler nicht mit der Mehrheit der Bundestagsmitglieder, sondern erst im dritten Wahlgang nur mit einfacher → Mehrheit gewählt wird und im Zusammenhang mit der → Vertrauensfrage. Kann mit Zustimmung des → Bundesrates für eine Gesetzesvorlage den → Gesetzgebungsnotstand erklären.
3. Ernennt und entläßt den Bundeskanzler, die Bundesminister, die Bundesrichter, die Bundesbeamten und die Offiziere und Unteroffiziere. Übt das Recht der → Begnadigung für den Bund aus.

Bundesrat
Organ des Bundes, durch das die Länder an der Gesetzgebung und Verwaltung des Bundes mitwirken. Besteht aus weisungsabhängigen Mitgliedern der Landesregierungen. Entsprechend ihrer Einwohnerzahl haben die Länder 3, 4 oder 5 Stimmen, die jeweils nur einheitlich abgegeben werden können. B. hat das Recht zur Gesetzesinitiative (→ Initiativrecht); ein Teil der Gesetze bedarf seiner Zustimmung (→ Zustimmungsgesetz), bei den übrigen kann er Einspruch erheben (→ Einspruchsgesetz), der aber vom Bundestag zurückgewiesen werden kann (→ Gesetzgebungsverfahren); wirkt bei Durchführung des Bundeszwanges und bei Erklärung des Gesetzgebungsnotstandes mit.
Wählt aus seiner Mitte für jeweils 1 Jahr den Präsidenten (in der Praxis wechseln sich die Regierungschefs der Länder entsprechend der Einwohnerzahl ab). Der Präsident des B. vertritt den → Bundespräsidenten, falls dieser verhindert ist (vgl. auch → Parlament und Abbildung Gesetzgebungsverfahren S. 272 f.).

Bundesrecht
im Gegensatz zum Landesrecht jede von Rechtsetzungsorganen des Bundes erlassene Rechtsnorm sowie das als B. fortgeltende Recht des Deutschen Reiches. B. bricht Landesrecht, d.h. daß jegliches B. (auch Rechtsverordnungen) jeglichem Landesrecht vorgeht.

Bundesregierung
(vgl. auch → Regierung); besteht aus dem → Bundeskanzler und den → Bundesministern.

Bundesrepublik Deutschland
Zusammenschluß der westdeutschen Länder zu einem Bundesstaat in der Form einer Republik. Ihre Verfassung ist das *Grundgesetz vom 23.5.1949,* das in *Art. 20 Abs. 1* bestimmt, daß die Bundesrepublik ein demokratischer und sozialer → Bundesstaat ist. Die Bundesrepublik besteht heute aus 11 Bundesländern (→ Länder).

Bundesrichter
Richter an einem → Bundesgericht.

Bundessozialgericht
oberster Gerichtshof des Bundes für die → Sozialgerichtsbarkeit mit Sitz in Kassel. Entscheidet über Revisionen und Sprungrevisionen gegen Urteile der Landessozialgerichte und der Sozialgerichte in Streitigkeiten über die → Sozialversicherung, die → Arbeitslosenversicherung, die Kriegsopfer- und Soldatenversorgung und Angelegenheiten nach dem Schwerbehindertengesetz.

Bundesstaat
staatsrechtliche Verbindung von Staaten (Ländern), durch die ein neuer Staat entsteht. Die Gliedstaaten verlieren einen Teil ihrer Souveränität, behalten aber ihre Eigenstaatlichkeit und bilden zusammen mit dem Zentralstaat den Gesamtstaat (z.B. Länder + Bund = Bundesrepublik Deutschland). Die Staatsgewalt wird zwischen dem Zentralstaat und den Gliedstaaten aufgeteilt. Beide sind verpflichtet, aufeinander Rücksicht zu nehmen und sich gegenseitig zu unterstützen (Grundsatz der → Bundestreue). *Gegensatz:* → Staatenbund.

Bundestag
(Deutscher B.); die Volksvertretung der Bundesrepublik Deutschland; besteht aus den auf 4 Jahre in allgemeiner, unmittelbarer, freier, gleicher und geheimer Wahl gewählten 518 Abgeordneten, wobei die 22 Berliner Abgeordneten vom Abgeordnetenhaus in Berlin(West) gewählt werden. Als Vertreter des ganzen Volkes sind Abgeordnete an Weisungen und Aufträge nicht gebunden, sondern nur ihrem Gewissen unterworfen.
Hauptaufgaben und -befugnisse:
1. *Gesetzgebung:* B. kann aus seiner Mitte Gesetzesentwürfe einbringen (Initiativrecht). Er beschließt die Bundesgesetze (z.T. nur mit Zustimmung des Bundesrates); ferner Zustimmung bzw. Mitwirkung bei völkerrechtlichen Verträgen, welche die politischen Beziehungen des Bundes regeln oder sich auf Gegenstände der Bundesgesetzgebung beziehen.
2. Mitwirkung bei der Bestellung von Bundesorganen: Wahl des Bundeskanzlers, konstruktives Mißtrauensvotum, direkte oder indirekte Beteiligung an der Wahl der Mitglieder des Bundesverfassungsgerichts, der oberen Bundesgerichte und des Bundespräsidenten.
3. Feststellung des Haushaltsplanes und Entgegennahme der Rechnungsprüfung.
4. Kontrolle der Regierung durch Anfragen und Einsetzung von parlamentarischen Untersuchungsausschüssen. Die Entscheidungen des Plenums (Vollversammlung) werden in Fachausschüssen vorbereitet. B. wählt seinen Präsidenten und mehrere Stellvertreter, die die Sitzungen des B. leiten. Auflösung des B. ist nur nach erfolglos gestellter → Vertrauensfrage möglich. Vgl. auch Abbildung Gesetzgebungsverfahren S. 272 f.

Bundestreue
Treue der Bundesländer zum Bund, als verfassungsrechtlicher Grundsatz anerkannt. Im Bundesstaat Bundesrepublik Deutschland sind der Gesamtstaat und die Gliedstaaten (→ Länder) einander wechselseitig zu vertrauensvoller Zusammenarbeit und zur Einhaltung der Kompetenzverteilung nach dem GG verpflichtet.

Bundesverfassungsgericht
höchstes Organ der Verfassungsgerichtsbarkeit und zugleich der gesamten Rechtsprechung in der Bundesrepublik Deutschland mit Sitz in Karlsruhe. Gleichzeitig → Verfassungsorgan, das allen übrigen Verfassungsorganen gegenüber selbständig und unabhängig ist („oberster Hüter der Verfassung"). Besteht als „Zwillingsgericht" aus zwei selbständigen Senaten mit unterschiedlichen Zuständigkeiten. Zuständig u.a. für Organstreitigkeiten, → Normenkontrollklagen, → Verfassungsbeschwerden, → Parteiverbote, → Richteranklagen. Die 16 Mitglieder des B. werden je zur Hälfte vom Bundestag und vom Bundesrat auf 12 Jahre gewählt; keine Wiederwahl möglich. Seine Entscheidungen binden die Verfassungsorgane des Bundes und der Länder sowie alle Gerichte und Behörden. Entscheidungen im Normenkontrollverfahren haben Gesetzeskraft.

Bundesverkehrszentralregister
→ Verkehrszentralregister.

Bundesversammlung
Bundesorgan, das nur für die Wahl des Bundespräsidenten zuständig ist. Besteht aus den Mitgliedern des → Bundestags und einer gleichen Zahl von

Mitgliedern, die von den Landtagen durch Verhältniswahl gewählt werden.

Bundesverwaltungsgericht
oberster Gerichtshof des Bundes in der → Verwaltungsgerichtsbarkeit mit Sitz in Berlin(West). Es entscheidet vor allem über die Revision in Verwaltungssachen gegen Urteile der Oberverwaltungsgerichte (Verwaltungsgerichtshöfe) und der Verwaltungsgerichte, im ersten und letzten Rechtszug auch über öffentlich-rechtliche Streitigkeiten nicht verfassungsrechtlicher Art zwischen Bund und Ländern oder zwischen Ländern sowie über Verbote nach dem Vereinsgesetz. Für Disziplinarsachen sind Disziplinarsenate gebildet (→ Disziplinargerichte).

Bundeswehr
Gesamtheit der Einrichtungen zur militärischen Landesverteidigung. Gliedert sich in die Streitkräfte (Heer, Luftwaffe, Marine) einschl. Sanitäts- und Gesundheitsdienst und die *B.-verwaltung*. Die Befehls- und Kommandogewalt über die Streitkräfte hat der Bundesminister der Verteidigung; mit der Verkündung des → Verteidigungsfalles geht sie auf den Bundeskanzler über.

Bundeszentralregister
→ Strafregister (Sitz Berlin), das vom Generalbundesanwalt zentral für die gesamte Bundesrepublik Deutschland geführt wird.
B. wird ergänzt durch ein *Erziehungsregister,* in das bestimmte jugend- und vormundschaftsgerichtliche Entscheidungen aufgenommen werden, die nicht den Charakter einer Strafe haben. Eintragungen im Erziehungsregister braucht der Betroffene nicht zu offenbaren. Sie werden nach Vollendung des 24. Lebensjahres entfernt, falls nicht im Strafregister eine Verurteilung zu einer Freiheitsstrafe, Strafarrest, Jugenstrafe oder einer freiheitsentziehenden Maßregel der Besserung und Sicherung eingetragen ist.

Bundeszwang
Zwangsgewalt, die dem Bund (Bundesregierung mit Zustimmung des Bundesrates) zusteht, um ein Land, das die ihm nach dem GG oder den Bundesgesetzen gegenüber dem Bund obliegenden Pflichten nicht erfüllt, zu deren Erfüllung anzuhalten. Der Bund kann insbes. Beanstandungen erheben, einen Bundeskommissar entsenden, Weisungen erteilen und durch den Bundesrat förmlich die Rechtsverletzung feststellen lassen. B. bedeutet nicht Einsatz der Bundeswehr oder Auflösung des Landes.

Bürge
derjenige, der sich gegenüber dem Gläubiger eines Dritten vertraglich verpflichtet, für die Verbindlichkeiten des Dritten (des Hauptschuldners) einzustehen (→ Bürgschaft).

Bürgerliches Gesetzbuch (BGB)
am *1.1.1900* in Kraft getretenes Gesetz, das in 2385 Paragraphen das → bürgerliche Recht in seinen wesentlichen Teilen regelt (allgemeiner Teil, Schuldrecht, Sachenrecht, Familienrecht, Erbrecht).

bürgerliches Recht
auch Zivil- oder Privatrecht genannt; umfaßt die Rechtssätze, die sich auf die Rechtsverhältnisse der einzelnen Bürger zueinander beziehen. Hauptquelle ist das → Bürgerliche Gesetzbuch. Vgl. auch → Privatrecht. Das b.R. steht im Gegensatz zum → öffentlichen Recht.

Bürgschaft
Vertrag, durch den sich der eine Teil (→ Bürge) gegenüber dem Gläubiger eines Dritten (des Schuldners) einseitig verpflichtet, für die Erfüllung der Verbindlichkeiten des Dritten einzustehen. Die Verpflichtung bedarf der Schriftform. Die Inanspruchnahme durch den Gläubiger kann der Bürge verweigern, solange der Gläubiger nicht zunächst eine Zwangsvollstreckung gegen den Dritten erfolglos versucht hat (= *Einrede der Vorausklage).* Die B. erlischt, wenn die Hauptschuld nicht mehr besteht (z.B. durch Erfüllung, Erlaß, Aufrechnung usw.).

Buße
allgemein die für eine rechtliche Schuld zu leistende Sühne.

I. Im *Strafrecht* Geldleistung an eine gemeinnützige Einrichtung oder an die Staatskasse in Bagatellstrafsachen.
II. Im *Ordnungswidrigkeitenrecht,* vor allem im Straßenverkehrsrecht, → Bußgeld.

Bußgeld
Geldbuße, die bei einer → Ordnungswidrigkeit verhängt werden kann. Beträgt zwischen 5 und 1 000 Mark und wird von der Verwaltungsbehörde durch *B.-Bescheid* festgelegt. Gegen ihn ist Einspruch an das Amtsgericht möglich.

Bußgeldkatalog
von der Verwaltungspraxis erarbeitete Übersicht über Verwarnungen und Bußgelder bei den verschiedenen Ordnungswidrigkeiten im Straßenverkehrsrecht.

C

Charta
(lat. = Pergament, Urkunde); in der *Verfassungsgeschichte* soviel wie Staatsgrundgesetz, im *Völkerrecht* Satzung internationaler Organisationen (C. der Vereinten Nationen), sonst grundsätzliche Erklärung (Atlantik-C., C. der Heimatvertriebenen).

common law
(engl. = gemeines Recht); größter Teil des englischen Rechts, der kein Gesetzesrecht, sondern ungeschriebenes Gewohnheitsrecht ist, das an Einzelfällen und Entscheidungssammlungen von Gerichten entwickelt wurde. C.l. auch in den USA und den meisten anderen englischsprachigen Ländern.

conditio (condicio)
(lat. = Übereinkunft, Zustand, Bedingung); im deutschen Rechtsverkehr „Kondition", Bedingung (z.B. die einem Rechtsgeschäft hinzugefügte Bedingung). Eine c. *sine qua non* ist eine Bedingung, die nicht hinweggedacht werden kann, ohne daß der eingetretene Erfolg entfiele (→ Kausalität).

Copyright
(engl. = Recht auf Vervielfältigung); in englischsprachigen Ländern das → Urheberrecht an Werken der Literatur; in der Bundesrepublik Deutschland gebräuchlich in der Form des ©-Vermerks in Schriftwerken und Filmen (Fernsehen), entsprechend dem Welturheberrechtsabkommen (Berner Übereinkunft), das jedes Werk schützt, wenn es das Ergebnis einer schöpferischen Geistestätigkeit ist.

corpus delicti
(lat. = Gegenstand der Straftat); i.w.S. alle äußerlich wahrnehmbaren Merkmale eines Verbrechens; i.e.S. die verletzte Person (z.B. die Leiche) oder Sache (z.B. die Tatwaffe) als Beweisgegenstand bzw. Überführungsstück.

culpa in contrahendo
(lat. = Verschulden bei Vertragsschluß); Haftung für die schuldhafte Verletzung einer Pflicht (z.B. Obhutspflicht, Auskunftspflicht), die schon bei Eintritt in Vertragsverhandlungen durch ein vertragsähnliches Vertrauensverhältnis entsteht.
Beispiel: Kunde verletzt sich im Kaufhaus, als er auf einer Bananenschale ausrutscht. Der Geschädigte hat auch ohne Zustandekommen eines Vertrags einen Anspruch auf Schadensersatz.

D

Darlehen
Vertrag über die Hingabe von Geld oder anderen vertretbaren Sachen mit der Vereinbarung, daß der Empfänger das Geld oder Sachen gleicher Art, Güte und Menge zurückerstattet. Im allgemeinen Sprachgebrauch wird unter D. ein langfristig gewährter (zinsloser oder verzinslicher) Kredit verstanden; oft persönlich (z.B. durch Bürgschaft) oder sachlich (→ Hypothek, → Grundschuld) gesichert.

Daten
(lat.: data, Mz. von datum = das Gegebene, gegeben); früher Zeitangaben, heute sach- und personenbezogene Einzelangaben, die aus Urkunden, Beobachtungen, wissenschaftlichen Experimenten und Statistiken gewonnen werden. D. können in Karteien oder elektronischen *D.-Trägern* (Dateien, D.-Banken oder anderen D.-Verarbeitungsanlagen) erfaßt oder verarbeitet werden.

Datenschutz
Maßnahmen zum Schutz von Personen und Gruppen vor Mißbrauch ihrer → Daten bei der Datenverarbeitung. Das *Bundesdatenschutzgesetz* regelt (nicht umfassend) Voraussetzungen und Grenzen der Erhebung, Speicherung, Weitergabe und Verwertung von Daten mit Hilfe elektronischer Datenverarbeitungsanlagen *(EDV)*. Für die in der Erfassung und Verarbeitung von Daten Beschäftigten besteht Geheimhaltungspflicht, für die Betroffenen ein Recht auf Auskunft und bei Unrichtigkeit gespeicherter Daten auf Berichtigung bzw. auf Sperrung oder Löschung. Die *Einhaltung des D.* wird durch *D.-Beauftragte* überwacht. Unbefugte Verwertung von Daten ist strafbar.

Dauerarrest.
→ Jugendarrest.

DDR
→ Deutsche Demokratische Republik.

de facto
(lat.: de = hinsichtlich, gemäß; factum = Tatsache); den Tatsachen nach, gleichgültig, ob diese rechtlich (de iure) begründet sind.

de iure
(lat.: de = hinsichtlich, gemäß; ius = Recht); rechtlich betrachtet, dem Rechte nach; im Gegensatz zu → de facto.

Delikt
(lat.: delictum = Vergehen, Verfehlung); im *Strafrecht* eine mit öffentlicher Strafe bedrohte Handlung (→ Straftat); im *Privatrecht* ein Verhalten, das zu einer Schadensersatzpflicht führt (→ unerlaubte Handlung).

Deliktsfähigkeit
allgemein die Fähigkeit, schuldhaft ein Delikt zu begehen. Beginnt im Zivilrecht mit dem vollendeten 18. Lebensjahr. Für einen durch eine unerlaubte Handlung begangenen Schaden ist nicht verantwortlich *(deliktunfähig)*, wer das 7. Lebensjahr noch nicht vollendet hat und wer im Zustand der nicht selbst verschuldeten Bewußtlosigkeit oder in einem die freie Willensbestimmung ausschließenden Zustand krankhafter Störung der Geistestätigkeit handelt. Wer das 7., aber noch nicht das 18. Lebensjahr vollendet hat oder taubstumm ist, ist nur dann verantwortlich, wenn er bei Begehung der schädigenden Handlung schon die zur Erkenntnis der Verantwortlichkeit erforderliche Einsicht hatte. Im Strafrecht → Schuldfähigkeit, speziell im Jugendstrafrecht → Strafmündigkeit.

Demokratie
(griech.: demos = Volk, kratos = Herrschaft); Staatsform, in der das gesamte Volk Träger der Staatsgewalt ist (→ Volkssouveränität), indem es sie entweder durch Wahlen und Abstimmungen selbst ausübt (*unmittelbare D.;* Volksbegehren, Volksentscheid; nur noch in wenigen kleinen Kantonen der Schweiz und für bestimmte Fälle auch in einigen Bundesländern) oder sich von Abgeordneten vertreten läßt (*mittelbare, repräsentative oder parlamentarische D.;* heute fast überall). Wesensmerkmale einer *repräsentativen D.* sind: Volksvertretung, die aus freien, allgemeinen und gleichen Wahlen hervorgeht und sich in regelmäßigen, im voraus bestimmten Abständen erneuten Wahlen stellen muß, freie politische Meinungsäußerung, Opposition, Mehrheitsentscheidungen, → Grundrechte und → Gewaltenteilung.

Demonstration
(lat.: demonstrare = zeigen); Kundgabe von Meinungen und Forderungen in der Form von Umzügen oder Versammlungen unter freiem Himmel; durch die Grundrechte der Meinungs- und Versammlungsfreiheit gesichert und begrenzt (vom Versammlungsgesetz nicht als D., sondern als *Versammlung und Aufzug* bezeichnet).

Demonstrationsrecht
I. Die Freiheit, eine Demonstration zu veranstalten oder daran teilzunehmen (→ Versammlung, → Versammlungsfreiheit).
II. Die Gesamtheit der Rechtssätze, die die Demonstration betreffen *(Art. 5 und 8 GG, Versammlungsgesetz* sowie das sogenannte *Demonstrationsstrafrecht,* auf das der Begriff fälschlich oft verengt wird). Das *Demonstrationsstrafrecht* umfaßt die Straftaten, die häufig im Zusammenhang mit Demonstrationen begangen werden. Strafbar sind insbes. die Störung von Demonstrationen, die Abhaltung verbotener oder nicht angemeldeter Demonstrationen, das Mitführen von Waffen, das Tragen von Uniform (Ausn. für Jugendverbände möglich) sowie → Widerstand gegen die Staatsgewalt und → Landfriedensbruch. Eine Ordnungswidrigkeit begeht, wer sich einer öffentlichen Ansammlung anschließt oder sich nicht aus ihr entfernt, obwohl ein Hoheitsträger die Menge dreimal rechtmäßig aufgefordert hat, auseinanderzugehen. Nicht verboten sind passive Bewaffnung und Vermummung (die allerdings im Einzelfall von der Verwaltungsbehörde untersagt werden können).

Deutsche Bundesbank
→ Bundesbank.

Deutsche Demokratische Republik
1949 auf dem Gebiet der sowjetischen Besatzungzone errichteter Teilnachfolgestaat des Deutschen Reiches. Die DDR ist ein sozialistischer Staat ohne Gewaltenteilung und Föderalismus mit einer Einheitspartei (SED) und zentraler Planwirtschaft. Die wichtigsten Staatsorgane sind der Staatsrat, der Ministerrat und die Volkskammer. Vgl. auch → Volksdemokratie.

Deutscher Gewerkschaftsbund (DGB)
1949 in München gegründeter Spitzenverband von 17 Einzelgewerkschaften mit Sitz in Düsseldorf *(Einheitsgewerkschaft).* Gegliedert in 9 Landesbezirke, die in Kreis- und Ortsausschüsse unterteilt sind. Die *Einzelgewerkschaften* (→ Gewerkschaft, arbeitsrechtliche) sind – vor allem in der Tarifpolitik – selbständig.

Deutscher i.S. des GG
im Sinne des GG Person, die die deutsche Staatsangehörigkeit besitzt oder als Flüchtling oder Vertriebener deutscher Volkszugehörigkeit oder als dessen Ehegatte oder Abkömmling im Gebiet des Deutschen Reiches nach dem Stand vom 31.12.37 Aufnahme gefunden hat. Obwohl die DDR von einer eigenen Staatsbürgerschaft der DDR ausgeht, gilt die deutsche Staatsangehörigkeit nach der in der Bundesrepublik Deutschland vertretenen Auffassung weiterhin einheitlich für die Bun-

desrepublik Deutschland und die DDR, so daß jeder Bürger der DDR, der in den Schutzbereich der Bundesrepublik Deutschland gelangt, wie jeder Bürger der Bundesrepublik Deutschland als Deutscher i.S. des GG zu behandeln ist.

Deutsches Reich

Bezeichnung für verschiedenartige verfassungsrechtliche Organisationsformen der Deutschen.
I. *Das alte D.R.:* der deutsche Staat von 911–1806, seit dem 15. Jahrhundert als Heiliges Römisches Reich Deutscher Nation bezeichnet.
II. *Der deutsche Staat von 1871–1945* (1871–1918 Kaiserreich, 1918–1933 Weimarer Republik, 1933–1945 Drittes Reich). Wird als in zwei staatlichen Teilordnungen (Bundesrepublik Deutschland und Deutsche Demokratische Republik) fortbestehend angesehen. *Altes Reichsrecht* gilt in der Bundesrepublik Deutschland nach *Art. 123 Abs. 1 GG* fort, z.T. als Bundes- z.T. als Landesrecht.

Devisen

Ansprüche auf Zahlung in fremder Währung an ausländischen Plätzen in Form von Guthaben und Forderungen bei ausländischen Banken sowie im Ausland zahlbarer Wechsel und Schecks. D. können ganz oder teilweise bewirtschaftet, d.h. staatlicher Lenkung unterworfen werden, in der Bundesrepublik Deutschland herrscht jedoch die freie Konvertierbarkeit (engl.: to convert = umwenden, umkehren, wechseln). Jedoch können D.-Börsen auf Anordnung der Bundesregierung nach Anhörung der Deutschen Bundesbank vorübergehend geschlossen werden, wenn eine erhebliche Marktstörung droht. Verstöße gegen Rechtsverordnungen, die den D.-Verkehr regeln, können als Straftaten oder Ordnungswidrigkeiten geahndet werden.

d'Hondtsches Höchstzahlverfahren

von dem Belgier d'Hondt entwickeltes Berechnungssystem zur Sitzverteilung eines Parlaments im Rahmen einer Verhältniswahl. Dabei werden die für die einzelnen Listen abgegebenen Stimmen (z.B. 66 000, 120 000, 90 000 nacheinander durch 1, 2, 3 usw. geteilt (A 66 000 B 120 000, C 90 000, A 33 000, B 60 000, C 45 000, A 22 000, B 40 000, C 30 000). Von den so gewonnenen Zahlen wird der Reihe nach jeweils die höchste berücksichtigt, und zwar so viele Male wie Sitze zu vergeben sind. Für jede berücksichtigte Höchstzahl erhält die betreffende Partei einen Sitz (bei 6 Sitzen erhält B den 1., C den 2., A den 3., B den 4., C den 5. und B den 6., d.h. A erhält 1, B 3 und C 2 Sitze).Dieses Verfahren ist in der Bundesrepublik Deutschland inzwischen weitgehend durch das von Hare und Niemeyer ersetzt worden; vgl. auch → Wahlsystem.

Diäten

(frz.: diète = tagende Versammlung); Entschädigung der Parlamentsabgeordneten und Ersatz ihrer durch das Mandat veranlaßten Aufwendungen. Umfassen Geld- und Sachleistungen, z.B. Kostenpauschale für Büro und Reisen sowie freie Bahnfahrt.

Diebstahl

Straftat, die begeht, wer einem anderen eine fremde bewegliche Sache wegnimmt, in der Absicht, sie sich rechtswidrig zuzueignen. Erhöhte Strafdrohungen gelten für die im Strafgesetzbuch genannten besonders schweren Fälle des *Einbruch-, Einstieg-*oder *Nachschlüssel-D.,* des *gewerbsmäßigen D.,* des *Kirchen-D.,* des *D. mit Waffen* und des *Banden-D. D. gegen Angehörige* und *Entwendung geringwertiger Gegenstände* werden nur auf Strafantrag des Bestohlenen verfolgt. Vgl. auch → Unterschlagung, → räuberischer D., → Raub.

Dienst

Tätigkeit, Leistung für einen anderen oder für eine Gemeinschaft, innerhalb oder außerhalb des Berufs (→ D.-Vertrag). *Auswärtiger D.* ist die Tätigkeit in auswärtigen Angelegenheiten *(diplomatischer D.). Öffentlicher D.* ist jede Tätigkeit bei einer Behörde des Bundes, der Länder, Gemeinden und Gemeindeverbände sowie einer sonstigen juristischen Person des öffentlichen Rechts. Das Recht des öffentlichen D. ist für Beamte, Angestellte und Arbeiter vor allem in den Beamtengesetzen und Tarifverträgen geregelt. D. auch in der Bundeswehr.

Dienstaufsicht

Aufsichts- und Weisungsbefugnis der höheren gegenüber der nachgeordneten Behörde und des Vorgesetzten gegenüber den ihm unterstellten Beamten und sonstigen Angehörigen des öffentlichen Dienstes. Sie umfaßt die Beobachtung und die Beanstandung einer Tätigkeit, die Anleitung und die Anweisung zu einer Tätigkeit sowie deren ersatzweise Vornahme; bei schuldhaften Dienstpflichtverletzungen auch das Recht zu → Disziplinarmaßnahmen. Gegen Maßnahmen der D. sind grds. nur die formlosen Rechtsbehelfe der Gegenvorstellung und der Beschwerde und nicht der Verwaltungsrechtsweg zulässig.

Dienstaufsichtsbeschwerde

an die übergeordnete, die Dienstaufsicht ausübende Behörde gerichtete Anregung zur Nachprüfung oder zum Einschreiten hinsichtlich des persönlichen Verhaltens eines Beamten (D. i.e.S.) oder des sachlichen Inhalts einer behördlichen Maßnahme *(Aufsichtsbeschwerde)*. Sie ist ein formloser Rechtsbehelf, der von jedermann (nicht nur von dem Beschwerten) ohne Einhaltung einer Frist erhoben werden kann. Auf Grund des vom GG garantierten → Petitionsrechts ist die Aufsichtsbehörde verpflichtet, die D. entgegenzunehmen, sich sachlich mit ihr zu befasseen und sie zu beantworten; der Bescheid muß erkennen lassen, daß eine sachliche Prüfung stattgefunden hat und ob etwas veranlaßt wurde, braucht jedoch nicht begründet zu werden.

Dienstbarkeit

beschränktes → dingliches Recht an einem Grundstück (bzw. beim Nießbrauch auch an beweglichen Sachen und Rechten). Es beschränkt den Eigentümer in der Nutzung einer Sache oder in der Ausübung seiner Rechte zu Gunsten einer beschränkten Nutzung durch eine andere Person (z.B. Recht, einen Weg über ein anderes Grundstück zu benutzen). D. sind die → Grunddienstbarkeit, der → Nießbrauch und die *beschränkte persönliche D.* (entspricht der Grunddienstbarkeit, steht jedoch einer *bestimmten* Person zu, nicht dem *jeweiligen* Eigentümer eines Grundstücks).

Dienstbezüge

die mit seinem Amt verbundene Besoldung des Beamten. Ist nicht Entgelt für geleistete Dienste, sondern soll dem Beamten und seiner Familie einen angemessenen, seinem Amt gemäßen Lebensunterhalt sichern *(Alimentationstheorie)*. D. bestehen aus Grundgehalt (je nach Besoldungsgruppe und Dienstaltersstufe), Ortszuschlag und in besonderen Fällen Zulagen.

Dienstherr

Anstellungskörperschaft eines Beamten (z.B. Bund, Land, Gemeinde). Zu unterscheiden vom Dienstvorgesetzen, der als Vertreter des D. für beamtenrechtliche Entscheidungen in persönlichen Angelegenheiten des Beamten (z.B. Urlaub, Disziplinarmaßnahmen) zuständig ist.

Dienstrecht

im *öffentlichen Recht* das Recht der Beamten und der Angestellten und Arbeiter im öffentlichen Dienst; im *Privatrecht* das Dienstvertragsrecht und das Arbeitsrecht.

Dienstvertrag

gegenseitiger → Vertrag, bei dem sich der eine Teil *(Dienstverpflichteter)* zur Leistung eines Dienstes, der andere Teil *(Dienstberechtigter, Dienstherr)* zur Entrichtung der vereinbarten Vergütung verpflichtet. Ein Unterfall ist der → Arbeitsvertrag. Im Gegensatz zum → Werkvertrag wird hier nur das Tätigwerden, nicht ein bestimmter Erfolg, gefordert. Der D. endet durch Zeitablauf oder durch Kündigung.

Differenzierungsklausel
(lat.: differentia = Verschiedenheit; clausula = Schlußsatz); unzulässige Klausel eines Tarifvertrages, die den Arbeitgeber verpflichtet, den tarifgebundenen Arbeitnehmern höhere Leistungen zu gewähren als den nicht tarifgebundenen, bzw. tarifvertragliche Leistungen überhaupt nur an organisierte Arbeitnehmer zu erbringen.

Diktatur
(lat.: dictare = vorsagen, vorschreiben); die uneingeschränkte Ausübung der gesamten Staatsgewalt durch einen einzelnen, wenige oder eine bestimmte Klasse oder Gruppe (Partei, Militär) unter Ausschaltung der Gewaltenteilung mit der Neigung zu Willkür.

dingliches Recht
das gegenüber jedermann wirkende Recht einer Person zur unmittelbaren Herrschaft über eine Sache; beim Eigentum grds. unbeschränkt.

Disagio
(ital. = Abschlag, Abgeld); Differenz zwischen dem tatsächlichen Ausgabebetrag und dem Nennbetrag, den der Schuldner zurückzahlen muß, bei Bankdarlehen und Anleihen gebräuchlich, bei Aktien nicht erlaubt. Im Gegensatz dazu Agio, der Betrag, der bei Ausgabe von Aktien über dem Nennwert gezahlt wird.

Diskont
(ital.: disconto = Abzug); Zins, der bei noch nicht fälligen Zahlungen, insbes. beim Ankauf von Wechseln, von der Bank oder vom Gläubiger abgezogen wird. Zugrunde gelegt wird der von der Bundesbank festgesetzte *D.-Satz*.

Dissens
(lat.: dissentire = nicht übereinstimmen, abweichen); beim Vertragsschluß die objektive Nichtübereinstimmung der Erklärungen der Vertragsparteien (Einigungsmangel). Solange die Parteien sich nicht über alle Punkte eines Vertrages geeinigt haben, über die nach der Erklärung auch nur einer Partei eine Vereinbarung getroffen werden soll, ist im Zweifel der Vertrag nicht geschlossen *(offener D.)*. Dagegen *versteckter D.* wenn sich Willenserklärungen zwar äußerlich entsprechen, die Parteien sich aber unterschiedliche Vorstellungen über ihren Inhalt gemacht haben; z.B. Preis in Francs, einer meint französische, der andere belgische. Hier gilt der Vertrag, jedoch nur dann, wenn anzunehmen ist, daß er auch ohne Einigung über diesen Punkt geschlossen worden wäre.

dissenting opinion
auch dissenting vote; (engl. = abweichende Stellungnahme bzw. Abstimmung); die von der Mehrheitsentscheidung abweichende Entscheidung eines überstimmten Richters. Ihre Bekanntgabe ist in der Bundesrepublik Deutschland nur beim Bundesverfassungsgericht zugelassen, ansonsten verbietet sie das Beratungsgeheimnis.

Disziplinargerichte
(lat.: disciplina = Zucht, Ordnung); besondere Verwaltungsgerichte, die für die Verhängung von schwerwiegenden Disziplinarmaßnahmen zuständig sind. Auf Bundesebene in erster Instanz das *Bundesdisziplinargericht* in Frankfurt /M., in zweiter Instanz das Bundesverwaltungsgericht (besondere Disziplinarsenate), auf Landesebene in erster Instanz Disziplinarkammern bzw. Dienststrafkammern, in zweiter Instanz Disziplinar- bzw. Dienststrafhöfe. Für Richter bestehen besondere Dienstgerichte.

Disziplinarmaßnahme
Maßnahme, die als Rechtsfolge eines Dienstvergehens nach der Bundesdisziplinarordnung und den Disziplinar-(Dienststraf-)Ordnungen der Länder zulässig ist. Zu den D. gehören im Bund und in den Ländern: Verweis, Geldbuße (bis zur Höhe der Dienstbezüge für einen Monat), Gehaltskürzung (um höchstens ein Fünftel und auf längstens 5 Jahre), Versetzung in ein Amt derselben Laufbahn mit geringerem Endgrundgehalt, Entfernung aus dem Dienst mit Verlust des Anspruchs auf Dienstbezüge und Versorgung sowie der Befugnis, die Dienstgradbe-

zeichnung zu führen. In manchen Bundesländern zusätzlich: Warnung, Versagung des Aufsteigens im Gehalt (zugleich Beförderungsverbot), Einstufung in eine niedrigere Dienstaltersstufe. Mißbilligende Äußerungen des Dienstvorgesetzten, die nicht ausdrücklich als Warnung oder Verweis bezeichnet werden (Zurechtweisungen, Ermahnungen, Rügen u.ä.) sind keine D. Warnung, Verweis und Geldbuße können von den Dienstvorgesetzten durch Disziplinarverfügung, schwerere D. nur von den → Disziplinargerichten in förmlichen Disziplinarverfahren ausgesprochen werden.

Disziplinarrecht
Recht der Dienstvergehen, d.h. der schuldhaften Verletzungen der Beamten- und Soldatenpflichten und ihrer Ahndung. Geregelt in den Beamtengesetzen und Disziplinarordnungen des Bundes und der Länder. D. gehört als Teil des Beamtenrechts zum Verwaltungsrecht, nicht zum Strafrecht, so daß für Disziplinarmaßnahmen nicht der Grundsatz ne bis in idem gilt, d.h. daß eine disziplinarische Ahndung (außer durch Verweis) auch *neben* einer strafrechtlichen zulässig ist.

Doppelehe
→ Bigamie.

Dreiteilung der Gewalten
→ Gewaltenteilung.

Drittwirkung der Grundrechte
Geltung der Grundrechte nicht nur im Verhältnis Bürger – Staat, für das sie eigentlich geschaffen sind, sondern auch im Verhältnis der Bürger untereinander. Eine *unmittelbare D.d.G.* ordnet das GG nur zum Schutz der → Koalitionsfreiheit an; *mittelbar* wirken die Grundrechte jedoch auf das übrige Recht, insbes. durch die → Generalklauseln ein (z.B. Nichtigkeit eines Rechtsgeschäfts, das gegen die „guten Sitten" verstößt).

Drohung
das Ankündigen eines vom Willen des Drohenden abhängigen Übels für den Fall, daß der Bedrohte sich nicht dem Verlangen des Drohenden fügt. Im *Strafrecht* ist dies Tatbestandsmerkmal verschiedener Delikte, z.B. Nötigung, Erpressung, Vergewaltigung; im *Zivilrecht* kann eine D. die Anfechtung einer Willenserklärung begründen.

Duldung
wissentliches Geschehenlassen und damit stillschweigendes Anerkennen eines Geschehens. Zur D. einer Vollstreckungshandlung ist der Schuldner verpflichtet.

Durchsuchung
Haussuchung oder das Durchsuchen der Person eines Verdächtigen und der ihm gehörenden Sachen *(Leibesvisitation),* auch des Kfz. Die Haussuchung ist der Hauptfall der verfassungsrechtlich zulässigen Beeinträchtigung des in *Art. 13 Abs. 1 GG* geschützten Grundrechts auf Unverletzlichkeit der Wohnung. Darf nur durch den (zuständigen) Richter, bei Gefahr im Verzuge auch durch die Staatsanwaltschaft oder ihre Hilfsbeamten angeordnet werden. D. erfolgt nach der *StPO* zum Zwecke des Auffindens und Ergreifens des einer Straftat Verdächtigen, auch wenn gegen diesen kein Haftbefehl vorliegt, oder des Auffindens von Spuren oder anderen Beweismitteln. Durchsucht werden können die Wohnung des Verdächtigen, d.h. die von ihm tatsächlich bewohnten Räumlichkeiten sowie andere von ihm benutzte Räume (Geschäft, Hotelzimmer, auch Gärten, Hofräume). Auch bei Unverdächtigen ist D. zur Ergreifung des Beschuldigten oder zur Verfolgung von Spuren erlaubt. Zur Nachtzeit ist der Beginn einer Haussuchung nur in Eilfällen zulässig. Zum Zwecke der Zwangsvollstreckung kann auch der Gerichtsvollzieher die Wohnung des Schuldners nach richterlicher Anordnung durchsuchen.

E

Ehe
rechtlich anerkannte, vor einem Standesbeamten eingegangene Lebensgemeinschaft zwischen einem Mann und einer Frau, die auf Lebenszeit angelegt ist und in *Art. 6 Abs. 1 GG* besonders geschützt wird.

eheähnliche Gemeinschaft
→ nichteheliche Lebensgemeinschaft.

Eheaufhebung
gerichtliche Auflösung einer Ehe für die Zukunft aus Gründen, die schon im Zeitpunkt der Eheschließung vorhanden gewesen sind; nur möglich bei Mangel der Einwilligung des gesetzlichen Vertreters, Irrtum, arglistiger Täuschung, Drohung und Wiederverheiratung nach fälschlicher Todeserklärung des früheren Ehegatten. Die Klage auf E. kann grds. nur innerhalb eines Jahres von Kenntnis des *E.-Grundes* an erhoben werden. Die Folgen der E. entsprechen denen der Ehescheidung.
Nicht aufgehoben werden kann eine nur zum Schein eingegangene Ehe (z.B. zur Erlangung einer Aufenthaltserlaubnis); sie ist grds. voll wirksam und darf nicht mit einer → Scheinehe verwechselt werden.

Ehebruch
der vorsätzlich vollzogene Beischlaf eines in gültiger Ehe lebenden Ehegatten mit einer dritten Person des anderen Geschlechts. Seit 1969 nicht mehr strafbar; nach der Reform des Ehescheidungsrechts auch kein Ehescheidungsgrund mehr; begründet auch kein Eheverbot. Bei Ehescheidung lediglich dann von Bedeutung, wenn die Ehepartner weniger als ein Jahr getrennt gelebt haben; bei solchen Ehen kann E. des einen Partners u.U. eine unzumutbare Härte für den anderen Partner sein und zu einer vorzeitigen Scheidung berechtigen.

Ehefähigkeit
die Fähigkeit einer Person, rechtswirksam eine Ehe zu schließen. Sie erfordert *Ehemündigkeit*, d.h. daß eine Ehe nicht vor Eintritt der Volljährigkeit eingegangen werden soll, wovon das Vormundschaftsgericht auf Antrag Befreiung erteilen kann, wenn der Antragsteller das 16. Lebensjahr vollendet hat und sein künftiger Ehegatte volljährig ist; ein Verstoß berührt aber nicht den Bestand der Ehe. Ausgeschlossen ist die E. bei → Geschäftsunfähigkeit; beschränkt Geschäftsfähige bedürfen der Einwilligung ihrer gesetzlichen Vertreter und ggfs. der Personensorgeberechtigten (falls die → Personensorge einem anderen zusteht); die Einwilligung kann bei Verweigerung ohne triftige Gründe durch den Vormundschaftsrichter ersetzt werden.

Ehegatte
Person, die mit einer Person des anderen Geschlechts in einer wirksamen Ehe verbunden ist.

Ehegattenerbrecht
das gesetzliche Erbrecht des überlebenden Ehegatten (gilt nicht, wenn der Erblasser bei Vorliegen der Voraussetzungen einer Scheidung diese beantragt oder ihr zugestimmt oder eine begründete Klage auf Eheaufhebung erhoben hatte). Beträgt neben Verwandten der 1. Ordnung (→ Erbfolge) 1/4, neben Verwandten der 2. Ordnung oder Großeltern 1/2 und, falls von diesen keiner vorhanden ist, die ganze Erbschaft. Hinzukommen kann zum Aus-

gleich des → Zugewinns 1/4 des gesetzlichen Erbteils, und zwar unabhängig davon, ob im Einzelfall ein Zugewinn erzielt worden ist. Vgl. auch → Voraus.

Ehegesetz
Gesetz von 1938 über eherechtliche Regelungen, das 1946 durch *Kontrollratsgesetz* bereinigt wurde und seit 1977 nur noch die Vorschriften über die Begründung, die Nichtigkeit und die Aufhebung der Ehe enthält. Das Recht der Ehescheidung und deren Folgen ist seither wieder im *BGB* geregelt.

Ehegüterrecht
→ Güterrecht, eheliches.

eheliche Lebensgemeinschaft
der gesamte Inhalt des persönlichen Verhältnisses der Ehegatten zueinander. Ehegatten sind einander grds. zur e.L. verpflichtet. Das umfaßt insbesondere die Verpflichtung zum Zusammenleben (soweit möglich in häuslicher Gemeinschaft), zu gegenseitiger Treue und Achtung, zum ehelichen Verkehr, zur Sorge füreinander, zur gemeinsamen Namensführung, zur → Mitarbeit in Haushalt und Beruf, zum gegenseitigen Unterhalt, zur → elterlichen Sorge sowie ganz allgemein die Bereitschaft, den Ehepartner in allen Fragen des gemeinschaftlichen ehelichen Lebens (nicht in rein persönlichen Angelegenheiten, wie z.B. Berufswahl, Kleidung) mitentscheiden zu lassen. Aus der e.L. folgt kein allgemeines gegenseitiges Vertretungsrecht, jedoch die sog. → Schlüsselgewalt für beide Partner. Auf Wiederherstellung der e.L. kann geklagt werden, das Urteil ist jedoch nicht vollstreckbar.

eheliches Kind
nach der Eheschließung geborenes Kind, wenn die Frau es vor oder während der Ehe empfangen und der Mann ihr innerhalb der → Empfängniszeit beigewohnt hat. Die Ehelichkeit kann unter bestimmten Voraussetzungen nach erfolgreicher Anfechtung auf Grund gerichtlicher Feststellung beseitigt oder auch überhaupt erst durch → Legitimation erlangt werden.

Ehemündigkeit
→ Ehefähigkeit.

Ehename
der gemeinsame Familienname der Ehegatten. Dazu können die Ehegatten bei der Eheschließung durch Erklärung gegenüber dem Standesbeamten den Geburtsnamen des Mannes oder der Frau bestimmen; treffen sie keine Bestimmung, so wird der Geburtsname des Mannes E.. Ein Ehegatte, dessen Geburtsname nicht E. wird, kann durch Erklärung gegenüber dem Standesbeamten dem E. seinen Geburtsnamen oder den zur Zeit der Eheschließung geführten Namen voranstellen.

Ehenichtigkeit
die rückwirkende Vernichtbarkeit einer Ehe aus besonders schwerwiegenden, schon bei der Eheschließung bestehenden Gründen; nur möglich bei Formmangel, soweit diese Mängel nicht – was bei vielen möglich ist – später geheilt worden sind (→ Eheschließung), Geschäftsunfähigkeit, Bewußtlosigkeit oder vorübergehender Störung der Geistestätigkeit bei Abschluß der Ehe, bei Doppelehe und bei Ehe zwischen Verwandten oder Verschwägerten. Kann nur durch gerichtliches Urteil ausgesprochen werden, bis dahin ist die Ehe (im Gegensatz zur → *Nichtehe*) voll gültig.

Eheprozeß
der Zivilprozeß in Ehesachen bei Klagen auf Scheidung, Aufhebung oder Nichtigerklärung einer Ehe, auf Feststellung des Bestehens oder Nichtbestehens einer Ehe oder auf Herstellung der ehelichen Lebensgemeinschaft, wobei der das Zivilprozeßrecht sonst beherrschende → Verhandlungsgrundsatz zugunsten des → Untersuchungsgrundsatzes eingeschränkt ist. Zuständig ist ausschließlich das Familiengericht.

Eherecht
alle Rechtsnormen, die die Ehe betreffen. Das E. ist ein Teil des Familienrechts. Es ist hpts. im *BGB* und im → Ehegesetz geregelt.

Ehescheidung
die nur durch Urteil des Familiengerichts mögliche Auflösung einer Ehe aus Gründen, die nach der Eheschließung eingetreten sind. Kann erfolgen, wenn die Ehe gescheitert ist (Ersetzung des früheren Verschuldensprinzips durch das Zerrüttungsprinzip), d.h. die Lebensgemeinschaft der Ehegatten nicht mehr besteht und nicht erwartet werden kann, daß die Ehegatten sie wiederherstellen. Dies wird unwiderlegbar vermutet nach einjähriger Trennung (→ Getrenntleben), wenn beide Ehegatten die E. wollen, nach dreijähriger Trennung auch gegen den Willen eines Partners. Trotz Scheiterns soll bei Getrenntleben unter 5 Jahren keine E. erfolgen, wenn und solange die Aufrechterhaltung der Ehe im Interesse der minderjährigen Kinder aus besonderen Gründen ausnahmsweise notwendig ist oder wenn und solange die E. für den Partner, der sie ablehnt, auf Grund außergewöhnlicher Umstände eine so schwere Härte darstellen würde, daß die Aufrechterhaltung der Ehe auch unter Berücksichtigung der Belange dessen, der die E. will, ausnahmsweise geboten erscheint (*Härteklausel*).
Hauptfolgen: weiterbestehende Unterhaltspflicht eines Ehegatten, sofern der andere nicht selbst für sich sorgen kann, → Versorgungsausgleich, soweit die Ehepartner nicht vor der E. (durch → Ehevertrag) oder im Zusammenhang mit der E. (notariell beurkundet und vom Familiengericht genehmigt) anderweitige Vereinbarungen getroffen haben sowie Übertragung der elterlichen Gewalt grds. auf Vorschlag der Eltern auf einen Elternteil (oder auch beide) durch das Familiengericht.

Eheschließung
die Eingehung der Ehe vor einem Standesbeamten. Es gilt das Prinzip der *obligatorischen Zivilehe*; eine kirchliche Trauung darf grds. erst nach der *staatlichen E.* stattfinden. Der E. soll ein → Aufgebot vorausgehen. Die E. erfolgt in der Form, daß die Verlobten vor dem Standesbeamten persönlich und bei gleichzeitiger Anwesenheit unbedingt und unbefristet erklären, die Ehe miteinander eingehen zu wollen; → Ehenichtigkeit.

Ehestörung
die Störung der ehelichen Lebensgemeinschaft, insbes. ihres räumlichen Bereiches, durch einen Dritten (z.B. Eindringen der Geliebten des Ehemannes in die Ehewohnung). Gegen sie besteht ein *Störungsabwehranspruch*.

Eheverbote
Hindernisse für eine Eheschließung. Bei trotzdem geschlossenen Ehen führen die *trennenden E.* (z.B. nahe Verwandtschaft, Doppelehe) zur → Ehenichtigkeit, während die *aufschiebende E.* (z.B. Fehlen des Ehefähigkeitszeugnisses für Ausländer) für den Bestand der Ehe ohne Bedeutung sind.

Ehevermittlung
auch Heiratsvermittlung oder Eheanbahnung; auf den Nachweis oder die Vermittlung eines Ehepartners gerichteter Vertrag. Wird dafür ein Lohn versprochen, begründet dies keine Verbindlichkeit, so daß der Ehemakler seinen Lohn nicht einklagen kann; andererseits kann das auf Grund des Versprechens Gezahlte nicht wegen mangelnder Verbindlichkeit zurückgefordert werden. In der Praxis wird daher meist eine Vorauszahlung verlangt.

Ehevertrag
Vertrag, durch den Ehegatten ihre güterrechtlichen Verhältnisse und den Ausschluß des Versorgungsausgleiches vor oder nach der Eheschließung regeln können. Wird bei gleichzeitiger Anwesenheit vor einem Notar geschlossen (Stellvertretung möglich). Dritten gegenüber ist eine Berufung auf den E. grds. nur nach Eintragung in das *Güterrechtsregister* möglich.

Ehre
die Selbstachtung eines Menschen und seine Wertschätzung in der Gesellschaft. Als Teil des allgemeinen → Persönlichkeitsrechts geschützt durch Strafbestimmungen über → Beleidigung sowie zivilrechtlich durch Schadensersatz- und Unterlassungsansprüche aus → unerlaubter Handlung.

Ehrenamt
öffentliches Amt, das unentgeltlich wahrgenommen wird. Es werden nur die baren Auslagen (z.B. Fahrtkosten) und der Verdienstausfall oder ein Pauschalbetrag für Zeitverlust ersetzt. Zu unterscheiden sind die *Ehrenbeamten* (z.B. ehrenamtlicher Bürgermeister, der das Amt neben seinem Beruf ausübt) von den ehrenamtlich tätigen Personen, die *keine* Beamte sind (z.B. ehrenamtliche Richter).

ehrenamtlicher Richter
Richter, der, ohne zum → Berufsrichter ernannt zu sein und ohne rechtswissenschaftliche Ausbildung, an der rechtsprechenden Gewalt mitwirkt und zwar mit vollem Stimmrecht und gleicher Unabhängigkeit wie der Berufsrichter. E.R. dürfen nur aufgrund ausdrücklicher gesetzlicher Regelung tätig werden, so z.B. entweder als unmittelbare Vertreter des Volkes (→ Schöffen), als an einzelnen Verfahrensarten besonders interessierter Personenkreis (z.B. in arbeitsgerichtlichen Verfahren) oder wegen ihrer besonderen Sachkunde (z.B. in Handelssachen). Vgl. auch → Laienrichter.

Ehrenbeamter
→ Ehrenamt.

Ehrengericht
auch → Berufsgericht; staatliches Gericht für die Angehörigen bestimmter Berufe (z.B. Rechtsanwälte, Ärzte), das die Verletzung von Standespflichten ahndet, um das Ansehen des Berufsstandes zu erhalten. Es entscheidet nicht anstelle, sondern ggfs. neben einem Strafgericht, wobei das ehrengerichtliche Verfahren i.d.R. für die Dauer des Strafprozesses bis zu dessen Entscheidung ausgesetzt wird. Die *Sanktionen* reichen vom Verweis über Geldbußen bis zum Ausschluß aus dem Berufsstand.

Eid
ursprünglich die Anrufung einer Macht, insbesondere Gottes, zum Zeugen für die Wahrheit einer Aussage. In der modernen Rechtsordnung ist der E. eine in einem gesetzlich geordneten Verfahren auf behördliche oder gerichtliche Anordnung in bestimmter Form (→ Beeidigung) abgegebene, verbindliche Erklärung, die entweder die Versicherung enthält, daß eine Aussage der Wahrheit entspricht (insbesondere der *Zeugen-E.*) oder daß der Eidesleistende seine in Verfassung und Gesetz begründeten Pflichten erfüllen wird (politischer Eid, Diensteid). Der E. ist in religiöser Form („Ich schwöre, so wahr mir Gott helfe") oder in weltlicher Form („Ich schwöre es") zu leisten; vgl. auch → Meineid.

eidesstattliche Versicherung
Mittel der Beteuerung der Richtigkeit einer Erklärung, schwächer als der → Eid. In vielen Fällen gesetzlich vorgeschrieben oder zugelassen. Im Zivilprozeß insbesondere zur → Glaubhaftmachung einer Behauptung. Strafbar ist sowohl die vorsätzliche als auch die fahrlässige Abgabe einer e.V. vor einer zur Abnahme zuständigen Behörde (Gericht, Notar).

Eigenmacht
die ohne Willen des unmittelbaren Besitzers erfolgende Entziehung oder Störung des Besitzes. Sie ist widerrechtlich (*verbotene E.*), wenn sie nicht ausnahmsweise gesetzlich gestattet ist. Dagegen darf sich der Besitzer mit Gewalt wehren (*Besitzwehr*), eine bewegliche Sache einem auf frischer Tat angetroffenen oder verfolgten Täter mit Gewalt wieder abnehmen bzw. den Täter von einem Grundstück vertreiben (*Besitzkehr*) oder gegen den Störer klagen.

Eigentum
im Privatrecht das Recht, mit einer Sache nach Belieben zu verfahren und andere von jeder Einwirkung auszuschließen, soweit nicht ein Gesetz oder Rechte Dritter entgegenstehen. Zu unterscheiden vom Besitz als der nicht rechtlichen, sondern nur tatsächlichen Gewalt über eine Sache. Neben dem *Allein-E.* gibt es *Mit-E.* nach Bruchteilen und *Gesamthands-E.* Der *Bruchteilseigentümer* kann über seinen Anteil an einem gemeinschaftlichen Gegen-

stand (nicht jedoch über den gemeinschaftlichen Gegenstand im ganzen) verfügen, während der *Gesamthandseigentümer* Mitberechtigter an einem Sondervermögen (z.B. Nachlaß, Gesellschaftsvermögen) ist und kein übertragbares Recht an der einzelnen Sache hat. Vgl. ferner → Sicherungsübereignung und → Eigentumsvorbehalt.
Zivilrechtliche E.-Beschränkungen sind z.B. das Verbot der Schikane, das → Nachbarrecht sowie beschränkte → dingliche Rechte (z.B. Hypothek, Pfandrecht). Zu Inhalt und Schranken des grundgesetzlichen *E.-Begriffs*, der nicht nur Sachen, sondern auch Forderungen und Rechte und sonstige (privatrechtliche und z.T. auch öffentlichrechtliche) vermögenswerte Rechtspositionen umfaßt, vgl. → *E.-Garantie.*

Eigentümergrundschuld
→ Grundschuld, die dem Eigentümer an seinem eigenen Grundstück zusteht. Sie kann vom Grundstückseigentümer durch einseitige Erklärung gegenüber dem Grundbuchamt und Eintragung im Grundbuch bestellt werden. Sie entsteht ferner auch kraft Gesetzes durch Umwandlung einer → Eigentümerhypothek, der keine gesicherte Forderung mehr zugrunde liegt sowie wenn die der Grundschuld zugrunde liegende Forderung nicht entstanden ist, oder diese durch Zahlung oder Verzicht des Gläubigers erloschen ist. Zweck der E. ist es, den Rang im Grundbuch zu sichern.

Eigentümerhypothek
Hypothek, die dem Eigentümer an seinem eigenen Grundstück zusteht. Entsteht z.B., wenn der Grundstückseigentümer an den Hypothekengläubiger zahlt. Bleibt nur dann E., wenn dem Eigentümer auch die zugrundeliegende Forderung zusteht, in allen anderen Fällen, z.B. wenn die Forderung überhaupt nicht entstanden oder erloschen ist, wandelt sich die E. kraft Gesetzes in eine *Eigentümergrundschuld*.

Eigentumsaufgabe
auch Dereliktion; Verzicht auf das Eigentum an einer Sache. Erfolgt bei beweglichen Sachen durch Aufgabe des Besitzes in der Absicht, auf das Eigentum zu verzichten, wodurch die Sache herrenlos wird und sie sich jeder aneignen kann, bei Grundstücken durch Verzichtserklärung gegenüber dem Grundbuchamt und Eintragung des Verzichts im Grundbuch.

Eigentumserwerb
Erlangung des Eigentums an einer Sache. Erfolgt insbes. durch Eigentumsübertragung (→ Übereignung) oder unmittelbar kraft Gesetzes, z.B. durch → Aneignung, → Ersitzung, → Verbindung, → Verarbeitung, → Erbfolge, → Enteignung, → Zuschlag in der Zwangsversteigerung.

Eigentumsgarantie
vom *GG in Art. 14* gewährleisteter Bestand des Eigentums als Einrichtung und damit zugleich als Grundrecht des einzelnen. Inhalt und Schranken des Eigentums werden durch die Gesetze bestimmt (z.B. Baurechtsvorschriften, Steuergesetze). Eigentum verpflichtet jedoch auch; sein Gebrauch soll zugleich dem Wohl der Allgemeinheit dienen (Sozialbindung oder Sozialpflichtigkeit des Eigentums). Vgl. auch → Eigentum, → Enteignung, → Sozialisierung und → Gemeineigentum.

Eigentumsherausgabeanspruch
Anspruch des Eigentümers einer Sache, vom Besitzer diese herauszuverlangen, wenn dieser nicht zum Besitz (z.B. durch Miete oder Pacht) berechtigt ist.

Eigentumsstörung
die (rechtswidrige) Beeinträchtigung des Eigentums in anderer Weise als durch Entziehung oder Vorenthaltung des Besitzes, z.B. durch Lärm. Der Eigentümer kann vom Störer Beseitigung vorhandener Beeinträchtigungen verlangen und bei Wiederholungsgefahr auf Unterlassung klagen, falls er nicht ausnahmsweise zur Duldung verpflichtet ist (z.B. im Rahmen des Nachbarrechts). Darüber hinaus kann ein Schadensersatzanspruch aus → unerlaubter Handlung gegeben sein, wenn der Störer nicht nur objektiv rechtswidrig, sondern auch schuldhaft gehandelt hat.

Eigentumsübertragung
→ Übereignung.

Eigentumsvorbehalt
Form der bedingten Übereignung einer beweglichen Sache beim Kaufvertrag. Der Verkäufer bleibt beim Kauf unter E. bis zur vollständigen Zahlung des Kaufpreises Eigentümer der Sache, während der Käufer an der Sache ein Anwartschaftsrecht erlangt und das Recht, sie in Besitz zu nehmen und zu benutzen. Mit Zahlung der letzten Kaufpreisrate geht das Eigentum automatisch auf den Käufer über (z.B. Abzahlungsgeschäft).

Eigentumswohnung
→ Wohnungseigentum.

Einbrechen
das gewaltsame Eindringen in einen verschlossenen Raum. E. ist Voraussetzung des *Einbruchsdiebstahls*, der einen besonders schweren Fall des → Diebstahls darstellt.

Einbürgerung
auch Naturalisation; staatlicher Hoheitsakt, durch den einem Ausländer die deutsche Staatsangehörigkeit verliehen wird. Setzt voraus, daß der Ausländer unbeschränkt geschäftsfähig ist, einen unbescholtenen Lebenswandel geführt, am Ort seiner Niederlassung eine eigene Wohnung oder ein Unterkommen gefunden hat und imstande ist, an diesem Ort sich und seine Angehörigen zu ernähren. Erleichterungen gelten für die E. des ausländischen Ehegatten eines Deutschen. E. steht im freien Ermessen der E.-Behörde, es entscheidet allein das Interesse des Aufnahmestaates. Anspruch auf E. besteht nur in Ausnahmefällen (z.B. für nichteheliche Kinder von Deutschen).

Eingabe
schriftliche Anregung, Bitte oder Beschwerde an eine Behörde oder Volksvertretung; gleichbedeutend mit *Petition* (→ Petitionsrecht).

eingetragener Verein
→ Verein.

Eingriffsverwaltung
der Teil der öffentlichen Verwaltung, der mit hoheitlichen Anordnungen in Freiheit und Eigentum des Bürgers eingreift. (Gegensatz: *Leistungsverwaltung*). Derartige Eingriffe bedürfen einer gesetzlichen Grundlage. E. vor allem im Polizeirecht.

Einheits(freiheits-)strafe
Strafe, die an die Stelle der früheren verschiedenen Formen der Freiheitsstrafe (Zuchthaus, Gefängnis, Einschließung, Haft) getreten ist und heute einheitlich nur noch als *Freiheitsstrafe* bezeichnet wird.

Einigung
i.w.S. eine Übereinkunft; im Sachenrecht der Vertrag, durch den ein → dingliches Recht an einer Sache (insbesondere Eigentum) übertragen wird oder eine Sache mit einem dinglichen Recht (z.B. mit einem Pfandrecht) belastet wird (wobei bei beweglichen Sachen noch die Übergabe der Sache, bei Grundstücken die Eintragung ins Grundbuch hinzukommen muß). E. ist i.d.R. formlos wirksam (Ausn. bei Grundstücken); es genügt auch schlüssiges → Verhalten.

Einkommen
allgemein der einer Wirtschaftseinheit (Person, Gesellschaft, Verein) durch Arbeitsleistung und/oder für die Bereitstellung von Vermögen je Zeiteinheit (z.B. je Monat) zustehende Gegenwert (i.d.R. in Geld). Im *Steuerrecht* ist E. der Gesamtbetrag der Einkünfte nach Ausgleich von Verlusten und Abzug von Sonderausgaben.

Einkommensteuer
Besitzsteuer, die das Reineinkommen natürlicher Personen erfaßt, im Gegensatz zur → Körperschaftssteuer für juristische Personen. Als Lohnsteuer wird die E. i.d.R. durch Abzug vom Arbeitslohn geleistet, sonst durch Veranlagung und Steuerbescheid. Das Aufkommen wird zwischen Bund und Ländern aufgeteilt.

Einlassungsfrist
Zeitraum zwischen der Zustellung der

Klage und der mündlichen Verhandlung im Zivilprozeß. Die E. beträgt in der Regel mindestens zwei Wochen und dient dazu, daß sich der Beklagte auf den Termin vorbereiten kann.

Einspruch

I. Rechtsbehelf im Straf- und Zivilverfahren; im *Strafprozeß* gegen einen → Strafbefehl, führt dann zur Hauptverhandlung; im *Zivilprozeß* gegen ein → Versäumnisurteil, versetzt den Prozeß in die Lage vor der Säumnis zurück.

II. Nach dem *Grundgesetz* kann der → Bundesrat bei → Einspruchsgesetzen nach Abschluß des Vermittlungsverfahrens E. einlegen.

III. Im *Verwaltungsverfahren* ist an die Stelle des E. der → Widerspruch getreten. Vgl. auch Abbildung Mahnverfahren S. 277.

Einspruchsgesetz

Gesetz, das nicht der Zustimmung des Bundesrates bedarf, gegen das der Bundesrat aber Einspruch einlegen kann, den der Bundestag allerdings mit der gleichen Mehrheit, mit der ihn der Bundesrat beschlossen hat, zurückweisen kann (Gegensatz: → Zustimmungsgesetz). Vgl. auch Abbildung Gesetzgebungsverfahren S. 272 f.

Einstellung

die endgültige oder vorläufige Beendigung eines gerichtlichen Verfahrens.

I. Erfolgt im *Zwangsvollstreckungsverfahren* von Amts wegen (z.B. wenn durch Postschein nachgewiesen ist, daß Geld inzwischen eingezahlt wurde); ausnahmsweise auch auf Antrag des Schuldners, wenn die Vollstreckung für ihn eine sittenwidrige Härte bedeuten würde. Kann aber auch im → Erkenntnisverfahren erfolgen (z.B. durch Berufungsgericht).

II. Im *Strafverfahren* stellt die Staatsanwaltschaft das → Ermittlungsverfahren ein, falls die Ermittlungen keinen genügenden Anlaß zur Erhebung der öffentlichen Klage bieten; außerdem ist eine E. möglich bei Vergehen mit geringer Schuld des Täters und mangelndem öffentlichen Verfolgungsinteresse. *Nach* Klageerhebung kann das Gericht entweder mit Zustimmung der Staatsanwaltschaft und des Angeschuldigten oder durch Urteil einstellen.

III. Im → *Dienstrecht* ist E. die Begründung des Dienstverhältnisses.

einstweilige Anordnung

vorläufige Entscheidung des Gerichts in einem Rechtsstreit, in dem es die endgültige Entscheidung zu treffen hat. In vielen Fällen gesetzlich vorgesehen: vor dem Bundesverfassungsgericht, im Verwaltungsprozeß, im Verfahren in Ehesachen, insbes. während eines anhängigen Ehescheidungsverfahrens und zur vorläufigen Aussetzung der Zwangsvollstreckung.

einstweilige Unterbringung

die vorläufige Einweisung in ein psychiatrisches Krankenhaus oder eine Entziehungsanstalt. Wenn dringende Gründe für die Annahme vorhanden sind, daß jemand im Zustand der *Schuldunfähigkeit* oder *verminderter Schuldfähigkeit* eine Straftat begangen hat und deswegen seine U. in einem psychiatrischen Krankenhaus oder einer Entziehungsanstalt angeordnet werden wird, so kann das Gericht durch *U.-Befehl* die e.U. anordnen, falls die öffentliche Sicherheit dies erfordert.

Ebenfalls als Vorbeugungsmaßnahme kommt bei *Jugendlichen,* gegen die Jugendstrafe zu erwarten ist, die e.U. in einem Erziehungsheim in Betracht. Die e.U. in einem Erziehungsheim kann aber auch anstelle eines Haftbefehls angeordnet werden, wenn dessen Voraussetzungen vorliegen, aber die mildere Form der Einweisung in ein Heim statt Untersuchungshaft ausreicht.

einstweilige Verfügung

gerichtliche Verfügung zur vorläufigen Regelung eines Zustandes, wenn dies zur Sicherung eines Rechts bei Eilbedürftigkeit erforderlich ist.

Einwilligung

im *Zivilrecht* die vor Abschluß eines Rechtsgeschäftes erteilte und für dessen Wirksamkeit erforderliche Zustimmung eines Dritten (z.B. bei Abschluß eines Kaufvertrages durch einen Minderjährigen). Darüber hinaus bei Rechtsverletzungen im *Zivilrecht* und im *Strafrecht* ein → Rechtfertigungsgrund, falls der Verletzte über das Rechtsgut verfügen kann (nicht z.B. bei Tötung und anderen, vorwiegend im öffentlichen Interesse verfolgten Delikten), einwilligungsfähig ist und die Bedeutung der E. im wesentlichen erkennt. Bei manchen Delikten (z.B. Vergewaltigung) entfällt durch die E. (nicht nur die Rechtswidrigkeit, sondern) schon der → Tatbestand.

Einzelrichter

Richter, der allein entscheidet. Beim *Amtsgericht* in Zivilsachen immer, in Strafsachen als „Strafrichter“, soweit nicht das Schöffengericht zuständig ist. Beim *Landgericht* und in geringerem Umfang beim *Oberlandesgericht* kann dem Mitglied einer Zivilkammer bzw. eines Zivilsenats die Entscheidung als E. übertragen werden.

Einziehung

allgemein die Entziehung eines Gegenstandes.
I. *Im Strafverfahren* die Wegnahme eines Gegenstandes (bzw. dessen Wertersatzes), der zu einer Straftat gebraucht (z.B. Mordwaffe) oder durch sie hervorgebracht worden ist (z.B. gefälschte Urkunde). Erfolgt durch Urteil als Strafe oder als Sicherungsmaßnahme.
II. *Im Verwaltungsrecht* die Entwidmung einer öffentlichen Straße, d.h. die Aufhebung ihrer Eigenschaft als öffentliche Straße, wodurch sie dem öffentlichen Verkehr entzogen wird.

elterliche Gewalt

frühere Bezeichnung für → elterliche Sorge.

elterliche Sorge

das Recht und die Pflicht der Eltern (bzw. bei nichtehelichen Kindern der Mutter allein), für ihr minderjähriges Kind zu sorgen. Umfaßt die Sorge für die Person (*Personensorge*) und das Vermögen des Kindes (*Vermögenssorge*). Das Kind ist entsprechend seiner Einsichtsfähigkeit an den Entscheidungen seiner Eltern im Rahmen der e.S. zu beteiligen. Die Eltern haben die e.S. in gegenseitigem Einvernehmen zum Wohle des Kindes auszuüben; bei Meinungsverschiedenheiten müssen sie versuchen, sich zu einigen. Zur e.S. gehört auch die Vertretung des Kindes, die grds. durch die Eltern gemeinschaftlich erfolgt.
Die *Personensorge* umfaßt das Recht und die Pflicht, das Kind zu pflegen, zu erziehen, zu beaufsichtigen und seinen Aufenthalt und Umgang zu bestimmen. Entwürdigende Erziehungsmaßnahmen sind unzulässig. In Ausbildungs- und Berufsfragen haben die Eltern auf Eignung und Neigung des Kindes Rücksicht zu nehmen.
Im Fall der *Scheidung* bestimmt das Familiengericht, welchem Elternteil die e.S. zugesprochen wird; entscheidend ist dabei das Wohl des Kindes.

Eltern

Vater und Mutter eines Kindes. Ihnen steht grds. die → elterliche Sorge zu. Das Kind erhält ihren Ehenamen und teilt ihren Wohnsitz. Es ist entsprechend seinen Kräften und seiner Lebensstellung zu Dienstleistungen in Haushalt und Geschäft verpflichtet. E. und Kinder sind einander unterhaltspflichtig und gegenseitig erb- und plichtteilsberechtigt. Vgl. auch → Ausstattung.

Elternrecht

das Recht der Eltern und gleichzeitig die in erster Linie ihnen obliegende Pflicht zur Pflege und Erziehung ihrer Kinder. Der Staat hat hierbei nur eine überwachende, unterstützende und ergänzende Funktion. Gegen den Willen der Erziehungsberechtigten dürfen Kinder nur aufgrund eines Gesetzes von der Familie getrennt werden, wenn die Erziehungsberechtigten versagen oder wenn die Kinder aus anderen Gründen zu verwahrlosen drohen.

Embargo

(span.: embargar = anhalten); ursprünglich eine Verfügung, durch die ein Schiff in einem Hafen festgehalten oder von dessen Anlaufen abgehalten wurde, heute das Verbot der Ausfuhr bestimmter Waren in bestimmte Länder. Dabei soll durch wirtschaftlichen Druck ein politisches Ziel erreicht werden.

Emission
(lat.: emittere = hinaussenden);
I. Ausgabe von Wertpapieren durch Banken.
II. Aussendung von Schadstoffen (in die Luft, in das Wasser).

Empfängniszeit
Zeitraum, der nach der ärztlichen Wissenschaft als für die Erzeugung eines Kindes in Frage kommt. Als E. gilt die Zeit vom 181. bis zum 302. Tag vor dem Tag der Geburt des Kindes. Von Bedeutung insbesondere für die → Ehelichkeit des Kindes sowie für die Feststellung der nichtehelichen Vaterschaft.

Enquêterecht
(frz.: enquête = Untersuchung); allgemein das Recht des Parlaments, Untersuchungsausschüsse einzusetzen. Es ist ein Teil der Kontrolle des Parlaments über die Regierung. Nur Untersuchungsausschüsse des Bundestages zur Vorbereitung besonders wichtiger gesetzgeberischer Entscheidungen werden jedoch als *Enquêtekommissionen* bezeichnet.

Enteignung
rechtmäßiger, gezielter hoheitlicher Eingriff in das Eigentum oder ein sonstiges vermögenswertes Recht, das zur Erreichung eines konkreten Verwaltungszweckes den Betroffenen im Vergleich zu anderen ungleich trifft und ihn zu einem besonderen, anderen nicht zugemuteten Opfer (*Sonderopfer*) für die Allgemeinheit zwingt. E. kann in der völligen Entziehung, aber auch nur in einer Belastung oder Beschränkung des Eigentums bestehen. Sie ist nach dem *GG* nur zum Wohle der Allgemeinheit zulässig und darf nur durch Gesetz oder auf Grund eines Gesetzes erfolgen. Das Gesetz muß zugleich Art und Ausmaß der Entschädigung regeln. Bei Streitigkeiten über die Höhe der Entschädigung steht der Rechtsweg vor den ordentlichen Gerichten offen.

enteignungsgleicher Eingriff
rechtswidriger hoheitlicher Eingriff, der, wäre er rechtmäßig, eine → Enteignung bedeuten würde; kann schuldhaft, aber auch schuldlos sein. Entschädigung wie bei Enteignung; bei schuldhaftem Eingriff kann gleichzeitig ein Anspruch aus Amtshaftung gegeben sein.

Enterbung
Ausschluß eines Verwandten oder des Ehegatten von der gesetzlichen Erbfolge (bzw. vom → Erbersatzanspruch) durch → Verfügung von Todes wegen (Testament oder einseitige Verfügung in einem → Erbvertrag). Kann erfolgen durch ausdrücklichen Ausschluß des gesetzlichen Erbrechts (auch durch Beschränkung auf den Pflichtteil) oder durch Erbeinsetzung einer anderen Person. Jederzeit ohne Begründung möglich. Zu unterscheiden von der nur unter erschwerten Voraussetzungen möglichen Entziehung des → Pflichtteils.

Entführung
Straftat, die begeht, wer eine unverheiratete Frau unter 18 Jahren zwar mit ihrem Einverständins, aber ohne das ihrer Eltern (bzw. ihres Vormunds oder Pflegers) zum Zwecke außerehelicher sexueller Handlungen an einen anderen Ort bringt oder eine Frau gegen ihren Willen durch List, Drohung oder Gewalt, mit einem Fahrzeug an einen anderen Ort bringt und dann ihre hilflose Lage zu außerehelichen sexuellen Handlungen mit ihr ausnutzt. E. ist Antragsdelikt.

Entlassung
die Aufhebung eines → Rechtsverhältnisses. Im *öffentlichen Recht* ist die E. möglich bezüglich der Staatsangehörigkeit (auf Antrag, jedoch nie gegen den Willen des Betroffenen), des Beamtenverhältnisses (bei Vorliegen bestimmter Gründe oder auf Antrag) oder des

Strafvollzuges (hier auch bedingt möglich, vgl. Strafaussetzung). Im *Arbeitsrecht* ist die E. die durch die Kündigung des Arbeitgebers herbeigeführte Beendigung des Arbeitsverhältnisses.

Entmündigung
Entziehung oder Beschränkung der einer Person ihrem Alter nach an sich zustehenden Geschäftsfähigkeit. Zulässig in besonderem *E.-Verfahren* vor dem Amtsgericht bei Geisteskrankheit, Geistesschwäche, Verschwendungs-, Trunk- und Rauschgiftsucht. Verfahren wird auf Antrag des Ehegatten, eines Verwandten, des gesetzlichen (personensorgeberechtigten) Vertreters oder (nur bei Geisteskrankheit oder Geistesschwäche) des Staatsanwalts eingeleitet. Der Entmündigte erhält einen Vormund. Die E. ist wieder aufzuheben, wenn ihr Grund wegfällt.

Entschädigung
I. Angemessener Ausgleich für einen *Schaden,* der durch hoheitliches Handeln verursacht worden ist, z.B. durch → Enteignung, → enteignungsgleichen Eingriff, → Amtspflichtverletzung, ungerechtfertigte Strafverfolgung (→ *Haft-E.*), Kriegsgefangenschaft, nationalsozialistisches Unrecht. E. auch für Opfer von Gewalttaten nach dem Bundesversorgungsgesetz. Ersetzt wird meist nicht der volle Schaden, besonders nicht der entgangene Gewinn, sondern nur der unmittelbare Wertverlust. II. Vergütung für *Aufwendungen,* die eine Person im Interesse des Staats leistet, z.B. E. für Abgeordnete, ehrenamtliche Richter, Zeugen und Sachverständige. Vgl. auch → Schadensersatz.

Entscheidung
der gerichtliche Ausspruch einer Rechtsfolge in einem konkreten Fall. Erfolgt je nach Verfahrensart und Entscheidungsinhalt durch → Urteil, → Beschluß oder → Verfügung.

Entziehung der Fahrerlaubnis
der Widerruf der Erlaubnis, ein Fahrzeug zu führen, wenn sich jemand dazu als ungeeignet erwiesen hat. Kann für eine bestimmte Zeit oder für immer entweder durch die *Verwaltungsbehörde* oder als → Maßregel der Besserung und Sicherung durch das *Strafgericht* erfolgen; das Gericht kann die F. auch vor einer Verurteilung schon vorläufig entziehen. Durch die E. erlischt die F.; sie muß (im Gegensatz zum → Fahrverbot) nach Ablauf einer Sperrzeit neu erworben werden.

Entziehungsanstalt
Einrichtung zur Behandlung Alkohol- und Drogensüchtiger. Die Unterbringung in einer E. ist eine → Maßregel der Besserung und Sicherung und setzt einen Hang zum Rauschmittelmißbrauch, eine damit zusammenhängende rechtswidrige Tat und die Gefahr weiterer erheblicher rechtswidriger Taten voraus.

Erbanfall
der Übergang der Erbschaft auf den Erben. Erfolgt mit dem Tode des Erblassers, ohne daß der Erbe die Erbschaft zuvor annehmen muß; es besteht jedoch die Möglichkeit der → Ausschlagung, wodurch der E. rückwirkend beseitigt wird.

Erbausgleich
das Recht des nichtehelichen Kindes, zwischen seinem 21. und 27. Lebensjahr anstelle seines Erbanteils bzw. Erbersatzanspruchs einen vorzeitigen Ausgleich in Geld zu verlangen. E. beläuft sich grds. auf das Dreifache des Unterhalts, den der Vater dem Kind im Durchschnitt der letzten fünf Jahre, in denen es voll unterhaltsbedürftig war, jährlich zu leisten hatte. Damit entfällt jegliches spätere Erb-oder Pflichtteilsrecht.

Erbbaurecht
das veräußerliche und vererbliche Recht, auf einem fremden Grundstück ein Gebäude zu errichten und zu nutzen (in der Praxis häufig für 99 Jahre), wofür an den Grundstückseigentümer i.d.R. ein *Erbbauzins* zu zahlen ist. E. entsteht durch Einigung zwischen den Beteiligten und Eintragung im Grundbuch, wobei ein besonderes Grundbuchblatt (*Erbbaugrundbuch*) angelegt

wird. Auf das E. finden weitgehend die für Grundstücke geltenden Vorschriften Anwendung; das Gebäude gehört jedoch nicht zu den wesentlichsten Bestandteilen des *Grundstücks*, sondern nur des E. Mit dem Erlöschen des E. geht das Gebäude vom Eigentum des Erbbauberechtigten in das des Grundstückseigentümers über, wobei dieser eine Entschädigung zu leisten hat.

Erbe

Person, auf die entweder allein oder zusammen mit anderen nach dem Tode eines Menschen dessen Vermögen als Ganzes übergeht (*Gesamtrechtsnachfolge*). Zu unterscheiden vom Vermächtnisnehmer, dem nur *einzelne* Vermögensvorteile zugewendet werden (→ Vermächtnis). E. kann man kraft Gesetzes (→ Erbfolge) oder durch letztwillige Verfügung (→ Testament) werden.

Erbeinsetzung

die nicht auf Gesetz, sondern auf dem Willen des Erblassers beruhende Bestimmung einer anderen Person als → Erbe (*gewillkürte Erbfolge*). Erfolgt durch → Testament oder → Erbvertrag.

Erbengemeinschaft

Gemeinschaft, die kraft Gesetzes entsteht, wenn ein Erblasser mehrere Erben hinterläßt. Der Nachlaß wird gemeinschaftliches Vermögen der Erben, das sie auch gemeinschaftlich verwalten. Bis zur → Auseinandersetzung der E., die jeder Miterbe grds. jederzeit verlangen kann, kann der einzelne Erbe nur über seinen Anteil am gesamten Nachlaß verfügen, wobei den Miterben ein → Vorkaufsrecht zusteht, jedoch nicht über seinen Anteil an einem einzelnen Nachlaßgegenstand.

Erbersatzanspruch

der bei einem nichtehelichen Kind an die Stelle des gesetzlichen Erbteils tretende Anspruch gegen die übrigen Erben, sofern beim Tode des Vaters oder von väterlichen Verwandten nur noch eheliche Abkömmlinge und/oder der Ehegatte des Erblassers vorhanden sind. Das nichteheliche Kind wird nicht Mitglied der Erbengemeinschaft, sondern hat gegen diese nur einen Geldanspruch in Höhe des Wertes seines Erbteils. Das gleiche gilt in umgekehrter Richtung beim Tod des nichtehelichen Kindes. Vgl. auch → Erbausgleich.

Erbfall

der Tod des Erblassers, mit dem sein Vermögen als Ganzes auf einen oder mehrere Erben übergeht.

Erbfolge

die mit dem Tod eines Menschen einsetzende Rechtsnachfolge des oder der Erben. Sie ist *gewillkürte E.*, wenn sie vom Erblasser durch letztwillige Verfügung (Testamant oder Erbvertrag) bestimmt worden ist (*Erbeinsetzung*), ansonsten *gesetzliche E.* Gesetzliche Erben sind die Verwandten, die in Gruppen (sog. Ordnungen) zusammengefaßt sind und der Ehegatte bzw. falls sonst kein Erbe vorhanden ist, der Fiskus. *Gesetzliche Erben der 1. Ordnung* sind die zu gleichen Teilen erbenden Abkömmlinge des Erblassers (bei nicht ehelichen Kindern siehe Erbersatzanspruch), *Erben der 2. Ordnung* die Eltern des Erblassers und deren Abkömmlinge, *Erben der 3. Ordnung* die Großeltern des Erblassers und deren Abkömmlinge.
Neben Verwandten der 1. Ordnung erbt der überlebende Ehegatte ein Viertel, neben Verwandten der 2. Ordnung und Großeltern die Hälfte, und falls keiner von diesen mehr vorhanden ist, die ganze Erbschaft. Haben die Ehegatten im gesetzlichen Güterstand der Zugewinngemeinschaft gelebt, so erhöht sich der Erbteil des überlebenden Ehegatten zusätzlich um ein Viertel.

Erblasser

Person, die beerbt wird. Ihr Vermögen geht mit ihrem Tod auf die Erben über. E. kann nur eine → natürliche Person sein.

Erbrecht

im *objektiven Sinn* die Gesamtheit aller Rechtsvorschriften, die den Übergang des Vermögens eines Verstorbenen (→

Erbschaft, → Nachlaß) auf eine oder mehrere andere Personen (→ Erben) betreffen; im *subjektiven Sinn* die Rechte und Pflichten, die dem Erben mit dem Tod des → Erblassers aus dessen Nachlaß entstehen. Das E. ist in *Art. 14 I GG* verfassungsrechtlich gewährleistet. Das Grundrecht schützt insbesondere die Testierfreiheit des Erblassers und die Privaterbfolge gegen staatliche Eingriffe.

Erbschaft
das Vermögen des Erblassers, das bei dessen Tod als Ganzes auf eine oder mehrere andere Personen übergeht. Dazu gehören auch die Schulden des Erblassers, nicht jedoch höchstpersönliche Rechtsbeziehungen.

Erbschaftsanspruch
Anspruch des Erben gegen denjenigen, der auf Grund eines ihm in Wirklichkeit nicht zustehenden Erbrechts etwas aus der Erbschaft erlangt hat (Erbschaftsbesitzer), auf Herausgabe des Erlangten als Ganzes. Erbe kann zwischen E. und Herausgabeansprüchen auf einzelne Gegenstände wählen. Die Haftung des Erbschaftsbesitzers richtet sich grds. nach dem Recht der → ungerechtfertigten Bereicherung, ist aber verschärft ab Rechtshängigkeit, bei Bösgläubigkeit oder bei Erwerb durch → unerlaubte Handlung.

Erbschaftsteuer
Steuer, die erhoben wird, wenn durch den Tod eines Menschen Vermögen übergeht. Um Umgehungsmöglichkeiten auszuschließen, gibt es eine entsprechende Steuer auch bei Schenkungen unter Lebenden. E. wird nach 4 Steuerklassen erhoben, nach denen sich die verschiedenen Freibeträge (2.000 – 250.000 DM) und Steuersätze (3 – 70 %) richten.

Erbschein
amtliches Zeugnis des Nachlaßgerichts, das dem Erben auf seinen Antrag hin über sein Erbrecht ausgestellt wird. Es begründet eine (widerlegbare) Vermutung für das Bestehen des angegebenen Erbrechts. Ein Dritter kann von demjenigen, der in einem Erbschein als Erbe bezeichnet ist, durch Rechtsgeschäft einen Erbschaftsgegenstand gutgläubig erwerben.

Erbteil
der Anteil eines Miterben am Nachlaß. Auf ihn finden grds. die Vorschriften, die für die gesamte Erbschaft gelten, entsprechende Anwendung.

Erbvertrag
Vertrag zwischen mindestens zwei Personen, in welchem entweder nur eine Person (*einseitiger E.*) oder beide (*zweiseitiger E.*) grds. unwiderruflich für den Fall ihres Todes den Vertragspartner oder einen Dritten als Erben einsetzen oder ein Vermächtnis oder eine Auflage anordnen. Außer diesen vertragsmäßigen Verfügungen kann ein E. auch zusätzlich einseitige (und somit jederzeit widerrufliche) Verfügungen enthalten. Steht im Gegensatz zum Testament als einseitigem Rechtsgeschäft. Bedarf der notariellen Beurkundung bei gleichzeitiger Anwesenheit beider Teile (für den Erblasser keine Vertretung möglich).

Erbverzicht
notariell zu beurkundender Vertrag zwischen dem Erblasser und einem seiner Verwandten, seinem Ehegatten oder einer durch → Verfügung von Todes wegen zum Erben oder Vermächtnisnehmer eingesetzten Person, durch den diese auf ihr gesetzliches Erbrecht (und damit in der Regel auch auf ihr *Pflichtteilsrecht*) bzw. die durch Testament oder Erbvertrag gemachten Zuwendungen verzichtet.

Erfindung
anwendbare, ausführbare neue technische Idee oder Regel, die sich auf die Beherrschung der belebten oder unbelebten Materie bezieht, einen technischen Fortschritt bedeutet und eine persönliche Leistung des Erfinders darstellt. Sie muß über das hinausgehen, was einem Durchschnittsfachmann erreichbar ist. E. ist der deutsche Rechtsbegriff für das → Patent und das → Gebrauchsmuster. Bei *Doppel-E.* hat

jeder Erfinder das Recht auf das Patent oder Gebrauchsmuster, wobei die → Priorität der Anmeldung entscheidet.

Erfolgshaftung
Haftung für den Eintritt eines rechtswidrigen Erfolges, die kein Verschulden voraussetzt. Ausnahme von der grds. geltenden Verschuldenshaftung; besteht nur in den gesetzlich ausdrücklich geregelten Fällen (z.B. bei → Gefährdungshaftung).

Erfüllung
das Erbringen der geschuldeten Leistung (z.B. Zahlung des Kaufpreises), wodurch das Schuldverhältnis erlischt. Erfolgt grds. durch den Schuldner (falls er nicht höchstpersönlich zu leisten hat, auch durch einen Dritten, → Leistung) an den Gläubiger (oder auch an einen Dritten, falls sich dies aus Vertrag, rechtsgeschäftlicher oder gesetzlicher Ermächtigung ergibt). Vgl. auch → Erfüllungsort.

Erfüllungsgehilfe
Person, die mit Willen des Schuldners zur Erfüllung von dessen vertraglich übernommener Pflicht tätig wird (z.B. Geselle repariert im Auftrag des Meisters Kfz). Für ein Verschulden des E. hat der Schuldner gegenüber dem Gläubiger in gleichem Umfang einzustehen, wie wenn er selbst einen Schaden verursacht hätte. Diese Haftung tritt jedoch nur ein, wenn der E. eine schädigende Handlung bei der Erfüllung der Vertragspflicht begangen hat, nicht jedoch für eine nur aus diesem Anlaß (bei Gelegenheit) begangene Handlung (z.B. Diebstahl).

Erfüllungsort
auch Leistungsort; der Ort, an dem der Schuldner seine vertragliche Leistung vorzunehmen hat. Treffen die Vertragsparteien keine Vereinbarung über den E., so bestimmt das Gesetz als E. den Wohnsitz oder das Geschäftslokal des Schuldners. Dies ist insbes. bei der → Holschuld und bei der → Schickschuld (meist Geldschuld) der Fall. Ist eine → Bringschuld vereinbart, ist E. der Wohnsitz des Gläubigers.

Erinnerung
Rechtsbehelf gegen Entscheidungen und Maßnahmen von Justizbehörden, vor allem Rechtspflegern, Urkundsbeamten und Gerichtsvollziehern (z.B. gegen Kostenfestsetzungsbeschluß), über den das Gericht entscheidet, dem der Betreffende angehört (so daß die Sache im Gegensatz zur → Beschwerde in der gleichen Instanz bleibt). Oft kann ihr der Handelnde jedoch auch selbst abhelfen.

Erkenntnisverfahren
der Teil des gerichtlichen Verfahrens, in dem der Rechtsstreit entschieden wird, i.d.R. durch → Urteil. Steht im Gegensatz zum bloßen *Vorverfahren* (z.B. → Ermittlungsverfahren im Strafprozeß), in dem das E. nur vorbereitet, in dem aber noch nicht endgültig entschieden wird, und zum *Vollstreckungsverfahren* (z.B. Zwangsvollstreckung), in dem das Urteil vollzogen wird.

Erlaß
I. Im *Schuldrecht* ein Vertrag zwischen Gläubiger und Schuldner, durch den der Gläubiger auf seine Forderung verzichtet; ein *einseitiger E.* ist im Schuldrecht nicht möglich, da dem Schuldner nichts aufgedrängt werden soll. Die Wirkung eines E. hat auch ein Vertrag, in dem der Gläubiger anerkennt, daß ein Schuldverhältnis nicht besteht (*negative Schuldanerkenntnis*).
II. Im *Verwaltungsrecht* eine für den internen Dienstbetrieb der Verwaltung bestimmte allgemeine Anweisung (z.B. *Ministerial-E.*).

Erlaubnis
im Verwaltungsrecht die Erklärung einer Behörde, daß sie ein bestimmtes Verhalten zuläßt. Kann die Ausnahme von einem grundsätzlichen (gesetzlichen) Verbot sein (*repressives Verbot mit E.-Vorbehalt*) oder lediglich dazu dienen, eine grundsätzlich (gesetzlich) erlaubte Tätigkeit einer wirksamen vorherigen Kontrolle durch die Verwaltungsbehörden zu unterwerfen (*präventives Verbot mit E.-Vorbehalt*). Dabei steht der Verwaltung ein Ermessensspielraum nur im ersten Fall zu.

Ermessen
der Verwaltung vom Gesetz eingeräumte Freiheit, innerhalb eines bestimmten Rahmens im Einzelfall selbst zu entscheiden, wobei es mehrere rechtlich zulässige Möglichkeiten geben kann. Liegt nur vor, falls nicht eine bestimmte Rechtsfolge gesetzlich zwingend vorgeschrieben ist („Muß-Vorschrift"); auf E. deuten Formulierungen wie „soll" (*gebundenes E.*) und „darf" oder „kann" (*freies E.*), immer ist es aber pflichtgemäß auszuüben, d.h. entsprechend dem Zweck der Ermächtigung und innerhalb der gesetzlichen Grenzen, insbes. unter Beachtung des Verhältnismäßigkeits- und des Gleichheitsgrundsatzes (was auch eine Selbstbindung der Verwaltung an ihre eigene Praxis in gleich gelagerten Fällen einschließt).
E.-Entscheidungen können von den Verwaltungsgerichten nur auf → *Ermessensfehler* hin überprüft werden, nicht auf ihre Zweckmäßigkeit. Soweit der Verwaltung kein E. zusteht, gibt es hingegen nur *eine* richtige (vom Gericht voll nachprüfbare) Entscheidung; dies gilt auch für die sog. → unbestimmten Rechtsbegriffe, allerdings besteht u.a. bei Prüfungsentscheidungen ein ermessensähnlicher Beurteilungsspielraum.

Ermessensfehler
Fehler der Verwaltung in der Ausübung des ihr eingeräumten Ermessensspielraumes. Kann in Über- oder Unterschreitung oder im Mißbrauch des Ermessens bestehen. E. machen Maßnahmen der Verwaltung rechtswidrig.

Ermessensmangel
ein → Ermessensfehler der Verwaltung, der darin besteht, daß die Behörde vor ihrer Entscheidung nicht alle Gesichtspunkte und Möglichkeiten geprüft und abgewogen hat.

Ermessensmißbrauch
ein → Ermessensfehler der Verwaltung, bei dem das → Ermessen nicht sachgerecht oder sogar willkürlich (unter Verletzung des Gleichheitsgrundsatzes) ausgeübt wird.

Ermittlung
die Erforschung eines Sachverhalts. Zu E. von Staatsanwaltschaft und Polizei im Strafverfahren vgl. → Ermittlungsverfahren.

Ermittlungsrichter
der Richter (grundsätzlich am Amtsgericht), der im → Ermittlungsverfahren i.d.R. auf Antrag der Staatsanwaltschaft die dem Richter vorbehaltenen Untersuchungshandlungen (z.B. Erlaß eines Haftbefehls, eidliche Vernehmung eines Zeugen) durchführt.

Ermittlungsverfahren
im Strafprozeß das vorbereitende Verfahren (*Vorverfahren*), das unter Leitung der Staatsanwaltschaft mit Unterstützung der Polizei durchgeführt wird. Es dient dazu, bei Verdacht einer Straftat den Sachverhalt zu erforschen, um entscheiden zu können, ob Anklage zu erheben ist. Beschuldigte, Zeugen und Sachverständige sind verpflichtet, vor der Staatsanwaltschaft zu erscheinen und (mit Ausnahme der Beschuldigten) auch zur Sache auszusagen (eidliche Vernehmungen sind dem Ermittlungsrichter vorbehalten). E. wird entweder von Amts wegen oder auf Anzeige hin eingeleitet und endet entweder mit der (jederzeit widerruflichen) Einstellung des Verfahrens oder der Erhebung der öffentlichen Klage (Anklage) durch Einreichung einer Anklageschrift bei Gericht. Vgl. → Legalitätsprinzip.

Ernennung
die Festlegung der Rechtsstellung eines Beamten nach Art und Inhalt. Dazu gehören die Begründung des Beamtenverhältnisses (Einstellung), die Umwandlung eines Beamtenverhältnisses in ein solches anderer Art (z.B. Beamter auf Probe wird Beamter auf Lebenszeit), die erste Verleihung eines Amtes und die Verleihung eines anderen Amtes. E. erfolgt durch Aushändigung einer *E.-Urkunde*, die genau festgelegten Formvorschriften entsprechen muß. E. ist nach Eignung, Befähigung und fachlicher Leistung ohne Rücksicht auf Geschlecht, Abstammung, Rasse, Glauben, religiöse oder politische Anschau-

ungen, Herkunft oder Beziehungen vorzunehmen.

Eröffnungsbeschluß
Gerichtsbeschluß im Strafprozeß über die Eröffnung des → Hauptverfahrens. E. ergeht nach Anklageerhebung, wenn das zuständige Gericht im Eröffnungsverfahren den Angeschuldigten einer Straftat für hinreichend verdächtig hält. Andernfalls lehnt das Gericht die Eröffnung des Hauptverfahrens ab. Ist die Eröffnung des Hauptverfahrens rechtskräftig abgelehnt, so kann Klage nur auf Grund neuer Tatsachen oder Beweismittel erhoben werden.

Eröffnungsverfahren
(Zwischenverfahren); Verfahrensabschnitt des Strafprozesses zwischen Ermittlungsverfahren und Hauptverfahren. Beginnt mit dem in der Anklageschrift enthaltenen Antrag der Staatsanwaltschaft, das Hauptverfahren zu eröffnen und endet mit dem gerichtlichen → Eröffnungsbeschluß oder der Ablehnung des Antrags auf Eröffnung des Hauptverfahrens.

Erpressung
Straftat, die begeht, wer einen anderen rechtswidrig mit Gewalt oder durch Drohung mit einem empfindlichen Übel zu einer Handlung, Duldung oder Unterlassung nötigt und dadurch dem Vermögen des Genötigten oder eines anderen Nachteil zufügt, um sich oder einen Dritten zu Unrecht zu bereichern. Rechtswidrig ist die Tat, wenn die Anwendung der Gewalt oder die Androhung des Übels zu dem angestrebten Zweck als verwerflich anzusehen ist. *Räuberische E.* ist die E., die durch Gewalt gegen eine Person oder unter Anwendung von Drohungen mit gegenwärtiger Gefahr für Leib oder Leben begangen wird. Zum erpresserischen Menschenraub vgl. auch Menschenraub.

Erregung öffentlichen Ärgernisses
Straftat, die begeht, wer öffentlich sexuelle Handlungen vornimmt, durch die er wissentlich oder absichtlich Ärgernis erregt und an denen eine andere Person Anstoß nimmt.

Ersatzdienst
Dienst, der anstelle eines geschuldeten Dienstes geleistet wird. Ein solcher E. ist der *Zivildienst*, den der Kriegsdienstverweigerer in Erfüllung der → Wehrpflicht nach dem Zivildienstgesetz zu leisten hat.

Ersatzerbe
der Erbe, der vom Erblasser für den Fall eingesetzt ist, daß der zunächst vorgesehene Erbe vor oder nach dem Eintritt des Erbfalles wegfällt (z.B. durch Tod, Ausschlagung). Der E. wird mit dem Erbfall Erbe.

Ersatzfreiheitsstrafe
Freiheitsstrafe, die kraft Gesetzes (d.h. ohne daß sie im Strafurteil besonders festgesetzt wird) an die Stelle einer Geldstrafe tritt, wenn diese uneinbringlich ist. Ein Tag Freiheitsstrafe entspricht bei der Vollstreckung der Strafe einem Tagessatz der Geldstrafe.

Erschleichen von Leistungen
Straftat, die darin besteht, daß sich jemand, in der Absicht, das geschuldete Entgelt nicht zu entrichten, die Leistung eines Automaten oder des öffentlichen Fernmeldenetzes (z.B. durch Einwerfen von Falschmünzen), die Beförderung durch ein Verkehrsmittel (als „blinder Passagier“) oder den Zutritt zu einer Veranstaltung (z.B. Schwimmbad, Kurpark) verschafft.

Erschließung
der Anschluß von Grundstücken an das öffentliche Verkehrs- und Versorgungsnetz. Ist grds. Aufgabe der Gemeinde, wofür sie jedoch vom Grundstückseigentümer einen *E.-Beitrag* verlangen kann.

Ersitzung
Eigentumserwerb durch langjährigen Besitz. Erfolgt bei beweglichen Sachen nach 10 Jahren, wenn jemand eine Sache währenddessen in dem guten Glauben besessen hat, auch der Eigentümer zu sein, 30 Jahre im Grundbuch eingetragen war und das Grundstück währenddessen als ihm gehörig besessen hat.

Erwachsener
im *Zivilrecht* Person, die volljährig ist, im *Strafrecht* Person, die das 21. Lebensjahr vollendet hat (nicht jedoch → Heranwachsender).

Erwerbsunfähigkeitsrente
Rente, die von der sozialen Rentenversicherung bei Erfüllung einer Wartezeit von i.d.R. mindestens 60 Monaten gezahlt wird, wenn jemand auf nicht absehbare Zeit wegen einer anhaltenden Krankheit oder Behinderung nicht mehr regelmäßig arbeiten oder nur noch wenig Geld verdienen kann. Nur 2/3 der normalen Altersrente erhält hingegen, wer infolge von Krankheit, anderen Gebrechen oder Schwäche der körperlichen oder geistigen Kräfte weniger als die Hälfte von dem arbeiten kann, was ein körperlich und geistig Gesunder mit ähnlicher Ausbildung und gleichwertigen Kenntnissen und Fähigkeiten leisten kann (*Berufsunfähigkeitsrente*).

Erziehungsbeistand
Beistand für einen Minderjährigen, dessen leibliche, geistige oder seelische Entwicklung gefährdet oder geschädigt ist. Erziehungsbeistandschaft wird nach dem *Jugendwohlfahrtsgesetz* angeordnet, wenn dies zur Beseitigung der Schädigung oder Gefährdung geboten ist und schärfere Mittel wie freiwillige Erziehungshilfe, Fürsorgeerziehung nicht erforderlich sind. Der E. wird auf Antrag des Personensorgeberechtigten vom Jugendamt bestellt, sonst vom Vormundschaftsgericht oder im Jugendstrafverfahren vom Jugendgericht. Der E. unterstützt den Personensorgeberechtigten unter Mitwirkung des Jugendamtes bei der Erziehungsbeaufsichtigung und berät den Minderjährigen bis zum Eintritt der Volljährigkeit.

Erziehungshilfe
Unterstützung bei der Erziehung. *Freiwillige E.* ist die mit Einverständnis und Unterstützung der Erziehungsberechtigten in einer geeigneten Familie oder einem Heim durchgeführte Erziehung eines in seiner leiblichen, geistigen oder seelischen Entwicklung gefährdeten oder geschädigten, noch nicht 17-jährigen Minderjährigen, falls ein → Erziehungsbeistand nicht ausreicht, um die Gefahr abzuwenden oder den Schaden zu beseitigen.

Erziehungsmaßregel
Maßnahme, die der Erziehung eines gefährdeten Kindes oder Jugendlichen oder eines straffällig gewordenen Jugendlichen dient. Kann vom Vormundschaftsgericht angeordnet werden, wenn die Eltern bei der Erziehung versagen sowie vom Jugendgericht als mildeste Reaktion auf Straftaten Jugendlicher (vgl. → Zuchtmittel, → Jugendstrafe). E. kann bestehen in der Erteilung von Weisungen (nur im Strafverfahren) oder in der Anordnung von Erziehungsbeistandschaft (→ Erziehungsbeistand) oder Fürsorgeerziehung.

Erzwingungshaft
Haft, die angeordnet werden kann, wenn eine auf Grund einer Ordnungswidrigkeit verhängte Geldbuße nicht bezahlt wird.

ethische, eugenische Indikation
→ Indikation.

die Europäische Gemeinschaften (EG)
die Europäische Wirtschaftsgemeinschaft (EWG, auch Gemeinsamer Markt), die Europäische Atomgemeinschaft (EAG, auch Euratom) und die Europäische Gemeinschaft für Kohle und Stahl (EGKS, auch Montanunion).
I. *Mitglieder*: Gründungsmitglieder: Belgien, Bundesrepublik Deutschland, Frankreich, Italien, Luxemburg, Niederlande; inzwischen zusätzlich Dänemark, Großbritannien, Irland und Griechenland.
II. *Aufgaben*: → Europäische Wirtschaftsgemeinschaft.
III. *Gemeinsame Organe:* Rat (Ministerrat), Kommission, Versammlung (nennt sich selbst Europäisches Parlament), Europäischer Gerichtshof.
1. *Rat:* je 1 Regierungsvertreter pro Mitgliedstaat, Vorsitz wechselt alle 6 Monate zwischen den Mitgliedstaaten

in alphabetischer Reihenfolge. *Aufgaben:* Rechtssetzung, Abstimmung der Wirtschaftspolitik der Mitglieder, Außenbeziehungen, Budgetrecht. *Beschlußfassung:* Gemeinschaftsverträge sehen in der Mehrzahl der Fälle Mehrheitsentscheidungen vor; auf Grund der sog. Luxemburger Vereinbarung (rechtlich zwar unverbindlich, wird aber praktiziert) wird in allen wichtigen Fragen nur noch einstimmig entschieden; bedeutet eine Einschränkung der Supranationalität.
Europäischer Rat wird der Rat genannt, wenn er in der Besetzung der Staats- und Regierungschefs der Mitgliedsstaaten tagt; seit 1974 dreimal jährlich.
2. *Kommission:* 14 unabhängige Mitglieder, von den Regierungen der Mitgliedstaaten im gegenseitigen Einvernehmen ernannt. *Aufgaben:* z.T. alleiniges Initiativrecht, Rechtssetzung, Kontrolle der Einhaltung des Gemeinschaftsrechts durch die Mitgliedstaaten.
3. *Europäisches Parlament:* besteht aus 410 Abgeordneten, die 1979 erstmals direkt gewählt worden sind. Hat Beratungs- und Kontrollaufgaben; nimmt zu den Vorschlägen der Kommission Stellung, was Voraussetzung für eine Entscheidung des Rates ist; kann die Kommission durch ein Mißtrauensvotum zum Rücktritt zwingen; hat Mitspracherecht beim Haushalt.
4. → *Europäischer Gerichtshof.*

Europäische Konvention zum Schutze der Menschenrechte und Grundfreiheiten

(lat.: conventio = Übereinkunft); von den Mitgliedstaaten des Europarats geschlossener völkerrechtlicher Vertrag (mit fünf Zusatzabkommen), worin allen der Herrschaftsgewalt der Mitgliedstaaten unterstehenden Personen grundlegende Rechte und Freiheiten zugesichert werden (z.B. Recht auf Leben, persönliche Freiheit und Sicherheit, freie Meinungsäußerung, rechtliches Gehör, Verbot rückwirkender Strafvorschriften).
Beschwerden wegen Verletzung der Konvention können bei der *Europäischen Kommission für Menschenrechte* sowohl von Regierungen eingebracht werden, als auch von natürlichen oder juristischen Personen, sofern vom Heimatstaat der Person das Individualbeschwerderecht ausdrücklich anerkannt und der innerstaatliche Rechtsweg ausgeschöpft ist. Kommission versucht gütliche Einigung; falls diese mißlingt, legt sie die Beschwerde dem Ministerausschuß vor, der innerhalb von 3 Monaten darüber entscheidet, falls nicht der Europäische Gerichtshof für Menschenrechte angerufen wird.
Die E.K. darf nicht mit der *„Allgemeinen Erklärung der Menschenrechte“* verwechselt werden, die von der Generalversammlung der UNO beschlossen wurde, aber lediglich eine unverbindliche Empfehlung ist.

Europäische Wirtschaftsgemeinschaft

auch EWG oder Gemeinsamer Markt; durch Vertrag von Rom 1957 von 6 westeuropäischen Ländern gegründete überstaatliche Gemeinschaft, deren *Aufgabe* es ist, durch die Errichtung eines Gemeinsamen Marktes und die schrittweise Annäherung der Wirtschaftspolitik der Mitgliedstaaten eine harmonische Entwicklung des Wirtschaftslebens innerhalb der Gemeinschaft, eine beständige und ausgewogene Wirtschaftsausweitung, eine größere Stabilität, eine beschleunigte Hebung der Lebenshaltung und engere Beziehungen zwischen den Staaten der EWG zu fördern. *Mittel* dazu sind u.a. Abschaffung der Zölle und mengenmäßigen Beschränkungen, Einführung eines Gemeinsamen Zolltarifs, Beseitigung der Hindernisse für den freien Personen-, Dienstleistungs- und Kapitalverkehr und eine gemeinsame Landwirtschafts- und Verkehrspolitik. Die EWG ist die wichtigste innerhalb der → Europäischen Gemeinschaften (vgl. dort).

Europäischer Gerichtshof

der gemeinsame Gerichtshof der → Europäischen Gemeinschaften (EG) mit Sitz in Luxemburg. Er sichert die einheitliche Anwendung, Auslegung und Fortbildung des europäischen Gemeinschaftsrechts. Zuständig hpts. für Streitigkeiten zwischen Mitgliedstaaten, zwischen Mitgliedstaaten und Gemeinschaftsorganen und zwischen Organen der Gemeinschaften. Nationale Gerichte können dem EuGH Fragen des Gemeinschaftsrechts zur Entscheidung vorlegen, letztinstanzlich entscheidende Gerichte müssen es sogar. Außerdem können auch betroffene Bürger den EuGH gegen Entscheidungen der EG anrufen.

Europäischer Gerichtshof für Menschenrechte

Gerichtshof in Straßburg, der vom Europarat eingesetzt worden ist, um die Einhaltung der Konvention zum Schutz der Menschenrechte und Grundfreiheiten zu gewährleisten. Vgl. → Europäische Konvention zum Schutz der Menschenrechte und Grundfreiheiten.

Europäisches Gemeinschaftsrecht

das Recht der → Europäischen Gemeinschaften, bestehend aus dem zur Bildung der Europäischen Gemeinschaften geschaffenen Vertragsrecht (*primäres Gemeinschaftsrecht*) und dem von den Organen der Gemeinschaften erlassenen (Folge-) Recht (*sekundäres Gemeinschaftsrecht*). Rat und Kommission können Verordnungen, Richtlinien und Entscheidungen erlassen, Empfehlungen aussprechen und Stellungnahmen abgeben. Haben unterschiedliche Verbindlichkeit; gelten z.T. in den Mitgliedsstaaten unmittelbar. Auch die Entscheidungen des Europäischen Gerichtshofs in Luxemburg sind E.G.

Europarat

1949 errichteter völkerrechtlicher Zusammenschluß aus z. Zt. 21 westeuropäischen Staaten mit Sitz in Straßburg. *Aufgabe:* Herstellung einer engeren Verbindung zwischen den Mitgliedern zum Schutze und zur Förderung der Ideale und Grundsätze, die ihr gemeinsames Erbe bilden und die Förderung ihres wirtschaftlichen und sozialen Fortschritts. Hat bisher rund 60 Konventionen verabschiedet, insbes. die → Europäische Konvention zum Schutz der Menschenrechte und Grundfreiheiten. *Organe*: Ministerkomitee und Beratende Versammlung.

Europarecht

i.w.S. das Recht der westeuropäischen internationalen Organisationen, insbes. des Nordatlantikpaktes (NATO), der Westeuropäischen Union (WEU), der Organisation für wirtschaftliche Zusammenarbeit und Entwicklung (OECD), des Europarates, der Europäischen Freihandelsgemeinschaft (EFTA) sowie das → Europäische Gemeinschaftsrecht; i.e.S. nur letzteres.

Euthanasie

(griech.: schöner Tod); ursprünglich in der griechischen Antike der schöne, leichte Tod ohne äußere Einwirkung. Im 3. Reich wurde der Begriff für die Vernichtung „lebensunwerten Lebens" benutzt (Massentötung von insb. Geisteskranken). Heute die Sterbehilfe, die das Sterben eines Todkranken beschleunigt. Aktive und auch passive (durch Unterlassen lebensverlängernder Maßnahmen) E. ist als Tötung strafbar, auch wenn sie auf Verlangen des Sterbenden geschieht, wird dann aber milder bestraft. Ausnahmsweise kann die Strafbarkeit jedoch entfallen, wenn durch Betäubungsmittel der Todeskampf erleichtert werden soll oder wenn von der Anwendung lebenserhaltender Medikamente Abstand genommen wird, um dem Kranken einen qualvollen Tod zu ersparen.

Exekution

(lat.: executio = Ausführung, Vollziehung, Vollstreckung, Hinrichtung).

Exekutive

(lat.: executio = Vollziehung); vollziehende Gewalt im Staat; nach der Lehre von der → Gewaltenteilung eine der drei Staatsgewalten neben → Legislative und → Judikative. Innerhalb der E. wird zwischen → Regierung und → Verwaltung unterschieden.

Exhibitionismus
(lat.: exhibere = vorzeigen, zur Schau stellen); krankhafter Drang (i.d.R. von Männern) zur Selbstentblößung aus sexuellen Motiven. Strafbar, wenn dadurch eine andere Person belästigt wird, auch wenn dies nicht öffentlich geschieht (anders bei → Erregung öffentlichen Ärgernisses).

Exhumierung
(lat.: ex = aus, humere = begraben, bestatten); das Ausgraben einer schon beerdigten Leiche, das insbesondere im Strafverfahren zur gerichtlichen Leichenschau oder Leichenöffnung (*Obduktion*) angeordnet werden kann.

ex nunc
(lat.: von nun an); mit Wirkung für die Zukunft (z.B. Kündigung).

Exterritorialität
(lat.: extra territorium = außerhalb des Landes); → Immunität.

Extremisten im öffentlichen Dienst.
→ Radikale im öffentlichen Dienst.

ex tunc
(lat.: von damals an); auch für die Vergangenheit wirkend (z.B. Anfechtung einer Willenserklärung).

F

Fahndung
Maßnahmen von Kriminalpolizei und Staatsanwaltschaft (bei *Steuer-F.* auch Finanzamt) zur Ergreifung von Personen, die einer Straftat verdächtigt werden oder ihretwegen bereits verurteilt, aber flüchtig sind *(Personen-F.)* sowie zum Auffinden von Beweismitteln und Gegenständen einer Straftat (*Sach-F.*, z.B. Diebesgut, Lösegeld). Wichtige Mittel: Ausschreibung in einem Fahndungsblatt, Erlaß eines → Steckbriefes, Durchgabe der F. im Polizeifunk, Durchführung von Razzien, Verfolgung bestimmter Spuren evtl. mit Hilfe von Polizeihunden, *F.-Aufruf* in Presse, Hörfunk und Fernsehen.

Fahnenflucht
Straftat, die ein Bundeswehrangehöriger begeht, wenn er eigenmächtig seine Truppe oder Dienststelle verläßt oder ihr fernbleibt, um sich der Verpflichtung zum Wehrdienst dauernd oder für die Zeit eines bewaffneten Einsatzes zu entziehen oder die Beendigung des Wehrdienstverhältnisses zu erreichen. Milder bestraft wird, wer sich innerhalb eines Monats wieder zum Wehrdienst stellt oder überhaupt nicht die Absicht hatte, sich dem Wehrdienst zu entziehen, aber vorsätzlich oder fahrlässig länger als drei volle Kalendertage von der Truppe abwesend ist (eigenmächtiges Fernbleiben). Für *Ersatzdienstpflichtige* gelten entsprechende Strafvorschriften (Dienstflucht, eigenmächtige Abwesenheit).

Fahrerflucht
→ unerlaubtes Entfernen vom Unfallort.

Fahrerlaubnis
verwaltungsbehördliche Erlaubnis, die zum Führen von Kraftfahrzeugen auf öffentlichen Straßen grds. erforderlich ist. Voraussetzungen für die Erteilung: Ablegung einer Fahrprüfung, Beherrschung der Grundzüge der Versorgung Unfallverletzter im Straßenverkehr und das Fehlen von Anhaltspunkten, die den Bewerber als zum Führen von Kraftfahrzeugen ungeeignet erscheinen lassen (z.B. körperliche Mängel). F. wird in 5 Klassen erteilt; das Mindestalter für Kleinkraftwagen und -motorräder sowie Kfz mit 25 Stkm Höchstgeschwindigkeit beträgt 16 Jahre, für Pkw, Lieferwagen, Lkw bis 7,5 t und Motorräder 18 Jahre, für schwere Lkw 21 Jahre. F. wird durch den → Führerschein nachgewiesen. Vgl. auch → Entziehung der F., → Fahrverbot.

fahrlässige Tötung
Straftat, die darin besteht, daß jemand den Tod eines anderen Menschen dadurch verursacht, daß er die nötige Sorgfalt (z.B. im Straßenverkehr, im Beruf) außer acht gelassen hat, obwohl er die sich daraus ergebende Gefahr der Tötung hätte vorhersehen und vermeiden können.

Fahrlässigkeit
im *Privatrecht* das Außerachtlassen der im Verkehr erforderlichen Sorgfalt, im *Strafrecht* die rechtswidrige Verwirklichung eines Straftatbestands, ohne daß der Täter dies will und erkennt, wenn ihm dies vorzuwerfen ist. Es gilt also im Privatrecht ein *objektiver*, im Strafrecht ein *subjektiver Maßstab*. Fahrlässig handelt sowohl, wer den rechtswidrigen Erfolg zwar voraussieht, aber hofft, er werde schon nicht eintreten *(bewußte F.)*, als auch, wer den Erfolg nicht voraussieht, ihn aber (im Privat-

recht) bei Anwendung der im Verkehr erforderlichen Sorgfalt bzw. (im Strafrecht) nach den Umständen und seinen persönlichen Fähigkeiten und Kenntnissen hätte voraussehen müssen *(unbewußte F.)*. Im Privatrecht unterscheidet man *grobe F.* und *normale (leichte) F.;* erstere liegt vor bei einer besonders schweren Verletzung der erforderlichen Sorgfalt, wenn der Betreffende das nicht beachtet hat, was im gegebenen Fall jedermann unmittelbar hätte einleuchten müssen; sie gilt nur in den vom Gesetz ausdrücklich bestimmten Fällen. – Die F. steht im Gegensatz zum → Vorsatz.

Fahruntüchtigkeit

das Fehlen der Fähigkeit, im Straßen-, Schienen- und Luftverkehr und auf dem Wasser ein Fahrzeug sicher zu führen. Wer sich infolge körperlicher oder geistiger Mängel (z.B. Trunkenheit, Übermüdung) nicht sicher im Verkehr bewegen kann, begeht eine Ordnungswidrigkeit, wenn er trotzdem am Verkehr teilnimmt. Beruht die F. auf dem Genuß von Alkohol oder anderen berauschenden Mitteln, so ist das Führen eines Fahrzeuges im Verkehr eine Straftat, und zwar schon das Führen als solches (Trunkenheit im Verkehr). Schwerere Bestrafung kann erfolgen bei Gefährdung anderer oder von bedeutenden fremden Sachwerten (Straßenverkehrsgefährdung). F. liegt vor, wenn der Blutalkoholgehalt mindestens 1,3 Promille beträgt *(absolute F.);* bei niedrigerem Wert, wenn aus anderen Umständen F. festgestellt wird, z.B. bei unsicherem Fahren *(relative F.)*. Vgl. auch → Blutalkohol.

Fahrverbot

das für 1–3 Monate geltende Verbot, ein Kraftfahrzeug zu führen. Kann vom Strafgericht als → Nebenstrafe verhängt werden, wenn jemand eine Straftat bei oder im Zusammenhang mit dem Führen eines Kfz oder unter Verletzung der Pflichten eines Kraftfahrzeugführers begangen hat; von der *Verwaltungsbehörde* auch bei bestimmten → Ordnungswidrigkeiten. Im Gegensatz zur → Entziehung der Fahrerlaubnis, der gegenüber das F. die mildere Maßnahme ist, erlischt die Fahrerlaubnis nicht; der Führerschein wird nur amtlich verwahrt und nach Ablauf der Verbotsfrist zurückgegeben.

Fälligkeit

Zeitpunkt, von dem an der Gläubiger die Leistung vom Schuldner verlangen kann. Ergibt er sich nicht aus der Vereinbarung der Vertragspartner oder aus den Umständen, so ist die Leistung sofort fällig. Leistet der Schuldner bei F. nicht, kann er in → Verzug geraten.

Falschaussage

Straftat eines Zeugen oder Sachverständigen, die entweder in einer *falschen uneidlichen Aussage* vor Gericht oder vor einer anderen zur eidlichen Vernehmung von Zeugen oder Sachverständigen zuständigen Stelle besteht oder in einer *falschen eidlichen Aussage* vor Gericht oder einer anderen zur Abnahme von Eiden zuständigen Stelle (→ Meineid, → Falscheid).

Falschbeurkundung

eine inhaltlich unrichtige Beurkundung (jemand schreibt und unterschreibt mit seinem Namen eine Urkunde, die jedoch eine Lüge enthält). Zu unterscheiden von der → Urkundenfälschung (Urkundenaussteller und Name des Unterschreibenden stimmen nicht überein). Nur strafbar, wenn ein zur Aufnahme öffentlicher Urkunden befugter Beamter innerhalb seiner Zuständigkeit vorsätzlich eine rechtlich erhebliche Tatsache falsch beurkundet *(F. im Amt)* oder wenn jemand vorsätzlich (z.B. durch falsche Angaben) bewirkt, daß beweiserhebliche Umstände in öffentlichen Urkunden ohne Wissen des Beamten falsch beurkundet werden *(mittelbare F.)*.

Falscheid

Straftat, die begeht, wer fahrlässig vor Gericht oder einer zur Eidesabnahme befugten Behörde (nicht Polizei) eine tatsächlich falsche Aussage oder Erklärung, die er für wahr hält, auf seinen Eid nimmt. Vgl. auch → Falschaussage und → Meineid.

Falschgeld
nachgemachte oder verfälschte Banknoten oder Münzen. Alle Kreditinstitute sind verpflichtet, F. anzuhalten und der Polizei zu übersenden. Zur Strafbarkeit der Herstellung und Verbreitung von F. vgl. → Geldfälschung.

Fälschung
das Verändern oder Nachbilden eines Gegenstandes, in der Absicht, den Anschein der Echtheit zu erwecken (z.B. *Geld-F., Urkunden-F., Wahl-F.).*

Familie
im weiteren Sinn die durch Ehe, Verwandschaft und Schwägerschaft verbundenen Personen; im engeren, heute üblichen Sinn die Ehegatten und deren Kinder. Die Familie steht nach dem Grundgesetz unter dem besonderen Schutz der staatlichen Ordnung.

Familienbuch
→ Personenstandsbuch, das den jeweiligen Personenstand der Familienangehörigen ersichtlich macht.

Familiengericht
Abteilung beim → Amtsgericht, die über Familiensachen entscheidet, insbes. über alle in einer Ehe anfallenden Rechtsstreitigkeiten (z.B. Unterhalt, Güterrecht), über die Scheidung einer Ehe und ihre Folgen sowie Angelegenheiten der ehelichen Kinder (Sorgerechts- und Besuchsregelung, Herausgabe und Unterhalt). Für einen Teil der Vormundschafts- und Kindschaftssachen ist das → Vormundschaftsgericht zuständig. Das F. ist besetzt mit einem Familienrichter als Einzelrichter.

Familienname
gemeinsamer Name einer Familie (→ Ehename). Nicht Bestandteil des F. ist der dem Ehenamen vorangestellte *Begleitname*.

Familienrecht
Gesamtheit der Rechtsnormen, die die Rechtsverhältnisse von Ehe und Familie, Verwandtschaft und Schwägerschaft regeln, vorwiegend im *4. Buch des BGB* und im → *Ehegesetz*.

Faustpfand
Pfandrecht an einer beweglichen Sache, bei dem der unmittelbare Besitz an den Pfandgläubiger übertragen wird; so beim vertraglich begründeten *Pfandrecht des BGB.*

Fehler
die Abweichung des tatsächlichen Zustandes einer Sache von der nach dem Kaufvertrag vorausgesetzten Beschaffenheit. Kann tatsächlicher (z.B. verdorbene Ware) oder rechtlicher Art (z.B. Baubeschränkung) sein. Vgl. auch → Sachmangel.

Feriensache
Streitsache, in der ein Gericht der → ordentlichen Gerichtsbarkeit auch während der Gerichtsferien (15. Juli bis 15. September) Termine abhalten und Entscheidungen erlassen kann. Bestimmte Arten von Rechtsstreitigkeiten (z.B. Strafsachen) sind F. kraft Gesetzes, andere können auf Antrag zur F. erklärt werden.

Fernmeldegeheimnis
→ Brief-, Post- und Fernmeldegeheimnis.

Fernsehen
→ Rundfunk.

Festnahme
kurzfristiges Festhalten des einer Straftat Verdächtigten; zulässig nicht nur bei Vorliegen eines → Haft- oder Unterbringungsbefehls. Bei Nichtvorliegen, aber Erfüllung der Voraussetzungen sind Staatsanwalt und Polizeibeamter zur *vorläufigen F.* befugt, wenn Gefahr im Verzuge ist. Zur vorläufigen F. ist im übrigen jedermann befugt, der eine Person auf frischer Tat antrifft oder verfolgt, wenn der Betreffende der Flucht verdächtig ist oder seine Identität nicht sofort festgestellt werden kann. Der Festgenommene ist spätestens am Tage nach seiner F. dem Richter vorzuführen.

Feststellungsklage
Klage im *Zivilprozeß* auf Feststellung des Bestehens oder Nichtbestehens eines Rechtsverhältnisses oder auf Aner-

kennung einer Urkunde oder Feststellung ihrer Unechtheit; im *Verwaltungsrecht* kann auch die Feststellung der Nichtigkeit eines Verwaltungsaktes beantragt werden; weitere Möglichkeiten im *sozialgerichtlichen Verfahren*. Die F. bedarf als → Prozeßvoraussetzung eines besonderen → Rechtsschutzbedürfnisses (Feststellungsinteresse); sie ist daher i. d. R. unzulässig, soweit Leistungs- oder Gestaltungsklage erhoben werden kann.

Filmrecht

das Recht *an einem Film:* steht allen Mitwirkenden gemeinsam zu, wobei die Vermutung gilt, daß sie es dem Filmhersteller zur ausschließlichen Nutzung übertragen haben; *der Verfilmung:* muß vom Urheber, z.B. eines Romans, dem Verfilmer gestattet sein; *der Filmförderung:* durch besondere Anstalt zur Qualitätsverbesserung und wirtschaftlichen Förderung des deutschen Films, finanziert aus der Filmabgabe, die grds. von allen Veranstaltern entgeltlicher Filmvorführungen erhoben wird sowie durch Verleihung von Filmpreisen; *der Filmbeurteilung:* durch die Filmbewertungsstelle der Länder, die die Prädikate „wertvoll" oder „besonders wertvoll" vergibt, was u.a. Steuerermäßigungen zur Folge hat, und *der Filmkontrolle:* durch die Freiwillige Selbstkontrolle der Filmwirtschaft, die zwar keine öffentlich-rechtlichen Befugnisse hat, aber über die Freigabe eines Films für die einzelnen Altersstufen – ab 6, 12, 16, 18 Jahren – entscheidet.

Finanzausgleich

(frz.: finance = Geldmittel, Vermögensverhältnisse); finanzieller Ausgleich zwischen finanzschwachen und finanzstarken Gebietskörperschaften (Bund, Länder, Gemeinden). *Horizontaler F.* erfolgt zwischen Gebietskörperschaften gleicher Ebene (z.B. Ländern untereinander), *vertikaler F.* zwischen Gebietskörperschaften verschiedener Ebenen (z.B. zwischen Bund und Ländern).

Finanzgerichtsbarkeit

besondere → Verwaltungsgerichtsbarkeit. Zuständig insbes. bei Streitigkeiten zwischen Bürgern und Finanzbehörden bei Abgabenangelegenheiten. Wird ausgeübt durch Finanzgerichte und den Bundesfinanzhof in München. Vgl. auch Abbildung Gerichtsorganisation S. 274.

Finanzierung

die Beschaffung von Kapital für einen bestimmten Zweck (z.B. Geld zum Aufbau eines Unternehmens). Sie kann *Eigen-* oder *Fremd-F.* sein.

Finanzverwaltung

die Beschaffung, Verwendung und Erhaltung öffentlicher Einnahmen durch die Finanzbehörden. Zölle, Finanzmonopole, die bundeseinheitlich geregelten Verbrauchssteuern und die Abgaben im Rahmen der Europäischen Gemeinschaften werden von Bundesfinanzbehörden, die übrigen Steuern durch Landesfinanzbehörden verwaltet, soweit diese die Verwaltung nicht den Gemeinden übertragen haben. Oberste Finanzbehörde ist der *Bundes-* bzw. *Landesminister der Finanzen,* gemeinsame Mittelbehörden von Bund und Ländern sind die *Oberfinanzdirektionen,* örtliche Finanzbehörden auf Bundesebene die *Hauptzollämter* und die *Zollfahndungsämter,* auf Landesebene die *Finanzämter*.

Findelkind

Minderjähriger, der aufgefunden wird, ohne daß sein Personenstand zu ermitteln ist. Muß spätestens am folgenden Tag der Polizei gemeldet werden. Die zuständige Verwaltungsbehörde setzt dann den vermutlichen Tag und Ort der Geburt fest und bestimmt Vor- und Familiennamen des Kindes. Das F. erhält einen → Vormund.

Finderlohn

Lohn, den der ehrliche Finder bei einem → Fund vom Empfangsberechtigten verlangen kann. Beträgt bei einem Wert der Fundsache bis zu 1000 DM 5 %, darüber hinaus 3 %. S. auch → Fund.

Fingerabdruck
zur Identifizierung eines Menschen erfolgender Abdruck seiner Fingerspitzen, die bei jedem Menschen verschieden sind. F. dürfen auch gegen den Willen des Beschuldigten aufgenommen werden, soweit dies für die Durchführung eines Strafverfahrens oder für den polizeilichen Erkennungsdienst notwendig ist.

Firma
Name, unter dem ein Vollkaufmann im Handel seine Geschäfte betreibt und die Unterschrift abgibt, nicht jedoch das Unternehmen, das umgangssprachlich oft als F. bezeichnet wird. Ein Kaufmann kann unter seiner F. klagen und verklagt werden. Die F. muß (jedenfalls bei Gründung des Unternehmens) die Person des Inhabers erkennen lassen. Der Einzelkaufmann muß deshalb seinen Familiennamen mit mindestens einem ausgeschriebenen Vornamen verwenden; die offene Handelsgesellschaft den Namen wenigstens eines der Gesellschafter mit einem das Vorhandensein einer Gesellschaft andeutenden Zusatz oder die Namen aller Gesellschafter; die Kommanditgesellschaft den Namen wenigstens eines persönlich haftenden Gesellschafters mit einem das Vorhandensein einer Gesellschaft andeutenden Zusatz; bei Kapitalgesellschaften ist der Hinweis auf den Gegenstand des Unternehmens oder auf die Person eines Gesellschafters erforderlich. Zusätze dürfen nicht zur Täuschung führen. Wird die F. vom ursprünglichen Inhaber veräußert, so wird vom Grundsatz der *F.-Wahrheit* zugunsten des Grundsatzes der *F.-Beständigkeit* abgewichen, so daß die F. unverändert fortgeführt werden darf. F. am selben Ort müssen sich von bereits bestehenden deutlich unterscheiden.

Fischwilderei
Straftat, die begeht, wer unter Verletzung fremden Fischereirechts fischt oder eine diesem Recht unterliegende Sache (z.B. verendete Fische) sich zueignet, beschädigt oder zerstört.

Fiskus
(lat.: fiscus = Korb, Geldkorb, Staatskasse); Bezeichnung für den Staat, soweit er als reiner Vermögensträger tätig wird (z.B. Land kauft ein Grundstück). In seiner Eigenschaft als F. tritt der Staat nicht mit hoheitlicher Gewalt auf, sondern unterliegt dem Privatrecht wie jeder Bürger; er ist jedoch an die Grundrechte gebunden (z.B. Gleichheitsgrundsatz), hat aber auch einige Vorrechte (z.B. Steuerfreiheit; gesetzliches Erbrecht, falls weder Verwandte noch Ehegatte des Erblassers da sind).

Fixgeschäft
(lat.: fixus = fest); Rechtsgeschäft, bei dem die Erfüllung zu einem bestimmten Termin oder innerhalb einer bestimmten Frist wesentlicher Inhalt ist, so daß das Geschäft mit der Einhaltung der Leistungszeit stehen oder fallen soll. Darauf deuten Klauseln wie „genau", „fix", „präzise" hin; die bloße Angabe einer Leistungszeit reicht noch nicht. Bei nicht rechtzeitiger Leistung steht dem Gläubiger bei einem gegenseitigen Vertrag auch ohne Verschulden des Schuldners ein Rücktrittsrecht zu.
Ist die Leistung jedoch nicht nur später nicht mehr sinnvoll, sondern überhaupt unmöglich (sog. *absolutes oder unechtes F.),* z.B. Taxi zu einem bestimmten Flugzeuganschluß, so gelten nicht die Vorschriften über F., sondern die normalen Rechtsfolgen bei → Unmöglichkeit.

flexible Altersgrenze
(lat.: flexibilis = biegsam, beweglich); in der sozialen Rentenversicherung die Vorverlegung des Zeitpunktes, von dem an Altersruhegeld in Anspruch genommen werden kann, i. d. R. auf das 63., bei Schwerbehinderten, Berufs- und Erwerbsunfähigen auf das 60. Lebensjahr.

Fluchtgefahr
bei Würdigung der Umstände des Einzelfalles bestehende Gefahr, daß der Beschuldigte sich dem Strafverfahren entzieht. Indizien dafür sind u.a. auf-

fälliger Wohnungs- oder Arbeitsplatzwechsel, Verwendung falscher Papiere, frühere Flucht. F. ist ein → Haftgrund; bei leichteren Fällen (Freiheitsstrafe bis zu 6 Monaten oder Geldstrafe bis zu 180 Tagessätzen) jedoch nur, wenn der Beschuldigte sich dem Verfahren bereits einmal entzogen hatte oder versucht hat zu fliehen oder keinen inländischen festen Wohnsitz hat oder sich über seine Person nicht ausweisen kann.

Föderalismus
(lat: foedus = Bündnis); Staatsform, die (im Gegensatz zum Zentralismus) die Eigenstaatlichkeit seiner Glieder mit der Einheit des Gesamtstaates verbindet (Bundesstaat, Staatenbund). Im deutschen Sprachgebrauch auch das Streben nach einer Stärkung der Einzelstaaten (im Amerikanischen hingegen nach einer Stärkung des Bundes gegenüber den (früher autonomen) Gliedstaaten).

Folter
die Zufügung (oder auch schon Androhung) körperlicher oder seelischer Qualen bei einer Vernehmung zur Herbeiführung einer bestimmten Aussage, insbes. eines Geständnisses. Im Mittelalter unter dem Einfluß des römischen Rechts in Deutschland weit verbreitet, im 18. Jahrhundert abgeschafft; heute in der Bundesrepublik verboten (durch StPO und Europäische Menschenrechtskonvention).

Forderung
aus einem → Schuldverhältnis entstehender Anspruch des Gläubigers gegen den Schuldner auf die Leistung.

Forderungsverletzung
Verletzung eines Anspruchs. *Positive F.* (auch *positive Vertragsverletzung* genannt) ist jede schuldhafte → Leistungsstörung, die weder durch → Unmöglichkeit noch durch → Verzug verursacht ist (insbes. Schlechterfüllung der Hauptplicht und Nichterfüllung von Nebenpflichten, wie z.B. Aufklärungspflicht).

Form
die sichtbare Gestalt eines Gegenstandes oder einer Vorstellung. Im Privatrecht sind die meisten Willenserklärungen formlos gültig *(F.-Freiheit);* für einzelne wird durch Gesetz oder Vereinbarung eine F. zur Vermeidung von Mißverständnissen und Beweisschwierigkeiten sowie zum Schutz vor übereiltem und unüberlegtem Abschluß eines Rechtsgeschäftes vorgeschrieben. Die wichtigsten Formen sind die → Schrift-F., die öffentliche → Beglaubigung und die notarielle → Beurkundung. Ein Rechtsgeschäft, bei dem die vorgeschriebene F. nicht eingehalten wird, ist grds. nichtig; der *F.-Mangel* kann jedoch in manchen Fällen geheilt werden, wenn die formwidrig versprochene Leistung ordnungsgemäß erfüllt wird.

Formel
(lat.: formula = kleine Form); in bestimmter Form festgelegte, häufig wiederkehrende Wendung (z.B. *Eides-F.*).

formelles Recht
→ Verfahrensrecht.

Formfreiheit
die – im *Privatrecht* grds. bestehende – Freiheit von einem besonderen Formerfordernis *(Grundsatz der F.).* Im Gegensatz zu gesetzlichen Formvorschriften, z.B. → Schriftform, öffentliche → Beglaubigung, notarielle → Beurkundung.

Forstrecht
das Recht, das die mit Waldbäumen bepflanzte oder zur Wiederaufforstung bestimmte Fläche außerhalb der im Zusammenhang bebauten Ortsteile betrifft. Bundeseinheitlich durch das Bundeswaldgesetz geregelt, das die verschiedenen Funktionen des Waldes (Nutz-, Schutz-und Erholungsfunktion) aufeinander abstimmen soll, wozu es Rahmenvorschriften für landesrechtliche Waldgesetze und unmittelbar geltende Vorschriften zur Förderung der Forstwirtschaft enthält.

Fracht
das aufgrund eines Frachtvertrages be-

förderte Gut; auch der für die Beförderung zu zahlende Lohn.

Frachtbrief

Beweisurkunde über Abschluß und Inhalt eines → Frachtvertrages, die der Absender auf Verlangen des Frachtführers ausstellt (beim Güterfernverkehr mit Kraftfahrzeugen und bei der Güterbeförderung mit der Bahn generell gesetzlich vorgeschrieben). Durch die Annahme des Frachtgutes und des F. wird der Empfänger verpflichtet, an den Frachtführer dem F. entsprechend zu zahlen.

Frachtvertrag

zwischen Absender und Frachtführer geschlossener Werkvertrag über die Beförderung von Gütern gegen Entgelt, aus dem der Empfänger des Frachtgutes unmittelbare Rechte erwirbt (Vertrag zugunsten Dritter). Kein F. ist die Güterbeförderung durch die Post.

Fraktion

(lat: fractio = Bruchteil); Zusammenschluß von Mitgliedern eines Parlaments, die i. d. R., aber nicht notwendig, derselben Partei angehören. Die erforderliche Mindestzahl zur Bildung der F. ist in den Geschäftsordnungen der Parlamente festgelegt. Der F. stehen bestimmte Rechte zu, insbes. das Antragsrecht.

Fraktionszwang

Verpflichtung der Abgeordneten einer Parlamentsfraktion, entsprechend einem zuvor gefaßten Fraktionsbeschluß einheitlich abzustimmen. Ist zulässig, entspricht aber nicht der Stellung des Abgeordneten, der als Vertreter des ganzen Volkes an Weisungen und Aufträge nicht gebunden und nur seinem Gewissen unterworfen ist. Bei Verstoß gegen den F. darf der Abgeordnete jedoch nicht zur Niederlegung seines Mandates gezwungen werden, er kann lediglich aus der Partei oder Fraktion ausgeschlossen werden.

Freibetrag

Betrag, der zur Ermittlung des steuerpflichtigen Betrages vom Gesamtbetrag abgezogen werden kann (z.B. *Kinder-F.* bei der Lohnsteuer). Während der F. in jedem Fall steuerfrei bleibt, ist dies bei einer *Freigrenze* nur dann der Fall, wenn diese nicht überschritten wird, andernfalls besteht für den Gesamtbetrag Steuerpflicht.

freie Entfaltung der Persönlichkeit

vom GG in Art. 2 geschütztes Grundrecht, das jedermann das Recht auf freie Entfaltung seiner Persönlichkeit gewährt, soweit er nicht die Rechte anderer verletzt und nicht gegen die verfassungsmäßige Ordnung oder das Sittengesetz verstößt. Geschützt wird die menschliche Handlungsfreiheit in einem umfassenden Sinn; reicht vom Schutz der Intimsphäre, des familiären Bereichs und des allgemeinen → Persönlichkeitsrecht bis zur wirtschaftlichen Betätigungsfreiheit, zur Vertragsfreiheit und zur Freiheit der Ausreise aus dem Bundesgebiet.

freies Geleit

→ sicheres Geleit.

Freiheit

die Möglichkeit des Menschen, sein Verhalten unabhängig von anderen selbst bestimmen zu können. Vom GG werden die → freie Entfaltung der Persönlichkeit im Sinne einer allgemeinen Handlungsfreiheit sowie verschiedene einzelne Freiheiten (z.B. *Meinungs-F., Versammlungs-F., Berufs-F.)* garantiert.

Die *F. der Person* (körperliche Fortbewegungs-F.) kann nur auf Grund eines Gesetzes im formellen Sinn und nur unter Beachtung der darin vorgeschriebenen Formen beschränkt werden. Eine *F.-Entziehung* (Unterbringung einer Person z.B. in einer Vollzugsanstalt zur Verbüßung einer Freiheitsstrafe oder von Untersuchungshaft, in einem Erziehungsheim für schwererziehbare Kinder) darf endgültig nur von einem Richter angeordnet werden. Vorläufig Festgenommene müssen spätestens am nächsten Tag einem Richter vorgeführt werden. Ein Angehöriger des Festgehaltenen oder eine Person seines Vertrauens ist von jeder richterlichen Entscheidung über die Anordnung oder

Fortdauer einer *F.-Entziehung* zu benachrichtigen.

freiheitlich-demokratische Grundordnung
diejenigen Bestandteile einer freiheitlichen staatlichen Ordnung, die für diese grundlegend und daher unveränderlich sind. Dazu gehören das Rechtsstaatsprinzip und das Demokratieprinzip und nach dem GG das Sozialstaatsprinzip und die Bundesstaatlichkeit.

Freiheitsberaubung
Straftat, die begeht, wer widerrechtlich einen Menschen einsperrt oder auf andere Weise des Gebrauchs der persönlichen Bewegungsfreiheit beraubt.

Freiheitsstrafe
Strafe, die im (teilweisen oder völligen) Entzug der körperlichen Bewegungsfreiheit besteht. Sie kann *lebenslange* oder *zeitige* (d.h. zeitlich begrenzt zwischen 1 Monat und 15 Jahren) F. sein. Wird zumeist in einer Strafvollzugsanstalt vollstreckt. Vgl. auch → *Einheits-F.* F. ist ferner im *Jugendstrafrecht* die → Jugendstrafe und im *Wehrstrafrecht* der → Strafarrest.

Freikörperkultur
abgekürzt FKK, auch Nacktkultur, Nudismus oder Naturismus; das unbekleidete gemeinsame Sonnenbaden sowie Freiluft- und Wassersporttreiben von beiden Geschlechtern jeden Alters. Als solche gesetzlich nicht verboten, kann aber wegen der Art ihrer Ausübung gegen Strafgesetze verstoßen, insbes. bei → Erregung öffentlichen Ärgernisses.

Freispruch
auch Freisprechung; gerichtliche Feststellung im Strafverfahren, daß der Angeklagte wegen der ihm zur Last gelegten Tat nicht verurteilt wird. Im (öffentlich zu verkündenden) Urteil darf nicht danach entschieden werden, ob F. z.B. wegen erwiesener Unschuld oder mangels Beweises erfolgt. Die Kosten des Verfahrens und die notwendigen Auslagen (z.B. Anwalt) trägt i. d. R. die Staatskasse. Der Freigesprochene erhält außerdem eine Entschädigung für erlittene Untersuchungshaft oder andere Verfolgungsmaßnahmen (z.B. Beschlagnahme).

Freistaat
deutsche Bezeichnung für Republik; in der Weimarer Republik amtlicher Name der meisten deutschen Länder, heute nur noch von Bayern.

freiwillige Gerichtsbarkeit
Teil der ordentlichen Gerichtsbarkeit, im Gegensatz zur streitigen Gerichtsbarkeit. Bezeichnung nicht ganz zutreffend, da z.T. auch in der f. G. Rechtsstreitigkeiten entschieden werden. Zuständig ist hauptsächlich das *Amtsgericht* (z.B. in Vormundschafts-, Nachlaß-, Register- und Grundbuchsachen) und der *Notar* (z.B. bei Beurkundungen). Entscheidungen ergehen nicht durch Urteil, sondern durch Beschluß oder Verfügung. Die Verhandlung ist nicht öffentlich.

Freizeitarrest
mildeste Form des → Jugendarrests, der nach dem JGG als Zuchtmittel verhängt werden kann. F. umfaßt mindestens 1 und höchstens 4 wöchentliche Freizeiten (Wochenende, meist von Sonnabend 15 bis Montag 6 Uhr).

Freizügigkeit
in Art. 11 GG garantiertes Grundrecht, seinen Aufenthalt und seinen Wohnsitz an jedem Ort im Bundesgebiet zu bestimmen und frei in dieses einzureisen. Gilt für *alle Deutschen im Sinne des GG,* also auch für Deutsche in der DDR und sog. Volksdeutsche. F. kann durch Gesetz in bestimmten Fällen beschränkt werden, z.B. durch das Notaufnahmegesetz. F. gilt nicht für → Ausländer; ihre Einreise und ihr Aufenthalt können durch das → Ausländergesetz beschränkt werden. Für Arbeitnehmer innerhalb der EG ist jedoch nach den EG-Verträgen F. herzustellen. Vgl. auch → Aufenthaltserlaubnis.

Friedenspflicht
Verpflichtung der Parteien eines Tarifvertrages, während der Vertragsdauer Arbeitskampfmaßnahmen zu unterlas-

sen und vor einem Arbeitskampf miteinander zu verhandeln sowie auch auf ihre Mitglieder einzuwirken, sich aller Arbeitskampfmaßnahmen zu enthalten. Bei schuldhafter Verletzung Pflicht zum Schadensersatz.

Friedensverrat
Straftat, die begeht, wer einen Angriffskrieg, an dem die Bundesrepublik Deutschland beteiligt sein soll, vorbereitet und dadurch die Gefahr eines Krieges für die Bundesrepublik Deutschland herbeiführt (Vorbereitung eines Angriffskrieges) sowie wer öffentlich, in einer Versammlung oder durch Verbreiten von Schriften zum Angriffskrieg aufstachelt (Aufstacheln zum Angriffskrieg).

Frist
bestimmter oder bestimmbarer Zeitraum, mit dessen Ablauf eine Rechtswirkung eintritt oder endet (z.B. *Kündigungs-F.).* Kann auf Gesetz, richterlicher Entscheidung oder auf Parteivereinbarung beruhen. Ist i. d. R. eine sog. *Ausschluß-F.*, deren Ablauf bewirkt, daß das bis dahin nicht ausgeübte Recht erlischt und daß dies vom Gericht von Amts wegen berücksichtigt wird. Nur wo das Gesetz dies ausdrücklich sagt, handelt es sich um eine *Verjährungs-F.* (→ Verjährung), deren Ablauf ein Leistungsverweigerungsrecht gibt, das der Betreffende aber vor Gericht selbst geltend machen muß.

Frucht
1. F. einer Sache *(Sach-F.):* das Erzeugnis der Sache (z.B. Getreide, Obst, Milch, Wolle) und die sonstige bestimmungsgemäße Ausbeute (z.B. Steine aus Steinbruch).
2. F. eines Rechtes *(Rechts-F.):* der bestimmungsgemäße Ertrag eines Rechtes (z.B. auf Grund eines Pachtvertrages erzielte Ernte). *Mittelbare F. ist auch* der Ertrag, den eine Sache oder ein Recht infolge eines Rechtsverhältnisses gewährt (z.B. Einnahme aus Vermietung einer Sache, Ertrag aus Unterverpachtung).

Führerschein
amtlicher Ausweis über eine erteilte → Fahrerlaubnis, in dem auch die Fahrzeugklasse und etwaige Beschränkungen auf bestimmte Fahrzeugarten eingetragen sind. Stets mitzuführen und auf Verlangen der Polizei vorzuzeigen, sonst → Ordnungswidrigkeit.

Führungsaufsicht
→ Maßregel der Besserung und Sicherung, bei der der Verurteilte nach Verbüßung seiner Strafe oder bei deren Aussetzung für 2–5 Jahre einer Aufsichtsstelle und einem Bewährungshelfer unterstellt wird und vom Gericht Weisungen erteilt bekommen kann (z.B. hinsichtlich Aufenthalt, Umgang, Arbeitsstelle, Meldepflicht). Kann bei Rückfalltätern und in weiteren gesetzlich besonders vorgesehenen Fällen vom Gericht angeordnet werden, wenn die Gefahr besteht, daß der Verurteilte weitere Straftaten begehen wird, oder tritt in anderen Fällen kraft Gesetzes ein (z.B. bei Aussetzung einer freiheitsentziehenden Maßregel der Besserung und Sicherung).

Führungszeugnis
Auskunft über den eine Person betreffenden Inhalt des → Bundeszentralregisters. Sie kann vom Betroffenen oder seinem gesetzlichen Vertreter bei der polizeilichen Meldebehörde beantragt werden. Sie besagt, welche Strafvermerke eingetragen sind; ist damit kein Leumundszeugnis. Wenn das F. keine Eintragungen enthält, darf der Verurteilte sich als unbestraft bezeichnen. Getilgte Strafvermerke dürfen in das F. nicht aufgenommen werden. Wegen der Resozialisierung werden schon vor Ablauf der Straftilgungsfrist, und zwar nach 3 oder 5 Jahren, Strafen nicht mehr in das F. aufgenommen.

Fund
Entdecken und Ansichnehmen einer verlorenen Sache„ an der niemand Besitz hat. Der Finder muß den F. unverzüglich dem Eigentümer oder der zuständigen Behörde *(F.-Amt)* anzeigen, ihn verwahren und auf Verlangen abliefern. Der ehrliche Finder hat An-

spruch auf Ersatz seiner Aufwendungen und auf den *Finderlohn* (5 % bis 1000 DM Wert des F., darüber hinaus 3 %, bei Tieren 3 %). Nach Ablauf von 6 Monaten seit der Anzeige des F. erwirbt der Finder das Eigentum, wenn sich der Berechtigte nicht gemeldet hat. Anders bei F. in öffentlicher Behörde oder Verkehrsmitteln. Hier kein Eigentumserwerb und nur begrenzter Finderlohn.
Beim. F. eines → *Schatzes* wird der, der den Schatz entdeckt und infolgedessen in Besitz nimmt, zur Hälfte Eigentümer, die andere Hälfte gehört dem Eigentümer der Sache (z.B. Grundstück), in welcher der Schatz verborgen war.

Fünfprozentklausel
Bestimmung in Wahlgesetzen, wonach Parteien Sitze im Parlament nur erlangen, wenn sie mind. 5 % der Stimmen erhalten haben. Ziel: Gewährleistung der Funktionsfähigkeit des Parlaments durch den Ausschluß von Splitterparteien. Bei den Wahlen zum Bundestag sind mind. 5 % der im ganzen Bundesgebiet abgegebenen gültigen Zweitstimmen erforderlich, ersatzweise 3 Direktmandate (Mehrheit der Erststimmen in 3 Wahlkreisen). F. gilt auch für die Wahlen zu den meisten Landesparlamenten. Ausnahmen bestehen für nationale Minderheiten (z.B. für dänische Minderheit in Schleswig-Holstein).

Fürsorgeerziehung
öffentliche Erziehung in einer fremden Familie oder einem Heim, die an die Stelle der Erziehung der Personensorgeberechtigten tritt, wenn ein noch nicht 17jähriger Minderjähriger zu verwahrlosen droht oder verwahrlost ist und andere Erziehungsmaßnahmen wie Erziehungsbeistandschaft (→ Erziehungsbeistand) und Freiwillige → Erziehungshilfe versagen. Die F. wird vom Vormundschaftsgericht von Amts wegen oder auf Antrag des Jugendamtes oder eines Personensorgeberechtigten angeordnet; sie kann auch vom Jugendrichter als → Erziehungsmaßregel angeordnet werden. Gegen die Anordnung des Vormundschaftsgerichts steht auch dem Betroffenen selbst das Recht der sofortigen Beschwerde zu, wenn er über 14 Jahre alt ist.

Fürsorgepflicht
Pflicht zur besonderen Berücksichtigung der Interessen einer anderen Person, insbes. als Nebenpflicht des Arbeitsgebers gegenüber seinen Arbeitnehmern aus dem Arbeitsvertrag bzw. des öffentlichen Dienstherrn gegenüber seinen Beamten aus dem Beamtenverhältnis. Entspricht der Treuepflicht des Arbeitnehmers bzw. Beamten. Beinhaltet z.B. Vorkehrungen gegen Unfälle und zur Sicherung des von den Arbeitnehmern berechtigterweise in den Betrieb mitgebrachten Eigentums. Gegenüber einem Beamten besteht darüber hinausgehend auch die Pflicht z.B. für dessen Familie (auch nach seinem Tod) zu sorgen.

Fusion
(lat.: fusio = Gießen, Schmelzen, Verschmelzung); Zusammenschluß von zwei oder mehreren bisher selbständigen Unternehmen zu einem rechtlich und wirtschaftlich einheitlichen Unternehmen. Dabei übernimmt entweder ein Unternehmen das (die) andere(n) oder alle Unternehmen vereinigen sich zu einem neuen Unternehmen.
F. wird zur Erhaltung des Wettbewerbs von der Kartellbehörde *kontrolliert* (z.T. Anzeigepflicht, i. d. R. Verbot bei Entstehung marktbeherrschender Unternehmen oder Verstärkung einer marktbeherrschenden Stellung).

G

Garantievertrag

(frz.: garantie = Bürgschaft, Gewähr, Sicherheit); selbständiger, formfreier Vertrag, durch den jemand einem anderen verspricht, für einen bestimmten Erfolg oder ein Risiko zu haften, insbes. einen zukünftigen Schaden zu ersetzen oder für eine zugesicherte Eigenschaft auch ohne Verschulden einzustehen (z.B. „Garantie" des Herstellers für seine Ware gegenüber dem Endverbraucher). Garantie wird meist durch eine Garantiefrist zeitlich beschränkt.

Gastarbeiter

ausländischer Arbeitnehmer, der wegen Arbeitslosigkeit in seinem Heimatland in einem anderen Land erwerbstätig ist. Bedarf zur Arbeitsaufnahme in der Bundesrepublik einer Aufenthalts- und einer Arbeitserlaubnis, falls ihm nicht auf Grund supranationaler oder bilateraler Verträge Freizügigkeit eingeräumt ist (z.B. auf Grund des europäischen Gemeinschaftsrechts).

Gaststätte

Betrieb zur gewerbsmäßigen Bewirtung oder Beherbergung von Personen.

Die Ausübung eines *G.-Gewerbes* bedarf einer Erlaubnis (Voraussetzungen: Zuverlässigkeit, geeignete Betriebsräume, keine Nachteile für die Allgemeinheit, Kenntnis lebensmittelrechtlicher Vorschriften); außerdem können jederzeit Auflagen erteilt werden (z.B. zum Schutz der Gäste oder gegen schädliche Umwelteinwirkungen). Vgl. auch → Gastwirtshaftung, → Alkoholverbot, → Sperrzeit.

Gastwirtshaftung

Haftung des Gastwirts, der gewerbsmäßig Fremde zur Beherbergung aufnimmt (gilt nicht für Schank- und Speisewirte, die nicht beherbergen). Der Gastwirt hat – auch ohne Verschulden – den Schaden zu ersetzen, der durch den Verlust, die Zerstörung oder Beschädigung von Sachen entsteht, die ein Gast mitgebracht hat (der Höhe nach beschränkt).

Gattungsschuld

das Schulden eines Gegenstandes, der nicht nach individuellen Merkmalen bestimmt ist (z.B. Kauf eines bestimmten Bildes, sog. Stückschuld), sondern nur der Gattung nach (z.B. 1 Zentner Äpfel). Bei der G. hat der Schuldner eine Sache mittlerer Güte und Beschaffenheit zu leisten. Er bleibt auch bei unverschuldetem persönlichem Unvermögen weiterhin zur Leistung verpflichtet, solange eine Leistung aus der Gattung überhaupt noch möglich ist. Bei Sachmängeln kann statt Wandelung oder Minderung auch Lieferung einer mangelfreien Sache verlangt werden.

Gebot

I. Hoheitliche *Anordnung* eines bestimmten Verhaltens. Steht im Gegensatz zum Verbot. Für den Fall der Nichtbefolgung des G. sieht es i. d. R. eine Rechtsfolge vor (z.B. Strafe, Schadensersatz).

II. Bei einer → Versteigerung der *Antrag* zum Vertragsabschluß. In der → Zwangsversteigerung wird nur ein G. zugelassen, das mindestens die dem Anspruch des Gläubigers vorgehenden Rechte und die Verfahrenskosten deckt *(geringstes G.)*. Ein Vertrag kommt erst durch den Zuschlag zustande, worauf nur in der Zwangsversteigerung für den Meistbietenden ein Anspruch besteht *(Meist-G.)*.

Gebrauchsmuster
dem → Patent verwandtes Schutzrecht für Erfindungen, die Arbeitsgerätschaften oder Gebrauchsgegenstände oder Teile davon zum Gegenstand haben und dem Arbeits- oder Gebrauchszweck durch eine neue Gestaltung, Anordnung oder Vorrichtung dienen sollen. Ihr wirtschaftlich oder technisch nutzbarer Zweck unterscheidet sie vom → Geschmacksmuster, das eine ästhetische Gestaltung schützt.

Gebrauchtwagenkauf
Kauf eines nicht mehr neuen Wagens von einem Gebrauchtwagenhändler oder direkt vom bisherigen Fahrzeughalter. Meistens wird ein Haftungsausschluß vereinbart (bei einem Händler i. d. R. in den Allgemeinen Geschäftsbedingungen). Die Klausel „gekauft wie besichtigt“ schließt jedoch die Haftung für *verborgene* Mängel nicht aus. Ein Haftungsausschluß ist nichtig, wenn der Verkäufer einen ihm bekannten Mangel arglistig verschweigt oder eine bestimmte Eigenschaft oder die Abwesenheit von Fehlern arglistig zusichert (z.B. durch wahrheitswidrige Antworten auf ausdrückliche Fragen des Käufers).

Gebrechlichkeitspflegschaft
→ Pflegschaft für die Person und das Vermögen eines nicht unter Vormundschaft stehenden Volljährigen, der auf Grund körperlicher oder geistiger Gebrechen seine Angelegenheiten teilweise oder ganz nicht selbst besorgen kann. Anordnung nur mit Einwilligung des Gebrechlichen, es sei denn, eine Verständigung mit ihm ist nicht möglich.

Gebühr
Entgelt für eine konkrete Inanspruchnahme der Verwaltung. Für die Vornahme einer Amtshandlung (z.B. Beglaubigung) wird eine *Verwaltungs-G.*, für die Benutzung öffentlicher Einrichtungen (z.B. Museum) eine *Benutzungs-G.* erhoben. Das Gesamtaufkommen einer G. darf die Gesamtkosten nicht übersteigen (Kostendeckungsprinzip) und die *Einzel-G.* muß leistungsangemessen sein (Äquivalenzprinzip). Vgl. auch → Abgabe.

Geburt
die Ausstoßung der Leibesfrucht aus dem mütterlichen Körper. Setzt ein mit dem Beginn der Wehen und ist vollendet, sobald die Leibesfrucht den Mutterleib lebend ganz verlassen hat. Mit der Vollendung der G. beginnt die Rechtsfähigkeit des Menschen (in einzelnen Beziehungen stehen ihm Rechte auch schon als Leibesfrucht zu, z.B. Erbrecht). Schon während der Geburt beginnt der strafrechtliche Schutz gegen Tötung und Körperverletzung (vorher Schwangerschaftsabbruch). G. ist innerhalb einer Woche dem Standesbeamten anzuzeigen und von ihm in das Geburtenbuch einzutragen.

Geburtsname
der (Familien-) Name, den bei der Geburt das eheliche Kind von seinen Eltern, das nichteheliche Kind von seiner Mutter bekommt. Kann sich später noch ändern, etwa durch Adoption oder beim nichtehelichen Kind durch Einbenennung (Erteilung des Ehenamens der Mutter und ihres Ehemanns oder des Namens des Vaters). Bei Eheschließung kann G. des Mannes oder der Frau zum Ehenamen erklärt oder dem Ehenamen vorangestellt werden. Vgl. auch → Ehename, → Familienname.

Gefahr
I. Im *Zivilrecht* das Risiko des zufälligen Untergangs einer Leistung. Dabei ist zu unterscheiden, ob der Schuldner von seiner Leistungsverpflichtung *(Leistungs-G.)* oder ob der Gläubiger von seiner Gegenleistungsverpflichtung frei wird *(Gegenleistungs- oder Preis-G.)*. Beim Kauf geht die G. mit der Übergabe der Sache auf den Käufer über. Vgl. auch Versendungskauf.
II. Im *Verwaltungsrecht* die naheliegende Möglichkeit des Eintritts einer → Störung in der Zukunft. Die Abwehr einer G. für die öffentliche Sicherheit und Ordnung ist Aufgabe der Polizei.

Gefährdung des demokratischen Rechtsstaates
Sammelbezeichnung für folgende Straftaten: Fortführung einer für verfassungswidrig erklärten Partei, Verstoß gegen ein Vereinigungsverbot, Verbreiten von Propagandamitteln verfassungswidriger Organisationen, Verwenden von Kennzeichen verfassungswidriger Organisationen, Agententätigkeit zu Sabotagezwecken, verfassungsfeindliche Sabotage, verfassungsfeindliche Befürwortung von Straftaten, verfassungsfeindliche Einwirkung auf Bundeswehr und öffentliche Sicherheitsorgane, Verunglimpfung des Bundespräsidenten, Verunglimpfung des Staates und seiner Symbole, verfassungsfeindliche Verunglimpfung von Verfassungsorganen. Gilt z.T. nicht in Berlin (West).

Gefährdungshaftung
Verpflichtung, bei bestimmten, zwar rechtmäßigen, aber ihrer Natur nach gefährlichen Betätigungen für verursachte Schäden auch ohne Verschulden Schadensersatz zu leisten (z.B. Fahrzeughalterhaftung, Tierhalterhaftung). G. besteht nur in den gesetzlich vorgeschriebenen Fällen; sie ist eine Ausnahme von der sonst nur bei Verschulden eintretenden Haftung.

gefahrgeneigte Arbeit
auch schadensgeneigte Arbeit; Arbeit, die infolge ihrer Eigenart auch bei Anwendung der allgemein erforderlichen Sorgfalt leicht zu Unfällen mit sehr hohen Schäden im Vergleich zum Arbeitseinkommen führen kann. Für sie haftet der Arbeitnehmer in vollem Umfang nur bei Vorsatz und grober Fahrlässigkeit, bei leichter Fahrlässigkeit nur zum Teil oder überhaupt nicht, wobei der Arbeitgeber ihn insoweit auch von Ansprüchen Dritter freistellen muß.

gefährliche Körperverletzung
→ Körperverletzung.

Gefangener
Person, die sich auf Grund strafgerichtlicher Entscheidung (Verurteilung zu Freiheitsstrafe, Anordnung von Untersuchungshaft) oder nach vorläufiger → Festnahme in behördlichem Gewahrsam befindet. Wer einen G. oder einen sonst auf behördliche Anordnung in einer Anstalt Verwahrten befreit, zum Entweichen verleitet oder dabei unterstützt, macht sich der *G.-Befreiung* strafbar. Selbstbefreiung wird nur im Falle der *G.-Meuterei* bestraft (→ Meuterei).

Gefängnis
bis 1969 eine Art der Freiheitsstrafe (1 Tag bis 5 Jahre) und das Gebäude zu ihrer Vollstreckung. Nach Zusammenfassung mit den beiden anderen Strafarten (Zuchthaus und Haft) zu einer → Einheitsstrafe, wird heute nur noch zu → „Freiheitsstrafe" verurteilt. Das ihrer Vollstreckung dienende Gebäude heißt → Justizvollzugsanstalt.

Gegendarstellung
die Entgegnung einer Person oder Behörde auf eine sie unmittelbar betreffende publizistisch geäußerte Tatsachenbehauptung. Nach den Pressegesetzen aller Bundesländer sind die verantwortlichen Redakteure (z.T. daneben auch der Verleger) eines periodischen Druckwerkes (ähnlich Hörfunk und Fernsehen) zum unverzüglichen kostenfreien Abdruck in demselben Teil des Druckwerkes und mit derselben Schrift wie der Abdruck des beanstandeten Textes ohne Einschaltungen und Weglassungen verpflichtet, wobei es gleichgültig ist, ob der beanstandete Text objektiv falsch und die G. objektiv richtig ist; sie darf jedoch nur Tatsachenbehauptungen enthalten und keinen strafbaren (z.B. beleidigenden) Inhalt haben.

Gegenüberstellung
gerichtliche Vernehmungsmaßnahme, bei der entweder ein Zeuge und ein Beschuldigter (allein oder in der Regel neben anderen Personen) oder mehrere Zeugen aufeinandertreffen. Dient hauptsächlich im Strafprozeß der Identifizierung des Beschuldigten.

Gehalt
das Arbeitsentgelt des Angestellten.

Gehaltspfändung
→ Lohnpfändung.

Geheimbereich
→ Intimsphäre.

Geheimdienst
auch Nachrichtendienst; staatliche Einrichtung zur Beschaffung und Auswertung von militärischen, politischen, wirtschaftlichen und technischen Informationen im Ausland (insbes. durch Spionage und Gegenspionage) und im Inland. In der Bundesrepublik der *Bundesnachrichtendienst* (BND), für die Inlandsaufklärung der *Militärische Abschirmdienst* (MAD) und *die Bundes-und Landesämter für Verfassungsschutz;* Kontrolle durch die Parlamentarische Kontrollkommission. In den USA der CIA, in der Sowjetunion der KGB.

geheimdienstliche Tätigkeit
→ Agententätigkeit.

Geheimnisverrat
die unbefugte Offenbarung einer nur einem bestimmten Personenkreis vorbehaltenen Kenntnis. Vgl. → Bankgeheimnis, → Brief-, Post- und Fernmeldegeheimnis, → Geschäftsgeheimnis, → Staatsgeheimnis, → Steuergeheimnis, → Hochverrat, → Landesverrat. Geschützt wird ferner das Amts- bzw. Dienstgeheimnis; zum Berufsgeheimnis → Schweigepflicht, zum Betriebsgeheimnis → Geschäftsgeheimnis.

Gehilfe
jemand, der vorsätzlich einem anderen zu dessen vorsätzlich begangener rechtswidriger Tat Hilfe geleistet hat. Der G. fördert eine *fremde* Tat, während der → Mittäter sie als eigene begehen will. Strafe richtet sich nach der Strafdrohung für den Täter, wobei jedoch eine Milderung vorgeschrieben ist.

Gehör
→ rechtliches Gehör.

Gehorsamspflicht
Pflicht einer Person, die verbindlichen Anordnungen einer anderen Person zu befolgen. Besteht im *Familienrecht* für minderjährige Kinder gegenüber ihren Eltern, im *Arbeitsrecht* für den Arbeitnehmer gegenüber dem Arbeitgeber (Weisungs- oder Direktionsrecht) sowie in verstärktem Maße für Beamte und Soldaten. Bedenken gegen die Rechtmäßigkeit dienstlicher Anordnungen hat der Beamte unverzüglich seinem unmittelbaren Vorgesetzten und erforderlichenfalls dem nächsthöheren Vorgesetzten vorzutragen. Bestätigt dieser die Anordnung, so muß der Beamte sie ausführen und ist von eigener Verantwortung befreit, es sei denn, die Anordnung verletzt die Würde des Menschen oder ist erkennbar auf ein strafbares oder ordnungswidriges Verhalten gerichtet. Ebenso darf ein Soldat einen Befehl nicht befolgen, wenn er dadurch eine Straftat beginge.

Geiselnahme
Straftat, die begeht, wer einen anderen entführt oder sich eines anderen bemächtigt, um einen Dritten durch die Drohung mit dem Tod oder einer schweren Körperverletzung des Opfers zu einer Handlung, Duldung oder Unterlassung zu nötigen. Im Völkerrecht wurde die G. in besetzten Gebieten früher z. T. für zulässig gehalten, sie ist heute jedoch zumindest durch die Genfer Konvention zum Schutz der Zivilbevölkerung verboten.

Geisteskrankheit
Störung der Geistestätigkeit einer Person, die so hochgradig ist, daß die Fähigkeit vernünftiger Willensbildung der eines Kindes unter 7 Jahren entspricht (bzw. bei Geistesschwäche der eines Kindes über 7 Jahren). Wer infolge von G. (oder Geistesschwäche) seine Angelegenheiten nicht zu besorgen vermag, kann entmündigt werden und ist dann geschäftsunfähig (bei Geistesschwäche nur, sofern seine freie Willensbestimmung ausgeschlossen ist; andernfalls ist er beschränkt geschäftsfähig). Im *Strafrecht* kann G. (und Geistesschwäche) Schuldunfähigkeit begründen. G. kann auch eine Anstaltsunterbringung zur Folge haben.

Geld
das vom Staat vorgeschriebene Zahlungsmittel. Funktionen: Wertmaßstab, Recheneinheit, Tausch- und Zahlungsmittel, Wertaufbewahrungsmittel. Besteht aus Münzen *(Metall-G.)* und Banknoten *(Papier-G.)*, die rechtlich als Sachen behandelt werden sowie aus *Buch-* oder *Giral-G.*, das durch bargeldlosen Zahlungsverkehr entsteht. Vgl. auch → Zahlungsmittel.

Geldbuße
Rechtsfolge, wird zur Ahndung einer Ordnungswidrigkeit durch Bußgeldbescheid (→ Bußgeld) festgesetzt. Beträgt zwischen 5 und 1000 DM, soweit nicht gesetzlich mehr vorgeschrieben ist; die gesetzliche Höchstgrenze kann jedoch überschritten werden, damit die G. den Gewinn übersteigt, den der Täter aus der Ordnungswidrigkeit gezogen hat. Wird i. d. R. von der Verwaltungsbehörde festgelegt. Vgl. auch → Disziplinarmaßnahme.

Geldfälschung
Straftat; besteht im Nachmachen oder Verfälschen von Geld in der Absicht, es als echt in Verkehr zu bringen oder ein solches Inverkehrbringen zu ermöglichen, im Verschaffen von falschem Geld in dieser Absicht und im Inverkehrbringen von falschem Geld als echt. Unter ähnlichen Voraussetzungen wird auch die Fälschung von Wertzeichen bestraft.

Geldforderung
Anspruch eines Gläubigers auf Erfüllung seiner Forderung in Geld (z.B. Mietpreisforderung).

Geldschuld
Schuld, die in Geld zu erfüllen ist.

Geldstrafe
mildeste Art einer Strafe; wird durch Zahlung eines bestimmten Geldbetrages abgegolten. Wird in Tagessätzen (5-360) zwischen 2 und 10000 DM verhängt, wobei das Gericht die Höhe nach den persönlichen und wirtschaftlichen Verhältnissen des Täters bestimmt, i. d. R. auf Grund seines Nettoeinkommens. Ist sofortige Zahlung unzumutbar, kann das Gericht eine Zahlungsfrist bewilligen oder Zahlung in Teilbeträgen gestatten. Zahlt der Verurteilte nicht, tritt an die Stelle der G. eine Ersatzfreiheitsstrafe (pro Tagessatz ein Tag).

Gelöbnis
feierliche Erklärung des Wehrpflichtigen, mit der er sich zu seinen Pflichten bekennt. Tritt an die Stelle des für Berufs- und Zeitsoldaten vorgeschriebenen Diensteides.

Gemeinde
öffentlich-rechtliche Gebietskörperschaft mit der vom Staat eingeräumten, vom Grundgesetz garantierten Befugnis, alle Angelegenheiten der örtlichen Gemeinschaft im Rahmen der Gesetze in eigener Verantwortung zu regeln (→ Selbstverwaltung). Umfaßt eine begrenzte Befugnis zum Erlaß von Rechtsnormen (→ Satzungsrecht) sowie Personal- und Finanzhoheit. Die G. nimmt außer den *Aufgaben* ihres eigenen Wirkungskreises, die aus freiwilligen Selbstverwaltungsangelegenheiten (z.B. Betrieb eines Schwimmbades) und gesetzlich vorgeschriebenen Pflichtaufgaben (z.B. Schulträgerschaft) bestehen, auch noch Aufgaben des Staates wahr, die ihr nach dessen Weisung zur Erledigung übertragen werden (Auftragsangelegenheiten). – Jede G. muß eine Volksvertretung haben (i. d. R. *G.-Rat*); im übrigen ist die Verfassung der G. je nach Bundesland unterschiedlich geregelt (z.B. → Magistratsverfassung). – Je nachdem, ob eine G. kreisangehörig oder kreisfrei ist, untersteht sie der → *Kommunalaufsicht* der unteren bzw. der höheren staatlichen Verwaltungsbehörde.

Gemeindeordnung
Landesgesetz, das die Verfassung und die sonstigen Rechtsverhältnisse der Gemeinden regelt.

Gemeinderecht
→ Kommunalrecht.

Gemeineigentum
Eigentum der Gemeinschaft (z.B. des

Staates oder einer Kommune) im Gegensatz zum Privateigentum. Zur Überführung von Grund und Boden, Naturschätzen und Produktionsmitteln in G. vgl. → Sozialisierung.

Gemeingebrauch
→ Sache.

Gemeinnützigkeit
die im Gegensatz zum Eigennutz stehende Nützlichkeit eines Verhaltens für die Allgemeinheit. Gefördert werden gemeinnützige Zwecke durch Steuervorteile für entsprechende Organisationen sowie für Spenden an diese.

Gemeinsamer Ausschuß
Verfassungsorgan der Bundesrepublik Deutschland, das im Verteidigungsfall die Befugnisse des Bundestags und des Bundesrats übernimmt, soweit diese dazu nicht selbst in der Lage sind. Besteht zu 2/3 aus Abgeordneten des Bundestags und zu 1/3 aus Mitgliedern des Bundesrats.

Gemeinschaft
die gemeinschaftliche Inhaberschaft eines Rechts (z.B. Eigentum) durch mehrere Personen. Sie ist im Zweifel eine *G. nach Bruchteilen*. Anders ausgestaltet ist die *Gesamthands-G.* (→ Eigentum, z.B. die Gesellschaft).

gemeinschaftliches Testament
→ Testament.

Gemeinschaftsaufgaben
Aufgaben der Länder, bei deren Erfüllung der Bund mitwirkt, weil sie für die Gesamtheit bedeutsam sind und die Mitwirkung des Bundes zur Verbesserung der Lebensverhältnisse erforderlich ist. Dazu gehören der Aus- und Neubau von Hochschulen einschließlich der Hochschulkliniken sowie die Verbesserung der regionalen Wirtschaftsstruktur, der Agrarstruktur und des Küstenschutzes. Der Bund trägt grds. die Hälfte der Ausgaben in jedem Land.

Gemeinschaftsrecht
→ Europäisches Gemeinschaftsrecht.

Gemeinschuldner
→ Konkurs.

Gemeinwohl
auch Wohl der Allgemeinheit; Summe und Ausgleich aller objektiven Interessen der Allgemeinheit. Kann die Rechte des einzelnen beschränken (z.B. das Eigentum).

Genehmigung
I. Im *Privatrecht* die nachträgliche Zustimmung zu einem Rechtsgeschäft. Dadurch wird das Rechtsgeschäft rückwirkend wirksam (z.B. G. der Eltern zu einer Verfügung ihres minderjährigen Kindes).
II. Im *Verwaltungsrecht* ist G. gleichbedeutend mit Erlaubnis (z.B. Bauerlaubnis, Baugenehmigung).

Generalbundesanwalt
Bezeichnung für die Behörde der Staatsanwaltschaft beim Bundesgerichtshof in Karlsruhe („Der G. beim Bundesgerichtshof"); gleichzeitig Amtsbezeichnung des Leiters dieser Staatsanwaltschaft des Bundes (→ Bundesanwaltschaft).

Generalklausel
Rechtsbegriff, der vom Gesetz allgemein formuliert ist, dessen genaue Bestimmung im Einzelfall jedoch durch die Gerichte erfolgt, z.B. Treu und Glauben, gute Sitten. Führt zur Rechtsfortbildung, bringt aber auch eine gewisse Rechtsunsicherheit mit sich.
Die *polizeiliche G.* bildet die umfassende Ermächtigung für das Eingreifen der Polizei- und Ordnungsbehörden (Ausn.: Bayern). Danach haben sie zur Abwehr von Gefahren oder zur Beseitigung von Störungen der öffentlichen Sicherheit und Ordnung im Rahmen der geltenden Gesetze die nach pflichtgemäßem Ermessen notwendigen Maßnahmen zu ergreifen.

Generalprävention
(lat.: generalis = allgemein; praevenire = zuvorkommen); die Abschreckung anderer von der Begehung gleichartiger Straftaten. Sie ist einer der im Strafrecht anerkannten → Strafzwecke. Erfolgt durch die Androhung einer Strafe, die rasche und vollständige Aufklärung von Straftaten, die Verurteilung

von Straftätern, die → Strafzumessung und den Vollzug der Strafe.

Generalstaatsanwalt
Leiter der Staatsanwaltschaft bei einem Oberlandesgericht; ist zugleich Dienstvorgesetzter sämtlicher im jeweiligen Oberlandesgerichtsbezirk bestehenden Staatsanwaltschaften bei den Landgerichten.

Generalversammlung
die Versammlung der Vertreter aller Mitgliedstaaten der → UNO; auch der Mitglieder einer Genossenschaft (bzw. bei Genossenschaften mit über 3000 Mitgliedern deren gewählter Vertreter, sog. Vertreterversammlung). Ist das Hauptorgan der Genossenschaft; entspricht der Hauptversammlung einer Aktiengesellschaft. Beschließt insbes. über den Jahresabschluß, die Verteilung von Gewinn und Verlust und die Entlastung von Vorstand und Aufsichtsrat.

Generalvollmacht
→ Handlungsvollmacht, → Vollmacht.

Genossenschaft
Zusammenschluß zur wirtschaftlichen Förderung der Mitglieder (Genossen). Die G. ist eine juristische Person, die ihre Rechtspersönlichkeit durch Eintragung in das Genossenschaftsregister erhält. Bekannteste Formen: *Verbraucher-G.* (Konsumverein), *Bau-G., Produktions- und Absatz-G.*

Gerechtigkeit
das Ideal einer vollkommenen Ordnung, in der Gleiches gleich behandelt wird und jedem das zukommt, was ihm gebührt. Soll im → positiven Recht verwirklicht werden und ist insbes. im Rechtsstaat Richtschnur für jedes staatliche Handeln.

Gericht
Organ der Rechtspflege, insbes. der Rechtsprechung; sowohl die gesamte Behörde (z.B. Amts-G.) als auch der einzelne → Spruchkörper (z.B. 6. Zivilkammer). G. sind i. d. R. staatlich, ausnahmsweise privat (→ Schiedsgericht). Sind mit mindestens einem Richter besetzt; neben Berufsrichtern oft auch mit ehrenamtlichen Richtern. Vgl. auch → Gerichtsbarkeit und → Gerichtsverfassung.
Besonderes G. ist ein G. mit einer allgemein festgelegten, aber auf ein besonderes Sachgebiet beschränkten Zuständigkeit. Darf nur durch Gesetz eingerichtet werden; bisher äußerst selten geschehen (z.B. *Schiffahrts-G.).* Früher Bezeichnung für alle nicht zur ordentlichen Gerichtsbarkeit gehörenden G.

Gerichtsbarkeit
zum einen die Ausübung der Rechtspflege, insbes. der Rechtsprechung, durch die Gerichte, zum anderen das auf staatlicher Machtbefugnis beruhende Recht zur Organisation und Ausübung der rechtsprechenden Gewalt (Gerichts- oder Justizhoheit). Die G. gliedert sich in folgende Gerichtszweige: *Verfassungs-,* → *ordentliche, (allgemeine) Verwaltungs-, Finanz-, Arbeits-, Sozial-, Patent-, Disziplinar-, Ehren-* und *Wehrdienst-G.* Träger der G. sind in der Bundesrepublik für die Bundesgerichte der Bund, für die übrigen Gerichte die Länder. Die G. ist räumlich auf das Staatsgebiet beschränkt. Ihr unterliegen auch Ausländer (Ausnahme: → Immunität).

Gerichtsferien
Zeit vom 15. Juli bis zum 15. September, in der in der ordentlichen Gerichtsbarkeit nur in → Feriensachen Termine abgehalten und Entscheidungen erlassen werden.

Gerichtskosten
Gebühren und Auslagen der Gerichte, die in einem gerichtlichen Verfahren als Abgaben nach dem Gerichtskostengesetz und der Kostenordnung erhoben werden. Sie sind unmittelbar an die Staatskasse zu zahlen im Gegensatz zu den außergerichtlichen Kosten (insbes. den Gebühren der Rechtsanwälte). Zu den G. zählen die Prozeßgebühr, die Urteilsgebühr und die Vergleichsgebühr. Die Höhe der G. richtet sich im Zivilprozeß nach dem Wert des Streitgegenstands (Streitwert), im Strafpro-

zeß nach der Höhe der erkannten Strafe.

Gerichtskostenvorschuß
in verschiedenen gerichtlichen Verfahren vor Tätigwerden des Gerichts fälliger Vorschuß auf die anfallenden → Gerichtskosten. Den G. hat zunächst derjenige zu zahlen, der die Hilfe des Gerichts in Anspruch nimmt. Eine Ausnahme besteht nur für denjenigen, dem zuvor vom Gericht → Prozeßkostenhilfe bewilligt worden ist.

Gerichtsorganisation
vgl. Abbildung S. 274.

Gerichtsstand
die örtliche und oft auch die sachliche Zuständigkeit der Gerichte.
I. *Allgemeiner G.* bei Klagen im *Zivilprozeß* ist der Wohnsitz bzw. der Sitz des Beklagten. Falls gleichzeitig ein *besonderer G.* gegeben ist (z.B. G. der → unerlaubten Handlung; zuständig ist das Gericht, in dessen Bezirk die Handlung begangen ist), kann der Kläger wählen, wo er klagen will; nicht jedoch falls ein *ausschließlicher G.* besteht (z.B. beim Abzahlungskauf der Wohnsitz des Käufers).
II. Im *Strafprozeß* ist örtlich jedes Gericht zuständig, in dessen Bezirk entweder der Tatort, der Wohnsitz des Beschuldigten oder der Ergreifungsort liegt.

Gerichtsverfahren
das vor und von einem Gericht durchgeführte Verfahren. Geregelt in den verschiedenen Prozeßordnungen (z.B. ZPO, StPO, VwGO).

Gerichtsverfassung
die Gestaltung der Rechtspflege hinsichtlich Aufbau, Funktion und Zuständigkeit. Geregelt insbes. im Grundgesetz, im Gerichtsverfassungsgesetz und in anderen Gerichtsordnungen.

Gerichtsverwaltung
der die Gerichte betreffende Teil der Verwaltung (z.B. Beschaffung von Gebäuden, Bibliotheken, Personal, Dienstaufsicht über die Organe der → Rechtspflege). Im Bereich der ordentlichen Gerichtsbarkeit Justizverwaltung genannt. Obliegt dort dem Bundes-und den Landesjustizministerien sowie den Präsidenten der Oberlandes-, Land- und Amtsgerichte.

Gerichtsvollzieher
selbständiger Beamter (des mittleren Dienstes), dessen Hauptaufgabe die Zwangsvollstreckung im Auftrage des Gläubigers ist. Daneben obliegen dem G. Zustellungen und Ladungen. Er erhält neben festgesetzten Dienstbezügen → Gebühren.

Gesamtschuld
kraft Gesetzes oder Vertrages bestehende Verpflichtung mehrerer Schuldner zur Erbringung der ganzen Leistung, wobei der Gläubiger nach seiner Wahl jeden auf die ganze Leistung in Anspruch nehmen kann. Bei Befriedigung des Gläubigers durch einen Schuldner erlischt die Schuld. Letzterer kann von den anderen Schuldnern Ausgleichung des über seinen Haftungsanteil hinausgehenden Betrages verlangen.

Gesamtstrafe
die bei → Tatmehrheit zu verhängende Strafe. Sie ist zu bilden, wenn mehrere Straftaten gleichzeitig abgeurteilt werden oder wenn ein rechtskräftig Verurteilter, bevor die gegen ihn erkannte Strafe vollstreckt, verjährt oder erlassen ist, wegen einer anderen Straftat verurteilt wird, die er vor der früheren Verurteilung begangen hat.

Geschäftsanteil
bei einigen Gesellschaften der Anteil eines Gesellschafters am Gesellschaftsvermögen. Bestimmt sich bei der GmbH nach dem Betrag der übernommenen Stammeinlage und ist veräußerlich und vererblich. Bei der Genossenschaft ist G. der Betrag, bis zu dem sich die einzelnen Genossen mit Einlagen beteiligen können.

Geschäftsbedingungen
→ Allgemeine Geschäftsbedingungen.

Geschäftsbesorgung
die Ausführung einer Tätigkeit für einen anderen und in dessen Interesse.

Sie kann rechtsgeschäftlicher oder rein tatsächlicher Natur sein und im Rahmen eines entgeltlichen (z.B. Werkvertrag) oder unentgeltlichen (z.B. Auftrag) Rechtsgeschäfts erfolgen, oder auch bevor überhaupt ein Rechtsgeschäft vorliegt (→ Geschäftsführung). Ein *G.-Vertrag* ist ein Dienst- oder Werkvertrag, der eine G. zum Gegenstand hat. Unter G. ist in diesem Zusammenhang nur eine selbständige Tätigkeit wirtschaftlicher Art gegen Entgelt zu verstehen (z.B. Girovertrag, Rechtsanwaltsvertrag). Auf den G.-Vertrag finden weitgehend die Vorschriften über den → Auftrag entsprechende Verwendung.

Geschäftsfähigkeit

die Fähigkeit, Rechtsgeschäfte selbständig vollwirksam vorzunehmen. Sie steht jedem Volljährigen unbeschränkt zu (Ausnahme: → Geschäftsunfähigkeit).

Nur *beschränkt geschäftsfähig* sind Minderjährige ab Vollendung des 7. Lebensjahres (d.h. bis zur Vollendung des 18. Lebensjahres) sowie wegen Geistesschwäche, Verschwendung, Trunksucht oder Rauschgiftsucht entmündigte oder unter vorläufige Vormundschaft gestellte Personen. Beschränkt Geschäftsfähige bedürfen zu einer Willenserklärung, durch die sie nicht lediglich einen rechtlichen Vorteil erlangen (wie z.B. bei der Annahme einer Schenkung; auf einen wirtschaftlichen Vorteil kommt es nicht an), der Einwilligung ihres gesetzlichen Vertreters. Ein ohne diese Einwilligung geschlossener Vertrag ist bis zur Genehmigung durch den gesetzlichen Vertreter schwebend unwirksam (vgl. aber → Taschengeldparagraph), ein einseitiges Rechtsgeschäft (z.B. Kündigung) ist endgültig unwirksam.

Geschäftsführung

I. Die *Leitung* eines Unternehmens oder Verbandes.

II. *G. ohne Auftrag* ist die Besorgung eines Geschäftes für einen anderen, ohne von diesem dazu beauftragt oder ihm gegenüber sonst dazu berechtigt zu sein. Der Geschäftsführer hat das Geschäft so zu führen, wie das Interesse des Geschäftsherrn mit Rücksicht auf dessen wirklichen oder mutmaßlichen Willen es erfordert; er muß die Übernahme der G. dem Geschäftsherrn anzeigen und hat das durch sie Erlangte herauszugeben. Entspricht die Übernahme der G. dem Interesse und dem wirklichen oder mutmaßlichen Willen des Geschäftsherrn, so kann der Geschäftsführer Ersatz für seine Aufwendungen verlangen. Im entgegengesetzten Fall muß der Geschäftsführer, soweit er dies erkennen mußte und falls auch keine (nachträgliche) Genehmigung erfolgt ist, Schadensersatz wegen *unberechtigter G.* leisten (Ausnahme: wenn ohne die G. eine Pflicht des Geschäftsherrn, deren Erfüllung im öffentlichen Interesse liegt oder eine gesetzliche Unterhaltspflicht des Geschäftsherrn nicht rechtzeitig erfüllt werden würde. In diesem Fall besteht auch ein Aufwendungsersatzanspruch für den Geschäftsführer).

Geschäftsgeheimnis

auch Betriebsgeheimnis; Tatsache, die im Zusammenhang mit einem Geschäft oder Betrieb steht, die nur ein begrenzter Personenkreis kennt, die der Inhaber erkennbar und berechtigt geheim halten will und die anderen nicht einfach zugänglich ist. Der *Verrat* eines G. durch Arbeitnehmer während des Arbeitsverhältnisses ist strafbar und verpflichtet zum Schadensersatz, wenn dem Arbeitnehmer das G. auf Grund des Arbeitsverhältnisses anvertraut oder zugänglich ist und er aus Eigennutz, zu Wettbewerbszwecken oder in der Absicht handelt, dem Inhaber Schaden zuzufügen.

Geschäftsordnung

Regelung, nach der ein Parlament (z.B. G. des Bundestages), eine Regierung oder eine sonstige öffentliche Einrichtung oder ein Organ eines privatrechtlichen Unternehmens (z.B. Hauptversammlung, Vorstand) bei der Durchführung seiner Aufgaben verfährt (z.B. Ladung zu Sitzungen, Wahlen).

Geschäftsunfähigkeit
die Unfähigkeit, Rechtsgeschäfte selbständig vollwirksam vorzunehmen. Geschäftsunfähig ist, wer nicht das 7. Lebensjahr vollendet hat, wer sich in einem seiner Natur nach nicht nur vorübergehenden, die freie Willensbestimmung ausschließenden Zustand krankhafter Störung der Geistestätigkeit befindet und wer wegen Geisteskrankheit entmündigt ist. Die Willenserklärung eines Geschäftsunfähigen ist nichtig (zwingende Schutzvorschrift, so daß z.B. auch kein gutgläubiger Erwerb von einem Geschäftsunfähigen möglich ist).

Geschäftsverteilung
die Verteilung der Dienstaufgaben innerhalb einer Behörde auf die verschiedenen Ämter und Amtsträger. Erfolgt bei den Gerichten durch einen jeweils vor Beginn eines Geschäftsjahres durch das Präsidium zu erstellenden Plan, wodurch das grundgesetzlich gewährleistete Recht auf den → gesetzlichen Richter gesichert wird.

Geschmacksmuster
Schutzrecht für den Urheber eines Musters oder Modells, das ästhetisch wirkt, neu und eigentümlich und gewerblich herzustellen und zu verwenden ist (z.B. Tapetenmuster, Geschirr). Durch seinen ästhetischen Gehalt unterscheidet es sich vom → Gebrauchsmuster.

Geschworener
früher der ehrenamtliche Richter am Schwurgericht. Heißt heute (wie die übrigen ehrenamtlichen Beisitzer bei den Strafgerichten) *„Schöffe"*. S. auch → Schwurgericht.

Gesellschaft
im Privatrecht ein vertraglicher Zusammenschluß mehrerer Personen, um die Erreichung eines gemeinsamen Zweckes zu fördern. Die wichtigsten G. sind die *G. des bürgerlichen Rechts,* die *offene Handels-G.* (OHG), die *Kommandit-G.* (KG), die *G. mit beschränkter Haftung* (GmbH), die *Aktien-G.* (AG) und die *Genossenschaft.* Man unterscheidet *Personen-G.* (bei denen die persönliche Beteiligung im Vordergrund steht, z.B. OHG, KG), die nicht rechtsfähig sind, und → *Kapital-G.* (z.B. AG, GmbH), die Rechtsfähigkeit besitzen. Die Grundform der Personen-G. ist die G. des bürgerlichen Rechts. Der Abschluß des *G.-Vertrages* ist formfrei (sogar durch schlüssiges Verhalten) möglich. Das *G.-Vermögen* steht den Gesellschaftern zur gesamten Hand (→ Eigentum) zu; für *G.-Schulden* haften sie auch mit ihrem persönlichen Vermögen. Geschäftsführung und Vertretung stehen im Zweifel allen Gesellschaftern gemeinsam zu.

Gesellschaft mit beschränkter Haftung (GmbH)
→ Kapitalgesellschaft, in der für die Verbindlichkeiten die Gesellschafter nicht persönlich haften, sondern nur das Vermögen der GmbH als juristische Person. Sie ist stets Handelsgesellschaft und damit Kaufmann.
Die *Gründung* ist zu jedem gesetzlich zulässigen Zweck durch eine (Ein-Mann-Gesellschaft) oder mehrere Personen möglich. Der Gesellschaftsvertrag bedarf notarieller Form. Das Stammkapital beträgt mindestens 50 000 DM. Jeder Gesellschafter muß eine Stammeinlage von mindestens 500 DM übernehmen. Die *Entstehung* der GmbH setzt Einlagen von mindestens 25 000 DM, die Anmeldung und Eintragung in das Handelsregister voraus. Als *Organe* sind notwendig mindestens ein Geschäftsführer und die Gesellschafterversammlung. Ein Aufsichtsrat ist bei mehr als 500 Arbeitnehmern erforderlich.

Gesellschaftsrecht
Recht von Personenvereinigungen des Privatrechts, die durch Rechtsgeschäft gegründet werden, um einen bestimmten gemeinsamen Zweck zu erreichen. Das G. umfaßt die Vorschriften der Gesellschaft des bürgerlichen Rechts, der offenen Handelsgesellschaft, der Kommanditgesellschaft, der stillen Gesellschaft, der Aktiengesellschaft, der Kommanditgesellschaft auf Aktien, der Gesellschaft mit beschränkter Haf-

tung, der Genossenschaft, der Reederei, des Versicherungsvereins auf Gegenseitigkeit und der bergrechtlichen Gewerkschaft.

Gesetz
jede Rechtsnorm (formelles G., Rechtsverordnung, Satzung), durch die hoheitlich ein Sachverhalt für eine nicht bestimmte Anzahl von Personen generell geregelt wird (G. im materiellen Sinn). G. im formellen Sinn ist jeder von den Organen der → Gesetzgebung (→ Parlament) verabschiedete Beschluß im verfassungsmäßig vorgesehenen Gesetzgebungsverfahren. Vgl. auch → Vorrang des G.

Gesetzblatt
amtliches Verkündungsblatt für alle Gesetze und Rechtsverordnungen (→ Bundesgesetzblatt für den Bund und Gesetz-und Verordnungsblätter für die Länder).

Gesetzesinitiative
→ Initiativrecht.

Gesetzesrecht
durch Gesetz geschaffenes Recht. Steht im Gegensatz zum → Gewohnheitsrecht (bildet mit diesem zusammen das → positive Recht und steht als solches im Gegensatz zum → Naturrecht) und zu einem auf → Präjudizien beruhenden Recht.

Gesetzesvorbehalt
einzelnen Grundrechten beigegebene Bestimmung, wonach ein Grundrecht nur durch Gesetz oder auf Grund eines Gesetzes (→ Verordnung) eingeschränkt werden darf. Das grundrechtsbeschränkende Gesetz muß allgemein und nicht nur für den Einzelfall gelten; es muß das eingeschränkte Grundrecht nennen und darf es nicht in seinem Wesensgehalt antasten. Auch ohne ausdrücklichen G. ist die Einschränkung eines Grundrechts zulässig, soweit sie sich innerhalb der dem Grundrecht von Natur aus eigenen Schranken hält.

gesetzgebende Gewalt
auch → Legislative; diejenige der drei Staatsgewalten, die die Gesetze beschließt.

Gesetzgebung
das Erlassen von → Gesetzen (im formellen Sinne). Ist die Aufgabe der → Legislative. Zur Verteilung der Zuständigkeiten zwischen Bund und Ländern → Gesetzgebungskompetenz.

Gesetzgebungskompetenz
die Zuständigkeit für → Gesetzgebung. Sie ist in einem Bundesstaat zwischen Bund und Ländern aufgeteilt. In der Bundesrepublik haben die Länder das Recht zur Gesetzgebung, soweit das GG nicht dem Bund Gesetzgebungsbefugnisse verleiht. Im Bereich der *ausschließlichen Gesetzgebung des Bundes* (z.B. auswärtige Angelegenheiten, Verteidigung, Währungswesen, Bundesbahn und -post) haben die Länder Gesetzgebungsbefugnisse nur, wenn und soweit sie hierzu bundesgesetzlich ausdrücklich ermächtigt sind. Im Bereich der *konkurrierenden Gesetzgebung* von Bund und Ländern (z.B. bürgerliches Recht, Strafrecht) haben die Länder Gesetzgebungsbefugnisse, solange und soweit der Bund von seinem Gesetzgebungsrecht keinen Gebrauch macht. Der Bund hat in diesem Bereich das Gesetzgebungsrecht, soweit ein Bedürfnis nach bundesgesetzlicher Regelung besteht; er kann hier aber auch lediglich Rahmenvorschriften erlassen (→ Rahmengesetzgebung). In allen sonstigen Bereichen (z.B. Polizeirecht, Kulturangelegenheiten, Gemeinderecht) besteht eine *ausschließliche G. der Länder.*
Eine weitere G. des Bundes, die sich nicht aus dem GG ergibt, wird (jedoch nur in engem Rahmen) *kraft Sachzusammenhangs* (z.B. Bahnpolizei im Rahmen der Gesetzgebung für die Bundesbahn) oder aus der *Natur der Sache* (z.B. Bestimmung der Bundesflagge durch den Bund) begründet.

Gesetzgebungsnotstand
Rechtszustand, den der Bundespräsident bei einem Konflikt zwischen Bundesregierung und Bundestag erklären kann, in dem Gesetze auch ohne Zu-

stimmung des Bundestages zustande kommen können, sofern ihnen nur der Bundesrat zustimmt.
Erklärung des G. ist möglich auf Antrag der Bundesregierung mit Zustimmung des Bundesrates entweder bei Ablehnung eines Vertrauensantrages des Bundeskanzlers ohne nachfolgende Auflösung des Bundestages und erneuter Ablehnung einer von der Regierung als dringend eingebrachten Gesetzesvorlage oder bei Ablehnung einer mit der → Vertrauensfrage verbundenen Gesetzesvorlage. Grundgesetzänderungen sind während des G. verboten (Nicht zu verwechseln mit der → Notstandsgesetzgebung).

Gesetzgebungsverfahren
vgl. Abbildung S. 272 f.

gesetzlicher Güterstand
→ Güterstand, gesetzlicher.

gesetzlicher Richter
der Richter, der vor Beginn eines Gerichtsverfahrens allgemein für die Behandlung bestimmter Sachverhalte bestimmt wird. Eine Änderung der Zuständigkeit und der personellen Besetzung eines Gerichts (ein Richteraustausch) darf für den Einzelfall nicht stattfinden. Ausnahmegerichte sind unzulässig; zur Verhinderung von Willkür darf niemand seinem g. R. entzogen werden. Der g. R. ist als Grundrecht in Art. 101 Abs. 1 GG garantiert. Bei Verletzung ist Verfassungsbeschwerde möglich.

gesetzlicher Vertreter
Stellvertreter für eine Person, die nicht die volle → Geschäftsfähigkeit besitzt. G. V. sind vor allem die Eltern (→ elterliche Sorge) oder der Vormund, auch der Pfleger.

gesetzliches Erbrecht
→ Erbfolge.

gesetzliches Zahlungsmittel
→ Zahlungsmittel.

Gesetzmäßigkeit der Verwaltung
Grundsatz des Rechtsstaats, daß die Verwaltung an Gesetz und Recht gebunden ist. In die Rechtssphäre des Bürgers darf sie danach nur auf Grund eines formellen → Gesetzes oder einer darauf beruhenden Rechtsnorm (Rechtsverordnung, Satzung) eingreifen. Bei Verletzung des Grundsatzes steht der Weg zu den Gerichten offen.

Gestaltungsklage
Klage, mit der die Umgestaltung einer bestehenden Rechtslage erstrebt wird (z.B. Ehescheidung). Zulässig, soweit für die Ausübung des → Gestaltungsrechts gesetzlich Klage und Urteil vorausgesetzt werden. Wirkung tritt mit der formellen Rechtskraft des stattgebenden Urteils ein und bedarf keiner Vollstreckung.

Gestaltungsrecht
subjektives Recht, dessen Ausübung einseitig und unmittelbar auf ein bestehendes Rechtsverhältnis einwirkt und dieses verändert (z.B. Kündigung). Ausübung durch formlose Willenserklärung, in besonders wichtigen Fällen durch (Gestaltungs-) Klage; ist grds. unwiderruflich. *Gegensatz:* → Herrschaftsrecht (z.B. Eigentum).

Geständnis
das Zugestehen einer von einer anderen Person behaupteten Tatsache.
I. Im *Zivilprozeß* bedarf eine vor Gericht zugestandene Tatsache i. d. R. keines Beweises mehr.
II. Im *Strafprozeß* hingegen unterliegt ein G. der freien → Beweiswürdigung durch das Gericht, die jedoch eingeschränkt wird durch → Verwertungsverbote (selbst wenn der Beschuldigte zustimmt) für ein G., das durch verbotene Vernehmungsmethoden (z.B. Drohung, Zwang, Mißhandlung) zustande gekommen ist; außerdem ist Urkundenbeweis nur durch Verlesen *richterlicher* Protokolle über ein G. des Beschuldigten zulässig, während andere nur zum Vorhalt bei Widersprüchen dienen können.

Getrenntleben
Zustand zwischen Ehegatten, bei dem zwischen ihnen keine häusliche Gemeinschaft mehr besteht und ein Ehegatte sie erkennbar nicht herstellen

will, weil er die eheliche Lebensgemeinschaft ablehnt. Die häusliche Gemeinschaft besteht auch dann nicht mehr, wenn die Ehegatten innerhalb der ehelichen Wohnung getrennt leben („Trennung von Tisch und Bett“). Das G. begründet eine unwiderlegbare Vermutung für das Scheitern einer Ehe (Zerrüttungsvermutung), im einzelnen → Ehescheidung. Hat außerdem Auswirkungen auf Unterhalt, Hausratsverteilung und Eigentumsvermutungen.

Gewährleistung
die gesetzliche Verpflichtung des Schuldners, für die Mangelfreiheit einer Sache oder eines Werkes einzustehen. Vgl. Mangel, Rechtsmangel, Sachmangel, Mängelrüge, Wandelung, Minderung, Nachbesserung, Nachlieferung. G.-Ansprüche verjähren grds. in 6 Monaten seit der Ablieferung bei beweglichen Sachen bzw. in einem Jahr seit der Übergabe bei Grundstücken. G. für Sachmängel ersetzt weitgehend die allgemeinen Regeln über → Unmöglichkeit und → Verzug.

Gewalt
allgemein die Anwendung von Zwang; auch Herrschaftsbefugnis, Macht.
I. Im *Verfassungsrecht* wird zwischen *gesetzgebender, vollziehender* und *rechtsprechender G.* unterschieden.
II. Im *Strafrecht* ist G. die zur Überwindung eines wirklichen oder vermuteten Widerstandes eingesetzte körperliche Kraft. Sie kann eine Willensentscheidung oder -verwirklichung eines anderen völlig ausschließen (vis absoluta, z.B. Fesselung) oder nur beeinträchtigen (vis compulsiva, z.B. Räuber erzwingt mit vorgehaltener Pistole Herausgabe einer Geldbörse). Vgl. ferner → Hoheitsgewalt, → Staatsgewalt, → elterliche Gewalt, → höhere Gewalt.

Gewaltenteilung
auch Gewaltentrennung; Aufteilung der staatlichen Hoheitsgewalt in mehrere, sich gegenseitig kontrollierende und beschränkende Gewalten, die von verschiedenen Personen ausgeübt werden. Man unterscheidet zwischen der *gesetzgebenden* (legislativen), der *vollziehenden* (exekutiven) und der *rechtsprechenden* (richterlichen, judikativen) *Gewalt.* G. geht auf die Lehre von Montesquieu zurück. Sie ist ein bestimmendes Merkmal jedes Rechtsstaates. In der Bundesrepublik darf G. auch durch Verfassungsänderung nicht beseitigt werden. Es gibt allerdings Überschneidungen (z.B. nimmt die Exekutive an der Gesetzgebung teil, indem sie Verordnungen erläßt), die jedoch solange nicht gegen das Rechtsstaatsprinzip verstoßen, wie die G. dem Grundsatz nach eingehalten wird.

Gewalttaten, Entschädigung für die Opfer von
Anspruch auf → Versorgung bei Gesundheitsschäden, die jemand durch vorsätzliche, rechtswidrige tätliche Angriffe oder deren rechtmäßige Abwehr erlitten hat. E. ist zu versagen, wenn der Geschädigte die Schädigung selbst verursacht, eine E. nach seinem eigenen Verhalten unbillig wäre oder er mögliche Aufklärungsmaßnahmen unterlassen hat.

Gewalttätigkeit
das aggressive Inbewegungsetzen körperlicher Kräfte gegen Personen oder Sachen. G. ist ein Tatbestandsmerkmal der Gefangenenmeuterei (→ Meuterei), des schweren → Hausfriedensbruchs und des → Landfriedensbruchs.

Gewaltverhältnis
das Verhältnis zwischen Staat und Bürger. In einem *allgemeinen* G. stehen *alle* Bürger. Ein (als solches immer mehr umstrittenes) *besonderes G.* mit einer besonders engen Abhängigkeit und stärkerer Möglichkeit zur Grundrechtseinschränkung besteht zwischen dem Staat und *bestimmten Gruppen* von Bürgern, teils kraft freiwilligen Beitritts, teils kraft gesetzlicher Anordnung (z.B. Schüler, Beamte, Wehrpflichtige). Im *besonderen G.* unterscheidet man zwischen Grundverhältnis und Betriebsverhältnis; zum Grundverhältnis gehören die Maßnahmen, die das besondere G. begründen, ändern oder aufheben und wegen ihrer

Wichtigkeit → Verwaltungsakte sind, die einer gesetzlichen Grundlage bedürfen und gerichtlicher Kontrolle unterliegen; zum Betriebsverhältnis hingegen zählen Maßnahmen, die sich nur auf den inneren Dienstbetrieb beziehen und keine Verwaltungsakte sind.

Gewerbe

jede selbständige, auf Dauer angelegte und auf Gewinnerzielung gerichtete, erlaubte Tätigkeit, ausgenommen die Urproduktion (Bergbau, Landwirtschaft, Jagd) und die freien Berufe (Arzt, Rechtsanwalt). Als G. werden insbes. die Unternehmen des Handwerks, der Industrie, des Handels, des Verkehrs, der Banken und Versicherungen bezeichnet. Regelungen in der *G.-Ordnung* und zahlreichen Nebengesetzen (z.B. Gaststättengesetz, Handwerksordnung, Lebensmittelgesetz, Personenbeförderungsgesetz usw.) sowie in Gesetzen für Kreditinstitute und Versicherungsunternehmen. Jedes G. ist ein → Beruf i. S. v. *Art. 12 Abs. 1 GG.*

Gewerbeaufsicht

staatliche Aufsicht über Gewerbebetriebe; wird i. d. R. durch *G.-Ämter* ausgeübt. Zur G. gehört i. w. S. das Recht der Gewerbezulassung und -untersagung; i. e. S. vor allem die Überwachung der Einhaltung der Arbeitsschutzbestimmungen.

Gewerbebetrieb

die Ausübung eines → Gewerbes sowie dessen konkrete Erscheinungsform (z.B. Laden, Werkstatt). Ein unmittelbar auf den G. bezogener Eingriff (z.B. Boykottaufruf) kann zu Schadensersatzansprüchen aus → unerlaubter Handlung wegen einer Verletzung des *Rechtes am eingerichteten und ausgeübten G.* führen.

Gewerbefreiheit

vom *Grundgesetz* in *Art. 12 Abs. 1* geschützte, jedem zustehende Freiheit, sich gewerblich zu betätigen. Teil der → Berufsfreiheit. Unterliegt ähnlichen Beschränkungen wie diese (z.B. durch Gewerbezulassungsvorschriften, etwa in der → Gewerbeordnung).

Gewerbeordnung

Gesetz, das die Gewerbeüberwachung sowie die innerbetrieblichen Beziehungen zwischen Gewerbetreibenden und gewerblichen Arbeitnehmern regelt (insbes. Arbeitsschutzvorschriften).

Gewerbesteuer

Steuer, die die Gemeinden von Gewerbebetrieben erheben (und teilweise an Bund und Länder abführen). Bemessungsgrundlage sind Gewerbeertrag und Gewerbekapital. Die G. ist je nach Gemeinde verschieden hoch.

gewerblicher Rechtsschutz

Rechtsnormen, die die gewerblichen Erzeugnisse als geistige Schöpfung einzelner schützen. Dazu gehören das Patent-, → Gebrauchsmuster-, → Geschmacksmuster-, Warenzeichen- und Wettbewerbsrecht.

Gewerkschaft

freiwilliger Zusammenschluß von Arbeitnehmern zum Zweck der Wahrung und Förderung ihrer Arbeitsbedingungen. G. sind in ihrem Bestand und ihrer Betätigungsfreiheit durch *Art. 9 Abs. III GG* geschützt (sog. → Koalitionsfreiheit). Sie besitzen → Tariffähigkeit. In der Bundesrepublik Deutschland gehören von rund 23 Millionen Arbeitnehmern etwa 9 Millionen einer G. an.

Gewinn

allgemein die Differenz zwischen Erträgen und Aufwand eines Unternehmens innerhalb eines Geschäftsjahres.
Im *Handelsrecht* wird der G. durch Bilanz und Gewinn- und Verlustrechnung ermittelt; nach dem *Steuerrecht* hängt der G. und seine Ermittlung von den Einkunftsarten ab.

Gewissensfreiheit

die vom *GG in Art. 4 Abs. 1* geschützte Freiheit, eigene sittliche Wertvorstellungen zu bilden und sich diesen entsprechend auch zu betätigen. Eng verknüpft mit der → Glaubensfreiheit. Führt jedoch nicht dazu, daß Rechtsnormen, die dem Gewissen des einzelnen widersprechen, für ihn nicht gelten, sie dürfen nur nicht gegen sein Gewissen durchgesetzt werden; an ihre Stelle muß dann aber ein entsprechender Ausgleich treten (z.B. das – ausdrücklich gesetzlich geregelte – Kriegsdienstverweigerungsrecht; anstelle des Wehrdienstes tritt ein ziviler Ersatzdienst).

Gewohnheitsrecht

ungeschriebenes Recht, das durch langjährige Übung von den Beteiligten aus der Überzeugung heraus geschaffen wird, daß dies Recht sei. Steht im Gegensatz zum → Gesetzesrecht.

Giro

(ital.: Kreis, Umlauf);
I. Überweisung im bargeldlosen Zahlungsverkehr.
II. Indossament auf der Rückseite eines Orderpapiers (→ Wertpapier).

Girovertrag

Vertrag eines Kreditinstituts mit einem Kunden zur bargeldlosen Abwicklung von Zahlungsansprüchen oder Schulden des Kunden. Ist Geschäftsbesorgungsvertrag (→ Geschäftsbesorgung). Verpflichtet das Kreditinstitut zur Gutschrift eingehender Beträge auf das Girokonto des Kunden und zur Durchführung von → Überweisungen und Lastschriftverfahren (Abbuchungsverfahren oder Einzugsermächtigungsverfahren). Erst mit der Gutschrift erwirbt der Kunde einen Anspruch auf Zahlung gegen das Kreditinstitut.

Glaubensfreiheit

durch das *GG in Art. 4 Abs. 1* geschützte Freiheit des Glaubens, die ergänzt wird durch die → Gewissensfreiheit, die Freiheit des religiösen und weltanschaulichen Bekenntnisses (→ Bekenntnisfreiheit) und die Freiheit der ungestörten Religionsausübung. Jedermann darf danach frei von staatlichem oder gesellschaftlichem Zwang seine Überzeugung von Gott und seine sittlichen Wertvorstellungen bilden und ihnen anhängen. Der Staat ist zu Neutralität verpflichtet.

Glaubhaftmachung

Beweisführung, die einen geringeren Grad von Wahrscheinlichkeit vermittelt als der volle Beweis; es reicht überwiegende Wahrscheinlichkeit. Nur in gesetzlich bestimmten Fällen zulässig, z.B. im Verfahren zum Erlaß einer → einstweiligen Verfügung. Kann durch jedes → Beweismittel sowie durch eidesstattliche Versicherung erfolgen, jedoch müssen die Beweise sofort erhoben werden können.

Gläubiger

diejenige Person, die aus einem → Schuldverhältnis berechtigt ist, von dem → Schuldner eine Leistung zu fordern. Die Leistung kann auch in einem Unterlassen bestehen. Der G. einer Forderung kann zugleich Schuldner einer Gegenforderung sein (z.B. bei Kaufvertrag).

Gläubigerversammlung

im Konkursverfahren Organ der Konkursgläubiger. Wird vom Konkursgericht einberufen und geleitet. Zu den in der Konkursordnung gesetzlich geregelten Aufgaben der G. gehören insbes. die Wahl und Überwachung des Konkursverwalters.

Gleichberechtigung

die als Unterfall des allgemeinen Gleichheitssatzes grundgesetzlich gewährleisteten, in der Praxis allerdings noch nicht umfassend verwirklichten gleichen Rechte für Männer und Frauen. Ausnahmen sind nur bei objektiven biologischen und funktionalen Unterschieden zulässig (z.B. Mutterschutz).

Gleichheitsgrundsatz

Grundsatz, daß alle Menschen vor dem Gesetz gleich sind. Das Grundgesetz verbietet es, jemanden wegen seines Geschlechts, seiner Abstammung, seiner Rasse, seiner Sprache, seiner Heimat und Herkunft, seines Glaubens oder seiner religiösen oder politischen Anschauungen zu benachteiligen oder zu bevorzugen (vgl. auch → Gleichberechtigung). G. bindet Gesetzgebung, vollziehende Gewalt und Rechtsprechung. Er gebietet, tatbestandlich Gleiches rechtlich gleich zu behandeln. Vgl. auch → Willkürverbot und → Ermessen.

Glücksspiel
Spiel, bei dem im wesentlichen nicht die Fähigkeiten des Spielers, sondern der Zufall über Gewinn und Verlust entscheiden. Wer ohne behördliche Erlaubnis öffentlich ein G. veranstaltet oder die Einrichtungen hierzu bereitstellt, macht sich strafbar; ebenso derjenige, der an einem nicht erlaubten *öffentlichen G.* teilnimmt. Als öffentlich gilt G. auch in Vereinen oder geschlossenen Gesellschaften, in denen es gewohnheitsmäßig veranstaltet wird. Kinder und Jugendliche unter 18 Jahren dürfen Spielhallen nicht betreten und nicht am öffentlichen G. (auch nicht dem genehmigten) teilnehmen.

Gnadenrecht
→ Begnadigung, → Amnestie.

Goodwill
(engl.: Wohlwollen, freundliche Gesinnung; Ansehen, guter Ruf; Kundschaft); auch innerer Geschäftswert oder Firmenwert; die allgemeine Wertschätzung im geschäftlichen Verkehr. Dazu gehören z.B. der Bekanntheitsgrad eines Unternehmens und das Ansehen seiner Erzeugnisse beim Kunden. Zahlenmäßig schlägt sich der G. erst bei einer Unternehmensveräußerung nieder.

Grenze
Trennungslinie zwischen Herrschaftsbereichen im geographischen Raum. Im *Völkerrecht* die Trennungslinie zwischen Staaten, innerstaatlich *Gemeinde-, Kreis-* und *Landes-G.* Im *Sachenrecht* die Trennungslinie zwischen Grundstücken, die durch Abmarkung (Errichtung oder Wiederherstellung von *G.-Zeichen*) kenntlich gemacht wird. Ist der *G.-Verlauf* streitig *(G.-Verwirrung),* so ist auf eine *G.-Scheidungsklage* hin die G. durch Urteil neu festzulegen. *G.-Einrichtungen* (z.B. Mauer) unterliegen im Zweifel der gemeinschaftlichen Benutzung und Unterhaltung.

grobe Fahrlässigkeit
→ Fahrlässigkeit.

grober Unfug
früher als → Übertretung bestrafte Handlung, die heute unter der Bezeichnung „Belästigung der Allgemeinheit" (grob ungehörige Handlung, die geeignet ist, die Allgemeinheit zu belästigen oder zu gefährden und die öffentliche Ordnung zu beeinträchtigen) nur noch als Ordnungswidrigkeit geahndet wird.

Grundbuch
ein beim Amtsgericht *(G.-Amt)* geführtes Register über die Grundstücke innerhalb eines Bezirks. Jedes Grundstück erhält im G. ein *G.-Blatt,* in welchem der Eigentümer sowie die Belastungen (Hypotheken, Grundschulden usw.) ausgewiesen sind. Das G. genießt → öffentlichen Glauben, d.h., was im Grundbuch steht, gilt als wahr. Es kann von jedem, der ein berechtigtes Interesse hat, eingesehen werden. Vgl. → Grundbuchordnung.

Grundbuchamt
Abteilung des Amtsgerichts, die für die Führung des → Grundbuchs im Bezirk zuständig ist. (In Baden-Württemberg sind dafür z.T. die Bezirksnotare zuständig.) Das G. wird i. d. R. von → Rechtspflegern verwaltet.

Grundbuchordnung
Gesetz, das das formelle Grundstücksrecht regelt. Enthält insbes. Vorschriften über die Führung des → Grundbuchs.

Grunddienstbarkeit
Belastung eines Grundstücks in der Weise, daß dessen Eigentümer verpflichtet ist, die Benutzung seines Grundstücks durch den Eigentümer eins anderen (meist Nachbar-) Grundstücks zu dulden (z.B. Mitbenutzung eines Wegs) oder eine bestimmte Benutzung zu unterlassen (z.B. Ausübung eines bestimmten Gewerbes). Die Bestellung, Aufhebung oder Übertragung der G. erfolgt nach den Vorschriften des → Grundstücksrechts.

Grundeigentum
Eigentum an einem Grundstück; umfaßt den Luftraum über und den Erd-

raum unter dem Grundstück. Unterliegt im Interesse der Allgemeinheit einer Vielzahl von Beschränkungen, die gesetzlich besonders geregelt sind (z.B. Bundesbaugesetz, Berggesetz, Flurbereinigungsgesetz).

Grundgesetz

→ Verfassung der Bundesrepublik Deutschland vom 23. Mai 1949, bewußt nicht „Verfassung" genannt, um den vorläufigen Charakter bis zu einer Wiedervereinigung Deutschlands zu unterstreichen. Besteht aus der Präambel, dem Grundrechtsteil und dem organisatorischen Teil. Es regelt die rechtliche und politische Grundordnung. Das GG kann nur durch ein Gesetz geändert werden, das den Wortlaut des GG ausdrücklich ändert oder ergänzt; eine solche Änderung bedarf der Zustimmung von zwei Dritteln der Mitglieder des Bundestages und zwei Dritteln der Stimmen des Bundesrates. Einige Verfassungsgrundsätze (z.B. Gliederung des Bundes in Länder, Menschenwürde) dürfen selbst im Wege einer GG-Änderung nicht außer Kraft gesetzt werden.

Grundlagenvertrag

ungenau auch Grundvertrag genannt; Vertrag über die Grundlagen der Beziehungen zwischen der Bundesrepublik Deutschland und der Deutschen Demokratischen Republik; seit 1973 in Kraft.

Grundordnung

→ freiheitlich-demokratische Grundordnung.

Grundpfandrecht

Pfandrecht an Grundstücken in der Form der Hypothek, der Grundschuld oder der Rentenschuld. Das G. dient wie das Pfandrecht an beweglichen Sachen der Sicherung einer Forderung.

Grundrechte

verfassungsmäßig garantierte elementare Rechte des einzelnen gegenüber dem Staat. Stimmen weitgehend mit den Menschenrechten überein, manche gelten jedoch nicht für alle Menschen, sondern nur für Deutsche. In der Bundesrepublik finden sich die G. im GG und in den Länderverfassungen (gelten aber dort nur, soweit sie dem GG nicht widersprechen und stehen in der Rangfolge unter den einfachen Bundesgesetzen); binden Gesetzgebung, vollziehende Gewalt und Rechtsprechung unmittelbar. Vgl. auch Drittwirkung der G., → Gesetzesvorbehalt, → Verfassungsbeschwerde, → Verwirkung.

Grundsatz

allgemeine Regel, die jedoch Ausnahmen haben kann.

Für die Regelung des Rechtes des öffentlichen Dienstes schreibt das GG die Berücksichtigung der *hergebrachten G. des Berufsbeamtentums* vor, z.B. die Ausgestaltung des Beamtenverhältnisses als öffentlich-rechtliches Dienst- und Treueverhältnis, Gewährung angemessener Bezüge, Gewährleistung wohlerworbener Rechte (ohne daß damit eine betragsmäßige Garantie der Besoldung verbunden wäre). Vgl. auch → Verfassungsgrundsätze.

Grundschuld

Pfandrecht an einem Grundstück (→ Grundpfandrecht) in Höhe einer bestimmten Geldsumme; im Gegensatz zur Hypothek vom Bestand einer zu sichernden Forderung unabhängig, deshalb in der Praxis häufiger.

Grundstück

räumlich abgegrenzter Teil der Erdoberfläche, der im Bestandsverzeichnis eines Grundbuchblattes gesondert aufgeführt ist (→ Grundbuch). Das G. ist rechtlich eine unbewegliche Sache.

Grundstückskauf

Vertrag, durch den sich jemand verpflichtet, das Eigentum an einem Grundstück zu übertragen oder zu erwerben. Bedarf der notariellen Beurkundung; mangelnde Beurkundung führt zu Nichtigkeit, die jedoch durch die erfolgte → Auflassung und Eintragung im → Grundbuch geheilt werden kann (allerdings soll auch die Auflassungserklärung von der zuständigen Stelle nicht ohne Vorlage der Urkunde über den G. entgegengenommen werden).

Grundstücksrecht
Recht, das die Grundstücke betrifft, also das Eigentum und die beschränkten dinglichen Rechte (z.B. Grunddienstbarkeit, Grundpfandrecht, Nießbrauch) sowie das Grundbuchrecht.

Grundurteil
im Zivilprozeß Vorabentscheidung des Gerichts über den Grund eines vom Kläger geltend gemachten Anspruchs. Dieses Zwischenurteil, gegen das dieselben Rechtsmittel gegeben sind wie gegen das Endurteil, setzt voraus, daß der geltend gemachte Anspruch nach Grund und Betrag streitig ist, das Gericht jedoch den Anspruch dem Grunde nach als begründet ansieht.

Gutachten
Hilfsmittel für das Gericht zur Beurteilung von Tatsachen, zu der ihm selbst die erforderliche Sachkunde fehlt. G. werden von → Sachverständigen (Wissenschaftlern, Ärzten, Ingenieuren usw.) erstellt. Sachverständige sind Gehilfen des Gerichts. Die für die Entscheidung aus dem G. zu ziehenden Schlußfolgerungen bleiben dem Gericht vorbehalten.

Güterabwägung
der Vergleich des Wertes zweier Güter. Ist erforderlich, wenn ein Gut nur auf Kosten des anderen gerettet werden kann; dann darf nur das geringerwertige Gut zu Gunsten des höherwertigen verletzt werden (z.B. beim Notstand; Benutzung eines fremden Autos, um Schwerverletzten ins Krankenhaus zu bringen).

Gütergemeinschaft
Güterstand nach dem BGB, der von den Eheleuten durch → Ehevertrag vereinbart werden kann. Dabei wird das gesamte vorhandene Vermögen des Mannes und der Frau gemeinschaftliches Vermögen beider Ehegatten (Gesamtgut). Dazu gehört auch, was beide während der Ehe erwerben. Nur das Sondergut und das Vorbehaltsgut verbleiben im Eigentum jedes Ehegatten und werden von ihm in eigener Rechnung verwaltet.

guter Glaube
die Überzeugung, bei einem Rechtsgeschäft in seinem guten Recht zu sein; insbes. der Glaube an das Eigentum des Veräußerers einer Sache. Bei einer Veräußerung durch einen Nichtberechtigten geht das Eigentum trotzdem auf den Erwerber über, wenn ihm weder bekannt noch infolge grober Fahrlässigkeit unbekannt war, daß die Sache nicht dem Veräußerer gehört hat (gutgläubiger Eigentumserwerb). Gilt jedoch nicht für Sachen, die dem Eigentümer gestohlen worden, verlorengegangen oder sonst abhanden gekommen sind.

Güterrecht, eheliches
gesetzliche Regelungen der vermögensrechtlichen Beziehungen der Ehegatten untereinander und gegenüber Dritten. Formen des G. sind der gesetzliche Güterstand der → Zugewinngemeinschaft und die durch Ehevertrag zustande kommenden Güterstände der → Gütertrennung und der → Gütergemeinschaft.

Güterrechtsregister
vom Amtsgericht am Wohnsitz des Ehemanns geführtes Register, in das Eintragungen nur auf Antrag der Ehegatten erfolgen. Dient dazu, die Abweichungen vom gesetzlichen Güterstand der → Zugewinngemeinschaft zur Einsicht durch betroffene Dritte offenzulegen. Eintragungsfähig sind z.B. Eheverträge, Entziehung der → Schlüsselgewalt. Schweigt das G., kann der Dritte auf den Fortbestand der eingetragenen Rechtslage vertrauen.

Güterstand
Zustand der Vermögensverhältnisse der Eheleute, soweit er das → Güterrecht betrifft. Es kann der gesetzliche G. (→ Zugewinngemeinschaft) oder ein durch → Ehevertrag zustande gekommener G. (→ Gütergemeinschaft, → Gütertrennung) vereinbart sein.

Güterstand, gesetzlicher
→ Zugewinngemeinschaft.

Gütertrennung
eheliche Güterrechtsform, die die Ehe-

leute vereinbaren können, wenn sie den gesetzlichen Güterstand der → Zugewinngemeinschaft ausschließen oder aufheben wollen. G. hat zur Folge, daß die Vermögen des Mannes und der Frau in güterrechtlicher Hinsicht (z.B. Eigentum, Haftung für Schulden) völlig getrennt sind; jeder Ehegatte verwaltet – abgesehen von den sich aus der ehelichen Lebensgemeinschaft ergebenden Verpflichtungen – sein Vermögen selbst. → Güterrechtsregister.

gute Sitten
→ Sittenwidrigkeit.

Güteverfahren
besonders ausgestaltetes → Sühneverfahren vor dem Arbeitsgericht. Die mündliche Verhandlung beginnt mit einer Verhandlung vor dem Vorsitzenden zum Zwecke der gütlichen Einigung der Parteien (Güteverhandlung). Bei Nichteinigung folgt die streitige Verhandlung.

H

Haft

die Entziehung der Bewegungsfreiheit zur Sicherung des Strafverfahrens (→ Untersuchungshaft) oder der Zwangsvollstreckung (persönlicher → Arrest), als Beugemittel zur Erzwingung einer Handlung (z.B. Zeugenaussage, Abgabe einer eidesstattlichen Versicherung) oder als → Ordnungsmittel. Vgl. auch → Haftstrafe.

Haftbefehl

schriftliche Anordnung des Richters, eine Person zu verhaften. Für Untersuchungshaft sind dringender → Tatverdacht und ein → Haftgrund Voraussetzung. Der H. ist dem Beschuldigten mündlich und schriftlich bekanntzugeben. Von der Verhaftung und jeder weiteren Entscheidung über die Fortdauer der Untersuchungshaft benachrichtigt der Richter einen Angehörigen des Beschuldigten oder eine Person seines Vertrauens.
Ein H. kann auch zur Erzwingung einer eidesstattlichen Versicherung oder zur Vollstreckung des persönlichen → Arrestes erlassen werden.

Haftentschädigung

Entschädigung für Personen, die in einem Straf- oder Bußgeldverfahren verfolgt, aber nicht verurteilt worden sind. Ersetzt werden durch die Verfolgungsmaßnahme entstandene Vermögensschäden (ab 50 DM, ohne obere Begrenzung) sowie bei Freiheitsentziehungen auf Grund gerichtlicher Entscheidung auch der immaterielle Schaden (pro Tag 10 DM).

Haftgrund

Grund zum Erlaß eines → Haftbefehls zur Anordnung von Untersuchungshaft. Besteht, wenn auf Grund bestimmter Tatsachen festgestellt wird, daß der Beschuldigte flüchtig ist oder sich verborgen hält (→ Fluchtgefahr, → Verdunkelungsgefahr) oder daß bei bestimmten schweren Delikten Wiederholungsgefahr besteht; in einigen Fällen ist schon die Schwere des Delikts *gesetzlicher H.*

Haftpflicht

allgemein die Verpflichtung zur Leistung von Schadensersatz aus → unerlaubter Handlung; ferner die gesetzlich vorgeschriebene Schadensersatzverpflichtung aus dem rechtlichen Gesichtspunkt der → Gefährdungshaftung, die teils durch das BGB (z.B. Tierhalterhaftung), teils durch besondere *H.-Gesetze* geregelt ist (z.B. H.-Gesetz, Luftverkehrsgesetz). Vgl. auch → Haftung.

Haftpflichtversicherung

Versicherung, die gegen die Inanspruchnahme aus einer → Haftpflicht schützt. Der Versicherer ist insbes. verpflichtet, dem Versicherungsnehmer den Schaden zu ersetzen, den dieser dadurch erleidet, daß er auf Grund seiner Verantwortlichkeit für einen während der Versicherungszeit eintretenden Umstand an einen Dritten Schadensersatz zu leisten hat.

Haftprüfung

die gerichtliche Prüfung, ob der Haftbefehl gegen einen Beschuldigten, der sich in Untersuchungshaft befindet, aufzuheben oder sein Vollzug anzusetzen ist. Kann vom Untersuchungshäftling jederzeit beantragt werden. Daneben ist eine Beschwerde nicht zulässig, jedoch kann sie anstelle der H. erhoben werden. Nach dreimonatiger Untersuchungshaft erfolgt eine H. auch ohne

Antrag, wenn der Beschuldigte keinen Verteidiger hat.

Haftstrafe
früher die als „Haft“ bezeichnete leichteste Form von Freiheitsstrafe, die es heute infolge der → Einheitsfreiheitsstrafe nicht mehr gibt.

Haftunfähigkeit
gesundheitlich bedingter Zustand eines Gefangenen, der den Vollzug von Freiheitsstrafe oder Untersuchungshaft in der Vollzugsanstalt nicht möglich macht. Kann bei Strafgefangenen zur Unterbrechung der Freiheitsstrafe führen (u.U. mit Unterbringung in einer geeigneten öffentlichen Anstalt), wenn in absehbarer Zeit nicht wieder mit Vollzugstauglichkeit zu rechnen ist, andernfalls Fortsetzung der Strafvollstreckung in einem Krankenhaus des Justizvollzuges; bei Untersuchungshäftlingen entweder Aufhebung des Haftbefehls oder Überführung in ein Krankenhaus mit dortiger Überwachung.

Haftung
rechtliche Verpflichtung, für einen Schaden einzustehen; in erster Linie mit dem Vermögen für eine Schuld, wobei das Vermögen oder Teile desselben in der Zwangsvollstreckung dem Zugriff der Gläubiger unterliegen.
Die H. ist grds. von einem Verschulden (Vorsatz oder Fahrlässigkeit) abhängig; Ausnahme (u.a.): die *Gefährdungs-H.* (oft auch Haftpflicht genannt), wenn durch eine generell gefährliche Einrichtung, z.B. Kernkraftwerk, Kraftfahrzeug, Eisenbahn, Luftfahrzeug, Bergwerk, Tierhaltung ein Schaden entsteht. Die Haftpflicht trifft denjenigen, in dessen Interesse der gefahrdrohende Betrieb erlaubt wird. Meist ist sie summenmäßig beschränkt. Auch bei bestimmten Gesellschaften des Handelsrechts gibt es *H.-Beschränkungen* (z.B. bei der GmbH). Vgl. auch → Schadensersatz, → Staatshaftung.

Hammelsprung
parlamentarisches Abstimmungsverfahren, das angewandt wird, wenn sich der Sitzungsvorstand über das Ergebnis einer Abstimmung, auch nach der Gegenprobe, nicht einig ist. Erfolgt, indem die Abgeordneten den Sitzungssaal zunächst verlassen und sodann durch eine mit „ja“, „nein“ oder „Enthaltung“ gekennzeichnete Tür wieder betreten und dabei gezählt werden.

Handel
alle mit dem Umlauf von Waren zwischen Hersteller und Endverbraucher zusammenhängenden Tätigkeiten, insbes. An- und Verkauf sowie Dienstleistungen. Gesetzlich geregelt durch die → Gewerbeordnung, das Handelsgesetzbuch und verschiedene Einzelgesetze (z.B. Lebensmittelgesetz, Arzneimittelgesetz).

Handelsgeschäft
I. Das von einem Kaufmann unter seiner → Firma betriebene Unternehmen.
II. Jedes Geschäft (→ Rechtsgeschäft oder → Rechtshandlung) eines Kaufmanns, das zum Betrieb seines Handelsgewerbes gehört; wird bei allen Rechtsgeschäften eines Kaufmanns – widerlegbar – vermutet. Für H. gelten teilweise vom BGB abweichende Sonderregelungen, wobei wiederum z.T. zwischen einseitigen H. (Geschäfte, die nur für eine Seite H. sind) und beiderseitigen H. unterschieden wird. Das praktisch wichtigste Handelsgeschäft ist der → Handelskauf.

Handelsgesellschaft
Gesellschaft, die notwendig oder doch i.d.R. ein → Handelsgewerbe betreibt und deshalb → Kaufmann ist. Zu den H. gehören die *Offene Handelsgesellschaft* (OHG), die *Kommanditgesellschaft* (KG), die *Aktiengesellschaft* (AG), die *Kommanditgesellschaft auf Aktien* (KGaA) und die *Gesellschaft mit beschränkter Haftung* (GmbH). Den H. weitgehend gleichgestellt sind die Genossenschaften und die Versicherungsvereine auf Gegenseitigkeit. Keine H. sind die Gesellschaft des bürgerlichen Rechts und die stille Gesellschaft.

Handelsgewerbe
der Betrieb eines der in § *1* des *Handelsgesetzbuches* aufgezählten Gewerbe (z.B. Anschaffung und Weiterveräußerung von Waren und Wertpapieren; sog. *Grund-H.),* jedes andere gewerbliche Unternehmen, das nach Art und Umfang einen in kaufmännischer Weise eingerichteten Gewerbebetrieb erfordert und dessen Inhaber in das Handelsregister eingetragen ist (sog. Sollkaufmann) sowie unter denselben Voraussetzungen ein land- oder forstwirtschaftliches Unternehmen, wobei der Unternehmer zwar berechtigt, aber nicht verpflichtet ist, die Eintragung in das Handelsregister herbeizuführen (sog. Kannkaufmann).

Handelskauf
ein Kaufvertrag über Waren oder Wertpapiere, der gleichzeitig ein → Handelsgeschäft ist. Für ihn gelten teilweise vom BGB abweichende Sondervorschriften, um die Rechtsbeziehungen zwischen den Vertragspartnern möglichst schnell zu klären und abzuwickeln. So kann der Verkäufer die Ware auf Gefahr und Kosten des Käufers hinterlegen, wenn dieser mit der Annahme der Ware in Verzug gerät (→ Hinterlegung); nach vorheriger Androhung ist er auch befugt, die Ware öffentlich versteigern zu lassen. Bei beiderseitigen Handelsgeschäften besteht eine sofortige Untersuchungs- und Rügepflicht bei Abnahme der Ware.

Handelsrecht
i. e. S. das im Handelsgesetzbuch (HGB) enthaltene Sonderrecht des Kaufmanns unter Ausschluß des Gesellschaftsrechts, i. w. S. auch das Gesellschaftsrecht, das Recht des gewerblichen Rechtsschutzes, das Wertpapierrecht und das Bank- und Börsenrecht. Das H. ist weitgehend Privatrecht; es gelten die speziellen Bestimmungen des HGB und seiner Nebengesetze und ergänzend die Vorschriften des BGB, Handelsgewohnheitsrecht und Handelsbräuche, Allgemeine Geschäftsbedingungen und auch internationale Vereinbarungen.
Für Prozesse auf dem Gebiete des H. bestehen bei den Landgerichten Kammern für Handelssachen, die mit einem Berufsrichter als Vorsitzenden und zwei Kaufleuten (Handelsrichtern) besetzt sind.

Handelsregister
öffentliches Verzeichnis, in das Vollkaufleute und bestimmte auf sie bezogene Tatsachen und Rechtsverhältnisse eingetragen werden. Es wird im Rahmen der → freiwilligen Gerichtsbarkeit von den Amtsgerichten geführt. Es kann von jedermann eingesehen werden. Die Eintragungen werden im Bundesanzeiger und in der örtlichen Presse bekanntgegeben.
In Abteilung A werden die Einzelkaufleute und die Personengesellschaften, in Abteilung B die Kapitalgesellschaften *eingetragen.* Hinsichtlich ihrer Wirkung unterscheidet man die Eintragungen in *konstitutive* (rechtsbegründende, rechtserzeugende; z.B. die Eintragung einer GmbH, die erst durch die Eintragung entsteht) und *deklaratorische* (rechtsbezeugende), die eine bereits erfolgte Rechtsänderung betreffen (z.B. Prokuraerteilung).
Eintragungen im H. genießen in bestimmtem Umfang *Vertrauensschutz.* Solange eine in das H. einzutragende Tatsache *nicht* eingetragen und bekanntgemacht ist, kann sie einem Dritten nicht entgegengehalten werden, wenn sie ihm nicht bekannt war (negative Publizität). Ist eine Tatsache eingetragen und bekanntgemacht, so muß ein Dritter sie gegen sich gelten lassen (positive Publizität); dies gilt nicht bei Rechtshandlungen innerhalb von 15 Tagen nach der Bekanntmachung, sofern der Dritte beweist, daß er die Tatsache weder kannte noch kennen mußte. Ein gutgläubiger Dritter wird ferner geschützt, wenn eine Tatsache lediglich unrichtig bekanntgemacht ist.

Handlung
jedes bewußte und gewollte menschliche Verhalten (im Gegensatz zum bloßen Reflex). Es kann in einem Tun oder Unterlassen bestehen. Vgl. auch

→ *unerlaubte H.*, → *Rechts-H.* und → *Prozeß-H.*

Handlungsfreiheit
→ freie Entfaltung der Persönlichkeit.

Handlungsvollmacht
→ Vollmacht (keine → Prokura), die von einem Kaufmann im Betrieb seines Handelsgewerbes formlos (ohne Eintragung ins Handelsregister; mündlich oder schriftlich oder auch stillschweigend) erteilt wird. Der Bevollmächtigte hat *Generalvollmacht,* wenn er zum Betrieb des ganzen Handelsgewerbes berechtigt ist; *Artvollmacht* (Teilvollmacht), wenn er nur zur Vornahme einer bestimmten Art von Geschäften und *Spezialvollmacht* (Einzelvollmacht), wenn er nur zur Vornahme einer einzelnen Rechtshandlung ermächtigt ist. Die H. erstreckt sich auf alle Geschäfte und Rechtshandlungen, die der Betrieb eines Handelsgewerbes oder die Vornahme derartiger Geschäfte gewöhnlich mit sich bringt. Zur Veräußerung oder Belastung von Grundstücken, zur Eingehung von Wechselverbindlichkeiten, zur Aufnahme von Darlehen und zur Prozeßführung ist der Handlungsbevollmächtigte jedoch nur ermächtigt, wenn ihm eine solche Befugnis besonders erteilt ist; sonstige Beschränkungen braucht ein Dritter nur dann gegen sich gelten zu lassen, wenn er sie kannte oder kennen mußte. Ladenangestellte gelten als zu den üblichen Verkäufen ermächtigt. Der Handlungsbevollmächtigte unterzeichnet mit einem Zusatz, der das Vollmachtsverhältnis ausdrückt (z.B. i. V. = in Vollmacht, i. A. = im Auftrag), der jedoch keine Prokura andeuten darf.

Handwerk
die Be- und Verarbeitung von Stoffen durch ausgebildete Fachkräfte in kleinen oder mittleren Betrieben, in denen noch individuell gearbeitet werden kann und der Inhaber oft selbst mitarbeitet. Muß zu einem der in Anlage A zur Handwerksordnung aufgeführten Gewerbe gehören. Der selbständige Betrieb eines H. setzt das Bestehen der Meisterprüfung voraus.

Handwerksordnung
Gesetz, das das Recht des Handwerks regelt, insbes. Ausübung eines Handwerks, Berufsbildung, Meisterprüfung und Organisation des Handwerks (z.B. Handwerksinnungen, Handwerkskammern); außerdem wird in zwei Anlagen bestimmt, welche Gewerbe als Handwerk oder handwerksähnlich betrieben werden können.

Hauptforderung
bei der → Aufrechnung die Forderung, *gegen* die aufgerechnet wird (im Gegensatz zur Gegenforderung, *mit* der aufgerechnet wird); allgemein auch die hauptsächliche Forderung im Gegensatz zur Nebenforderung.

Hauptsache
I. Im *Prozeßrecht* der vom Kläger geltend gemachte prozessuale Anspruch einschließlich Nebenforderungen (z.B. Zinsen), nicht jedoch der Kosten des Rechtsstreits. Haben die Parteien einen Rechtsstreit übereinstimmend in der H. für erledigt erklärt, so entscheidet das Gericht nur noch über die Kosten.
II. Im *BGB* steht die H. insbes. im Gegensatz zu Bestandteilen und Zubehör.

Hauptverfahren
im Strafprozeß der Abschnitt, der auf das Ermittlungs- und das Eröffnungsverfahren folgt. Er dient der Vorbereitung und der Durchführung der → Hauptverhandlung, in der über die zugelassene Anklage verhandelt wird. Das H. endet mit der Rechtskraft des Urteils.

Hauptverhandlung
im Strafprozeß Verhandlung vor dem zur Entscheidung zuständigen Gericht, wichtigster Teil des → Hauptverfahrens. Es gelten die Grundsätze der Öffentlichkeit (Ausnahme: bei Jugendstrafverfahren), der → Mündlichkeit. Die H. erfolgt bei dauernder Anwesenheit der Richter und Schöffen, eines Staatsanwaltes und (bei notwendiger Verteidigung) des Verteidigers (wobei Staatsanwälte und Verteidiger wechseln können) sowie i. d. R. des Angeklagten. Unterbrechung nur für 10 (in

bestimmten Fällen 30) Tage zulässig, andernfalls erneuter Verhandlungsbeginn.
H. beginnt mit dem Aufruf der Sache. Es folgen die Feststellung, ob der Angeklagte und sein Verteidiger anwesend und die Beweismittel vorhanden sind, sodann die Vernehmung des Angeklagten zur Person, die Verlesung des Anklagesatzes durch den Staatsanwalt, die Vernehmung des Angeklagten zur Sache, die Beweisaufnahme, die Schlußvorträge (Plädoyers) und die Anträge des Staatsanwalts und des Angeklagten bzw. seines Verteidigers, wobei dem Angeklagten stets das letzte Wort zusteht sowie die (öffentliche) Verkündung des (geheim beratenen) Urteils.

Hauptversammlung
die Versammlung der Aktionäre einer Aktiengesellschaft oder Kommanditgesellschaft auf Aktien. Sie ist ein Organ dieser Gesellschaften, in dem die Aktionäre ihre Rechte wahrnehmen, und zwar insbes. Beschlußfassung über die Bestellung (eines Teiles) der Mitglieder des Aufsichtsrates, Verwendung des Bilanzgewinns, Entlastung des Vorstands und des Aufsichtsrats, Satzungsänderungen, Maßnahmen zur Kapitalbeschaffung und -herabsetzung und Auflösung der Gesellschaft. Eine *ordentliche H.* findet jährlich in den ersten 8 Monaten des Geschäftsjahres statt; in besonderen Fällen kann auch eine *außerordentliche H.* einberufen werden.

Hausfriedensbruch
Straftat, die begeht, wer in die Wohnung, in die Geschäftsräume oder in das befriedete Besitztum eines anderen oder in abgeschlossene Räume, die zum öffentlichen Dienst oder Verkehr bestimmt sind, widerrechtlich eindringt, oder wer sich auf die Aufforderung des Berechtigten nicht entfernt, wenn er ohne Befugnis darin verweilt. Wegen *schweren H.* wird bestraft, wer sich daran beteiligt, wenn sich eine Menschenmenge öffentlich zusammenrottet und in der Absicht, Gewalttätigkeiten gegen Personen oder Sachen mit vereinten Kräften zu begehen, in die Wohnung, die Geschäftsräume oder das befriedete Besitztum eines anderen oder in abgeschlossene Räume, die zum öffentlichen Dienst bestimmt sind, widerrechtlich eindringt.

Haushalt
→ Haushaltsrecht.

Haushaltsplan
→ Haushaltsrecht.

Haushaltsrecht
zum einen alle Vorschriften, die den Staatshaushalt betreffen (in Bund, Ländern, Kreisen und Gemeinden), zum anderen die (subjektive) Berechtigung, den Haushalt verbindlich festzustellen (→ Budgetrecht). Unter *Haushalt* versteht man alle Einnahmen und Ausgaben, die der Erfüllung öffentlicher Aufgaben dienen. Von der Verwaltung wird für jedes Jahr ein Haushaltsplan aufgestellt, im Bund und in den Ländern vom Parlament durch Gesetz festgestellt (Haushaltsgesetz) und vom Rechnungshof nachträglich auf ordnungsgemäße Ausführung überprüft. Überplanmäßige und außerplanmäßige Ausgaben des Bundes bedürfen der Zustimmung des Bundesfinanzministers, die nur im Falle eines unvorhergesehenen und unabweisbaren Bedürfnisses erteilt werden darf; grds. muß dazu ein Nachtrags- oder Ergänzungshaushalt verabschiedet werden.

häusliche Gemeinschaft
→ eheliche Lebensgemeinschaft, → Getrenntleben.

Hausrat
die zur Führung eines Haushalts erforderlichen Gegenstände. Steht im Familienrecht im Gegensatz zu den Gegenständen, die nur zum persönlichen Gebrauch bestimmt sind (z.B. Kleider, Schmuck); wird bei einer Scheidung oder auch schon während des vorherigen Getrenntlebens durch Vereinbarung der Eheleute oder sonst durch das Familiengericht geteilt.

Hehlerei
Straftat, die begeht, wer eine Sache, die ein anderer gestohlen oder sonst durch

eine gegen fremdes Vermögen gerichtete rechtswidrige Tat erlangt hat, ankauft oder sonst sich oder einem Dritten verschafft, sie absetzt oder absetzen hilft, um sich oder einen Dritten zu bereichern. Eine erhöhte Strafandrohung besteht für denjenigen, der die H. gewerbsmäßig betreibt.

Heilkunde
die Ausübung der H. ist jede ärztliche Fachkenntnisse voraussetzende Tätigkeit zur Feststellung, Heilung oder Linderung von Krankheiten, Leiden oder Körperschäden beim Menschen mit Ausnahme der gesundheitspflegerischen Hilfstätigkeiten (z.B. Krankenschwester, Masseur). Wer H. ohne Approbation (staatliche Zulassung) als Arzt oder Zahnarzt oder ohne besondere Erlaubnis zur Betätigung als Heilpraktiker ausübt, macht sich strafbar.

Heil- und Pflegeanstalt
frühere Bezeichnung für psychiatrisches Krankenhaus; Krankenanstalt für die Behandlung seelisch Kranker. Die zwangsweise Unterbringung in einer H. – u. P. erfolgt insbes. als → Maßregel der Besserung und Sicherung, wenn jemand eine rechtswidrige Tat im Zustand der Schuldunfähigkeit oder verminderten Schuldfähigkeit begangen hat und eine Gesamtwürdigung von Täter und Tat weitere erhebliche, die Allgemeinheit gefährdende, rechtswidrige Taten infolge seines Zustandes erwarten läßt; → einstweilige Unterbringung.

Heimatvertriebener
→ Vertriebener, der am 31.12.1937 oder bereits einmal vorher seinen Wohnsitz in dem Gebiet des Staates hatte, aus dem er vertrieben worden ist; ebenso vertriebene Ehegatten und Abkömmlinge eines H.

Heirat
→ Eheschließung.

Heiratserlaubnis
Einwilligung einer dritten Person in eine Eheschließung. Nur bei beschränkt Geschäftsfähigen erforderlich. Wird erteilt durch den gesetzlichen Vertreter (und ggfs. auch den Sorgeberechtigten, wenn dies verschiedene Personen sind). Wird die Einwilligung ohne triftigen Grund verweigert, so kann das Vormundschaftsgericht sie auf Antrag des beschränkt geschäftsfähigen Verlobten ersetzen.

Heranwachsender
im *Strafrecht* Person, die zur Tatzeit schon 18, aber noch nicht 21 Jahre alt ist. Auf H. ist *Jugendstrafrecht* entsprechend anzuwenden, wenn die Gesamtwürdigung der Persönlichkeit des Täters ergibt, daß er zur Zeit der Tat in seiner Entwicklung noch einem Jugendlichen gleichstand oder es sich nach Art, Umständen oder Beweggründen der Tat um eine Jugendverfehlung handelt. Das Höchstmaß der Jugendstrafe für H. beträgt 10 Jahre. Ist für den H. nicht Jugendstrafrecht, sondern das allgemeine Strafrecht anzuwenden, so gibt es Milderungen (z.B. Möglichkeit einer Freiheitssrafe zwischen 10 und 15 Jahren anstelle einer lebenslangen Freiheitsstrafe).

Herausgabeanspruch
gesetzlicher oder vertraglicher Anspruch auf Herausgabe einer Sache (z.B. des Eigentümers gegen den nichtberechtigten Besitzer) oder einer Person (z.B. eines Kindes an den Sorgeberechtigten).

Herausgeber
I. Bei Sammelwerken, Zeitungen und Zeitschriften derjenige, der die Richtlinien für Gesamtorganisation, Inhalt und Aufbau bestimmt; auch der für die Textgestaltung von Neu- oder Gesamtausgaben Verantwortliche.
II. Derjenige, der ein Werk der Literatur, Wissenschaft oder Kunst veröffentlicht, ohne selbst Urheber zu sein. Der H. eines Sammelwerkes kann jedoch auch Urheber sein, wenn die Sammlung durch Auslese und Anordnung der einzelnen Beiträge als persönliche geistige Schöpfung angesehen werden kann.

herrenlose Sache
eine Sache, an der kein Eigentum be-

steht, sei es, daß es nie bestanden hat (z.B. wilde Tiere in der Freiheit) oder aufgegeben worden ist (durch Wegwerfen). Wer eine bewegliche h.S. an sich nimmt, ist nicht Finder (→ Fund). Er erwirbt Eigentum, es sei denn, er verletzt durch seine Aneignung ein gesetzliches Verbot oder das Aneignungsrecht eines anderen (z.B. des Eigentümers, auf dessen Grundstück eine von einem Dritten weggeworfene Sache liegt).

Herrschaftsrecht
die Befugnis, auf eine Person oder einen Gegenstand selbst einzuwirken und alle anderen von einer Einwirkung auszuschließen (absolutes Recht, z.B. Eigentum). Steht im Gegensatz zum relativen Recht (Forderung) und zum → Gestaltungsrecht.

Herstellungsklage
Klage eines Ehegatten gegen den anderen auf Herstellung der ehelichen Lebensgemeinschaft. Zuständig ist das Familiengericht. Das Urteil kann nicht vollstreckt werden, aber als Grundlage für einen Antrag auf → Ehescheidung dienen.

Hierarchie
(griech.: hierarchia = Priesteramt, heilige Herrschaft); pyramidenförmig aufgebaute, auf Über- und Unterordnung beruhende Ordnung (z.B. *Beamten-H., kirchliche H.)*.

Hilfsantrag
Antrag, den der Kläger neben dem Hauptantrag für den Fall stellt, daß dieser keinen Erfolg haben sollte (z.B. Antrag auf Erfüllung eines Vertrages, hilfsweise auf Schadensersatz). Das Gericht prüft und entscheidet über den H. nur, wenn es den Hauptantrag für unzulässig oder unbegründet hält.

Hinterbliebener
naher Angehöriger eines Verstorbenen. Kann Anspruch auf Rente, Versorgung oder sonstige finanzielle Leistungen haben. → Witwe, → Waise.

Hinterlegung
Übergabe von Geld, Wertpapieren, sonstigen Urkunden und Kostbarkeiten (hinterlegungsfähigen Sachen) durch den Schuldner an die öffentliche Hinterlegungsstelle (Amtsgericht als Leistungsort). Die H. dient der Erfüllung der geschuldeten Leistung, wenn der Gläubiger im Verzug der Annahme ist.

Hochschule
staatliche oder staatlich anerkannte Bildungseinrichtung, die zugleich eine Körperschaft des öffentlichen Rechts ist. H. sind vor allem die *wissenschaftlichen H.* (Universitäten sowie ihnen gleichgestellte, fachlich beschränkte H., wie z.B. *Technische H., Pädagogische H.)* sowie *Fach-H.* und *Kunst-H.* (nicht jedoch *Volks-H.*). H. haben ein Selbstverwaltungsrecht, wobei sie der Aufsicht des Landes unterstehen. Organe der gesamten H. sind ein gewählter hauptberuflicher Leiter (meist als Präsident bezeichnet) oder ein gewähltes Leitungsgremium sowie ein zentrales Kollegialorgan (z.B. Senat). Die organisatorische Grundeinheit der H. ist der Fachbereich (früher weitgehend gleichbedeutend mit Fakultät); Organe sind hier der Fachbereichsrat und der Dekan.

Hochverrat
Straftat, die begeht, wer es unternimmt, mit Gewalt oder durch Drohung mit Gewalt die verfassungsmäßige Ordnung der Bundesrepublik Deutschland oder eines ihrer Länder zu ändern oder den Bestand der Bundesrepublik zu beeinträchtigen oder das Gebiet eines Landes ganz oder zum Teil einem anderen Bundesland einzuverleiben oder einen Teil eines Landes von diesem abzutrennen.

Hoheitsakt
Handlung, die ein Träger von → Hoheitsgewalt in Wahrnehmung dieser Gewalt vornimmt (z.B. Verwaltungsakt, Urteil).

Hoheitsgewalt
auch hoheitliches Handeln, hoheitliche Tätigkeit; die Befugnis des Staates und sonstiger öffentlich-rechtlicher Körperschaften, einseitig rechtlich verbindli-

che Anordnungen zu erlassen. Die Ausübung der H. erfolgt durch die → Verwaltung.

höhere Gewalt
von außen einwirkendes, außergewöhnliches Ereignis, das auch bei äußerster Sorgfalt vom Betroffenen nicht verhütet werden kann (z.B. Naturkatastrophe) und deshalb vielfach von negativen Folgen entlastet. So wird die Verjährung gehemmt, wenn der Berechtigte durch h. G. innerhalb der letzten 6 Monate der Verjährungsfrist an der Verfolgung seines Rechts gehindert war; h. G. ist (mit) ein Grund zur → Wiedereinsetzung in den vorigen Stand; auch wer ohne Verschulden haftet (→ Erfolgshaftung), braucht oft nicht für h. G. einzustehen.

Holschuld
Schuld, die der Gläubiger beim Schuldner abzuholen hat, so daß der Wohnsitz des Schuldners der Ort ist, an dem der Schuldner seine Leistung zu erbringen hat (Leistungsort oder Erfüllungsort) und an dem auch der Leistungserfolg eintritt (Erfolgsort). Steht im Gegensatz zu → Bringschuld- und → Schickschuld. H. liegt nicht nur bei entsprechender Vereinbarung vor, sondern auch immer dann, wenn ein Leistungsort weder vereinbart noch aus den Umständen zu entnehmen ist.

Homosexualität
(griech: homos = gemeinsam, gleich, ähnlich; lat.: sexus = Geschlecht); auf gleichgeschlechtliche Partner gerichtete Sexualität; i. e. S. nur Sexualität zwischen Männern. (Zur Sexualität zwischen Frauen vgl. → lesbische Liebe.) Strafbar sind nur noch homosexuelle Handlungen, die ein Mann über 18 Jahren an einem Mann unter 18 Jahren vornimmt oder von einem Mann unter 18 Jahren an sich vornehmen läßt.

Hypothek
(griech.: hypotheke = Unterpfand); Pfandrecht, mit dem ein Grundstück belastet wird (→ Grundpfandrecht) zur Sicherung eines Kredits oder einer sonstigen Geldforderung. Ist abhängig vom Bestand der Forderung; bei Tilgung der Schuld erlischt die H. Wenn der Schuldner die Forderung nicht erfüllt, kann der *H.-Gläubiger* seinen Anspruch aus dem belasteten Grundstück befriedigen. Die H. entsteht durch Einigung zwischen Gläubiger und Grundstückseigentümer und durch Eintragung ins Grundbuch *(Buch-H.)*. Die *Brief-H.* entsteht mit der Übergabe des *H.-Briefs* an den *H.-Gläubiger*.

I

illegal
(lat.: illegalis = ungesetzlich); gesetzwidrig, ungesetzlich. → Legalität.

illegitim
(lat.: illegitimus = ungesetzmäßig); unrechtmäßig, ungesetzlich; → Legitimität. Außerdem auch außerehelich; → Legitimation.

immateriell
(lat.: immaterialis = unstofflich, unkörperlich).

immaterieller Schaden
auch Nichtvermögensschaden; der nicht am Vermögen, sondern an einem anderen Rechtsgut eingetretene Schaden (z.B. Gesundheit, Ehre). Für i. S. kann eine Entschädigung in Geld nur in den durch Gesetz bestimmten Fällen gefordert werden (→ Schmerzensgeld, → Kranzgeld, allgemeines → Persönlichkeitsrecht).

Immission
(lat.: immittere = hineinsenden); Einwirkung auf Menschen, Tiere, Pflanzen oder Sachen durch Zuführung von unkörperlichen Stoffen, z.B. Gasen, Dämpfen, Gerüchen, Rauch, Ruß, Licht, Strahlen, Wärme, Geräuschen, Erschütterungen.
Der Eigentümer eines *Grundstücks* muß die von einem Nachbargrundstück ausgehende I. dulden, soweit die Benutzung seines Grundstücks dadurch nicht oder nur unwesentlich beeinträchtigt wird. Das gleiche gilt bei wesentlichen Beeinträchtigungen, wenn sie ortsüblich sind und durch zumutbare Maßnahmen nicht verhindert werden können; hierfür kann u. U. eine Entschädigung in Geld verlangt werden.
Zum *Schutz der Umwelt* bedürfen gefährliche Anlagen nach dem Bundesimmissionsschutzgesetz einer behördlichen Genehmigung.

Immobilien
(lat.: immobilis = unbeweglich); unbewegliche Sachen, d.h. Grundstücke und deren Bestandteile (*Gegensatz:* Mobilien).

Immunität
(lat.: immunitas = Begünstigung, Vorrecht);
I. Vorrecht des *Parlaments,* wonach die Abgeordneten für die Dauer ihrer Parlamentszugehörigkeit nur mit Genehmigung des Parlaments wegen einer mit Strafe bedrohten Handlung zur Verantwortung gezogen oder verhaftet werden dürfen, es sei denn, daß sie bei Begehung der Tat oder im Laufe des folgenden Tages festgenommen werden. Zweck: Sicherung der Funktionsfähigkeit des Parlaments.
II. Im *Völkerrecht* versteht man unter I. die Befreiung von Mitgliedern diplomatischer Missionen und konsularischer Vertretungen und dazugehöriger Sachen (z.B. Schriftstücke, Gebäude) von der Gerichtsbarkeit des Empfangsstaates (oft auch als Exterritorialität bezeichnet; diplomatische Missionen gehören aber zum Staatsgebiet des Empfangsstaates, nur darf dieser dort keine Zwangsgewalt ausüben).

Impfschaden
Gesundheitsschaden, der infolge einer Impfung eintritt und über das übliche Maß einer Impfreaktion hinausgeht. Wer infolge → Impfzwanges oder durch eine von einer Gesundheitsbehörde öffentlich empfohlene Schutz-

impfung einen I. erleidet, hat einen Entschädigungsanspruch.

Impfzwang
die durch Gesetz angeordnete Verpflichtung, an bestimmten Vorbeugemaßnahmen zum Schutze gegen Infektionskrankheiten teilzunehmen, bei denen eine künstliche Immunität gegenüber Krankheitserregern erzeugt wird. I. besteht (auch gegen Pocken) nicht (mehr); es gibt jedoch noch öffentliche Schutzimpfungen, die aber freiwillig und kostenlos sind. Allerdings können durch Rechtsverordnung zwangsweise Schutzimpfungen gegen bestimmte Krankheiten für bedrohte Teile der Bevölkerung angeordnet werden, wenn eine dieser Krankheiten in bösartiger Form auftritt und mit epidemischer Verbreitung zu rechnen ist.

Impressum
(lat.: das Eingedruckte, Aufgedruckte); für Druckwerke gesetzlich vorgeschriebene Nennung des Druckers und Verlegers (bzw. – bei Selbstvertrieb – des Verfassers oder Herausgebers) mit Name bzw. Firma und Anschrift, bei Zeitungen und Zeitschriften zusätzlich des verantwortlichen Redakteurs.

Indemnität
(lat.: indemnatus = ohne Urteil); Vorrecht des Abgeordneten, zu keiner Zeit wegen seines Abstimmverhaltens oder wegen einer Äußerung im Parlament gerichtlich oder dienstlich verfolgt zu werden (Ausnahme: Verleumdungen). I. wird verstärkt durch → Immunität.

Indikation
(lat.: indicare = anzeigen); Voraussetzung, die den mit Einwilligung einer Schwangeren vorgenommenen Schwangerschaftsabbruch (→ Abtreibung) rechtfertigt.
I. *Medizinische I.:* Gefahr für Leben oder Gesundheit der Schwangeren; unbefristet.
II. *Eugenische oder kindliche I.:* Gefahr einer nicht behebbaren Schädigung des Gesundheitszustandes des Kindes infolge Erbanlage oder schädlicher Einflüsse vor der Geburt; Abbruchfrist: innerhalb von 22 Wochen.
III. *Ethische I.:* Schwangerschaft infolge einer Straftat, z.B. Vergewaltigung; Frist: innerhalb von 12 Wochen.
IV. *Notlagen-I. oder soziale I.:* Notlage, die so schwer wiegt, daß Schwangerschaftsfortsetzung nicht verlangt werden und Notlage auch nicht auf andere zumutbare Weise abgewendet werden kann; Frist: innerhalb von 12 Wochen.
Weitere Bedingung ist bei allen I., daß eine vorherige soziale und medizinische *Beratung* durch einen Arzt oder eine Beratungsstelle stattfindet, die I. durch einen Arzt festgestellt und die Abtreibung von einem anderen Arzt vorgenommen wird.

Indiz
(lat.: indicium = Anzeige; Anzeichen; Beweis); Tatsache, deren Vorhandensein mit großer Wahrscheinlichkeit auf eine andere Tatsache schließen läßt.

Indizienbeweis
Beweis auf Grund mittelbar bedeutsamer Tatsachen, aus denen das Gericht auf einen für die Entscheidung erheblichen Vorgang schließen kann (z.B. Spuren des Opfers an der Kleidung des Angeklagten). Der I. ist im Strafprozeß zulässig; Verurteilung auf Grund einer logisch erklärbaren Indizienkette möglich. Das Strafurteil muß die Indizien nennen.

in dubio pro reo
(lat.: im Zweifel für den Angeklagten); Rechtsgrundsatz, wonach im Strafverfahren von der Unschuld des Angeklagten auszugehen ist, solange seine Schuld nicht zur Überzeugung des Gerichts feststeht.

Informationsfreiheit
durch das *GG* in *Art. 5 Abs. 1* geschützte Freiheit, sich aus allgemein zugänglichen Quellen (insbes. Bücher, Zeitungen, Rundfunk, Fernsehen) zu unterrichten. Als Recht zur freien Informations*beschaffung* ist sie das Gegenstück zum Recht auf freie Meinungs*äußerung;* beide zusammen bilden die → Meinungsfreiheit.

Initiativrecht
(lat.: initium = Beginn); Recht, Gesetzentwürfe (Gesetzesvorlagen) im Parlament einzubringen. Beim Bundestag können Gesetzesvorlagen von der Bundesregierung, von Mitgliedern des Bundestages oder vom Bundesrat eingereicht werden; nach den Landesverfassungen steht das I. der Landesregierung und dem Landesparlament zu, vereinzelt auch dem Volk unmittelbar (Volksbegehren, → Volksabstimmung). Vgl. auch Abbildung Gesetzgebungsverfahren S. 272 f.

Inkompatibilität
(frz.: incompatible = unvereinbar); Unvereinbarkeit der gleichzeitigen Ausübung öffentlicher Funktionen in verschiedenen Gewalten durch eine Person, insbes. des Mandats als Abgeordneter mit der Tätigkeit als Beamter oder Richter. Damit soll der Grundsatz der Gewaltenteilung auch in personeller Hinsicht verwirklicht werden.

Inland
Gebiet innerhalb der Grenzen eines Staates. *Gegensatz:* → Ausland.

Insemination
→ künstliche Samenübertragung.

Insichgeschäft
Rechtsgeschäft, das jemand als Vertreter eines anderen entweder mit sich selbst im eigenen Namen abschließt (Selbstkontrahieren; z.B. Vormund kauft Grundstück von seinem Mündel) oder mit sich als Vertreter eines Dritten (Mehrvertretung; z.B. M verkauft das Grundstück des A an B, wobei er von A zum Verkauf und von B zum Kauf bevollmächtigt ist). I. ist grundsätzlich verboten, um unklare Rechtslagen und Interessenkonflikte zu vermeiden. Ausnahmen: wenn I. aufgrund Gesetzes, Willens des Vertretenen oder Verkehrsübung gestattet ist, nur in der Erfüllung einer bereits bestehenden Verbindlichkeit besteht oder dem Vertretenen lediglich einen rechtlichen Vorteil bringt. Rechtsfolge eines unzulässigen I.: schwebende → Unwirksamkeit.

Insolvenz
(lat.: in = un-, solvere = lösen, zahlen); Zahlungsunfähigkeit. Das *I.-Recht* umfaßt insbes. die Konkurs- und die Vergleichsordnung.

Instanz
(lat.: instare = drinstehen, eine Sache verfolgen); auch Rechtszug; die innerhalb des Instanzenweges zuständige Stelle (Gericht oder Verwaltung); gleichzeitig der entsprechende Verfahrensabschnitt im Rechtsstreit vor einem Gericht (vgl. Abbildungen S. 275 f.).

Instanzenweg
auch Instanzenzug; vorgeschriebene Reihenfolge der zur Entscheidung bzw. Nachprüfung einer Entscheidung in einer Rechtssache zuständigen Gerichte oder Behörden (I. in Straf- und Zivilsachen vgl. Abbildungen S. 275 f.).

Interessenkollision
Zusammentreffen einander entgegengesetzter Interessen. Verbietet verschiedentlich ein Tätigwerden, vgl. z.B. Insichgeschäft, Parteiverrat.

international
(lat.: inter = zwischen, natio = Volk); zwischenstaatlich.

Internationaler Gerichtshof
das richterliche Hauptorgan der Vereinten Nationen mit Sitz in Den Haag. Besteht aus 15 Richtern, die von Vollversammlung und Sicherheitsrat auf je 9 Jahre gewählt werden. Klagen oder verklagt werden können alle Mitglieder der UNO sowie andere Staaten, die entweder dem Statut des IGH beigetreten sind (Schweiz) oder sich im Einzelfall der Entscheidung des IGH unterstellen. Eine Verpflichtung, den IGH anzurufen, besteht nicht, jedoch kann ein Staat generell erklären, sich der Entscheidung des IGH zu unterwerfen. Zuständig ist der IGH nur zur Entscheidung internationaler Rechtsstreitigkeiten, nicht für politische Streitigkeiten und nicht für Eingriffe in den Bereich des nationalen Rechts; außerdem zur Erstellung von Rechtsgutachten auf Anfrage von Organen oder Unterorganisationen der UNO.

Interpellationsrecht
(lat.: interpellatio = Unterbrechung (im Reden)); das Recht des Parlaments, die Regierung um Auskunft in konkreten Angelegenheiten zu ersuchen. → Anfrage.

Interpretation
(lat.: interpretatio = Auslegung, Erklärung, Deutung); → Auslegung.

Intimsphäre
(lat.: intimus = innerst, vertrautest; griech. sphaïra = Kugel, Bereich); innerster, persönlichster Bereich des Menschen. Durch die Bestimmungen über Menschenwürde und das → Persönlichkeitsrecht im *GG (Art. 2 Abs. 1)* als wesentlicher Teil der allgemeinen Handlungsfreiheit (→ freie Entfaltung der Persönlichkeit) vor jeder äußeren Einwirkung geschützt; außerdem strafrechtlich geschützt durch Vorschriften über die Vertraulichkeit des Wortes und über das Brief- und das Berufsgeheimnis. → Verwertungsverbot.

Inventar
(lat.: inventarium = Vermögen(sverzeichnis)).
I. Die Gesamtheit der beweglichen Sachen, die zur zweckentsprechenden Nutzung eines *Grundstückes* gehören (z.B. Maschinen bei einem Fabrikgrundstück).
II. Genaues *Verzeichnis* aller Vermögensgegenstände und Schulden eines *Unternehmens*, das ein Kaufmann beim Beginn seines Handelsgewerbes und für den Schluß jeden Geschäftsjahres zu errichten hat.
III. *Verzeichnis* sämtlicher beim *Erbfall* vorhandenen Nachlaßgegenstände und Nachlaßverbindlichkeiten. Durch die Errichtung eines I. erhält sich der Erbe die Möglichkeit der Beschränkung der Haftung auf den Nachlaß.

Inventur
(lat.: inventura = Bestandsaufnahme); die lückenlose mengen- und wertmäßige Erfassung des Vermögens und der Schulden einer Unternehmung zu einem bestimmten Zeitpunkt durch Zählen, Wiegen und Messen zur Errichtung eines Inventars.

Investmentgesellschaft
(engl.: investment = Kapitalanlage); Unternehmen (in der Rechtsform einer AG oder GmbH), das von seinen Kunden Geldeinlagen entgegennimmt und diese im eigenen Namen für gemeinschaftliche Rechnung der Einleger nach den Grundsätzen der Risikomischung in Wertpapieren oder Grundstücken, gesondert vom eigenen Vermögen, anlegt und über die sich hieraus ergebenden Rechte der Einleger Anteilscheine ausstellt.

Inzest
→ Blutschande.

ipso iure
(lat.: durch das Recht selbst); kraft Gesetzes von selbst eintretende Rechtsfolge, die keiner zusätzlichen Handlung oder Willenserklärung bedarf (z.B. Erbfolge bei Erbfall).

Irrtum
I. *Zivilrechtlich:* unbewußtes Abweichen des Gewollten vom tatsächlich Erklärten. Berechtigt in bestimmten Fällen zur → Anfechtung der eigenen Willenserklärung.
II. *Strafrechtlich:* kann → Strafausschließungsgrund sein. 1. *Tatbestands-I.:* Täter verwirklicht objektiv ein Tatbestandsmerkmal, ohne dies zu wissen (z.B. versehentliche Mitnahme eines fremden Mantels). Folge: keine Bestrafung wegen vorsätzlichen Handelns, nur eventuell wegen Fahrlässigkeit, falls auch die fahrlässige Begehung des Delikts mit Strafe bedroht ist. 2. *Verbots-I.:* I. des Täters über die Rechtswidrigkeit seiner Tat. Folge: keine Bestrafung, soweit der Täter den Verbotsirrtum nicht vermeiden konnte; bei Vermeidbarkeit Bestrafung wegen vorsätzlichen Handelns, aber mit der Möglichkeit der Strafmilderung. 3. I. *über einen → Rechtfertigungsgrund:* bei I. über dessen tatsächliche Voraussetzungen (z.B. meint A, er habe ein Notwehrrecht, da er fälschlicherweise von einem Angriff auf seine Person ausgeht) wie Tatbestandsirrtum; bei I. über dessen Existenz oder rechtliche Grenzen (z.B. A meint, er habe auch

bei nicht mehr gegenwärtigem Angriff ein Notwehrrecht) wie Verbotsirrtum.

iustitia

(lat.: Gerechtigkeit); römische Göttin. Verkörperung der Gerechtigkeit, meist dargestellt mit verbundenen Augen, Waage und Schwert.

J

Jagd

das Aufsuchen, Nachstellen, Erlegen und Fangen von → Wild nach den Regeln des Jagdrechts sowie der anerkannten Grundsätze deutscher Waidgerechtigkeit.

Jagdrecht

alle Rechtsvorschriften, die sich auf die Jagd beziehen bzw. die ausschließliche Befugnis, auf einem bestimmten Gebiet Wild zu hegen, die Jagd auf es auszuüben und es sich anzueignen, verbunden mit der *Pflicht* zur Hege. Das J. steht dem Eigentümer eines Grundstücks zu, und zwar untrennbar von diesem; seine Ausübung kann jedoch an Dritte verpachtet werden.

Jagdschein

Bescheinigung über die Berechtigung zur Jagdausübung, die bei der Jagd mitgeführt und auf Verlangen dem Polizeibeamten sowie dem Jagdschutzberechtigten vorzuzeigen ist. Die erstmalige Erteilung setzt die erfolgreiche Ablegung einer Jägerprüfung voraus; für das Führen von Jagd- und Faustfeuerwaffen ist zusätzlich eine Waffenbesitzkarte erforderlich. Ein J. darf erst vom 16. Lebensjahr an ausgestellt werden; von 16 bis 18 Jahren Jugend-J., berechtigt zur Jagdausübung nur in Begleitung eines jagderfahrenen Erziehungsberechtigten bzw. einer von diesem schriftlich beauftragten, gleichfalls jagderfahrenen Aufsichtsperson.

Jagdwilderei

Straftat, die begeht, wer unter Verletzung fremden Jagdrechts dem Wild nachstellt, es fängt, erlegt oder sich zueignet oder wer eine diesem Recht unterliegende Sache (verendetes Wild) sich zueignet, beschädigt oder zerstört.

Judikative

(lat.: iudicare = richten, urteilen); rechtsprechende Gewalt (→ Gewaltenteilung).

Jugendamt

Organ der öffentlichen Jugendhilfe, Jugendwohlfahrtsbehörde bei kreisfreien Städten und Landkreisen. Hauptaufgaben: Schutz und Aufsicht über Pflegekinder und nichteheliche Kinder, Aufsicht über Heime für Minderjährige, Unterstützung des Vormundschafts- und des Familiengerichts, Mitwirkung bei den staatlichen → Erziehungshilfen, → Jugendgerichtshilfe.

Jugendarbeitsschutz

besondere Bestimmungen für Personen unter 18 Jahren über Mindestbeschäftigungsalter (bei Jugendlichen 15 Jahre), Arbeitszeit (8-Stunden-Tag, 40-Stunden-Woche), Freizeit, Urlaub (mindestens 25 Tage), Beschäftigungsverbote und -beschränkungen, besondere Pflichten des Arbeitgebers und gesundheitliche Betreuung; enthalten im Jugendarbeitsschutzgesetz.

Jugendarrest

kurzfristiger Freiheitsentzug; strengstes der im Jugendgerichtsgesetz vorgesehenen → Zuchtmittel. J. ist keine Strafe, wird daher auch nicht im → Strafregister, sondern nur im Erziehungsregister (→ Bundeszentralregister) vermerkt. Besteht entweder in → Freizeitarrest (bis zu 4 wöchentliche Freizeiten), Kurzarrest (bis zu 6 zusammenhängende Tage; wird verhängt, wenn der zusammenhängende Vollzug aus Gründen der Erziehung zweckmäßig erscheint und weder die Ausbildung noch die Arbeit des Jugendlichen beeinträchtigt werden) oder Dauerarrest (1 bis 4 Wochen).

jugendgefährdende Schriften
Schriften, Schallaufnahmen, Abbildungen oder Darstellungen, die Kinder oder Jugendliche sittlich gefährden, verrohend wirken, zu Gewalttätigkeit, Verbrechen und Rassenhaß anreizen oder den Krieg verherrlichen. Werden von der Bundesprüfstelle für j. S. in eine Liste aufgenommen und damit weitgehenden Vertriebs-, Verbreitungs- und Werbebeschränkungen unterworfen. Bei offensichtlicher Gefährdung treten die Beschränkungen auch schon ohne Aufnahme in die Liste ein.

Jugendgericht
Gericht, das für Jugendliche und teilweise auch Heranwachsende zuständig ist. Je nach Schwere des Falles entscheidet entweder der Strafrichter als → Jugendrichter, das Jugendschöffengericht (beide beim Amtsgericht) oder die Strafkammer als Jugendkammer beim Landgericht. Vgl. auch Abbildung Instanzenweg in Strafsachen S. 276.

Jugendgerichtshilfe
die von den Jugendämtern im Zusammenwirken mit den Vereinigungen für Jugendhilfe im Jugendstrafverfahren ausgeübte Hilfe für das Gericht und den jugendlichen Beschuldigten. Hat die erzieherischen, sozialen und fürsorgerischen Gesichtspunkte zur Geltung zu bringen.

Jugendhilfe
Sammelbegriff für alle Maßnahmen zur Förderung der Jugendwohlfahrt. Die öffentliche J. besteht aus der Jugendpflege (Förderung der nicht unmittelbar gefährdeten Jugend durch vorbeugende Gesundheitspflege, Sport, Jugendherbergswesen usw.) und der Jugendfürsorge (für die gesundheitlich, sittlich oder wirtschaftlich gefährdete Jugend). Ihre Organe sind die Jugendwohlfahrtsbehörden (Jugendämter, Landesjugendämter, oberste Landesbehörden). Sie arbeiten mit den Trägern der freien Wohlfahrtshilfe (z.B. Jugendverbände, Kirchen) zusammen.

Jugendkriminalität
Kriminalität → Jugendlicher und → Heranwachsender. Schwerpunkt liegt bei Diebstahl, Unterschlagung, Straßenverkehrs- und Rauschgiftdelikten.

Jugendlicher
I. *Im Strafrecht* Person, die zur Tatzeit schon 14, aber noch nicht 18 Jahre alt ist. Strafrechtlich nur dann verantwortlich, wenn J. zur Zeit der Tat nach seiner geistigen und sittlichen Entwicklung reif genug war, das Unrecht seiner Tat einzusehen und nach dieser Einsicht zu handeln.
II. *Im Zivilrecht:* → Minderjähriger.

Jugendrecht
Sammelbezeichnung für alle speziell die Jugend betreffenden Rechtsvorschriften. Enthält Bestimmungen über das Recht der Kinder in der Familie, Schulrecht, Jugendarbeitsrecht, Jugendwohlfahrtsrecht, Schutz der Jugend in der Öffentlichkeit und Jugendstrafrecht.

Jugendschutz
spezielle gesetzliche Bestimmungen zum Schutz von Kindern und Jugendlichen. Enthalten im Gesetz zum Schutz der Jugend in der Öffentlichkeit (z.B. Verbot des Aufenthalts in Gaststätten und Spielhallen, der Teilnahme an öffentlichen Tanzveranstaltungen, des Tabakgenusses in der Öffentlichkeit, der Abgabe von Alkohol) sowie im Jugendarbeitsschutzgesetz und im Gesetz über die Verbreitung jugendgefährdender Schriften.

Jugendstrafe
nach erzieherischen Gesichtspunkten ausgestalteter Freiheitsentzug in einer Jugendstrafanstalt. Wird gegen → Jugendliche und nach Jugendstrafrecht zu behandelnde → Heranwachsende verhängt, wenn → Erziehungsmaßregeln oder → Zuchtmittel zur Erziehung nicht ausreichen oder wegen der Schwere der Schuld Strafe erforderlich ist. *Dauer:* Mindestmaß 6 Monate, Höchstmaß 5 Jahre; ausnahmsweise auch 10 Jahre, falls die Tat ein Verbrechen ist, für das nach allgemeinem

Strafrecht eine Höchststrafe von mehr als 10 Jahren angedroht ist. Auch J. von unbestimmter Dauer ist möglich, wenn nicht abzusehen ist, wann sich der erstrebte Erziehungserfolg einstellen wird. In gewissen Fällen Möglichkeit der *Strafaussetzung* zur Bewährung. Für die Dauer der Bewährungszeit kann der Richter Weisungen und Auflagen erteilen; er unterstellt den Jugendlichen einem Bewährungshelfer.

Jugendstrafrecht
das im Jugendgerichtsgesetz geregelte, speziell für → Jugendliche und teilweise auch für → Heranwachsende geltende Straf- und Strafprozeßrecht. Sieht als Folgen bei Verfehlungen Jugendlicher → Erziehungsmaßregeln, → Zuchtmittel oder → Jugendstrafe vor. Verfahren vor besonderen → Jugendgerichten.

Jugendvertretung
nimmt im Betrieb besondere Belange des jugendlichen Arbeitnehmers aufgrund spezieller Bestimmungen des → Betriebsverfassungsgesetzes wahr.
1. *Wahl:* Wird in Betrieben gewählt, in denen gewöhnlich mehr als mindestens 5 Arbeitnehmer unter 18 Jahren beschäftigt sind. Wahlberechtigt sind alle Arbeitnehmer unter 18 Jahren, wählbar alle Arbeitnehmer unter 24 Jahren. J. besteht aus einem Jugendvertreter bei 5–20 Arbeitnehmern und bis zu 9 Jugendvertretern bei mehr als 300 Arbeitnehmern.
2. *Rechte:* J. kann Aussetzung eines Betriebsratsbeschlusses auf eine Woche erreichen, wenn wichtige Interessen der jugendlichen Arbeitnehmer erheblich beeinträchtigt werden. Darf zu allen Betriebsratssitzungen einen Vertreter entsenden. Bei Angelegenheiten, die besonders jugendliche Arbeitnehmer betreffen, hat die gesamte J. ein Teilnahmerecht; bei entsprechenden Beschlüssen haben die Jugendvertreter auch Stimmrecht.
3. Die Jugendvertreter im *öffentlichen Dienst* haben die gleichen Rechte nach dem Personalvertretungsgesetz.

Jurist
(lat.: iurista = Rechtskundiger); i. e. S. Person, die Rechtswissenschaft studiert und das 1. Staatsexamen (Referendarexamen) abgelegt hat; i. w. S. Voll-J. *Voll-J.* ist, wer zusätzlich nach der Referendarzeit sein 2. Staatsexamen (Assessorexamen) abgelegt hat und damit die Befähigung zum Richteramt und zum höheren Verwaltungsdienst, aber auch jeder sonstigen juristischen Tätigkeit (z.B. Anwalt) erworben hat.

juristische Person
Personenvereinigung (z.B. Verein) oder Vermögensmasse (z.B. Stiftung) mit rechtlicher Selbständigkeit (Rechtsfähigkeit). Kann im Rechtsleben weitgehend wie eine → natürliche Person auftreten (hat z.B. auch ein Namensrecht); sie handelt durch ihre Organe (z.B. Mitgliederversammlung, Vorstand, Geschäftsführer). Man unterscheidet j. P. des *Privatrechts* (z.B. eingetragener Verein, → Kapitalgesellschaften, Stiftung des Privatrechts) und j. P. des *öffentlichen Rechts:* Körperschaften (z.B. Bund, Länder, Gemeinden, Handwerkskammer, Krankenkasse), Anstalten (z.B. Rundfunkanstalt) und Stiftungen des öffentlichen Rechts (z.B. Stiftung Preußischer Kulturbesitz).

Justiz
(lat.: iustitia = Gerechtigkeit); die Rechtsprechung (im Gegensatz zù Gesetzgebung und Verwaltung); im formellen Sinn diejenige staatliche Tätigkeit, die der Rechtspflege in Zivil- und Strafsachen dient, bestehend aus Rechtspflege und *J.-Verwaltung* (Gerichte der ordentlichen Gerichtsbarkeit, Staatsanwaltschaft, J.-Ministerien, Notariate, Straf- und sonstige Vollzugsbehörden).

justiziabel
gerichtlich entscheidbar.

Justizvollzugsanstalt
staatliche Einrichtung, in der die Freiheitsstrafen und die freiheitsentziehenden Maßregeln der Besserung und Sicherung vollzogen werden.

K

Kabinett

(frz.: cabinet = kleines Zimmer); die Regierung eines Staates. In der Bundesrepublik besteht das Bundes-K. aus dem Bundeskanzler und den Bundesministern.

Kammer

I. Aus mehreren Richtern bestehender Spruchkörper eines (Kollegial)gerichts (z.B. Zivilkammer, Strafkammer, Kammer für Handelssachen; alle beim Landgericht);
II. Berufsständische Körperschaft (z.B. Handwerks-K., Rechtsanwalts-K.);
III. Volksvertretung (kann aus einer oder zwei K. bzw. Häusern bestehen, z.B. Repräsentantenhaus und Senat in den USA, Unterhaus und Oberhaus in England = Zweikammersystem). Vgl. auch → Parlament.

Kammergericht

aus historischen Gründen beibehaltene Bezeichnung für das Oberlandesgericht in Berlin(West).

Kapital

(ital.: capitale = Hauptgut); allgemein Geld oder Vermögen, insbes. solches, das Zinsen bringt; im volkswirtschaftlichen Sinn Betriebsanlagen und Maschinen, die der Produktion von Gütern und Dienstleistungen dienen; im betriebswirtschaftlichen Sinn der Wert des Vermögens eines Unternehmens, ausgewiesen auf der Passivseite der Bilanz.

Kapitalgesellschaft

Gesellschaft, bei der die Mitgliedschaft in der reinen Kapitalbeteiligung, nicht in der persönlichen Mitarbeit der Gesellschafter besteht. Die Anteile der K. sind grundsätzlich frei veräußerbar und vererbbar; die Gesellschafter haften nicht persönlich, sondern nur mit ihren Gesellschaftsanteilen. Die K. besitzt als juristische Person Rechtsfähigkeit. K. ist insbes. die Aktiengesellschaft, die Kommanditgesellschaft auf Aktien, die Gesellschaft mit beschränkter Haftung. → Gesellschaftsrecht.

Kapitalismus

auf dem Gedankengut des Liberalismus basierende Wirtschaftsordnung, in der sich das Kapital vorwiegend in privater Hand befindet; ferner gekennzeichnet durch das Streben nach Gewinnmaximierung, nicht den Arbeitnehmern gehörendes Kapital und Produktion für einen freien Markt.

Kapitulation

(lat.: capitulare = über einen Vertrag verhandeln); Vereinbarung über die allgemeine oder örtlich begrenzte, endgültige Beendigung einer bewaffneten Auseinandersetzung unter Entwaffnung und Gefangennahme der Streitkräfte der unterlegenen Seite. Sie kann unter Bedingungen erfolgen oder bedingungslos sein.

Kartell

(lat.: charta = Urkunde); vertraglicher Zusammenschluß rechtlich und wirtschaftlich selbständig bleibender Unternehmungen einer Branche zu gemeinsamem Verhalten am Markt und zur Beeinflussung des Wettbewerbs zwischen den Mitgliedern. Das Gesetz gegen Wettbewerbsbeschränkungen *(K.-Gesetz)* verbietet grundsätzlich K. und macht K.-Verträge unwirksam. Verstöße werden als → Ordnungswidrigkeit geahndet. Ausnahmen vom K.-Verbot: z.B. Strukturkrisen-K. Zugelassene K. werden in das *K.-Register* eingetragen. → Kartellbehörde.

Kartellbehörde
Behörde zur Genehmigung und Mißbrauchskontrolle der Kartelle. K. sind das Bundeskartellamt in Berlin, für Sonderkartelle der Bundesminister für Wirtschaft, in allen übrigen Fällen die nach Landesrecht zuständige oberste Landesbehörde (meist Wirtschaftsministerium). Gegen die Verfügung der K. ist der Rechtsweg an das Oberlandesgericht, bzw. die Rechtsbeschwerde an den Bundesgerichtshof möglich.

Kaskoversicherung
(span.: casco = Schiffsrumpf, Fahrzeug); freiwillige Versicherung gegen Schäden, insbes. an einem Kraftfahrzeug des Versicherten. Kann Voll- oder Teil-K. (nur für bestimmte Schäden) sein. Steht im Gegensatz zur Haftpflichtversicherung, die für Schäden aufkommt, die der Versicherte fremden Sachen zufügt.

Kastration
(lat.: castrare = entmannen); eine gegen die Auswirkung eines abnormen Geschlechtstriebes gerichtete Behandlung, bei der die Keimdrüsen eines Mannes absichtlich entfernt oder dauernd funktionsunfähig gemacht werden. Ist zulässig, wenn der Betroffene über 25 Jahre alt ist, in die K. einwilligt, vorher von einem Gutachter untersucht worden ist, der die K. gutgeheißen hat, und die Behandlung nach den Erkenntnissen der medizinischen Wissenschaft vorgenommen wird. Unter den gleichen Voraussetzungen, aber ohne Mindestalter, ist auch eine sonstige Behandlung von Mann oder Frau erlaubt, die eine dauernde Funktionsunfähigkeit der Keimdrüsen nicht notwendig, aber möglicherweise zur Folge hat (z.B. mittels radioaktiver Bestrahlung).

Kataster
(lat.: capistratum = Kopfsteuerverzeichnis); amtliches Verzeichnis der Grundstücke eines Bezirks, das genauen Aufschluß über die tatsächlichen Verhältnisse eins Grundstücks (Lage, Größe, Nutzung) gibt und als Grundlage für das → Grundbuch sowie die Steuerveranlagung dient. Behörde: *K.-Amt.*

Kauf
ein gegenseitiger → Vertrag, durch den sich der Verkäufer verpflichtet, dem Käufer die Kaufsache zu übergeben und das Eigentum daran zu übertragen. Der Käufer hat den vereinbarten Kaufpreis zu zahlen. Er hat daneben die Pflicht, die Sache abzunehmen. Auch Rechte können ge- und verkauft werden.

Kaufmann
I. Im allgemeinen Sprachgebrauch jeder kaufmännisch Tätige. Im Rechtssinne nur, wer ein Handelsgewerbe betreibt (§ 1 HGB). Das Handelsgesetzbuch unterscheidet: *Ist-* oder *Muß-K.* (K. aufgrund des ausgeübten Gewerbes); *Soll-* oder *Kann-K.* (K.-Eigenschaft durch Eintragung in das Handelsregister); *Form-K.* (K. aufgrund der Rechtsform des betriebenen Unternehmens).
II. Nach Art und Umfang des Gewerbebetriebes unterscheidet man *Voll-K.* und *Minder-K.*
III. Beginn und Ende der K.-Eigenschaft ist bei den einzelnen Gruppen verschieden. Wer im Rechtsverkehr als K. auftritt, ohne es zu sein, wird als solcher behandelt *(Schein-K.).*

Kaufvertrag
→ Kauf.

kausal
(lat.: causalis = ursächlich, das Verhältnis von Ursache und Wirkung betreffend).

Kausalität
(lat.: causa = Ursache); Ursächlichkeit eines Verhaltens für einen Erfolg. Voraussetzung für die Zurechenbarkeit des Erfolges.
I. Im *Strafrecht* ist jede Bedingung kausal, die nicht hinweggedacht werden kann, ohne daß der konkrete Erfolg entfiele (Äquivalenztheorie; alle Bedingungen sind gleichwertig).

II. Im *Zivilrecht* nur diejenige Bedingung, die nach allgemeiner Lebenserfahrung generell geeignet ist, einen derartigen Erfolg herbeizuführen (*Adäquanztheorie;* z.B. ist bei leichter Verletzung eines Menschen nicht damit zu rechnen, daß dieser daran stirbt, weil er Bluter ist). Adäquat kausal sind auch mittelbare Schäden (Folgeschäden; z.B. Unfalltod eines Kindes und Nervenzusammenbruch seiner Mutter).

Kaution

(lat.: cautio = Vorsicht, Bürgschaft); → Sicherheitsleistung.

Kind

im verwandtschaftlichen Sinn ein Abkömmling 1. Grades. Altersmäßig ein Mensch zwischen Geburt und Vollendung des 14. Lebensjahres, z.T. aber auch darüber hinaus. → eheliches K., → nichteheliches K., → Adoption, → elterliche Sorge, → Geschäftsfähigkeit, → Deliktsfähigkeit, → Strafmündigkeit.

Kindererziehung

die Sorge für die körperliche, geistige und seelische Entwicklung eines Kindes. Steht grds. den Eltern zu (→ elterliche Sorge, → Züchtigungsrecht). Über die *religiöse K.* entscheiden bis zur Vollendung des 14. Lebensjahres die Eltern, danach steht dem Kind die Entscheidung über sein religiöses Bekenntnis frei. → Religionsunterricht.

Kindergeld

staatlicher Zuschuß für Personen, die Kinder zu unterhalten haben. Schließt in den Haushalt aufgenommene Stief- oder Pflegekinder sowie aufgenommene oder überwiegend unterhaltene Enkel oder Geschwister ein. Auszahlung erfolgt nur auf Antrag durch das Arbeitsamt (im öffentlichen Dienst durch den Dienstherrn).

1. *Höhe:* K. beträgt für das 1. Kind 50 DM, für das 2. Kind 100 DM, für das 3. Kind 220 DM und für jedes weitere je 240 DM. Ab dem 2. Kind wird das K. jedoch beim Überschreiten eines Freibetrages stufenweise bis auf einen Mindestbetrag von 70 DM für das 2. und 140 DM für jedes weitere Kind gekürzt, wobei der Freibetrag für Verheiratete 25 920 DM, für sonstige 18 120 DM und für jedes k.-berechtigte Kind zusätzlich 7 800 DM beträgt; für je 480 DM, um die das Jahreseinkommen den Freibetrag übersteigt, erfolgt eine Kürzung um 20 DM.

2. *Anspruchsvoraussetzungen:* K. wird für alle Kinder bis zur Vollendung des 16. Lebensjahres gezahlt. Darüber hinaus bis zur Vollendung des 27. Lebensjahres nur, wenn sie sich in einer Schul- oder Berufsausbildung befinden (nicht jedoch bei Bezug von Ausbildungs-, Übergangs- oder Unterhaltsgeld ab einer bestimmten Höhe) oder ein freiwilliges soziales Jahr ableisten. Eine Zahlung ohne Altersgrenze erfolgt, wenn das Kind wegen körperlicher, geistiger oder seelischer Behinderung sich nicht selbst unterhalten kann. K. wird zwischen dem 16. und 21. Lebensjahr auch gewährt, wenn das Kind beim Arbeitsamt als Bewerber um einen Ausbildungsplatz gemeldet ist oder nach Berufsberatung für den Arbeitsmarkt zur Verfügung steht. Steht jemand nach Vollendung des 27. Lebensjahres noch in Ausbildung und hat er den gesetzlichen Grundwehr- oder Zivildienst geleistet, so wird für ihn der Dauer dieses Dienstes entsprechend länger K. gezahlt.

Kindesentziehung

Straftat, die begeht, wer eine Person unter 18 Jahren durch List, Drohung oder Gewalt ihren Eltern, ihrem Vormund oder ihrem Pfleger entzieht. Da die Vorschrift das Erziehungsrecht schützen soll, wird die Tat auch nicht durch die Einwilligung des Minderjährigen gerechtfertigt.

Kindestötung

Straftat, die eine Mutter begeht, wenn sie ihr nichteheliches Kind während oder gleich nach der Geburt tötet. Die Strafandrohung für K. ist niedriger als für Totschlag, da der besondere psychische Zutand der nichtehelichen Mutter bei der Geburt schuldmindernd berücksichtigt wird.

Kirchenrecht
Rechtsnormen, die entweder die inneren Verhältnisse der Kirchen (inneres K., in der katholischen Kirche *kanonisches Recht*) oder das Verhältnis des Staates zu Religion und Religionsgemeinschaften (äußeres K., auch staatliches K.) regeln. Das *innere K.* wird von den Kirchen selbst gesetzt (→ Autonomie); das *äußere K.* wird vom Staat durch Verfassung und sonstige Gesetze und durch Verträge mit den Kirchen (für die katholische Kirche *Konkordat* genannt) geschaffen.

Kirchensteuer
Steuer, deren Erhebung den Religionsgesellschaften, die Körperschaften des öffentlichen Rechts sind, auf Grund staatlicher Ermächtigung zusteht; im einzelnen landesrechtlich geregelt. Beträgt 8–10 % der Einkommen- (bzw. Lohn-)steuer und wird (außer in Bayern) durch die staatliche Finanzverwaltung eingezogen. Bei *konfessions*verschiedenen Ehen bemißt sich die K. nach der Hälfte der gemeinsamen Einkünfte beider Ehegatten (anders bei *glaubens*verschiedenen Ehen).

Klage
Prozeßhandlung, durch die der Kläger bei Gericht um Rechtsschutz nachsucht. Richtet sich gegen den → Beklagten. Die K. muß in einer bestimmten Form erhoben werden (→ Klageerhebung). Eine K. kann geändert oder zurückgenommen (→ Klagerücknahme) werden. Das Gericht entscheidet über die K. in der Regel durch → Urteil, in dem es ihr ganz oder teilweise stattgibt oder sie abweist. Im Strafprozeß unterscheidet man zwischen der öffentlichen Klage (→ Anklage), welche durch den Staatsanwalt erhoben wird, und der → Privatklage.

Klageantrag
in der Klageschrift erforderlicher Antrag, welche gerichtliche Entscheidung der Kläger begehrt. Der K. ist insbes. für die Bestimmung des Streitwertes maßgebend sowie für die sachliche Zuständigkeit des Gerichts (z.B. Amtsgericht bei Streitwerten bis zu 5000 DM, darüber das Landgericht). Das Gericht im Zivilprozeß kann nichts über den Klageantrag hinaus zusprechen.

Klageart
Art der Klage, die sich danach richtet, was der Kläger mit seiner Klage erreichen will. Im Zivilprozeß → Leistungsklage, → Feststellungsklage und → Gestaltungsklage; in den Verfahren vor den Verwaltungs-, Sozial- und Finanzgerichten → Anfechtungs-, Verpflichtungs- und Feststellungsklage sowie (allgemeine) Leistungsklage.

Klagebefugnis
die sich aus dem Vortrag des Klägers ergebende Berechtigung zur Klage. Die K. ist eine spezielle → Prozeßvoraussetzung des Verwaltungsprozesses zur Verhinderung von → Popularklagen. Steht nur demjenigen zu, der mit seiner Klage geltend macht (Behauptung des Klägers muß zumindest möglich sein), durch einen Verwaltungsakt oder seine Ablehnung oder Unterlassung in seinen eigenen Rechten verletzt zu sein.

Klagebegründung
Angabe des Grundes des erhobenen Anspruchs. Die Klage ist nur schlüssig, wenn sie alle Tatsachen schildert, die die Klage begründen (konkreter Sachverhalt). Fehlt K. in der Klageschrift, ist die Klage unzulässig.

Klageerhebung
im Zivil- und Arbeitsgerichtsprozeß die Einreichung der → Klageschrift und die Zustellung einer Abschrift an den Beklagten, die vom Gericht nach Zahlung des Prozeßkostenvorschusses veranlaßt wird; erfolgt in den übrigen Gerichtsverfahren (ohne Zustellung) durch Einreichen der Klageschrift oder zu Protokoll des Urkundsbeamten der Geschäftsstelle. Durch die K. wird die Klage rechtshängig. Die Einhaltung einer Klagefrist ist nur in wenigen Fällen gesetzlich vorgeschrieben.

Klageerwiderung
die Beantwortung der Klage durch den Beklagten. Der Vorsitzende des Prozeßgerichts kann dem Beklagten eine Frist zur schriftlichen K. setzen.

Klageerzwingungsverfahren
Verfahren im Strafprozeß, durch welches der durch eine Straftat Verletzte die Strafverfolgung des Beschuldigten in Gang bringen kann, indem er die Staatsanwaltschaft zur vorher abgelehnten Erhebung der Anklage zwingt. Der Antrag auf gerichtliche Entscheidung ist beim Oberlandesgericht zu stellen, das die Erhebung der öffentlichen Klage beschließt, wenn es nach Anhörung des Beschuldigten den Antrag für begründet hält.

Kläger
derjenige, der eine Klage bei Gericht erhoben hat. Er ist Partei im Prozeß.

Klagerücknahme
Prozeßhandlung, mit der der Kläger sein Rechtsschutzbegehren in einem konkreten Prozeß ganz oder teilweise widerruft. K. ist das Gegenstück zur → Klageerhebung und unterscheidet sich vom Klageverzicht dadurch, daß sie nicht endgültig zu sein braucht; es kann vielmehr jederzeit neue Klage erhoben werden. K. kann im Zivilprozeß ohne Einwilligung des Beklagten nur bis zum Beginn der mündlichen Verhandlung des Beklagten zur Hauptsache erfolgen. Sie bewirkt dort, daß der Rechtsstreit als nicht anhängig geworden anzusehen ist. Der Kläger trägt die Kosten des Rechtsstreits.

Klageschrift
der beim Gericht in zweifacher Ausfertigung einzureichende Schriftsatz des Klägers, der die Klage enthält. In der K. müssen das Gericht, die Parteien, der Klageantrag sowie der Klagegrund enthalten sein.

Klausel
(lat.: clausula = Schlußsatz); einzelne Bestimmung eines Vertrages oder Gesetzes.

Knebelungsvertrag
Vertrag, durch den die Handlungsfreiheit eines Vertragspartners im persönlichen, beruflichen oder wirtschaftlichen Bereich übermäßig beschränkt wird. Ist wegen Sittenwidrigkeit nichtig. Kann einen Schadensersatzanspruch wegen vorsätzlicher sittenwidriger Schädigung begründen.

Koalition
(lat.: coalitio = Vereinigung, Zusammenkunft);
I. Zusammenschluß zweier oder mehrerer in einem Parlament vertretener Parteien zu einer Regierung.
II. Zur K. i. S. des Arbeitsrechts → Koalitionsfreiheit.

Koalitionsfreiheit
auch Vereinigungsfreiheit; das vom *GG in Art. 9 Abs. 3* geschützte Recht, zur Wahrung und Förderung der Arbeits- und Wirtschaftsbedingungen Vereinigungen zu bilden (Gewerkschaften, Arbeitgeberverbände). Geschützt wird die Gründungs- und die Betätigungsfreiheit der Vereinigung (und damit indirekt auch das Streikrecht), das Recht des einzelnen, ihr beizutreten *(positive K.)*, aber auch das Recht, ihr fernzubleiben *(negative K.)*. Abreden zur Einschränkung oder Behinderung der K. sind nichtig, hierauf gerichtete Maßnahmen (z.B. Benachteiligung von Gewerkschaftsmitgliedern) sind rechtswidrig.

Kollegialgericht
(lat.: collegialis = amtsbrüderlich); das aus mehreren Richtern (ausschließlich Berufsrichtern oder Berufsrichtern und ehrenamtlichen Richtern) bestehende Gericht (z.B. Kammer, Senat). *Gegensatz:* → Einzelrichter.

Kollektiv
(lat.: collectivus = angesammelt; russ: Arbeits- und Produktionsgemeinschaft).

Kollision
(lat.: collisio = Zusammenstoß); das Zusammentreffen und Widerstreiten verschiedener Rechtsordnungen (z.B. bei Ehen mit einem Ausländer die Eherechtsvorschriften zweier Staaten).

Kommanditgesellschaft
(frz.: commanditer = Geld in ein Unternehmen stecken); abgekürzt KG. Gesellschaft, deren Zweck auf den Betrieb eines Handelsgewerbes unter gemeinschaftlicher → Firma gerichtet ist

und bei der mindestens bei einem der Gesellschafter die Haftung gegenüber den Gesellschaftsgläubigern auf den Betrag einer bestimmten Vermögenseinlage beschränkt ist (Kommanditist) und mindestens ein anderer Gesellschafter (der auch eine juristische Person sein kann, wie z.B. eine GmbH bei der GmbH & Co KG) unbeschränkt haftet.

Kommission
(lat.: committere = anvertrauen, übertragen);
I. *Ausschuß* (z.B. K. der → Europäischen Gemeinschaften).
II. Besonderes *Handelsgeschäft,* bei dem es ein Kaufmann (Kommissionär) gewerbsmäßig oder auch nur gelegentlich übernimmt, gegen Entgelt Waren oder Wertpapiere für Rechnung eines anderen (des Kommittenten) im eigenen Namen zu kaufen oder zu verkaufen. K.-Vertrag ist der Vertrag zwischen Kommissionär und Kommittent; er ist ein Geschäftsbesorgungsvertrag. Das Geschäft des Kommissionärs mit dem Dritten ist das Ausführungsgeschäft. Der Vorgang, durch den das Ergebnis des Ausführungsgeschäftes auf den Kommittenten übertragen wird, heißt Abwicklungsgeschäft.

Kommunalaufsicht
(lat.: communalis = eine Gemeinde betreffend); → Staatsaufsicht über die Gemeinden in deren eigenem Wirkungskreis (Selbstverwaltungsaufgaben). Sie ist nur Rechtsaufsicht (Kontrolle der Rechtmäßigkeit), nicht Fachaufsicht (Kontrolle der Zweckmäßigkeit). Aufsichtsbehörde ist bei kreisangehörigen Gemeinden meist der Landrat oder Oberkreisdirektor, bei kreisfreien Gemeinden und Kreisen meist der Regierungspräsident. Mittel der K. sind ein Informations-, Beanstandungs- und Anweisungsrecht sowie das Recht zur Ersatzvornahme und zur Bestellung eines Beauftragten (Kommissar).

Kommunalrecht
Rechtsvorschriften, die Gemeinden und Gemeindeverbände (z.B. Landkreise) betreffend. Das K. gehört zum → öffentlichen Recht, das teils staatlich (z.B. die grundgesetzliche Selbstverwaltungsgarantie für die Gemeinden, daneben vor allem Landesrecht wie Gemeindeordnung und Landkreisordnung) und teils selbst gesetzt ist (→ Autonomie).

Kommunalverwaltung
die Verwaltung der → Gemeinden und Gemeindeverbände (z.B. Landkreis). Sie ist teilweise → Selbstverwaltung.

Kommunalwahl
die Wahl einer Volksvertretung in den Kreisen und Gemeinden. Sie muß nach dem GG allgemein, unmittelbar, frei, gleich und geheim sein und wird durch Landesgesetz näher geregelt.

Kommunen
die → Gemeinden und Gemeindeverbände (z.B. Landkreise).

Kommunismus
(lat.: communis = gemeinsam); Vorstellung von einer zukünftigen Gesellschaft, in der alle Güter allen Menschen entsprechend ihren Bedürfnissen gemeinsam zustehen und alle Menschen gleichgestellt sind. Soll insbes. durch die Aufhebung des Privateigentums, die Vergesellschaftung der Produktionsmittel und eine zentrale Wirtschaftsplanung erreicht werden. Gedacht als Endstufe der gesellschaftlichen Entwicklung im Sinne einer klassenlosen Gesellschaft, in der sich jeder selbst verwirklichen kann und der Staat überflüssig geworden ist, während der Sozialismus erst eine Zwischenstufe auf dem Weg zum K. darstellt.

Kompetenz
(lat.: competens = zuständig, maßgebend, befugt); Zuständigkeit (z.B. zur Gesetzgebung: *Gesetzgebungs-K.*).

Kompetenzkonflikt
(lat.: competens = zuständig, maßgebend, befugt; conflictus = Zusammenstoß, Widerstreit, Zwiespalt); Streit über die Zuständigkeit. Bei einem K. zwischen verschiedenen Gerichtsbarkeiten (z.B. Zivilgerichtsbarkeit und Verwaltungsgerichtsbarkeit) ist die

Entscheidung des zuerst angerufenen Gerichts bindend, so daß im Falle einer Verweisung an ein anderes Gericht dieses die Sache nicht zurückverweisen kann, auch wenn es sich für nicht zuständig hält. Bei K. zwischen Verwaltungsbehörden entscheidet die gemeinsame nächsthöhere Behörde.

Konkordat

(lat.: concordare = übereinstimmen); völkerrechtlicher Vertrag zwischen einem Staat und dem Heiligen Stuhl (regelt z.B. die Errichtung eines Bistums, Fragen des Schulrechts).

Konkubinat

(lat.: concubinatus = außereheliche, gesetzlich erlaubte Geschlechtsverbindung; ursprünglich Ehe minderen Rechts mit einer Frau, z.B. einer Freigelassenen, die eine gesetzmäßige Ehe nicht eingehen durfte); auch wilde Ehe; frühere Bezeichnung für ein – damals noch strafbares – eheähnliches Zusammenleben von Frau und Mann ohne förmliche Eheschließung. Zum heutigen Rechtszustand → nichteheliche Lebensgemeinschaft.

Konkurrenz

(lat.: concurrere = zusammenlaufen);
I. Im *allgemeinen Sprachgebrauch:* Wettbewerb.
II. Im *Strafrecht* das Zusammentreffen mehrerer Straftaten. Man unterscheidet *Ideal-K.* (→ Tateinheit), *Real-K.* (→ Tatmehrheit) und *Gesetzes-K.*

konkurrierende Gesetzgebung

→ Gesetzgebungskompetenz.

Konkurs

(lat.: concurrere = zusammenlaufen); gerichtliches Verfahren zur gleichmäßigen Befriedigung aller Gläubiger eines zahlungsunfähigen Schuldners (*Gemeinschuldner*). Das *K.-Verfahren* wird bei Vorliegen eines *K.-Grundes* (Zahlungsunfähigkeit; bei juristischen Personen reicht auch Überschuldung) auf Antrag des Gemeinschuldners oder eines Gläubigers vom *K.-Gericht* (Amtsgericht) eröffnet. Damit verliert der Gemeinschuldner das Recht, sein Vermögen, das zur → *K.-Masse* wird, zu verwalten und darüber zu verfügen, an den vom K.-Gericht bestellten *K.-Verwalter.* Dieser stellt die K.-Masse fest, setzt sie in Geld um und verteilt dieses dann an die *K.-Gläubiger.* Vorab befriedigt werden diejenigen Gläubiger, denen ein Recht auf *Aussonderung* (bei nicht dem Schuldner gehörenden Gegenständen) oder *Absonderung* (z.B. wenn für eine Forderung eine Hypothek bestellt ist) zusteht. Aus der K.-Masse werden zunächst die *Massekosten* (d.h. die Kosten des K.-Verfahrens, z.B. Gerichtskosten) und die *Masseschulden* (z.B. Ansprüche, die aus Geschäften des K.-Verwalters entstehen), beglichen. Die übrigen K.-Gläubiger sind nochmals in verschiedene Klassen eingeteilt, die, solange das Geld reicht, nacheinander befriedigt werden. Reicht das Geld innerhalb einer Klasse nicht mehr, so bekommen diese Gläubiger alle nur einen ihrer Forderung entsprechenden Anteil. Die Eröffnung des K.-Verfahrens wird vom Gericht abgelehnt bzw. ein laufendes Verfahren eingestellt, wenn die K.-Masse nicht ausreicht, um die Kosten des Verfahrens zu tragen.

Konkursforderung

die im → Konkurs angemeldete Forderung.

Konkursgrund

→ Konkurs.

Konkursmasse

das gesamte der Zwangsvollstreckung unterliegende Vermögen eines Gemeinschuldners, das ihm zur Zeit der Konkurseröffnung gehört. Nicht dazu gehören unpfändbare Gegenstände, höchstpersönliche Rechte und das nach Konkurseröffnung erlangte Vermögen (auf das die Konkursgläubiger jedoch nach Beendigung des Konkurses zurückgreifen können). Mit Konkurseröffnung verliert der Gemeindschuldner die Befugnis, die K. zu verwalten und über sie zu verfügen, an den Konkursverwalter, jedoch bleibt er Eigentümer bzw. (bei Rechten) Inhaber.

Konkursstraftaten

im Zusammenhang mit einem Konkurs

begangene Straftaten (Bankrott, Verletzung der Buchführungspflicht, Gläubigerbegünstigung, Schuldnerbegünstigung).

Konkursverwalter

→ Konkurs.

Konsens

(lat.: consensus = Zustimmung, Einwilligung); Übereinstimmung zweier Vertragspartner.

konstruktives Mißtrauensvotum

→ Mißtrauensvotum.

Kontaktsperre

die Unterbrechung jedweder Verbindung eines (Untersuchungs- oder Straf-) Gefangenen mit anderen Gefangenen oder der Außenwelt einschließlich des schriftlichen und mündlichen Verkehrs mit dem Verteidiger sowie dessen Akteneinsichtsrechts, nicht aber des Schriftverkehrs mit dem Gericht. Nur zulässig, wenn eine gegenwärtige Gefahr für Leben, Leib oder Freiheit einer Person besteht, bestimmte Tatsachen den Verdacht begründen, daß die Gefahr von einer terroristischen Vereinigung ausgeht und eine K. zur Abwehr dieser Gefahr geboten ist und der Gefangene wegen einer Straftat einsitzt, die im Zusammenhang mit der Tätigkeit einer terroristischen Vereinigung steht. Entsprechende Feststellungen sind von der Landesregierung (oder einer von ihr bestimmten obersten Landesbehörde) oder vom Bundesjustizminister zu treffen und bedürfen innerhalb von zwei Wochen der Bestätigung durch das Oberlandesgericht bzw. den Bundesgerichtshof. K. darf höchstens 30 Tage dauern, kann aber auch erneut angeordnet werden; sobald die Voraussetzungen zur K. nicht mehr vorliegen, ist sie aufzuheben.

Kontrahierungszwang

→ Abschlußzwang.

Konvention

(lat.: conventio = Zusammenkunft; Übereinkunft); eine Bezeichnung für einen völkerrechtlichen Vertrag (z.B. → Europäische K. zum Schutz der Menschenrechte und Grundfreiheiten).

Konventionalstrafe

→ Vertragsstrafe.

Konzern

Zusammenschluß mehrerer rechtlich selbständig bleibender Unternehmen unter einheitlicher Leitung. Beim sog. *Unterordnungs-K.* ist das leitende Unternehmen in der Weise übergeordnet, daß das oder die anderen von ihm abhängig sind. Beim *Gleichordnungs-K.* fehlt ein solches Abhängigkeitsverhältnis.

Konzession

(lat.: concessio = Zugeständnis); behördliche Erlaubnis, die zur Aufnahme bestimmter gewerblicher Tätigkeiten erforderlich ist. Ihre Erteilung hängt von persönlichen und sachlichen Voraussetzungen ab, insbes. Befähigung und Zuverlässigkeit sowie baulichen und technischen Einrichtungen (z.B. für Gaststätten).

Körperschaft

eine mitgliedschaftlich verfaßte, vom Wechsel der Mitglieder unabhängige Personenvereinigung. Eine K. des öffentlichen Rechts ist ein mitgliedschaftlich verfaßter, mit Hoheitsgewalt ausgestatteter Verwaltungsträger; sie ist eine juristische Person des öffentlichen Rechts. Die Mitgliedschaft kann freiwillig sein oder auf Zwang beruhen. Beispiele: Ärztekammer, Gemeinde, Ortskrankenkasse, Hochschule.

Körperschaftsteuer

die Einkommensteuer der → juristischen Personen (z.B. Kapitalgesellschaft, Genossenschaft, Versicherungsverein auf Gegenseitigkeit, nichtrechtsfähiger Verein, Anstalt, Stiftung). Die K. beträgt bis zu 56 % des zu versteuernden Einkommens.

Körperverletzung

I. Im *Schuldrecht* jeder äußere Eingriff in die körperliche Unversehrtheit. Kann für den Verletzten einen Anspruch auf Schadensersatz und Schmerzensgeld wegen → unerlaubter Handlung begründen.

II. Im *Strafrecht* jede körperliche → Mißhandlung oder Gesundheitsbeschädigung. Strafbar sind die (einfache) vorsätzliche rechtswidrige K. (Ausschluß der Rechtswidrigkeit z.B. bei Einwilligung), die *gefährliche K.* (mittels einer Waffe oder eines anderen gefährlichen Werkzeuges, mittels eines hinterlistigen Überfalls, von mehreren gemeinschaftlich oder mittels einer das Leben gefährdenden Behandlung), die *schwere K.* (mit der Folge, daß der Verletzte ein wichtiges Körperteil, das Sehvermögen auf einem oder beiden Augen, das Gehör, die Sprache oder die Zeugungsfähigkeit verliert oder in erheblicher Weise dauernd entstellt wird oder in Siechtum, Lähmung oder Geisteskrankheit verfällt); ferner die *K. mit Todesfolge,* die *fahrlässige K.* und die *K. im Amt.*

Kosten

allgemein diejenigen Werte, die für die Erstellung einer Leistung aufgewendet werden. Rechtlich sind insbes. die K. einer Leistung der Verwaltung (→ Gebühr) oder eines Gerichts (→ *Gerichts-K.)* oder eines sonstigen Organs der Rechtspflege oder einer Partei *(außergerichtliche K.)* von Bedeutung. Die K. eines gerichtlichen Verfahrens hat der Unterlegene bzw. (im Strafprozeß) der Verurteilte zu tragen. Dabei spricht das Gericht zusammen mit der Hauptentscheidung aus, *wer* die K. zu tragen hat *(K.-Entscheidung),* während die *Höhe* der K. vom Rechtspfleger festgesetzt wird *(K.-Festsetzung).* Vgl. auch → Prozeßkosten.

Kraftfahrzeug

Landfahrzeug, das durch Maschinenkraft bewegt wird, ohne an Bahngleise gebunden zu sein. K., die auf öffentlichen Wegen oder Plätzen in Betrieb gesetzt werden sollen, müssen von der zuständigen Behörde zum Verkehr zugelassen sein (zu den Rechtsgrundlagen → Straßenverkehrsrecht). Zulassung erfolgt durch Erteilung einer Betriebserlaubnis auf Grund derer der Fahrzeughersteller den eine Beschreibung des K. enthaltenden *K.-Brief* ausstellt. Auf Grund des K.-Briefes wird das amtliche Kennzeichen zugeteilt (wobei zuvor das Bestehen einer *K.-Haftpflichtversicherung* nachzuweisen ist) und zusammen mit den Personalien desjenigen, für den das K. zugelassen wird, in den K.-Brief eingetragen (dient der Sicherung des Eigentums und anderer Rechte am K.). Über die erfolgte Zulassung wird schließlich noch der *K.-Schein* ausgestellt, der auf jeder Fahrt mitzuführen und zuständigen Personen auf Verlangen zur Prüfung auszuhändigen ist.
K.-Halter ist, wer ein K. für eigene Rechnung in Gebrauch hat und die Verfügungsgewalt darüber besitzt; er braucht nicht der Eigentümer zu sein. → Straßenverkehrshaftung, → Straßenverkehrsgefährdung, → Fahrerlaubnis, → Führerschein.

Krankenkasse

Trägerin der sozialen → Krankenversicherung. Sie ist eine öffentlich-rechtliche Selbstverwaltungskörperschaft; ihre Organe sind Vertreterversammlung (erläßt die Satzung), Vorstand und Geschäftsführung. Die wichtigsten K. sind die allgemeinen *Orts-K., Betriebs-K., Innungs-K.* und *Ersatzkassen.*

Krankenversicherung

Versicherung gegen Krankheit. Kann *soziale K.* (→ Sozialversicherung, → Krankenkasse) oder *private K.* sein. Der privaten K. liegt ein Versicherungsvertrag zwischen dem Versicherten und dem Versicherer zugrunde. Der Versicherte leistet hier unmittelbar an Arzt, Krankenhaus, Apotheker usw. und erhält die Kosten vom Versicherer vertragsgemäß erstattet.

Kranzgeld

der Anspruch einer unbescholtenen Verlobten, die ihrem Verlobten die Beiwohnung gestattet hat, auf eine nach billigem Ermessen des Richters festzusetzende Entschädigung in Geld für den Schaden, der nicht Vermögensschaden ist, wenn der Verlobte vom Verlöbnis zurückgetreten ist oder schuldhaft den Rücktritt der Verlobten veranlaßt hat.

Kredit

(lat.: creditum = das auf Treu und Glauben Anvertraute); die meist gegen

Zinsen erfolgende zeitweise Überlassung von Geld oder Sachgütern an einen anderen zur wirtschaftlichen Verwertung. Man unterscheidet verschiedene K.-Arten je nach K.-Nehmer, Verwendungszweck, Laufzeit, Sicherstellung usw.

Kreditinstitut

Unternehmen, das Bankgeschäfte betreibt, deren Umfang einen in kaufmännischer Weise eingerichteten Geschäftsbetrieb erfordert (§ 1 des Gesetzes über das Kreditwesen). K. sind auch Sparkassen und öffentliche und private Bausparkassen. Für den Betrieb eines K. ist die Erlaubnis des Bundesaufsichtsamts für das Kreditwesen erforderlich.

Kreis

auch Landkreis; kommunale Gebietskörperschaft (→ Körperschaft) zur Erfüllung von Aufgaben mit überörtlicher Bedeutung, die über den Bereich oder die Leistungsfähigkeit der Gemeinden hinausgehen (z.B. K.-Krankenhaus). Dem K. steht nach dem GG das Recht der → Selbstverwaltung zu. Organe sind der aus allgemeinen, unmittelbaren, gleichen, freien und geheimen Wahlen hervorgegangene → K.-Tag, der K.-Ausschuß und der Landrat bzw. Oberkreisdirektor. Daneben ist der K. zugleich unterer *staatlicher* Verwaltungsbezirk, sodaß der Landrat (bzw. Oberkreisdirektor) gleichzeitig kommunale und staatliche Aufgaben wahrnimmt.

Kreistag

die Volksvertretung in den → Kreisen. Besteht aus ehrenamtlichen Mitgliedern; Vorsitzender ist entweder der Landrat oder ein vom K. gewählter Vorsitzender. K. beschließt grds. über alle Angelegenheiten des Kreises und überwacht die Ausführung seiner Beschlüsse.

Kreuzverhör

die Vernehmung der von der Staatsanwaltschaft und dem Angeklagten benannten Zeugen und Sachverständigen durch Staatsanwalt und Verteidiger. Im anglo-amerikanischen Strafprozeß üblich, in der Bundesrepublik auf übereinstimmenden Antrag von Staatsanwalt und Verteidiger zwar möglich, aber in der Praxis ungebräuchlich.

Kriegsdienstverweigerung

Verweigerung des Kriegsdienstes mit der Waffe aus Gewissensgründen. Als Grundrecht im *Art. 4 Abs. 3 GG* gewährleistet; als Ausgleich tritt an die Stelle des Wehrdienstes ein Ersatzdienst (Zivildienst). Geschützt werden nicht nur Pazifisten aus Überzeugung, sondern auch diejenigen, die hier und jetzt den Kriegsdienst ablehnen, dies aber mit der historisch-politischen Lage begründen; nicht geschützt wird jedoch die Verweigerung der Teilnahme an einem bestimmten Krieg oder mit bestimmten Waffen.
Über die Anerkennung als Kriegsdienstverweigerer entscheidet ein Prüfungsausschuß beim Kreiswehrersatzamt; gegen dessen Entscheidung sind Widerspruch (innerhalb von 2 Wochen) und Anfechtungsklage (innerhalb 1 Monats nach Zustellung des Widerspruchsbescheids) zulässig. Die gesetzliche Regelung, wonach die bloße Erklärung, den Kriegsdienst verweigern zu wollen, unter Berufung auf das GG ohne weitere Begründung und Nachprüfung ausreichte, ist vom Bundesverfassungsgericht für verfassungswidrig erklärt worden und ist daher nichtig.

Kriegsrecht

im Völkerrecht die in einem Krieg zwischen den beteiligten Staaten und gegenüber neutralen Staaten geltenden Rechtsnormen (geregelt durch völkerrechtliche Verträge wie z.B. die Haager Landkriegsordnung) sowie im innerstaatlichen Recht die für die Dauer des Kriegszustandes geltenden besonderen innerstaatlichen Rechtsnormen (z.B. Zwangswirtschaft).

Kriminalistik

(lat.: criminalis = das Verbrechen betreffend); die Lehre von der Aufklärung und Verhütung von Verbrechen; besteht insbes. aus der Kriminaltaktik und der Kriminaltechnik (z.B. Fingerabdrücke).

Kriminalität
(lat.: crimen = Verbrechen); Gesamtheit der Straftaten als Massenerscheinung innerhalb einer sozialen Gruppe oder eines Volkes während eines bestimmten Zeitabschnitts. Sie wird von der Kriminalpolitik verhütet und bekämpft, von der Kriminalpolizei und der Staatsanwaltschaft im Einzelfall ermittelt und – soweit sie bekannt ist (Dunkelziffer!) –von der Kriminalstatistik erfaßt.

Kriminalpolizei
besonderer Zweig der Polizei zur Aufklärung strafbarer Handlungen. Hat alle ihr bekanntgewordenen Straftaten zu erforschen und im ersten Zugriff alle unaufschiebbaren strafprozessualen Maßnahmen zu treffen. Ist dabei auch zur vorläufigen → Festnahme befugt, wenn die Voraussetzungen eines Haft- oder Unterbringungsbefehls vorliegen; hat ihre Ermittlungsunterlagen unverzüglich an die Staatsanwaltschaft weiterzuleiten, als deren Ermittlungsorgan sie handelt. Soweit ein Beamter der K. als Hilfsbeamter der Staatsanwaltschaft tätig wird, darf er darüber hinaus bei Gefahr im Verzug auch an sich dem Richter vorbehaltene Maßnahmen ergreifen (z.B. Beschlagnahme, Durchsuchung). Die K. ist grundsätzlich Länderangelegenheit (*Ausnahme:* Bundeskriminalamt).

Kriminalstatistik
zahlenmäßige Übersicht über die bekannt gewordenen Straftaten sowie über die aufgeklärten Straftaten und die polizeilich als Täter ermittelten Personen *(polizeiliche K.),* als auch über die Angeklagten und rechtskräftig Verurteilten *(Strafverfolgungsstatitik, amtliche K.).*

kriminelle Vereinigung
Vereinigung, deren Zweck oder Tätigkeit darauf gerichtet ist, Straftaten zu begehen. Gründung, Beteiligung, Unterstützung und Werbung für eine k. V. sind strafbar; gilt jedoch nicht, wenn die Begehung von Straftaten nur ein Zweck oder eine Tätigkeit von untergeordneter Bedeutung ist, ferner nicht für politische Parteien, die das Bundesverfassungsgericht nicht für verfassungswidrig erklärt hat. Rädelsführer und Hintermänner sind mit höherer Strafe bedroht, während bei Mitläufern von Strafe abgesehen werden kann. Bei tätiger Reue: vgl. → terroristische Vereinigung.

Kriminologie
Wissenschaft vom → Verbrechen. Sie beschreibt das Verbrechen als eine soziologische Erscheinung und versucht seine Ursachen zu erklären.

Kronzeuge
insbes. im englischen Strafverfahren (das als Parteiprozeß zwischen der Krone und dem Beschuldigten ausgestaltet ist) Bezeichnung für einen Tatbeteiligten, der gegen Zusicherung von Straflosigkeit oder milderer Strafe für die Anklage (Vertretung der Krone) als Belastungszeuge auftritt. Das deutsche Strafverfahrensrecht kennt den K. nicht.

Kulturhoheit
Zuständigkeit für Gesetzgebung und Verwaltung auf kulturellem Gebiet (insbes. Schul- und Hochschulwesen, Rundfunk und Fernsehen). Steht grds. den Ländern zu (*Ausnahmen:* zur ausschließlichen Gesetzgebungszuständigkeit des Bundes gehört z.B. die Regelung der Ausbildungsbeihilfen; der Aus- und Neubau von Hochschulen ist eine → Gemeinschaftsaufgabe von Bund und Ländern).

kumulieren
(lat.: cumulare = anhäufen, häufen); im Wahlrecht das Abgeben mehrerer Stimmen für einen Kandidaten (oder mehrere Kandidaten einer Gruppe), wenn der Wähler mehrfach abstimmen darf.

Kündigung
einseitige Auflösung eines Schuldverhältnisses durch empfangsbedürftige Willenserklärung; sie tritt bei Dauerschuldverhältnissen an die Stelle des

Rücktritts, wirkt jedoch nur für die Zukunft. Die K. kann *ordentliche* oder *außerordentliche, befristete* oder *unbefristete (fristlose) K.* sein, wobei die ordentliche K. meist befristete und die außerordentliche meist fristlose K. ist. Eine außerordentliche K. erfordert einen wichtigen Grund, d.h. das Vorliegen von Tatsachen, auf Grund derer dem Kündigenden unter Berücksichtigung aller Umstände des Einzelfalles und unter Abwägung der Interessen beider Vertragspartner die Fortsetzung des Vertragsverhältnisses bis zum Ablauf der K.-Frist oder bis zur vereinbarten Beendigung des Vertragsverhältnisses nicht zugemutet werden kann. Sie kann nicht vertraglich ausgeschlossen werden. → Änderungskündigung, → Kündigungsschutz.

Kündigungsschutz

gesetzlicher Schutz gegen die Kündigung eines Vertrags für die wirtschaftlich schwächere und durch eine Kündigung stärker betroffene Vertragspartei.

I. *K. im Arbeitsrecht:* jede (ordentliche) Kündigung gegenüber einem Arbeitnehmer muß – unter der Voraussetzung, daß der Betrieb bzw. die Verwaltung i.d.R. mehr als 5 Arbeitnehmer beschäftigt und daß der Betreffende ohne Unterbrechung länger als 6 Monate im selben Betrieb oder Unternehmen bzw. Verwaltung gearbeitet hat – *sozial gerechtfertigt* sein. Dies ist sie nur, wenn sie durch Gründe, die in der Person oder dem Verhalten des Arbeitnehmers liegen oder durch dringende betriebliche Erfordernisse, die einer Weiterbeschäftigung entgegenstehen, bedingt ist. Sie bedarf ferner der vorherigen Anhörung des Betriebsrates. – Gegen eine seiner Meinung nach sozial ungerechtfertigte Kündigung kann der Arbeitnehmer innerhalb einer Woche *Einspruch beim Betriebsrat* einlegen; soweit dieser den Einspruch für begründet hält, hat er sich um eine Verständigung mit dem Arbeitgeber zu bemühen. Um ein endgültiges Wirksamwerden der Kündigung zu verhindern, muß der Arbeitnehmer innerhalb von 3 Wochen nach Zugang der Kündigung *Klage beim Arbeitsgericht* erheben mit dem Antrag, festzustellen, daß das Arbeitsverhältnis durch die Kündigung nicht aufgelöst ist. Das gleiche gilt für außerordentliche Kündigungen. Stellt das Arbeitsgericht die Unwirksamkeit der Kündigung fest, so muß der Arbeitnehmer entweder weiter beschäftigt werden oder der Arbeitgeber hat ihm eine Abfindung zu zahlen, falls die Fortsetzung des Arbeitsverhältnisses unzumutbar ist. – Ein noch *weitergehender K.* besteht für Betriebs- bzw. Personalratsmitglieder, für Schwerbehinderte und für Schwangere.

II. *K. im Mietrecht:* Ein Mietverhältnis über Wohnraum kann der Vermieter nur kündigen, wenn er ein *berechtigtes Interesse* an der Beendigung des Mietverhältnisses hat (Ausnahmen u.a. bei vom Vermieter selbst bewohnten Wohngebäuden mit nicht mehr als 2 Wohnungen; bei Vermietung von Wohnraum zu nur vorübergehendem Gebrauch und von möblierten Zimmern). Das ist insbes. der Fall, wenn der Mieter seine vertraglichen Verpflichtungen nicht unerheblich verletzt hat, der Vermieter die Räume als Wohnung für sich selbst oder seine Familienangehörigen benötigt (Eigenbedarf) oder wenn er durch die Fortsetzung des Mietverhältnisses an einer angemessenen wirtschaftlichen Verwertung des Grundstücks gehindert und dadurch erhebliche Nachteile erleiden würde. Als berechtigte Interessen werden nur die Gründe berücksichtigt, die im Kündigungsschreiben angegeben sind. – Außer diesem ordentlichen Kündigungsrecht steht dem Vermieter in einigen gesetzlich ausdrücklich bestimmten Fällen das Recht zur *fristlosen Kündigung* zu, vor allem, wenn der Mieter *schuldhaft* in solchem Maße seine Verpflichtungen verletzt, insbes. den Hausfrieden so nachhaltig stört, daß dem Vermieter die Fortsetzung des Mietverhältnisses nicht zugemutet werden kann. Auch einer aus berechtigtem Interesse des Vermieters erfolgten ordentlichen Kündigung kann der Mieter noch *widersprechen,* wenn die Beendigung des Mietverhältnisses für den

Mieter oder seine Familie eine Härte bedeuten würde, die auch unter Würdigung der berechtigten Interessen des Vermieters nicht zu rechtfertigen ist. Eine Härte liegt u.a. dann vor, wenn angemessener Ersatzwohnraum zu zumutbaren Bedingungen nicht beschafft werden kann. Kommt keine Einigung zwischen Vermieter und Mieter zustande, so entscheidet das *Gericht* über eine Fortsetzung des Mietverhältnisses und ggfs. über Dauer und Bedingungen der Fortsetzung. Der Widerspruch des Mieters muß schriftlich und spätestens 2 Monate vor Beendigung des Mietverhältnisses erfolgen.

Kunst
die schöpferische Gestaltung (z.B. Dichtung, Malerei, Musik). Vgl. auch → Kunstwerk und → Kunstfreiheit.

Kunstfehler
Verstoß gegen die anerkannten Regeln insbes. der ärztlichen Wissenschaft. Kann zu einer Schadensersatzpflicht und zu Bestrafung wegen Körperverletzung führen. Vgl. auch → Operation.

Kunstfreiheit
Recht, sich künstlerisch frei zu betätigen und seine Kunstwerke der Öffentlichkeit vorzustellen; ist als Grundrecht in *Art. 5 Abs. 3 GG* gewährleistet.

künstliche Samenübertragung
auch Insemination; die ohne Geschlechtsverkehr erfolgende Besamung einer Frau mit dem Samen ihres Ehemanns (*homologe Insemination*) oder bei Zeugungsunfähigkeit des Ehemanns) eines fremden (meist anonymen) Spenders (*heterologe Insemination*). Gesetzlich nicht geregelt und somit nicht verboten, jedoch nach ärztlichen Standesregeln vorzunehmen, u.a. nur mit schriftlicher Einwilligung des Ehemanns nach Aufklärung und Beratung.

Kunstwerk
das individuelle geistige Werk künstlerischer Art. Es genießt den Schutz des Urheberrechts und des Grundrechts der Kunstfreiheit.

Kuppelei
früher die unter bestimmten Voraussetzungen strafbare Förderung sexueller Handlungen zwischen anderen Personen. Heute wird nur noch die Förderung sexueller Handlungen durch und an Minderjährigen unter 16 Jahren bestraft; bei Mißbrauch eines Abhängigkeitsverhältnisses oder Förderung gegen Entgelt vorgenommener sexueller Handlungen ist dies auch bei Personen unter 18 Jahren strafbar; ferner unter bestimmten Voraussetzungen die Förderung der Prostitution.

Kurzarbeit
die aus betrieblichen Gründen zeitlich verminderte Arbeit. Sie kann entweder auf Grund vertraglicher Vereinbarung (i. d. R. Tarifvertrag) oder einseitig durch den Arbeitgeber im Falle vorübergehender Unmöglichkeit von Vollbeschäftigung eingeführt werden, um Massenentlassungen zu verhindern, sofern das Landesarbeitsamt es zuläßt. Durch K. verringert sich der Lohnanspruch entsprechend, jedoch erst von dem Zeitpunkt an, zu dem das Arbeitsverhältnis beendet werden könnte. Dafür kann unter bestimmten Voraussetzungen ein Anspruch auf *K.-Geld* aus der Arbeitslosenversicherung entstehen.

Kurzarrest
→ Jugendarrest.

L

Ladenschlußgesetz
Bundesgesetz; regelt die Öffnungszeiten für Ladengeschäfte und Verkaufsstände. Diese müssen geschlossen sein: werktags bis 7.00 und von 18.30 Uhr an, sonnabends bis 7.00 und von 14.00 Uhr an, am ersten Sonnabend im Monat und an den 4 Sonnabenden vor Weihnachten von 18.00 Uhr an, sonn- und feiertags ganztägig. Ausnahmen bestehen u.a. für Apotheken, Tankstellen, Zeitungskioske, Verkaufsstellen auf Bahnhöfen und Flugplätzen und in Kur- und Erholungsorten.

Ladung
die Aufforderung, vor einer Behörde, insbes. vor einem Gericht, zu einem bestimmten Zeitpunkt (Termin) zu erscheinen. L. wird meist von Amts wegen veranlaßt. Zwischen der Zustellung der L. und dem Termin muß bestimmter Mindestzeitraum liegen *(L.-Frist)*. Vgl. auch → Einlassungsfrist.

Laienrichter
volkstümliche Bezeichnung für den nicht rechtskundigen → ehrenamtlichen Richter, der in verschiedenen Gerichten neben dem → Berufsrichter mit vollem Stimmrecht als Vertreter des Volkes Recht spricht (z.B. Schöffen in Schöffengerichten und Strafkammern).

Länder
Bundes-L., Gliedstaaten des → Bundesstaats. Die Bundesrepublik Deutschland besteht aus 11 L.: Baden-Württemberg, Bayern, Berlin (unterliegt jedoch noch dem Viermächtestatus der Besatzungsmächte), Bremen, Hamburg, Hessen, Niedersachsen, Nordrhein-Westfalen, Rheinland-Pfalz, Saarland und Schleswig-Holstein. Die verfassungsmäßige Ordnung in den L. muß den Grundsätzen des republikanischen, demokratischen und sozialen Rechtsstaates i. S. des GG entsprechen. Das Volk muß in den L. eine Vertretung haben, die aus allgemeinen, unmittelbaren, freien, gleichen und geheimen Wahlen hervorgegangen ist. Die L. üben die staatlichen Befugnisse aus und erfüllen die staatlichen Aufgaben, soweit das GG keine andere Regelung trifft oder zuläßt. Während bei der Gesetzgebung das Schwergewicht beim Bund liegt, sind Verwaltung und Rechtsprechung weitgehend Sache der L. Bei der Gesetzgebung und Verwaltung des *Bundes* wirken die L. über den Bundesrat mit.

Landesgesetzgebung
→ Gesetzgebungskompetenz.

Landesrecht
die von den Rechtsetzungsorganen eines Landes erlassenen Rechtsnormen und das als L. fortgeltende Reichsrecht. Dazu gehören auch Rechtsverordnungen, die auf Grund bundesrechtlicher Ermächtigung von einer Landesbehörde erlassen werden. Zum Grundsatz „Bundesrecht bricht L." → Bundesrecht.

Landesverrat
Straftat, die begeht, wer ein Staatsgeheimnis entweder einer fremden Macht oder einem ihrer Mittelsmänner mitteilt oder sonst an einen Unbefugten gelangen läßt oder öffentlich bekanntmacht, um die Bundesrepublik Deutschland zu benachteiligen oder eine fremde Macht zu begünstigen und dadurch die Gefahr eines schweren Nachteils für die äußere Sicherheit der Bundesrepublik herbeiführt.

Landfriedensbruch
Straftat, die begeht, wer sich als Täter oder Teilnehmer an Gewalttätigkeiten gegen Menschen oder Sachen oder der Bedrohung von Menschen mit Gewalttätigkeiten beteiligt, die von einer Menschenmenge in einer Weise begangen werden, die die öffentliche Sicherheit gefährdet oder wer auf die Menschenmenge einwirkt, um ihre Bereitschaft zu solchen Handlungen zu fördern.

Landgericht
Gericht der → ordentlichen Gerichtsbarkeit, das im Gerichtsaufbau zwischen dem Amtsgericht und dem Oberlandesgericht steht und teils in erster, teils in zweiter Instanz durch Zivil- und Strafkammern entscheidet (→ Instanzenweg). Im Zivilprozeß besteht vor dem L. Anwaltszwang. Vgl. auch Abbildungen Gerichtsorganisation S. 274 und Instanzenweg in Zivil- und Strafsachen S. 275 f.

Leasing
(engl.: to lease = (ver) mieten); Vertrag über die Vermietung von Industrieanlagen, Investitions- und Konsumgütern durch die Produzenten der Güter oder durch zwischengeschaltete *L.-(Finanzierungs-)Gesellchaften.* Der L.-Vertrag sieht die Nutzungs- oder Gebrauchsüberlassung für eine bestimmte Grundmietzeit und oft auch eine Kaufoption vor. Die Mietraten in der Grundmietzeit decken die Anschaffungs-, Herstellungs- und Nebenkosten einschließlich der Finanzierungskosten des L.-Gebers. Im Gegensatz zum Vermieter trägt der L.-Geber weder die Gefahr des Untergangs der Mietsache, noch hat er für Mängel und Schäden der Mietsache einzutreten. – Durch L. können auch Arbeitskräfte vermietet werden.

Lebensalter
das Alter eines Menschen. Es ist insbes. ab Vollendung folgender Lebensjahre rechtlich von Bedeutung: 6. Lebensjahr (Schulpflichtbeginn), 7. Lebensjahr (beschränkte Geschäftsfähigkeit, beschränkte privatrechtliche Deliktsfähigkeit), 14. Lebensjahr (bedingte Strafmündigkeit, volle Religionsmündigkeit), 15. Lebensjahr (sozialrechtliche Handlungsfähigkeit), 16. Lebensjahr (beschränkte Ehefähigkeit, Beginn der Eidesfähigkeit, Pflicht zum Besitz eines Bundespersonalausweises, Ende des bedingten Gaststättenverbots, Möglichkeit zum Erwerb der Fahrerlaubnis Klasse 4 und 5), 18. Lebensjahr (Volljährigkeit, volle Geschäfts- und privatrechtliche Deliktsfähigkeit, Strafmündigkeit als Heranwachsender, aktives und passives Wahlrecht, Möglichkeit des Erwerbs der Fahrerlaubnis Kl. 1 und 3, Beginn der Wehrpflicht), 21. Lebensjahr (volle strafrechtliche Verantwortlichkeit als Erwachsener).

Lebensgemeinschaft
→ eheliche Lebensgemeinschaft, → nichteheliche Lebensgemeinschaft.

Legalität
(lat.: legalis = gesetzlich, gesetzmäßig); (formelle) Gesetzmäßigkeit; Übereinstimmung eines bestimmten Verhaltens mit dem geltenden Recht; Begriff wird jedoch häufig auch für eine nur formale Übereinstimmung mit dem → positiven Recht gebraucht.

Legalitätsprinzip
(lat.: legalis = gesetzlich); Grundsatz, wonach die Strafverfolgungsbehörden verpflichtet sind, wegen aller verfolgbaren Straftaten (ohne Ansehen der Person) zu ermitteln, sofern ausreichende tatsächliche Anhaltspunkte vorliegen. Soll die Gleichheit aller vor dem Gesetz sicherstellen. Steht im Gegensatz zum → Opportunitätsprinzip, das für die Strafverfolgungsbehörden nur ausnahmsweise gilt (z.B. bei geringfügigen Straftaten). Verletzung des L. ist als → Strafvereitelung strafbar.

Legislative
(lat.: legem ferre (Partizip: latum) = ein Gesetz vorschlagen); gesetzgebende Gewalt; wird von den Volksvertretungen (Parlamenten) des Bundes und der Länder ausgeübt; → Gewaltenteilung.

Legislaturperiode
(lat.: legem ferre (Partizip: latum) = ein Gesetz vorschlagen; periodus =

Umlauf, Kreislauf, regelmäßig Wiederkehrendes); Gesetzgebungsperiode. Zeitraum, für den eine gesetzgebende Körperschaft gewählt wird (→ Wahlperiode). Beträgt für den Bundestag und die meisten Landtage 4 Jahre, für die kommunalen Vertretungskörperschaften bis zu 6 Jahre. L. endet vorzeitig im Falle einer Parlamentsauflösung. Die Verlängerung der L. eines bereits gewählten Parlaments ist auch durch ein Gesetz nicht zulässig.

Legitimation
(lat.: legitimare = rechtlich anerkennen).
I. *Allgemein: Nachweis einer Berechtigung.*
II. Im *Familienrecht:* für ein nichteheliches Kind die Anerkennung der Stellung eines ehelichen Kindes; kann durch nachfolgende Ehe zwischen dem Vater und der Mutter des Kindes oder durch Ehelicherklärung auf Antrag des Vaters durch das Vormundschaftsgericht erfolgen.

Legitimität
(lat.: legitimus = rechtmäßig, gesetzmäßig); die Rechtfertigung des Staates durch höhere Werte und Grundsätze im Unterschied zur formellen Gesetzmäßigkeit (Legalität). In e. w. S. die Übereinstimmung eines Verhaltens oder Zustandes mit einer behaupteten Wertordnung.

Lehrfreiheit
Teil der Wissenschaftsfreiheit *(Art. 5 Abs. 3 GG),* der die Unabhängigkeit wissenschaftlicher Lehrtätigkeit garantiert. L. entbindet nicht von der Treue zur Verfassung, d.h., daß die Aufforderung zu verfassungswidrigem Verhalten verboten ist, nicht jedoch Kritik an der Verfassung.

Lehrling
frühere Bezeichnung für einen → Auszubildenden. Heute nur noch im Bereich des Handwerks gebräuchlich.

Leibesfrucht
(lat.: nasciturus = der geboren werden wird); das erzeugte, aber noch nicht geborene Kind. Besitzt noch keine Rechtsfähigkeit, wird aber in einzelnen Beziehungen schon rechtlich geschützt (z.B. Erbrecht, Sicherung des Unterhaltsanspruches des nichtehelichen Kindes, Schadensersatz wegen Schädigung im Mutterleib).

Leiche
der Körper eines gestorbenen oder tot geborenen Menschen. Wird im Zivilrecht als herrenlose Sache behandelt, die allerdings nicht der Aneignung und nur einer beschränkten Verfügungsbefugnis der nächsten Angehörigen unterliegt (umstritten; → Organverpflanzung). Strafrechtlich geschützt durch das Verbot der Störung der Totenruhe (u.a. Verbot der Wegnahme einer L. oder von L.-Teilen). → Leichenschau, → Obduktion, → Exhumierung.

Leichenschau
die Inaugenscheinnahme einer Leiche. Kann äußere oder innere L. (Leichenöffnung, → Obduktion) sein. Die (äußere) L. erfolgt i. d. R. nach jedem Leichenfund durch die Staatsanwaltschaft, auf deren Antrag auch durch den Richter, grds. unter Hinzuziehung eines Arztes. Unabhängig vom Verdacht einer Straftat kann das Landesrecht für jeden Todesfall eine ärztliche L. vorschreiben.

Leihe
Vertrag, bei dem sich der eine Teil (Verleiher) verpflichtet, dem anderen Teil (Entleiher) den Gebrauch einer Sache für eine (bestimmte oder unbestimmte) Zeit unentgeltlich zu gestatten. Von der L. ist zu unterscheiden ein gesetzlich nicht geregeltes, bloßes Gefälligkeitsverhältnis, bei dem keine vertragliche Bindung gewollt ist sowie eine Überlassung gegen Entgelt, die oft fälschlicherweise gleichfalls als L. bezeichnet wird, rechtlich aber als Miete einzuordnen ist („Leihbücherei" ist in Wirklichkeit Mietbücherei, „Leihwagen" i. d. R. Mietwagen). Der Entleiher darf von der geliehenen Sache nur den vertragsmäßigen Gebrauch machen, sie insbes. nicht ohne Erlaubnis des Verleihers weiterverleihen und muß sie nach Ablauf der vereinbarten Zeit

bzw. jederzeit auf Anforderung des Verleihers zurückgeben, wenn nichts vereinbart ist.

Leistung
jede zulässige Handlung oder Unterlassung, die Gegenstand eines Schuldverhältnisses ist. Ihr Inhalt muß bestimmt oder mindestens bestimmbar sein. Zu *Teil-L.* ist der Schuldner i. d. R. nicht berechtigt. Hat der Schuldner nicht persönlich zu leisten, so kann auch ein Dritter die L. bewirken. Dazu ist die Einwilligung des Schuldners nicht erforderlich, jedoch kann der Gläubiger die L. ablehnen, wenn der Schuldner widerspricht. Im *Bereicherungrecht* (→ ungerechtfertigte Bereicherung) ist L. jede bewußte und zweckgerichtete Vermögenszuwendung an den Bereicherten. *L. an Erfüllungs statt* ist das Erbringen einer anderen als der an sich geschuldeten L. Sie ersetzt die Erfüllung jedoch nur dann, wenn der Gläubiger sie an Erfüllungs statt annimmt. *L. erfüllungshalber* liegt vor, wenn dem Gläubiger ein Gegenstand überlassen wird, aus dem er seine Befriedigung suchen soll (z. B. Abtretung einer Forderung zur Einziehung); Erfüllung tritt erst ein, wenn dem Gläubiger aus dem erfüllungshalber überlassenen Gegenstand tatsächlich Mittel zufließen. Der Gläubiger ist, wenn L. erfüllungshalber vereinbart ist, aus Treu und Glauben verpflichtet, zunächst die Verwertung des erfüllungshalber überlassenen Gegenstandes zu versuchen.

Leistungsklage
Klage auf Verurteilung zu einer Leistung (Tun, Unterlassen, Dulden). Hat die Klage Erfolg, ergeht ein Leistungsurteil, das anschließend vollstreckt werden kann.

Leistungsort
→ Erfüllungsort.

Leistungsstörung
Umstand, der die Abwicklung eines Schuldverhältnisses beeinträchtigt; liegt vor, wenn eine Leistung nicht (→ Unmöglichkeit), nicht rechtzeitig (→ Verzug) oder schlecht (positive → Forderungsverletzung) erbracht wird. → Gewährleistung.

Leistungsurteil
→ Leistungsklage.

Leistungsverwaltung
derjenige Teil der öffentlichen Verwaltung, der zur Erreichung wirtschafts-, gesellschafts-, sozial- oder kulturpolitischer Ziele im öffentlichen Interesse für den Bürger bestimmte Leistungen erbringt oder Einrichtungen für die Öffentlichkeit bereitstellt. Gliedert sich in Vorsorgeverwaltung (z.B. Bereitstellung von Bildungseinrichtungen, Krankenhäusern), Sozialverwaltung (z.B. Sozialhilfe) und Förderungsverwaltung (z.B. Subventionen, Ausbildungsförderung). Steht im Gegensatz zur → Eingriffsverwaltung. Als gesetzliche Grundlage der L. genügt die Bereitstellung von Mitteln im Haushaltsplan; die Verwaltung ist jedoch auch bei der Gewährung von Leistungen nicht frei, sondern an die Grundrechte (insbes. den Gleichheitsgrundsatz) gebunden. Die Leistungsgewährung kann öffentlich-rechtlich oder privatrechtlich ausgestaltet sein.

lesbische Liebe
(angeblich von der Dichterin Sappho auf der Insel Lesbos geübt und besungen); geschlechtliche Handlungen zwischen Frauen. Nicht strafbar.

Lesung
Beratung eines Gesetzentwurfs im Parlament. Erfolgt i. d. R. dreimal. Die *erste L.* dient einer grundsätzlichen Aussprache und endet meist ohne Abstimmung mit der Überweisung an einen Ausschuß. In der *zweiten L.* findet eine Beratung der einzelnen Bestimmungen des Entwurfs statt. In der *dritten L.* wird nochmals über Grundzüge und Einzelheiten sowie die Änderungsanträge beraten und abschließend abgestimmt (Verabschiedung). Vgl. auch Abbildung Gesetzgebungsverfahren S. 272 f.

letztes Wort
die Äußerung des Angeklagten am Schluß der → Hauptverhandlung.

Beinhaltet das Recht des Angeklagten, in eigener Person oder durch seinen Vertreter stets als letzter Verfahrensbeteiligter Ausführungen machen und Anträge stellen zu können sowie das Recht des Angeklagten, sich auch nach den Ausführungen seines Verteidigers noch einmal äußern zu dürfen.

letztwillige Verfügung
→ Testament.

Liberalismus
(lat.: liberalis = die Freiheit betreffend); eine besonders im 19. Jahrhundert ausgebildete Gesellschafts-, Staats- und Wirtschaftsauffassung, die von der freien Entfaltung des einzelnen die bestmögliche Entwicklung der Gesellschaft erhofft. Der L. strebt daher nach möglichst weitgehender Freiheit des einzelnen vom Staat; diesem bleibt nur die Aufgabe, durch Aufrechterhaltung der öffentlichen Sicherheit und Ordnung die individuelle Freiheit zu gewährleisten. Auch jede staatliche Einmischung in das Wirtschaftsleben wird abgelehnt.

Liegenschaft
(ältere) Bezeichnung für eine → unbewegliche Sache (Grundstück). Den Gegensatz bildet die Fahrnis (→ bewegliche Sache).

Liquidation
(lat.: liquidatio = Flüssigmachen); Abwicklung der Geschäfte einer aufgelösten Gesellschaft, eines Vereins oder einer Genossenschaft. Während der L. besteht die Gesellschaft fort. Sie wird von den Liquidatoren gesetzlich vertreten.

Lizenz
(lat.: licentia = Freiheit, Erlaubnis); meist vertraglich eingeräumtes Nutzungsrecht, welches insbes. der Patentinhaber an seinem Patentrecht oder der Urheber an seinem Urheberrecht einem anderen gewährt.

Lobbyismus
(engl.: lobby = Wandelhalle des Parlaments); der Versuch der Beeinflussung von Abgeordneten durch die Beauftragten (Lobbyisten) von Interessengruppen.

Lohn
→ Arbeitslohn, → Zeitlohn, → Akkordlohn.

Lohnfortzahlung
Weiterzahlung des Arbeitsentgelts im Krankheitsfall für die Dauer von 6 Wochen. Gilt für Arbeiter und Angestellte.

Lohnpfändung
die aus sozialen Gründen nur in beschränktem Umfang mögliche Pfändung von Arbeitseinkommen. Bestimmte Bezüge sind völlig unpfändbar, andere nur bedingt. Außerdem ist jedes Arbeitseinkommen (*Ausnahme:* L. wegen gesetzlicher Unterhaltsansprüche) unpfändbar, das einen gewissen Mindestbetrag nicht übersteigt (bei Personen ohne Unterhaltsverpflichtungen zur Zeit 754 DM monatlich).

Lohnsteuer
Form der Einkommensteuer bei Einkünften aus nicht selbständiger Arbeit. Wird durch Abzug von Gehalt, Lohn, Pension erhoben. Berechnungsgrundlage ist das Bruttoeinkommen unter Berücksichtigung der Eintragungen auf der *L.-Karte.* Tatsächliche Werbungskosten und Sonderausgaben können nach Wahl des Steuerpflichtigen als steuerfreie Beträge auf der L.-Karte eingetragen oder im *L.-Jahresausgleich* nachträglich geltend gemacht werden.

Lokaltermin
(lat.: locus = Ort); auch Ortstermin; gerichtlicher → Termin, der außerhalb des Gerichtsgebäudes abgehalten wird (z.B. zur Einnahme des Augenscheins).

Los
Anteilschein in einer Lotterie. Nach der Ziehung wird das gewinnberechtigte L. zu einer Inhaberschuldverschreibung (→ Wertpapierrecht).

Lotterie
(niederländisch: loterije = Los-, Glücksspiel, Verlosung); Form des → Glücksspiels, bei der ein Unternehmer mit vielen Spielern Verträge schließt, in

denen er verspricht, gegen meist in Geld bestehende Einsätze der Spieler, nach Maßgabe eines im wesentlichen auf dem Zufall basierenden Spielplans Gewinne an die spielplanmäßig ermittelten Gewinner zu leisten. Eine L. i. e. S. liegt vor, wenn die Gewinne in Geld bestehen (sonst Ausspielung, z.B. Tombola). Verbindlich sind nur staatliche oder staatlich genehmigte L.-Verträge (→ Spiel).

Luftrecht

alle Rechtsvorschriften, die die Luft und den Luftraum (der der Hoheit des Staates untersteht, über dessen Territorium er sich erstreckt) betreffen. Dazu gehört insbes. das Luftfahrtrecht, das für Luftfahrzeuge eine besondere Zulassung und für Luftfahrer eine besondere Erlaubnis zum Luftverkehr vorschreibt. Für Schäden, die beim Betrieb eines Luftfahrzeugs entstehen, haftet der Halter auch ohne Verschulden (→ Gefährdungshaftung).

Lüge

→ Urkundenfälschung, → Falschbeurkundung, → Wahrheitspflicht.

Lügendetektor

(engl.: to detect = aufdecken, ermitteln); Gerät, mit dem bei Vernehmungen von Beschuldigten und Zeugen Schwankungen von Blutdruck, Puls, Hautfeuchtigkeit und Atmung aufgezeichnet werden, um den Wahrheitsgehalt der Aussagen zu überprüfen, da die Äußerung unwahrer Angaben eine Veränderung des Körperzustandes bewirken soll. Ist im deutschen Strafverfahrensrecht verboten.

Lustmord

die Tötung eines Menschen zur Befriedigung des Geschlechtstriebes. (Nicht zu verwechseln mit der Tötung aus Mordlust, bei der der Täter nicht aus sexuellen Motiven, sondern aus unnatürlicher Freude an der Vernichtung von Menschenleben handelt).

Lynchjustiz

(Lynch = amerikanischer Friedensrichter des 17. Jahrhunderts; lat.: iustitia = Gerechtigkeit); die gesetzwidrige Bestrafung (meist Tötung) einer Person ohne vorheriges gerichtliches Verfahren, oft durch eine aufgebrachte Volksmenge.

M

Magistratsverfassung

(lat.: magistratus = obrigkeitliches Amt); Form der Gemeindeverfassung, bei der die Beschlußfassung (durch die Gemeindevertretung) von der Ausführung der Beschlüsse getrennt ist, die durch eine kollegiale Verwaltungsbehörde (Magistrat) erfolgt. Magistrat besteht aus ehrenamtlichen und hauptamtlichen Mitgliedern (Beigeordneten) unter Vorsitz eines Bürgermeisters. Besteht z.T. in Hessen, Niedersachsen und Schleswig-Holstein.

Mahnbescheid

vom Amtsgericht im → Mahnverfahren auf Antrag des Gläubigers erlassene Aufforderung zur umgehenden Befriedigung des Gläubigers. Gegen den M. kann der Schuldner innerhalb zwei Wochen nach Zustellung Widerspruch einlegen. Wird kein Widerspruch eingelegt, ergeht auf Antrag des Gläubigers auf der Grundlage des M. der Vollstreckungsbescheid. Der M. ist insbes. bei unstreitigen Zahlungsansprüchen die schnellste Möglichkeit, zu einem Vollstreckungsbescheid zu gelangen. Vgl. auch Abbildung Mahnverfahren S. 277.

Mahnung

Aufforderung des Gläubigers an den Schuldner, die geschuldete Leistung sofort zu erbringen. Eine zweite Rechnung ist als M. anzusehen. Durch die M. kommt der Schuldner i.d.R. in → Verzug.

Mahnverfahren

vereinfachtes gerichtliches Verfahren unter Verwendung einheitlicher Vordrucke zur raschen Durchsetzung von Ansprüchen auf eine Geldsumme ohne mündliche Verhandlung. Wird eingeleitet, indem der Gläubiger beim Amtsgericht seines Wohnsitzes den Erlaß eines → Mahnbescheids (früher: Zahlungsbefehl) an den Schuldner beantragt. Ablauf des M. vgl. Abbildung S. 277.

Makler

Person, die gegen Entgelt die Gelegenheit zum Abschluß von Verträgen nachweist oder Abschlüsse vermittelt. Man unterscheidet *Zivil-M.* (z.B. Grundstücks-M., Ehevermittler) und *Handels-M.* (die bestimmte Handelsgeschäfte mit Ausnahme von Grundstücksgeschäften vermitteln).

Maklervertrag

Vertrag, in dem sich der Auftraggeber verpflichtet, dem → Makler für die Vermittlung eines Vertrages oder den Nachweis der Gelegenheit zum Abschluß eines Vertrags eine Vergütung (Maklerlohn) zu zahlen (z.B. bei Grundstücksverkauf, Wohnungsvermittlung). Der Maklerlohn ist nur zu zahlen, wenn der in dem M. vereinbarte Erfolg (Vermittlung oder Nachweis) aufgrund der Tätigkeit des Maklers eingetreten ist. Der M. wird i. d. R. auf bestimmte Zeit abgeschlossen und kann vom Auftraggeber meist jederzeit widerrufen werden.

Mandat

(lat.: mandatum = Auftrag); Beauftragung einer Person (Beauftragter, Bevollmächtigter, Mandatar) mit der Wahrnehmung der Interessen des Auftraggebers *(Mandant). M. des Rechtsanwalts:* beauftragt ihn mit der Führung einer bestimmten Rechtsangelegenheit (Geschäftsbesorgungsauftrag; ist jederzeit von beiden Seiten kündbar). *M. des Abgeordneten:* der ihm durch seine Wahl vom Wähler erteilte Auftrag, vgl. auch → Abgeordneter.

Mandant
Auftraggeber, vor allem des Rechtsanwalts. → Mandat.

Mangel
→ Gewährleistung (sowie die dortigen Verweise), → Werkvertrag.

Mängelrüge
Anzeige des Käufers an den Verkäufer, daß die gekaufte Sache einen Mangel aufweist, aus dem Ansprüche auf → Gewährleistung geltend gemacht werden (ähnlich beim Werkvertrag). Besonders ausgestaltet beim beiderseitigen Handelskauf nach HGB.

Manteltarifvertrag
→ Tarifvertrag, der die Arbeitsbedingungen regelt, die länger gelten und nicht häufig verändert werden sollen (z.B. allgemeine Lohnbedingungen, Kündigungsfristen, Arbeitszeit, Urlaub, Nachtarbeitzuschläge). Dieser Tarifrahmen (Rahmenvertrag) wird durch Lohntarifverträge mit meist kürzerer Laufzeit ergänzt.

Markt
I. *Allgemein:* das Zusammentreffen von Angebot und Nachfrage sowie die zu einer bestimmten Zeit an einem bestimmten Ort abgehaltene Veranstaltung zum Verkauf und Kauf von Waren und auch der Ort selbst.
II. *Gemeinsamer M.:* das einheitliche Wirtschaftsgebiet der → Europäischen Wirtschaftsgemeinschaft.

Marktwirtschaft
Wirtschaftsordnung, in der sich der Austausch von Erzeugnissen und Leistungen auf dem freien Markt nach dem Gesetz von Angebot und Nachfrage auf der Grundlage arbeitsteiliger Produktion vollzieht. Voraussetzungen dafür sind Gewährleistung von Privateigentum (auch an Produktionsmitteln und Banken), Vertragsfreiheit, Berufs- und Gewerbefreiheit. Gegensatz: (staatliche, zentrale) Planwirtschaft. In der Bundesrepublik Deutschland herrscht die sog. *soziale M.*, die dem Staat gewisse Eingriffe zugesteht, um Auswüchse der *freien M.* zu verhindern.

Maßnahme
im Strafrecht jede → Maßregel der Besserung und Sicherung, der Verfall, die Einziehung und die Unbrauchbarmachung.

Maßregel der Besserung und Sicherung
Rechtsfolge einer Straftat, die nicht wie die Strafe dem Ausgleich begangenen Unrechts dient, sondern an der Gefährlichkeit des Täters für die Zukunft anknüpft und von der Schuld unabhängig ist (sie kann daher auch gegenüber Schuldunfähigen verhängt werden); sie soll den Straftäter bessern oder die Allgemeinheit vor ihm schützen und wird zusammen mit einer Strafe oder auch allein angeordnet, wobei der → Verhältnismäßigkeitsgrundsatz zu beachten ist. M. sind die Unterbringung in einem psychiatrischen Krankenhaus, in einer Entziehungsanstalt oder in der Sicherungsverwahrung, die Führungsaufsicht, die Entziehung der Fahrerlaubnis, das Berufsverbot und (erst ab 1985) die Unterbringung in einer sozialtherapeutischen Anstalt.

materielles Recht
das gesamte Recht (z.B. Zivilrecht, Strafrecht, Verwaltungsrecht) mit Ausnahme des → formellen Rechts, das nur die Form der Verwirklichung des übrigen Rechts regelt.

medizinische Indikation
→ Indikation.

Mehrheit
der größere Teil einer Menge von Personen (z.B. Wähler, Abgeordnete, Versammlungsteilnehmer). Nach dem in Demokratien üblichen M.-Grundsatz entscheidet die M. von Personenverbänden, Vertretungskörperschaften und Kollegialorganen. Dem Schutz der Minderheit gelten dabei oft Minderheitenrechte.
Die M. wird auf verschiedene Weise festgestellt: *einfache* oder *relative M.*

(Mehrheit der abgegebenen Stimmen), *absolute M.* (mehr als 50 % der abgegebenen Stimmen oder der Stimmberechtigten), *qualifizierte M.* (wenn z.B. 2/3 oder 3/4 der Stimmen für den Abstimmungserfolg erforderlich sind).

Mehrheitswahlrecht

→ Wahlsystem.

Mehrwertsteuer

die 1968 eingeführte → Umsatzsteuer.

Meineid

Straftat, die durch vorsätzlich falsches Schwören vor Gericht oder vor einer anderen zur Eidesabnahme zuständigen Stelle begangen wird.

Meinungsfreiheit

das in *Art. 5 Abs. 1 GG* geschützte Grundrecht, seine Meinung in Wort, Schrift und Bild zu äußern und zu verbreiten *(Recht auf freie Meinungsäußerung)* und sich aus allgemein zugänglichen Quellen ungehindert zu unterrichten *(→ Informationsfreiheit)*. Eines der wichtigsten Grundrechte des demokratischen Staates. M. findet ihre Schranken in den Vorschriften der allgemeinen Gesetze (d.h. Gesetze, die sich nicht gegen eine bestimmte Meinung richten, z.B. Strafgesetze), den gesetzlichen Bestimmungen zum Schutze der Jugend und in dem Recht der persönlichen Ehre. Die allgemeinen Gesetze sind jedoch ihrerseits unter Berücksichtigung der M. einschränkend auszulegen. Weitere Ausprägungen der M. sind die → Pressefreiheit und die *Freiheit von Rundfunk und Film*.

Meldepflicht

Pflicht, einen Wohnungswechsel bei der zuständigen Verwaltungsbehörde anzuzeigen. Bundesrechtlich durch das Melderechtsrahmengesetz (das nur die Speicherung der dort ausdrücklich aufgeführten Daten erlaubt), im übrigen landesrechtlich geregelt. Eine M. besteht z.B. auch bei Geburt, übertragbaren Krankheiten, in der Sozialversicherung und im Steuerrecht. Verstöße können als Ordnungswidrigkeiten geahndet werden.

Menschenhandel

Straftat, die begeht, wer einen anderen durch Gewalt, Drohung oder List dazu bringt, der Prostitution nachzugehen oder wer einen anderen anwirbt oder wider seinen Willen durch List, Drohung oder Gewalt entführt, um ihn unter Ausnutzung der Hilflosigkeit, die mit seinem Aufenthalt in einem fremden Land verbunden ist, zu sexuellen Handlungen zu bringen.

Menschenraub

Straftat, die begeht, wer sich eines Menschen durch List, Drohung oder Gewalt bemächtigt, um ihn in hilfloser Lage auszusetzen oder in Sklaverei, Leibeigenschaft oder auswärtige Kriegs- oder Schiffsdienste zu bringen. *Erpresserischen M.* begeht, wer einen anderen entführt oder sich eines anderen bemächtigt, um die Sorge eines Dritten um das Wohl des Opfers zu einer Erpressung auszunutzen oder wer die von ihm durch eine solche Handlung geschaffene Lage eines anderen zu einer solchen Erpressung ausnützt.

Menschenrechte

angeborene und damit unantastbare und unveräußerliche Rechte des Menschen (z.B. Recht auf Leben, Freiheit, freie Meinungsäußerung, Versammlungsfreiheit); als Grundrechte in viele Verfassungen, auch in das GG, aufgenommen. Völkerrechtliche Bestimmungen über den Schutz der M. finden sich in der Allgemeinen Erklärung der M. der Generalversammlung der UNO (die jedoch nur eine Empfehlung ist), in den beiden UNO-Konventionen über wirtschaftliche, soziale und kulturelle Rechte und über bürgerliche und politische Rechte sowie in der → Europäischen Konvention zum Schutz der M. und Grundfreiheiten.

Menschenwürde

der innere und zugleich soziale Anspruch des Menschen, als Träger geistig-sittlicher Werte geachtet zu werden. Die Würde des Menschen ist nach *Art. 1 Abs. 1 GG* unantastbar; sie zu achten und zu schützen ist Verpflichtung aller staatlichen Gewalt; auch eine

Grundgesetzänderung kann diese Verpflichtung nicht abschaffen. Daraus folgt, daß die M. den höchsten Wert darstellt und der Staat den Menschen nicht als bloßes Objekt behandeln darf. Art. 1 Abs. 1 GG gewährt allerdings noch kein subjektives Recht für den einzelnen; die M. wird erst in den anschließenden Grundrechten konkretisiert. Eine ihrer wichtigsten Ausprägungen ist das allgemeine → Persönlichkeitsrecht.

Messe

(lat.: missa = liturgische Opferfeier, Heiligenfest, Jahrmarkt); → Markt von großer wirtschaftlicher Bedeutung (z.B. Frankfurter Buchmesse). Zutritt ist grds. Fachbesuchern vorbehalten (im Gegensatz zur Ausstellung). Die dargebotenen Neuheiten sind nicht verkäuflich, sondern dienen lediglich als Muster, nach denen bestellt werden kann.

Meuterei

die Vereinigung mehrerer Personen zu Ungehorsam oder Empörung gegenüber Vorgesetzten.

Gefangenen-M.: Straftat, die Gefangene (auch in Sicherungsverwahrung Untergebrachte) begehen, die sich zusammenrotten und mit vereinten Kräften entweder Aufsichtspersonen nötigen oder tätlich angreifen oder gewaltsam ausbrechen oder gewaltsam einem von ihnen oder einem anderen Gefangenen zum Ausbruch verhelfen.

Soldaten-M.: Wehrstraftat, die im Zusammenrotten von Soldaten besteht, die mit vereinten Kräften den Gehorsam verweigern oder einen Vorgesetzten bedrohen oder nötigen oder ihn tätlich angreifen.

Miete

Vertrag, in dem sich der eine Teil (Vermieter) verpflichtet, dem anderen Teil (Mieter) den Gebrauch der vermieteten Sache während der Mietzeit zu gewähren und der Mieter sich verpflichtet, den vereinbarten Mietzins zu bezahlen. Der *Vermieter* hat die Mietsache in einem zu dem vertragsmäßigen Gebrauch geeigneten Zustand zu überlassen und zu erhalten. Bei Mängeln ist der Mieter u.a. zeitweise ganz oder teilweise von der Entrichtung des Mietzinses befreit. Der *Mieter* hat die Mietsache pfleglich zu behandeln, hat jedoch nach BGB Veränderungen oder Verschlechterungen, die durch den vertragsmäßigen Gebrauch herbeigeführt werden, nicht zu vertreten, wobei jedoch in der Praxis durch den Mietvertrag die sog. Schönheitsreparaturen meist dem Mieter auferlegt werden. Ohne Erlaubnis des Vermieters darf der Mieter die Sache nicht weitervermieten (*Untermiete*). Der Vermieter (eines Grundstücks, einer Wohnung oder eines anderen Raumes) hat für seine Forderungen aus dem Mietverhältnis (z.B. Mietzins) ein gesetzliches Pfandrecht an den vom Mieter eingebrachten Sachen (*Vermieterpfandrecht*). Der Abschluß eines *Mietvertrages* ist grds. formlos möglich, bedarf jedoch bei Grundstücken und Wohnraum der Schriftform, wenn er länger als 1 Jahr gelten soll. Das Mietverhältnis endet durch Zeitablauf oder (ordentliche oder außerordentliche) Kündigung (→ Kündigungsschutz), jedoch nicht durch die Veräußerung der Mietsache oder den Tod des Mieters. Vgl. auch → Mieterschutz.

Mieterschutz

Bestimmungen zum Schutz des Mieters von Wohnraum, nach denen insbes. die Möglichkeit des Vermieters zur Kündigung und Mietzinserhöhung beschränkt werden. Zur Erzwingung eines höheren Mietzinses darf der Vermieter nicht kündigen. Zwar können Vermieter und Mieter den Mietzins einvernehmlich festlegen und auch erhöhen (für bis zu 10 Jahre kann auch von vornherein ein Mietzins in steigender Höhe, jeweils für mindestens 1 Jahr unverändert, vereinbart werden, sog. Staffelmiete); einseitig kann der Vermieter im nicht preisgebundenen Wohnungsbau eine Zustimmung des Mieters zu einer Mietzinserhöhung, falls diese nicht vertraglich überhaupt ausgeschlossen ist, jedoch nur verlangen, wenn der Mietzins (abgesehen von den

Nebenkosten) seit mindestens 1 Jahr unverändert ist, der verlangte neue Mietzins die ortsübliche Vergleichsmiete nicht übersteigt und sich der Mietzins innerhalb von 3 Jahren nicht um mehr als 30 % erhöht. Unabhängig davon kann der Vermieter jedoch die Kosten baulicher Verbesserungen sowie Erhöhungen der Betriebs- und Kapitalkosten in bestimmter Höhe anteilig auf den Mieter umlegen. Zur Beschränkung der Kündigungsmöglichkeit → Kündigungsschutz.

Mietgericht

Abteilung des Amtsgerichts, die bei Mietstreitigkeiten entscheidet. Für Miet- und Räumungsprozesse aller Art über Wohnraum ist das Amtsgericht ausschließlich zuständig, in dessen Bereich sich der Wohnraum befindet. Darüber hinaus ist das Amtsgericht bei Mietstreitigkeiten, bei denen es nicht um Wohnraum geht, nur insoweit zuständig, als es sich um Ansprüche auf Überlassung, Benutzung oder Räumung sowie wegen Zurückhaltung der in die Mieträume eingebrachten Sachen handelt; außerdem jedoch auch für alle anderen Mietstreitigkeiten, soweit es sich um vermögensrechtliche Ansprüche mit einem Streitwert unter 5 000 DM handelt. Zur Herbeiführung einer einheitlichen Rechtsprechung über Rechtsfragen aus einem Mietverhältnis über Wohnraum sind die Landgerichte als Berufungsgerichte verpflichtet, vor Erlaß einer von der Rechtsprechung des BGH oder eines OLG abweichenden Entscheidung eine Vorabentscheidung des übergeordneten OLG herbeizuführen, das u.U. den BGH anrufen muß (sog. Rechtsentscheid); gilt gleichfalls bei Rechtsfragen von grundsätzlicher Bedeutung, die durch Rechtsentscheid noch nicht entschieden sind.

Mietkauf

Vertrag, bei dem eine Sache zunächst mietweise überlassen und dem Mieter dabei das Recht eingeräumt wird, die Sache später durch einseitige Erklärung zu einem vorher bestimmten Preis käuflich zu erwerben, wobei die bis dahin gezahlten Mieten ganz oder teilweise auf den Kaufpreis angerechnet werden. Auf den M. finden die Vorschriften über den Abzahlungskauf entsprechende Anwendung.

Militärischer Abschirmdienst

abgekürzt MAD; einer der drei → Geheimdienste der Bundesrepublik Deutschland, der die Bundeswehr und ihre Einrichtungen gegen Spionage abschirmen soll. Seine Zentrale ist das Amt für Sicherheit der Bundeswehr.

Minderjähriger

Person, die das 18. Lebensjahr noch nicht vollendet hat. M. ist zwar rechtsfähig, aber bis zur Vollendung des 7. Lebensjahres geschäftsunfähig, danach beschränkt geschäfts- und deliktsfähig. M. wird durch seine Eltern gesetzlich vertreten → Geschäftsfähigkeit, → elterliche Sorge.

Minderjährigkeit

Zeitraum von der → Geburt eines Menschen bis zur Vollendung des 18. Lebensjahres.

Minderung

die nachträgliche Herabsetzung des vereinbarten Kaufpreises beim Vorliegen eines vom Verkäufer zu vertretenden → Sachmangels (→ Gewährleistung). Sie erfolgt in dem Verhältnis, in welchem zur Zeit des Verkaufs der Wert der Sache in mangelfreiem Zustand zu dem wirklichen Wert gestanden haben würde. M. ist vollzogen, wenn sich der Verkäufer auf Verlangen des Käufers mit ihr einverstanden erklärt hat oder entsprechend verurteilt worden ist. Ein Recht zur M. besteht unter bestimmten Voraussetzungen auch bei Miet-, Werk- und Reiseverträgen.

Mindestgebot

bei einer öffentlichen → Versteigerung ein Gebot, das mindestens die Hälfte des gewöhnlichen Verkaufswertes der Sache erreicht; nur auf ein solches Gebot darf der Zuschlag erteilt werden. In der → Zwangsversteigerung der Betrag von 7/10 des Grundstückswertes (Verkehrswertes); einem Meistgebot, das unter diesem Betrag bleibt, kann der

Zuschlag auf Antrag eines Beteiligten, dessen Rechte durch dieses Meistgebot nicht gedeckt sind, versagt werden.

Minister

(lat.: Diener); Mitglied einer Regierung, das meist zugleich Leiter einer der obersten Verwaltungsbehörden (Ministerien) ist (Fach-, Ressort-M., z.B. der Finanzen), mitunter auch M. ohne besonderen Geschäftsbereich (M. ohne Portefeuille) und M. für Sonderaufgaben. Ist kein Beamter, sondern steht in einem öffentlich-rechtlichen Amtsverhältnis besonderer Art. → Bundesminister.

Ministerpräsident

der Regierungschef nach den Verfassungen der meisten Bundesländer. Bildet zusammen mit den Ministern die Landesregierung. Bestimmt die Richtlinien der Politik und trägt dafür gegenüber dem Parlament, von dem er gewählt und abberufen werden kann, die Verantwortung. Kann meist Ernennung und Entlassung der Minister vorschlagen.

Mißhandlung, körperliche

üble, unangemessene Behandlung, durch die das körperliche Wohlbefinden oder die körperliche Unversehrtheit einer Person erheblich beeinträchtigt wird. Sie ist (neben der Gesundheitsbeschädigung) eine Form der Begehung einer Körperverletzung. Gesondert wegen *M. Schutzbefohlener* wird bestraft, wer Personen unter 18 Jahren oder wegen Gebrechlichkeit oder Krankheit Wehrlose, die in einem Schutzverhältnis zu ihm stehen (z.B. Pflegschaft), quält oder roh mißhandelt oder sie durch böswillige Vernachlässigung seiner Pflicht, für sie zu sorgen, gesundheitlich schädigt.

Mißtrauensvotum

vom Parlament zum Ausdruck gebrachtes mangelndes Vertrauen in die Regierung. Der Bundestag kann dem Bundeskanzler das Mißtrauen nur dadurch aussprechen, daß er mit der Mehrheit seiner Mitglieder einen Nachfolger wählt und den Bundespräsidenten ersucht, den Bundeskanzler zu entlassen; der Bundespräsident muß dem Ersuchen entsprechen und den Gewählten ernennen. Durch dieses sog. *konstruktive M.* soll verhindert werden, daß der Bundeskanzler gestürzt wird, ohne daß die parlamentarische Grundlage für die Bildung einer neuen Bundesregierung vorhanden ist.

Mitarbeit

die Mitwirkung bei einer Tätigkeit. Ehegatten sind verpflichtet, im Beruf oder Geschäft des anderen Ehegatten grds. unentgeltlich mitzuarbeiten, falls dies nach den Verhältnissen, in denen die Ehegatten leben, üblich und zumutbar ist. Die Haushaltsführung wird in gegenseitigem Einvernehmen geregelt; beide Ehegatten sind berechtigt, erwerbstätig zu sein. Kinder sind entsprechend ihren Kräften und ihrer Lebensstellung zu grds. unentgeltlichen Dienstleistungen in Haushalt und Geschäft verpflichtet.

Mitbestimmung

I. *Allgemein* die Beteiligung an einer Entscheidung und die Möglichkeit, sie zu beeinflussen.

II. Im *Arbeitsrecht* die Mitentscheidung und sonstige Mitwirkung des Arbeitnehmers in allen Fragen von Betrieb und Unternehmen. Erfolgt innerbetrieblich durch den → Betriebsrat bzw. (im öffentlichen Dienst) durch die → Personalvertretung. Auf Unternehmensebene ist die *Montan-M.* die weitestgehende Form von M. Im Bergbau und in der Eisen und Stahl erzeugenden Industrie (Montanindustrie) entsenden die Arbeitnehmer ebensoviele Aufsichtsratsmitglieder wie die Eigentümer des Kapitals (Anteilseigner), sog. *paritätische M.* Außerhalb der Montanindustrie sind inbes. in Aktiengesellschaften, Kommanditgesellschaften auf Aktien und Gesellschaften mit beschränkter Haftung mit 500 – 2 000 Beschäftigten die Aufsichtsräte nur zu 1/3 von Arbeitnehmern besetzt, während in Unternehmen mit mehr als 2 000 Beschäftigten im Grundsatz die partitätische M. besteht, jedoch der Aufsichtsratsvorsitzende, falls eine Abstimmung wegen Stimmengleichheit wiederholt werden muß, eine 2. Stimme hat.

Mitgift

umgangssprachlicher Begriff für das Vermögen, das einer Frau zwecks Eheschließung von ihren Eltern oder anderen Personen zugewendet wird. Entspricht weitgehend der früheren → Aussteuer, geht aber noch über diese hinaus. Seit deren Wegfall liegt bei einer Zuwendung durch die Eltern eine → Ausstattung vor, bei Zuwendungen durch andere Personen eine Schenkung (so daß z.B. das M.-Versprechen schriftlich gegeben werden muß),es sei denn, die Zuwendung erfolgt im Rahmen einer Unterhaltspflicht unter Verwandten.

Mittäter

jemand, der gemeinschaftlich mit einem oder mehreren anderen eine Straftat begeht. Erfordert bewußtes und gewolltes Zusammenwirken (wohingegen Nebentäter ohne dieses Zusammenwirken Bedingungen setzen, die zusammen oder für sich allein den Erfolg herbeiführen).Der M. wird als Täter bestraft. Jeder M. haftet für Tatausführung und Erfolg nur, soweit sein Wille reicht, nicht für den Exzeß der anderen. Zur Abgrenzung vom Gehilfen vgl. dort.

mittelbarer Täter

jemand, der eine Straftat durch einen anderen (sein Tatwerkzeug) ausführen läßt, der selbst nicht strafbar ist (z.B. infolge Irrtums oder Schuldunfähigkeit). Der m.T. wird wie ein (unmittelbarer) Täter bestraft.

Mitverschulden

das Verschulden des Geschädigten, das bei der Entstehung eines Schadens mitgewirkt hat. Die Verpflichtung zum Schadensersatz sowie deren Umfang hängt dann insbes. davon ab, von wem der Schaden vorwiegend verursacht worden ist. Dies kann zu einer Aufteilung des Schadens führen (z.B. 3/4 trägt der Schädiger, 1/4 der Geschädigte).

Mobilien

(lat.: mobilis = beweglich); bewegliche Sachen (*Gegensatz:* Immobilien).

Monarchie

(griech.: monos = allein, árchein = herrschen); Staatsform, bei der eine einzelne Person als Träger der Staatsgewalt an der Spitze des Staates steht, wohin sie i. d. R. durch Erbfolge berufen wird. Die Ausübung der Staatsgewalt kann absolut oder auch beschränkt sein, wie z.B. in der *konstitutionellen M.,* in der die Verfassung auch andere Organe an der Ausübung der Staatsgewalt beteiligt, oder dem Monarchen verbleibt nur noch formal die Stellung eines Staatsoberhauptes. Der Begriff der M. steht im Gegensatz zum Begriff der → Demokratie.

Monopol

(griech.: monopolion = das Recht des Alleinhandels; der Alleinverkauf); Marktform, bei der das Angebot in einer Hand vereinigt ist. Besteht für ein Unternehmen dann, wenn es für eine bestimmte Art von Waren oder gewerblichen Leistungen keinem oder keinem wesentlichen Wettbewerb ausgesetzt ist. Der Inhaber eines M. unterliegt oftmals einem → Abschlußzwang. Die mißbräuchliche Ausnutzung einer *M.-Stellung* kann zu einer Schadensersatzpflicht führen. *Finanz-M.* ist die ausschließliche Berechtigung des Staates, aus dem Verkauf bestimmter Waren oder aus bestimmten Dienstleistungen Einkünfte zu erzielen (z.B. Branntweinmonopol).

Montanunion

→ Europäische Gemeinschaften.

Moral

(lat.: moralis = die Sitten betreffend); die → Sittlichkeit, das sittliche Verhalten.

Moratorium

(lat.: mora = Verzögerung); durch Vertrag oder Staatsakt gewährter Aufschub fälliger privater oder staatlicher (in- oder ausländischer) Verpflichtungen.

Mord
im Strafrecht die Tat eines → Mörders, einer der Fälle der → Tötung. Mörder ist, wer einen Menschen tötet und dabei nach Tatmotiv, Tatzweck und Tatausführung besonders verwerflich handelt. Auf M., der nicht verjährt, steht grds. lebenslange Freiheitsstrafe. Vgl. auch → Völkermord.

Mörder
wer aus Mordlust, zur Befriedigung des Geschlechtstriebs, aus Habgier oder sonst aus niedrigen Beweggründen oder mit gemeingefährlichen Mitteln oder um eine andere Straftat zu ermöglichen oder zu verdecken, einen Menschen vorsätzlich tötet (vgl. auch → Mord, → Totschlag).

Motiv
(lat.: motivum = Beweggrund, Antrieb); Beweggrund für das Verhalten einer Person. Kann im *Strafrecht* ein Tatbestandsmerkmal sein (z.B. die als Mord strafbare Tötung aus niedrigen Beweggründen) und allgemein bei der Strafzumessung berücksichtigt werden. Im *Privatrecht* sind M. für die Wirksamkeit eines Rechtsgeschäftes i. d. R. ohne Bedeutung (*Ausnahme:* z.B., wenn Vertragsparteien ein bestimmtes M. erkennbar zur Geschäftsvoraussetzung gemacht haben; dann Anfechtung wegen *M.-Irrtums* möglich).

Mündel
Person, die unter → Vormundschaft steht.

Mündelgeld
das zum Vermögen des → Mündels gehörende Geld. Vom Vormund verzinslich und nur in bestimmten, sehr sicheren Formen anzulegen (z.B. in Pfandbriefen kommunaler Körperschaften, sofern sie die Bundesregierung mit Zustimmung des Bundesrates zur Anlegung von M. für geeignet erklärt hat, sog. mündelsichere Pfandbriefe).

Mündigkeit
gleichbedeutend mit Volljährigkeit; vgl. auch → Ehefähigkeit, → Strafmündigkeit.

Mündlichkeitsgrundsatz
Grundsatz, wonach vor Gericht mündlich verhandelt werden muß und nur das mündlich Verhandelte der Entscheidung zugrunde gelegt werden darf. In den meisten Verfahrensordnungen vorgeschrieben, wobei im Zivilprozeß auch die mündliche Bezugnahme auf Schriftsätze ausreicht, darüberhinaus zahlreiche Ausnahmen. Am strengsten ist der M. im Strafprozeß in der Hauptverhandlung gewahrt.

Mundraub
die früher als Übertretung bestrafte Entwendung oder Unterschlagung von Nahrungs- oder Genußmitteln in geringer Menge oder von unbedeutendem Wert zum alsbaldigen Verbrauch. Heute werden Diebstahl und Unterschlagung geringwertiger Sachen als Diebstahl und Unterschlagung bestraft, jedoch nur auf Antrag verfolgt, es sei denn, daß die Strafverfolgung wegen des besonderen öffentlichen Interesses von Amts wegen geboten ist.

Münzdelikt
frühere Bezeichnung für → Geldfälschung.

Musterung
Verfahren zur Feststellung, welche ungedienten Wehrpflichtigen für den Wehrdienst zur Verfügung stehen und welche Art von → Wehrdienst sie zu leisten haben. Wird von den Kreiswehrersatzämtern durchgeführt; wichtigster Bestandteil ist die Feststellung des Tauglichkeitsgrades durch eine ärztliche Untersuchung. Gegen den von einem *M.-Ausschuß* erlassenen *M.-Bescheid* kann innerhalb von zwei Wochen Widerspruch eingelegt werden, über den die *M.-Kammer* entscheidet; danach kann vor dem Verwaltungsgericht geklagt werden.

Mutterschaftsurlaub
Urlaub, der der erwerbstätigen Mutter auf Antrag nach Ablauf der Mutterschutzfrist (→ Mutterschutz) von i. d. R. 8 Wochen bis zu dem Tag zusteht, an dem das Kind 6 Monate alt wird. Voraussetzung: die Mutter muß in den

letzten 12 Monaten vor der Entbindung für mindestens 9 Monate (bei Frühgeburten 7 Monate) in einem Arbeitsverhältnis gestanden haben bzw. Anspruch auf Arbeitlosengeld, Arbeitslosenhilfe oder Unterhaltsgeld nach dem Arbeitsförderungsgesetz gehabt haben. Während des M. erhält die Mutter aus Bundesmitteln steuerfrei das Mutterschaftsgeld weitergezahlt, je nach Höhe ihres bisherigen Nettolohnes bis zu höchstens 510 DM im Monat. Sie bleibt beitragsfrei in der Renten-, Kranken- und Arbeitslosenversicherung versichert und genießt weiter bis zwei Monate nach dem M. → Kündigungsschutz.

Mutterschutz
Schutz der erwerbstätigen Mutter vor und nach der Geburt. Für die letzten 6 Wochen vor und die ersten 8 Wochen (bzw. 12 Wochen bei Früh- und Mehrlingsgeburten) nach der Geburt besteht ein Beschäftigungsverbot; *vor* der Entbindung *darf* die werdende Mutter jedoch arbeiten, wenn sie sich ausdrücklich damit einverstanden erklärt; diese Erklärung kann sie jederzeit widerrufen. Ein Beschäftigungsverbot besteht darüber hinaus auch immer dann, wenn der Arzt die Gesundheit von Mutter oder Kind bei einer Weiterbeschäftigung gefährdet sieht. Werdende Mütter dürfen auch nicht mit schweren körperlichen oder gesundheitsgefährdenden Arbeiten beschäftigt werden. Während der allgemeinen Schutzfristen erhalten die Mütter als Lohnersatz *Mutterschaftsgeld,* und zwar Mitglieder der gesetzlichen Krankenversicherung in Höhe des Nettoarbeitsentgelts, jedoch höchstens 25 DM pro Kalendertag von der Krankenkasse, wobei den darüberhinausgehenden Teil des Nettolohnes der Arbeitgeber trägt, und andere Mütter anstelle der Krankenkassenleistung 400 DM aus Bundesmitteln und gleichfalls vom Arbeitgeber den Differenzbetrag zwischen 25 DM pro Tag und dem bisherigen Nettoeinkommen. Während der Schwangerschaft und bis zu 4 Monate danach besteht Kündigungsschutz. Vgl. auch → Mutterschaftsurlaub.

N

Nachbar

allgemein eine Person, die in der nahen Umgebung einer anderen Person wohnt; rechtlich insbes. eine Person, deren Grundeigentum unmittelbar an das einer anderen Person angrenzt.

Nachbarklage

im Verwaltungsrecht die Klage eines Nachbarn insbes. gegen eine Baugenehmigung. Setzt voraus, daß die Baugenehmigung gegen eine Rechtsvorschrift verstößt, die nachbarschützenden Charakter hat.

Nachbarrecht

die Gesamtheit derjenigen Rechtsvorschriften, die das Eigentum an einem Grundstück im Interesse benachbarter Grundeigentümer beschränken.

I. Im *Privatrecht* sind dies insbes. Bestimmungen über → Immissionen, → Überhang, → Überfall, entschuldigter Überbau (die Errichtung eines Gebäudes über die Grenze eines Grundstücks ist zu dulden, wenn der Überbauende ohne Vorsatz oder grobe Fahrlässigkeit gehandelt und der Nachbar nicht vor oder sofort nach der Grenzüberschreitung Widerspruch eingelegt hat), → Notweg und → Grenzen.

II. Im *Verwaltungsrecht* schützen bestimmte baurechtliche Vorschriften auch die Nachbarn (z.B. Grenzabstand). Verletzt eine Baugenehmigung ein Recht eines Nachbarn, so kann er → Nachbarklage erheben.

Nachbesserung

kostenlose nachträgliche Beseitigung eines Mangels durch den Werkunternehmer, auf die beim Werkvertrag der Besteller bei Mangelhaftigkeit des Werkes einen Anspruch hat.

Nacherbe

Erbe, der aufgrund eines Testaments erst Erbe wird, nachdem zuvor ein anderer Erbe (Vorerbe) geworden ist. Die Nacherbschaft beginnt mit dem vom Erblasser bestimmten Zeitpunkt, andernfalls mit dem Tode des Vorerben.

Nachlaß

Vermögen des → Erblassers im Zeitpunkt des → Erbfalles; oft als → Erbschaft bezeichnet.

Nachlaßgericht

das Amtsgericht im Rahmen seiner Aufgabe als Gericht für alle mit dem → Erbfall zusammenhängenden Angelegenheiten. Teil der → freiwilligen Gerichtsbarkeit. Bearbeitet i. d. R. vom → Rechtspfleger des N., in dessen Bezirk der → Erblasser seinen letzten Wohnsitz hatte. Schwierige Vorgänge (z.B. Erteilung eines → Erbscheins, Nachlaßverwaltung) sind dem Nachlaßrichter (Amtsrichter) vorbehalten. N. *entscheidet* jedoch nicht bei *Streitigkeiten* über den Erbschaftsanspruch; diese müssen im normalen Zivilprozeß ausgetragen werden.

Nachlaßkonkurs

der → Konkurs über einen Nachlaß. Dient der Absonderung des (nicht rechts- aber konkursfähigen) Nachlasses vom Eigenvermögen des Erben und beschränkt die Haftung des Erben auf den Nachlaß. Setzt Überschuldung des Nachlasses voraus; Gemeinschuldner ist der Erbe.

Nachlaßverbindlichkeit

Verpflichtung, für die der Erbe beim Erbfall den Nachlaßgläubigern gegenüber zunächst unbeschränkt haftet. Dazu gehören die vom Erblasser herrührenden Schulden und die den Erben als solchen treffenden Verbindlichkeiten, z.B. aus Pflichtteilsrechten, Vermächtnissen, Auflagen, die Erbschaftssteuer, die Beerdigungskosten und die durch Verwaltungshandlungen des Erben, eines Nachlaßpflegers, Nachlaßverwalters oder Testamentsvollstreckers entstehenden Schulden. Der Erbe kann seine Haftung für N. auf den Nachlaß beschränken (z.B. durch → Nachlaßverwaltung).

Nachlaßverwaltung
vom Nachlaßgericht auf Antrag angeordnete Nachlaßpflegschaft (→ Pflegschaft) zum Zwecke der Befriedigung der Nachlaßgläubiger. Bewirkt Beschränkung der Haftung des Erben auf den Nachlaß. Mit ihrer Anordnung verliert der Erbe die Befugnis, den Nachlaß zu verwalten und über ihn zu verfügen zugunsten des Nachlaßverwalters.

Nachlieferung
→ Sachmangel.

Nachrede
→ üble Nachrede.

Nachrichtendienste
→ Geheimdienst.

Nachtarbeit
die Beschäftigung von Arbeitnehmern zwischen 20 und 6 Uhr. Für Männer nur teilweise verboten (z.B. für Bäckereien i. d. R. zwischen 0 und 4 Uhr), für Frauen und Jugendliche mit Ausnahmen verboten.

Nachtragsanklage
die nach Eröffnung des → Hauptverfahrens erfolgende zusätzliche Anklage des Staatsanwalts wegen weiterer Straftaten des Angeklagten. Die N. kann in der Hauptverhandlung auch mündlich erhoben werden. Eine Verbindung des Gegenstandes der N. mit dem laufenden Verfahren kann das Gericht nur mit Zustimmung des Angeklagten beschließen.

Nachtragshaushalt
→ Haushaltsrecht.

Name
geschützte Bezeichnung einer Person, um sie von anderen zu unterscheiden. Kann bei natürlichen Personen nur ausnahmsweise geändert werden (→ Namensänderung).
Das *N.-Recht* ist ein besonderes Persönlichkeitsrecht. Darunter fallen nicht nur (bürgerliche) N. natürlicher Personen (bestehend aus dem → Familiennamen und einem oder mehreren Vornamen), sondern auch → Pseudonyme und N. von juristischen Personen und Personengesellschaften.
Wird das Recht zum Gebrauch eines N. dem Berechtigten von einem anderen bestritten oder wird das Interesse des Berechtigten dadurch verletzt, daß ein anderer unbefugt den gleichen N. gebraucht, so kann der Berechtigte von dem anderen Beseitigung der Beeinträchtigung verlangen und bei Wiederholungsgefahr auf Unterlassung klagen. Handelt der andere schuldhaft, so kann der Berechtigte auch Schadensersatz aus → unerlaubter Handlung verlangen.

Namensänderung
auf Antrag mögliche Änderung des Familien- oder Vornamens durch die Verwaltungsbehörde. Nur aus wichtigem Grund zulässig, z.B. wenn der zu ändernde Name anstößig oder lächerlich ist. N. wird dem Standesbeamten, der Strafregisterbehörde und der Ortspolizeibehörde mitgeteilt.

Namensrecht
→ Name.

nasciturus
(lat.: der geboren werden wird); → Leibesfrucht.

Nation
(lat.: natio = Geburt, Geschlecht, Stamm, Volk); die durch das Bewußtsein ihrer politischen und/oder kulturellen Eigenständigkeit zur Gemeinschaft gewordenen Menschen.

NATO
(engl. Abk. für: North Atlantic Treaty Organization = Nordatlantikpakt-Organisation); Verteidigungsbündnis von

16 westlichen Staaten (USA, Kanada, Großbritannien, Frankreich, Bundesrepublik Deutschland und weitere Staaten Westeuropas). Organe der NATO sind der Nordatlantikrat, der Militärausschuß und das Hauptquartier der Alliierten Mächte in Europa (Shape). Die Rechtsstellung der Truppen der Mitgliedsstaaten in den Aufnahmestaaten regelt das Truppenstatut.

Naturalherstellung
auch Naturalrestitution; Herstellung des Zustandes, der bestehen würde, wenn der zum Ersatz eines Schadens verpflichtende Umstand nicht eingetreten wäre. Grundprinzip des Schadensersatzrechts. An die Stelle der N. tritt jedoch meist Schadensersatz in Geld.

Naturalisation
(frz.: naturaliser = in den eigenen Staatsverband rechtlich aufnehmen, einbringen); → Einbürgerung.

natürliche Person
der Mensch (von seiner Geburt bis zu seinem Tode) als Träger von Rechten und Pflichten. *Gegensatz:* → juristische Person.

Naturrecht
in der Rechtsphilosophie das aus der Natur des Menschen abgeleitete Recht, das mit der allen Menschen eigenen Vernunft erkennbar ist und daher immer und überall gilt. Steht im Gegensatz zu dem vom Menschen geschaffenen Recht (→ positives Recht, → Gewohnheitsrecht). Aus N werden heute vor allem die → Menschenrechte und Grundfreiheiten abgeleitet.

Naturschutz
alle Maßnahmen zur Erhaltung, Gestaltung und Pflege der Natur (Landschaft, Pflanzen und Tiere) als Lebensgrundlage für den Menschen und seine Erholung; sie sind ein Teil des Umweltschutzes. Das *Bundesnaturschutzgesetz* setzt den Rahmen für die Gesetzgebung der Länder. Es enthält Bestimmungen über die Landschaftsplanung, das Verbot oder den Ausgleich von Eingriffen in Natur und Landschaft, den Schutz bestimmter Teile von Natur und Landschaft (z.B. die Erklärung zum Naturschutz- oder Landschaftsschutzgebiet oder zum Naturdenkmal), den Schutz von Pflanzen und Tierarten, die Sicherung von Erholungsmöglichkeiten und die Beteiligung von N.-Verbänden.

Nebenklage
Klage, mit der sich eine verletzte Privatperson der öffentlichen Klage des Staatsanwalts anschließen kann. N. erheben können der zur → Privatklage Berechtigte, die Eltern, Kinder, Geschwister und Ehegatten eines durch eine rechtswidrige Tat Getöteten sowie der Verletzte, der die öffentliche Klage im → Klageerzwingungsverfahren herbeigeführt hat. Der Nebenkläger hat nach erfolgtem Anschluß die Rechte eines Privatklägers.

Nebenstrafe
Strafe, die nicht selbständig, sondern nur neben einer sog. Hauptstrafe verhängt werden kann (z.B. → Fahrverbot, Aberkennung der Amtsfähigkeit, der Wählbarkeit und des Stimmrechts).

ne bis in idem
(lat.: nicht zweimal gegen dasselbe); verfassungsrechtlich garantierter Grundsatz des Strafverfahrensrechts, wonach niemand wegen derselben Tat auf Grund der allgemeinen Strafgesetze mehrmals bestraft werden darf. Gilt für Strafbefehle und Bußgeldbescheide nur beschränkt und für Verurteilungen durch ausländische Gerichte i. d. R. überhaupt nicht.

netto
(ital.: (peso) netto = rein, unvermischt); rein, ohne (weiteren) Abzug, ohne Verpackung. *Gegensatz:* brutto.

Neutralität
(lat.: neuter = keiner von beiden); im völkerrechtlichen Sinn die Nichtbeteiligung eines Staates an einer kriegerischen Auseinandersetzung zwischen anderen Staaten. Von der N. im Kriegsfall zu unterscheiden ist die *dauernde N.*, d.h. die vertragliche Verpflichtung, sich schon im Frieden jeder Bündnispolitik zu enthalten.

Nichtanzeige von Straftaten
Straftat die begeht, wer von dem Vorhaben oder der Ausführung bestimmter schwerer Straftaten (z.B. Mord) zu einer Zeit, zu der die Ausführung oder der Erfolg noch abgewendet werden kann, glaubhaft erfährt und es unterläßt, dies der Behörde oder dem Bedrohten rechtzeitig anzuzeigen. Von Strafe kann abgesehen werden, wenn die geplante Tat nicht versucht worden ist. *Keine Anzeigepflicht* trifft Geistliche über das ihnen als Seelsorger Anvertraute; ebenso Angehörige, Rechtsanwälte und Ärzte, wenn sie sich ernsthaft bemüht haben, den Täter von seiner Tat abzuhalten oder den Erfolg abzuwenden (jedoch nicht bei Mord, Völkermord und bestimmten Terrordelikten). *Straffrei* bleibt auch, wer die Ausführung oder den Erfolg einer Tat anders als durch Anzeige abwendet; unterbleibt die Tat ohne sein Zutun, genügt sein ernsthaftes Bemühen.

Nichtehe
auch Scheinehe; die auf einen völlig wirkungslosen Eheschließungsversuch gegründete „Ehe" (insbes. bei fehlender Mitwirkung eines Standesbeamten und bei „Ehe "zwischen Personen desselben Geschlechts). Sie braucht nicht erst für nichtig erklärt zu werden wie im Falle der sog. → Ehenichtigkeit; auch eine spätere Heilung gibt es nicht. Eine N. hat keine der Folgen einer Ehe.

nichteheliche Lebensgemeinschaft
auch eheähnliche Gemeinschaft; das Zusammenleben zweier Personen wie in einer Ehe, jedoch ohne förmliche Eheschließung. Wird weitgehend nicht wie eine gültige Ehe behandelt (z.B. Kinder sind nichtehelich, kein Unterhaltsanspruch, kein Versorgungsausgleich), in einzelnen Beziehungen jedoch der Ehe gleichgestellt (so im Mietrecht und beim (dinglichen) → Wohnungsrecht). Auch kann hinsichtlich einzelner Vermögensgegenstände bei ausreichenden Anhaltspunkten eine gemeinschaftliche Beteiligung angenommen werden. Beim Bezug von Sozialhilfe dürfen Personen, die in einer n. L. leben, nicht besser gestellt werden als Ehegatten. → Konkubinat.

nichteheliches Kind
das von einer unverheirateten Frau geborene K. sowie ein K., dessen Ehelichkeit wirksam angefochten ist. Es hat gegenüber seiner Mutter und deren Verwandten grds. die rechtliche Stellung eines ehelichen K. Es untersteht der elterlichen Sorge der Mutter, der allerdings grds. das Jugendamt als Pfleger (→ Pflegschaft) beigeordnet wird (bei minderjährigen Müttern als Amtsvormund). Es erhält den Familiennamen, den die Mutter zur Zeit der Geburt führt (zur Möglichkeit der sog. Einbenennung → Geburtsname). Die nichteheliche Abstammung wird durch Anerkennung oder gerichtliche Entscheidung mit Wirkung für und gegen alle festgestellt (→ Vaterschaftsanerkenntnis, → Vaterschaftsvermutung). Das n.K. gilt als mit seinem Vater verwandt und hat daher auch einen Unterhaltsanspruch (→ Regelunterhalt) sowie einen gesetzlichen Anspruch auf vorzeitigen Erbausgleich (zwischen dem 21. und 27. Lebensjahr) bzw. einen → Erbersatzanspruch gegen die Erben des Vaters.

Nichtehelichkeit
→ nichteheliches Kind.

Nichterfüllung
liegt vor, wenn jemand seiner vertraglich übernommenen Verpflichtung nicht oder nicht rechtzeitig nachkommt. Die N. löst in der Regel je nach Vertragstyp Schadensersatzansprüche aus.

Nichtigkeit
die völlige Unwirksamkeit eines Rechtsgeschäfts oder eines Hoheitsaktes von Anfang an. Sie wirkt absolut für und gegen alle, bedarf keiner Geltendmachung und ist im Prozeß von Amts wegen zu berücksichtigen. Sie kann grds. nicht durch Heilung, sondern nur durch Neuvornahme beseitigt werden. Rechtsgeschäfte sind insbes. nichtig bei Geschäftsunfähigkeit, bei Verstoß gegen die guten Sitten und bei Formmangel. Ist ein Teil eines Rechts-

geschäfts nichtig, so ist das ganze Rechtsgeschäft nichtig, wenn nicht anzunehmen ist, daß es auch ohne den nichtigen Teil vorgenommen worden wäre (Ausn. bei Allgemeinen Geschäftsbedingungen). Entspricht ein nichtiges Rechtsgeschäft den Erfordernissen eines anderen Rechtsgeschäfts, so gilt letzteres, falls anzunehmen ist, daß dessen Geltung bei Kenntnis der N. gewollt wäre. Zur N. einer Ehe → Ehenichtigkeit.
→ Verwaltungsakte haben die Vermutung der Richtigkeit für sich und sind daher nur nichtig, soweit sie an besonders schwerwiegenden Fehlern leiden und dies bei verständiger Würdigung aller in Betracht kommenden Umstände offenkundig ist. Ähnliches gilt für gerichtliche Entscheidungen. Zur N. von Gesetzen → Verfassungswidrigkeit.

Nichtigkeitsklage
Klage, die zur Nichtigkeit einer rechtskräftigen gerichtlichen Entscheidung wegen eines Prozeßverstoßes führen soll. Die N. wird im → Wiederaufnahmeverfahren erhoben. Die Nichtigkeitsgründe sind gesetzlich geregelt (z.B. falsche Besetzung des erkennenden Gerichts). Mit der N. kann auch die Nichtigkeit einer Ehe herbeigeführt werden (→ Ehenichtigkeit).

Nichtzulassungsbeschwerde
Beschwerde, die sich dagegen richtet, daß das Berufungsgericht in einem Fall, in dem die Revision nur auf Grund besonderer Zulassung eingelegt werden kann, diese nicht ausgesprochen hat. Von Bedeutung im Verwaltungs-, Sozial-, Finanz- und Arbeitsgerichtsverfahren. Keine N. gibt es im Zivilprozeß, obwohl auch hier die Revision besonders zugelassen werden muß.

Niederlassung
die Begründung eines ständigen Wohnsitzes bzw. bei juristischen Personen eines Sitzes sowie dieser Sitz selbst. Jeder Kaufmann muß eine, kann aber auch mehrere N. (Haupt- und Zweig-N.) haben. Eine *gewerbliche N.* stellen die zum dauernden Gebrauch eingerichteten Geschäftsräume dar oder (falls solche nicht vorhanden sind) die Wohnung.

Niederlassungsfreiheit
das als Teil des Grundrechts der Freizügigkeit allen Deutschen zustehende Recht, sich an jedem Ort innerhalb des Bundesgebietes niederzulassen, Grundeigentum zu erwerben und sich beruflich zu betätigen. Innerhalb der EG besteht für jeden einzelnen Bürger eines Mitgliedstaates ein Recht auf N. in allen EG-Staaten.

Nießbrauch
Belastung einer Sache zu Gunsten einer Person, die dadurch berechtigt wird, die Sache umfassend zu nutzen. N. kann auch an einem Recht oder an den einzelnen Gegenständen eines Vermögens bestellt werden. Der N. ist eine → Dienstbarkeit. Er ist unveräußerlich und unvererblich.

Norm
→ Rechtsnorm.

Normenkontrolle
gerichtliche Überprüfung der Gültigkeit einer Rechtsnorm. Grds. ist dazu jedes Gericht berechtigt und verpflichtet, wenn es auf die Gültigkeit einer Norm in einem Verfahren ankommt. In erheblichem Umfang ist die N. jedoch dem Bundesverfassungsgericht und den Landesverfassungsgerichten vorbehalten. Das BVerfG entscheidet auf Antrag der Bundesregierung, einer Landesregierung oder eines Drittels der Mitglieder des Bundestages bei Meinungsverschiedenheiten oder Zweifeln über die förmliche oder sachliche Vereinbarkeit von Bundesrecht oder Landesrecht mit dem GG oder über die Vereinbarkeit von Landesrecht mit sonstigem Bundesrecht (sog. *abstrakte N.*, d.h. sie erfolgt unabhängig von einem konkreten Verfahren). Hält das BVerfG das Gesetz für verfassungswidrig, so erkärt es dieses für nichtig; die Entscheidung hat Gesetzeskraft. Hält ein Gericht ein Gesetz, auf dessen Gültigkeit es bei seiner Entscheidung ankommt, für verfassungswidrig, so hat

es gem. *Art. 100 GG* das Verfahren auszusetzen und, soweit es sich um eine Grundrechtsverletzung handelt, die Entscheidung des BVerfG einzuholen; bei Verletzung einer Landesverfassung ist das Landesverfassungsgericht zuständig (sog. *konkrete N.).* Eine → Popularklage ist unzulässig (vereinzelte Ausnahmen in Landesverfassungen), jedoch kann jedermann gegen ein Gesetz, das ihn unmittelbar (d.h. ohne dazwischenliegenden Vollzugsakt) in seinen Grundrechten verletzt, → Verfassungsbeschwerde erheben. Vgl. auch → Vorlageverfahren.

Notar

unabhängiger Träger eines öffentlichen Amtes, der als Organ der Rechtspflege von der Justizverwaltung öffentlich bestellt wird. Erforderlich ist die Befähigung zum Richteramt (in Württemberg nicht beim sog. Bezirksnotar). In einzelnen Bundesländern (z.B. Hessen) übt der N. zugleich den Beruf des Rechtsanwalts aus *(Anwalts-N.,* im Gegensatz zum *Nur-N.).* Aufgaben: insbes. öffentliche Beurkundung und Beglaubigung. Bestellung sowie Aufgaben und Pflichten des N. sind in der Bundesnotarordnung gesetzlich geregelt. Im Unterschied zum Rechtsanwalt ist der N. nicht Vertreter einer Partei, sondern unparteiischer Betreuer der Beteiligten. Für seine Tätigkeit erhält der N. Gebühren und Auslagenersatz nach der Kostenordnung.

Notaufnahme

die Aufnahme von aus der DDR oder dem Sowjetsektor von Berlin in die Bundesrepublik oder nach Berlin (West) geflüchteten Deutschen. Erfordert eine Erlaubnis, die zu erteilen ist, wenn sich jemand durch die Flucht einer unverschuldeten, politisch bedingten Zwangslage entzogen hat. Darüber wird in den Durchgangslagern in Gießen und Berlin-Marienfelde entschieden, wo auch die Unterbringung, Verteilung und Betreuung geregelt werden.

Nothilfe

diejenige Verteidigung, die erforderlich ist, um einen gegenwärtigen rechtswidrigen Angriff auf einen anderen abzuwenden. Sie ist ein Fall der → Notwehr.

Nötigung

Straftat gegen die persönliche Freiheit, bei der jemand einen anderen mit Gewalt oder durch Drohung mit einem empfindlichen Übel zu einer Handlung, Duldung oder Unterlassung bestimmt. Die Tat ist rechtswidrig, wenn die Anwendung der Gewalt oder die Androhung des Übels zu dem angestrebten Zweck als verwerflich anzusehen ist (z.B. kann ein an sich berechtigtes Zahlungsverlangen verwerflich sein, wenn es mit der Drohung erzwungen wird, andernfalls damit nicht zusammenhängende peinliche Vorfälle an die Öffentlichkeit zu bringen).

Notstand

ein Zustand gegenwärtiger Gefahr für rechtlich geschützte Interessen, der nur auf Kosten fremder Interessen abgewendet werden kann. Schließt entweder schon die Rechtswidrigkeit oder nur die Schuld aus.

I. Im *Strafrecht* liegt *rechtfertigender N.* vor, wenn jemand in einer gegenwärtigen, nicht anders abwendbaren Gefahr für Leben, Körper, Freiheit, Ehre, Eigentum oder ein anderes Rechtsgut eine Tat begeht, um die Gefahr von sich oder einem anderen abzuwenden, wobei bei Abwägung der widerstreitenden Interessen, insbes. der betroffenen Rechtsgüter und des Grades der ihnen drohenden Gefahren, das geschützte Interesse das beeinträchtigte wesentlich überwiegt und die Tat ein angemessenes Mittel zur Gefahrabwendung ist. *Entschuldigender N.* ist gegeben, wenn jemand in einer gegenwärtigen, nicht anders abwendbaren Gefahr für Leben, Körper oder Freiheit eine rechtswidrige Tat begeht, um die Gefahr von sich oder einem Angehörigen oder einer anderen ihm nahestehenden Person abzuwenden. Dies gilt jedoch nicht, wenn dem Täter den Umständen nach zugemutet werden konnte, die Gefahr hinzunehmen; dies gilt besonders, wenn er die Gefahr selbst verursacht hat (hier kann die Strafe aber ge-

mildert werden) oder weil er in einem besonderen Rechtsverhältnis stand (z.B. Feuerwehrmann, Polizist).
II. Im *Zivilrecht* sind der aggressive N. (Angriffs-N.) und der defensive N. (Verteidigungs-N.) Rechtfertigungsgründe. *Aggressiver N.* liegt vor, wenn jemand auf eine fremde, selbst nicht gefährdende Sache einwirkt, wenn dies zur Abwendung einer gegenwärtigen Gefahr notwendig und der drohende Schaden gegenüber dem durch die Einwirkung dem Eigentümer entstehenden Schaden unverhältnismäßig groß ist. *Defensiver N.* ist gegeben, wenn jemand eine fremde Sache beschädigt oder zerstört, um eine durch sie drohende Gefahr von sich oder einem anderen abzuwenden, wenn die Beschädigung oder Zerstörung zur Abwendung der Gefahr erforderlich ist und der Schaden nicht außer Verhältnis zu der Gefahr steht (z.B. Tötung eines angreifenden Hundes). Beim aggressiven N. ist der Handelnde immer zu Schadensersatz verpflichtet, beim defensiven N. nur, wenn er die Gefahr verschuldet hat.

Notstandsgesetze
die neben der → Notstandsverfassung zur Bewältigung von Fällen des inneren und äußeren Notstands erlassenen einfachen (d.h. nicht verfassungsändernden) Gesetze (z.B. Zivilschutz- und Katastrophenschutzgesetze, Gesetze zur Sicherstellung der Versorgung, Gesetz zur Einschränkung des Brief-, Post- und Fernmeldegeheimnisses). Nicht zu verwechseln mit dem → Gesetzgebungsnotstand.

Notstandsverfassung
zur Ablösung alliierter Sicherheitsvorbehalte eingeführte Ergänzungen und Änderungen des GG für den Fall des Staatsnotstandes. Umfaßt u.a. Regelungen für den Verteidigungsfall, den Spannungsfall, zur Abwehr drohender Gefahren für den Bestand oder die freiheitlich demokratische Grundordnung des Bundes oder eines Landes und zur Bekämpfung von Naturkatastophen und besonders schweren Unglücksfällen. Nicht zu verwechseln mit dem → Gesetzgebungsnotstand.

Notweg
die Benutzung eines Nachbargrundstücks, wenn einem Grundstück die zur ordnungsmäßigen Benutzung notwendige Verbindung mit einem öffentlichen Weg fehlt. Der betroffene Nachbar ist zur Duldung eines N. gegen eine Geldentschädigung verpflichtet.

Notwehr
diejenige Verteidigung, die erforderlich ist, um einen gegenwärtigen rechtswidrigen Angriff von sich oder einem anderen abzuwehren. Eine durch N. gebotene Handlung ist nicht rechtswidrig (→ Rechtfertigungsgrund). Dies gilt jedoch nicht für die → Putativ-N. und die → N.-Überschreitung.

Notwehrüberschreitung
auch Notwehrexzeß; das Hinausgehen über das in einer Notwehrlage objektiv erforderliche Maß an Verteidigung. Es ist nicht mehr durch die ursprüngliche Notwehrlage gerechtfertigt. Nur, wer die Grenzen der Notwehr aus Verwirrung, Furcht oder Schrecken überschreitet, wird nicht bestraft. Dabei entfällt aber nur die (persönliche) Schuld des Täters, nicht die (objektive) Rechtswidrigkeit, so daß gegen eine N. wiederum Notwehr zulässig ist.

Notzucht
→ Vergewaltigung.

Novelle
(lat.: novella lex = neues Gesetz); die Abänderung oder Ergänzung einzelner Gesetzesbestimmungen. Muß gleichfalls durch Gesetz erfolgen. Umfassendere Novellierungen werden Reformen genannt.

nullum crimen sine lege
(lat.: kein Verbrechen ohne Gesetz); rechtsstaatlicher Grundsatz, wonach eine Tat nur dann bestraft werden kann, wenn die Strafbarkeit gesetzlich bestimmt war, bevor die Tat begangen wurde. Auch bei Festsetzung der Höhe der Strafe kann nur ein zur Tatzeit geltendes Gesetz angewendet werden (nul-

la poena sine lege = keine Strafe ohne Gesetz). Hieraus folgen im Strafrecht der Bestimmtheitsgrundsatz, das Rückwirkungsverbot sowie das Verbot einer Analogie zuungunsten des Beschuldigten.

numerus clausus

(lat.: geschlossene Zahl); Beschränkung des Zugangs zu einem Beruf, Gewerbe und insbes. Studium oder sonstigen Berufsausbildung durch Festsetzung einer bestimmten Zahl von zuzulassenden Bewerbern. N. steht grds. im Widerspruch zu der grundgesetzlich garantierten → Berufsfreiheit. Diese ist aber gesetzlich einschränkbar, jedoch nur, soweit bei erschöpfender Nutzung der vorhandenen Ausbildungskapazitäten unbedingt erforderlich und soweit Verteilung der Ausbildungsplätze nach sachgerechten Maßstäben erfolgt. Die in Dortmund eingerichtete *Zentralstelle zur Vergabe von Studienplätzen* in n.c.-Fächern vergibt Studienplätze nach einem Länderquotensystem und aufgrund von Qualifikation und Wartezeit.

Nutzungsrecht

die vom Eigentümer einer Sache oder vom Inhaber eines Rechts eingeräumte Befugnis, die Sache oder das Recht auf einzelne oder alle Arten zu nutzen (z.B. → Dienstbarkeit, → Lizenz).

O

Obdachlosigkeit
das Fehlen einer Unterkunft. Sie bedeutet eine Störung der öffentlichen Sicherheit und Ordnung. Die Ordnungsbehörde muß grds. versuchen, den Obdachlosen in behördeneigenen oder von ihr angemieteten Räumen unterzubringen.

Obduktion
(lat.: obductio = Verhüllung); gerichtlich (bzw. notfalls auch durch die Staatsanwaltschaft) angeordnete Leichenöffnung (auch innere Leichenschau, Sektion). Dient zur Feststellung der Todesursache, wenn Verdacht einer Straftat vorliegt. Erfolgt im Beisein der Staatsanwaltschaft, auf deren Antrag auch des Richters, durch zwei Ärzte, von denen einer gerichtsmedizinische Fachkenntnisse haben muß.

Oberlandesgericht
Gericht der → ordentlichen Gerichtsbarkeit, das im Gerichtsaufbau zwischen Landgericht und Bundesgerichtshof steht und überwiegend in 2. und 3. und nur selten in 1. Instanz in Zivil- und Strafsenaten entscheidet (→ Instanzenweg). In Berlin (West) heißt das O. Kammergericht; in Bayern steht über dem O. noch das Bayerische Oberste Landesgericht, das für einen Teil der Aufaben der O. zuständig ist. Vgl. auch → Abbildung Gerichtsorganisation S. 274 und Instanzenweg in Zivil- und Strafsachen S. 275 f.

Oberste Gerichtshöfe des Bundes
die höchsten Gerichte des Bundes in den fünf wichtigsten ordentlichen und besonderen Gerichtsbarkeiten (früher obere Bundesgerichte genannt): der Bundesgerichtshof (in Karlsruhe) für Strafsachen und bürgerlich-rechtliche Streitigkeiten, das Bundesverwaltungsgericht (in Berlin), das Bundesarbeitsgericht (in Kassel), das Bundessozialgericht (in Kassel) und der Bundesfinanzhof (in München). Die Wahrung der Einheitlichkeit der Obersten G. obliegt einem Gemeinsamen Senat (Sitz Karlsruhe). Daneben sind als Bundesgerichte eingerichtet: das Bundespatentgericht (in München) und die Bundesdisziplinargerichte.

Oberverwaltungsgericht
Gericht der → Verwaltungsgerichtsbarkeit, das zwischen Verwaltungsgericht und Bundesverwaltungsgericht steht und meist in 2., z.T. auch in 1. Instanz in Senaten entscheidet. In Baden-Württemberg, Bayern und Hessen heißt das O. Verwaltungsgerichtshof.

Obhutspflicht
die Verpflichtung, für Rechtsgüter einer anderen Person zu sorgen und sie zu schützen. Eine Verletzung der O. kann im Zivilrecht schadensersatzpflichtig machen (z.B. bei positiver → Forderungsverletzung, → culpa in contrahendo). Strafbar ist sie im Rahmen der → Mißhandlung Schutzbefohlener und der → Aussetzung.

obligatorisch
(lat.: obligare = binden, verpflichten); bindend, verpflichtend, zwingend vorgeschrieben.

Obligo
(ital. = Verbindlichkeit, Verpflichtung); Haftung aus der Ausstellung oder Übertragung eines Wechsels oder Schecks. *Ohne O.* (o. O.) ist ein die Haftung ausschließender Vermerk auf Wechseln. *Wechsel-O.* ist die Gesamtheit der durch Unterschrift auf einem

Wechsel eingegangenen Verpflichtungen.

Offenbarungseid
frühere Bezeichnung für ein Hilfsmittel der Zwangsvollstreckung nach erfolgloser Pfändung. Jetzt → eidesstattliche Versicherung.

Offene Handelsgesellschaft
abgekürzt OHG; Gesellschaft des Handelsrechts, deren Zweck auf den Betrieb eines Handelsgewerbes unter gemeinschaftlicher → Firma gerichtet ist und deren Gesellschafter den Gläubigern unmittelbar und unbeschränkt mit ihrem vollen Vermögen haften. Die OHG ist keine juristische Person, kann aber ähnlich wie diese unter ihrer Firma Rechte erwerben und Verbindlichkeiten eingehen.

öffentliche Hand
die öffentliche Verwaltung (Bund, Länder, Gemeinden, sonstige juristische Personen des öffentlichen Rechts) in ihrer Eigenschaft als Teilnehmer am allgemeinen Wirtschaftsleben (z.B. als Unternehmer, Auftraggeber, Eigentümer, Arbeitgeber). Vgl. auch → Fiskus.

öffentliche Sache
→ Sache.

öffentliche Sicherheit und Ordnung
Grundbegriff des Verwaltungsrechts, bezeichnet zum einen die Unversehrtheit der Rechtsordnung, der grundlegenden Einrichtungen des Staates sowie von Gesundheit, Ehre, Freiheit und Vermögen des einzelnen, umfaßt zum anderen die Gesamtheit der meist ungeschriebenen Regeln für das Verhalten des einzelnen in der Öffentlichkeit, deren Beachtung nach den herrschenden Anschauungen als unerläßliche Voraussetzung eines geordneten staatsbürgerlichen Zusammenlebens angesehen wird. Die Polizei ist verpflichtet, Störungen (bereits eingetretene Beeinträchtigungen) der ö.S.u.O. zu beseitigen und drohende Gefahren abzuwehren. Die Regeln der öffentlichen Ordnung sind keine Rechtsvorschriften, sondern nur Wertvorstellungen, die erst durch polizeiliches Einschreiten rechtliche Bedeutung erlangen, wobei der Beurteilungsmaßstab entscheidend vom Grundgesetz geprägt wird.

öffentlicher Glaube
Schutz, den derjenige genießt, der in gutem Glauben auf die Richtigkeit des Grundbuchs oder des Erbscheins vertraut. Inhalt von Grundbuch und Erbschein gelten stets als richtig; ein gutgläubiger Erwerber erwirbt ein Recht auch dann, wenn Grundbuch oder Erbschein im Widerspruch zur wahren Rechtslage stehen, wodurch der wahre, nicht eingetragene Berechtigte einen entsprechenden Rechtsverlust erleidet. Im Unterschied zur sog. negativen Publizität (→ Handelsregister), bei der man darauf vertrauen kann, daß eine einmal richtig eingetragene Tatsache nicht später unrichtig geworden ist, auch wenn im Handelsregister nichts eingetragen ist, gilt beim ö.G. auch die von Anfang an falsch eingetragene Tatsache unwiderlegbar als richtig.

öffentliches Interesse
soviel wie Wohl der Allgemeinheit (→ Gemeinwohl). Ist ein → unbestimmter Rechtsbegriff. Sein Inhalt muß jeweils im Einzelfall nach Sinn und Zweck der betreffenden gesetzlichen Regelung bestimmt werden.

öffentliches Recht
alle Rechtsnormen, die sich auf die Rechtsverhältnisse des einzelnen zu den ihm übergeordneten Trägern öffentlicher Gewalt (Staat, Gemeinde) beziehen sowie Rechtsvorschriften über die Beziehungen der Hoheitsträger untereinander. Zum ö.R. gehören insbes.: Staatsrecht, Verwaltungsrecht, Strafrecht, (Zivil-, Straf-, Verwaltungs-) Prozeßrecht, Völkerrecht, Kirchenrecht und teilweise das Arbeitsrecht.

Öffentlichkeitsgrundsatz
rechtsstaatlicher Grundsatz, wonach Gerichtsverhandlungen für die Allgemeinheit zugänglich sind. Bestimmte Verfahren sind davon ausgenommen (z.B. Familien- und Kindschaftssachen, Jugendgerichtssachen); in ande-

ren Fällen kann das Gericht die Öffentlichkeit ausschließen (z.B. bei Gefährdung der Staatssicherheit, der Sittlichkeit, wichtiger Geschäftsgeheimnisse oder wenn eine Person unter 16 Jahren vernommen wird); nicht jedoch bei der Urteilsverkündung. Außerdem kann der Zutritt zu einer an sich öffentlichen Verhandlung unerwachsenen und solchen Personen versagt werden, die in einer der Würde des Gerichts nicht entsprechenden Weise erscheinen.

öffentlich-rechtliche Streitigkeit
Rechtsstreit, dessen Gegenstand eine unmittelbare Folge des → öffentlichen Rechts ist. Steht im Gegensatz zu den bürgerlichen Rechtsstreitigkeiten. Umfaßt die → Verfassungsstreitigkeiten und die der (allgemeinen und besonderen) → Verwaltungsgerichtsbarkeit zugewiesenen Streitigkeiten.

Offerte
(frz. = Angebot); Antrag zum Abschluß eines Kaufvertrages.

Offizialverfahren
(lat.: officium = Amt); von einer Behörde oder einem Gericht von Amts wegen eingeleitetes und durchgeführtes Verfahren (so i. d. R. das Strafverfahren mit Ausn. des Privatklageverfahrens); steht im Gegensatz zu einem Verfahren, das nur auf Antrag einer Privatperson in Gang gesetzt wird.

Offizialverteidiger
→ Pflichtverteidiger.

Okkupation
(lat.: occupatio = Besetzung, Besitznahme); im *Völkerrecht* die von einem Staat vorgenommene Besetzung eines fremden Staatsgebietes *(kriegerische O.;* begründet allein keinen Rechtsanspruch, anders z.B. bei nachfolgendem Friedensvertrag) oder die Inbesitznahme eines Gebietes, das keiner Staatsgewalt unterworfen ist und dessen O.-Fähigkeit auch nicht durch völkerrechtlichen Vertrag oder Völkergewohnheitsrecht ausgeschlossen ist *(friedliche O.,* z.B. Polargebiete, durch unterseeischen Vulkanausbruch neu entstandene Insel). Zur Inbesitznahme einer herrenlosen beweglichen Sache im *Zivilrecht* → Aneignung.

Ombudsman
(schwed. = Treuhänder); in Schweden ein Parlamentsbeauftragter, der – ohne unmittelbare Eingriffsmöglichkeiten zu haben – als Verfassungsorgan den einzelnen Bürger gegen die Verletzung seiner Grundrechte und allgemein gegen behördliche Willkür schützen soll. In der Bundesrepublik Deutschland ist eine solche allgemein zuständige, unbürokratische Beschwerdestelle (die von Amts wegen oder nach Anrufung durch den Betroffenen tätig wird) bisher nicht allgemein eingeführt; in Rheinland-Pfalz gibt es einen Bürgerbeauftragten und auf Bundesebene Beauftragte für bestimmte Bereiche (→ Wehrbeauftragter und Bundesbeauftragter für den → Datenschutz).

Operation
(lat.: operatio = Verrichtung); chirurgischer Eingriff in den menschlichen Körper zur Heilung eines Kranken. Erfüllt den Tatbestand einer Körperverletzung, ist aber i. d. R. durch die Einwilligung des Patienten gerechtfertigt, wobei deren Wirksamkeit von der ordnungsgemäßen vorherigen Aufklärung durch den Arzt abhängt.

Opferentschädigungsgesetz
→ Gewalttaten, Entschädigung für die Opfer von.

Opportunitätsprinzip
(lat.: opportunitas = günstige Gelegenheit, Vorteil); auch Zweckmäßigkeitsgrundsatz; Grundsatz, wonach der Staat nach Zweckmäßigkeitsgesichtspunkten handelt. Gilt im Strafverfahren nur ausnahmsweise, insbes. bei geringfügigen Straftaten (→ Legalitätsprinzip). Im Verwaltungsrecht herrscht das O., soweit eine gesetzliche Regelung fehlt oder das Gesetz das Handeln der Verwaltung in deren Ermessen stellt.

Opposition
(lat.: oppositio = das Entgegensetzen); i.w.S. die der Regierung entgegengesetzte politische Richtung bzw. ihre

Vertreter, i. e. S. im Parlament die Parteien, die nicht an der Regierung beteiligt sind (und sie auch nicht tolerieren). Das Recht zur O. i. w. S. ergibt sich schon aus dem Grundrecht der freien Meinungsäußerung. Die Bildung und Ausübung einer parlamentarischen O. ist ein Wesensbestandteil jeder parlamentarischen Demokratie.

Option
(lat.: optio = freie Wahl, freier Wille, Belieben); durch Gesetz oder Rechtsgeschäft begründete Anwartschaft, durch einseitige Erklärung eine Rechtsstellung zu erlangen.
I. Im *Staatsrecht* begründet eine O. für einzelne Personen die Befugnis, sich für eine bestimmte Staatsangehörigkeit zu entscheiden (insbes. bei Gebietsabtretungen können die Einwohner des betreffenden Gebietes für ihre alte Staatsangehörigkeit optieren, wonach sie das Gebiet aber meist verlassen müssen).
II. Im *Zivilrecht* wird das Recht zu optieren meist durch O.-Vertrag begründet, der derselben Form bedarf wie der nach Ausübung des O.-Rechts zu schließende endgültige Vertrag (z.B. Grundstückskaufvertrag).

ordentliche Gerichtsbarkeit
Gerichtsbarkeit in Zivil- und Strafsachen; ausgeübt durch die Amts-, Land- und Oberlandesgerichte sowie den Bundesgerichtshof (in Bayern zusätzlich durch das Bayerische Oberste Landesgericht). Bezeichnung stammt noch aus der Zeit, als allein diese Gerichte mit den vollen Garantien richterlicher Unabhängigkeit ausgestattet waren. Vgl. auch Abbildung Gerichtsorganisation S. 274.

ordentlicher Rechtsweg
Rechtsweg zu den Gerichten der → ordentlichen Gerichtsbarkeit, also in Strafsachen und bürgerlichen Rechtsstreitigkeiten.

Ordnung
→ öffentliche Sicherheit und Ordnung, → verfassungsmäßige Ordnung.

Ordnungsbehörde
Behörde, zu deren Aufgabenbereich die öffentliche Sicherheit und Ordnung gehört (z.B. Gesundheitsamt, Ausländerbehörde); früher als Verwaltungspolizei bezeichnet (Gesundheitspolizei, Ausländerpolizei); heute oft als „Amt für öffentliche Ordnung" zusammengefaßt; landesrechtlich unterschiedlich geregelt.

Ordnungsgeld
→ Ordnungsmittel.

Ordnungsmittel
eine der Aufrechterhaltung der Ordnung und der Durchführung eines Verfahrens dienende gerichtliche Maßnahme, mit der ein Verhalten geahndet (insbes. ungebührliches Verhalten vor Gericht) oder erzwungen werden soll. O. sind Entfernung aus dem Sitzungszimmer, Ordnungsgeld (i. d. R. zwischen 5 und 1000 DM; im Bereich der → freiwilligen Gerichtsbarkeit u.a. auch das Zwangsgeld) und (oft ersatzweise) Ordnungshaft (i.d.R. zwischen 1 Tag und 6 Wochen).

Ordnungswidrigkeit
Rechtsverstoß, der keine Straftat darstellt und daher auch nicht mit einer Freiheits- oder Geldstrafe geahndet wird, der aber eine Geld*buße* zwischen 5 und 1000 DM nach sich ziehen *kann*. Für die Verfolgung einer O. ist die Verwaltungsbehörde sowie hilfsweise die Polizei zuständig; es gilt das → Opportunitätsprinzip. In Bagatellfällen kann eine Verwarnung ausgesprochen werden mit einem Verwarnungsgeld von 2–20 DM. Im übrigen wird eine O. durch ein Bußgeld geahndet, das in einem → Bußgeldbescheid festgesetzt wird. Gegen diesen kann innerhalb einer Woche nach Zustellung Einspruch erhoben werden, über den das Amtsgericht durch Beschluß oder Urteil entscheidet. Gegen seine Entscheidung ist die Rechtsbeschwerde zum Oberlandesgericht zulässig.

Organ
Person oder Personenmehrheit, die als Teil einer Personengesamtheit (z.B.

Staat, Verein) für diese handelt (z.B. Bundespräsident, Vorstand eines Vereins). Die Personengesamtheit hat für das Handeln ihrer Organe einzustehen. Vgl. auch → Verfassungsorgan.

Organstreitigkeit
verfassungsrechtliche Streitigkeit über den Umfang der Rechte und Pflichten oberster Bundesorgane (oder anderer Beteiligter, die durch das GG oder die Geschäftsordnung eines obersten Bundesorgans mit eigenen Rechten ausgestattet sind, z.B. Fraktionen); zuständig sind das Bundesverfassungsgericht bzw. für entsprechende Streitigkeiten auf Landesebene die Landesverfassungsgerichte.

Organverpflanzung
auch Transplantation (lat.: transplantare = verpflanzen); die Übertragung von Organen oder Geweben auf einen anderen Körper. Bedarf als körperlicher Eingriff der Einwilligung des Organspenders. Diese muß vor der O., bei Verstorbenen vor deren Tod erteilt worden sein (wobei sie durch einen späteren Einspruch der Angehörigen nicht wieder aufgehoben wird). Fehlt die Einwilligung des Verstorbenen, so muß die Zustimmung der nächsten Angehörigen eingeholt werden. Eine spezielle gesetzliche Regelung ist in Vorbereitung.

örtliche Zuständigkeit
I. Im *Verwaltungsrecht* die Bestimmung, in welchem räumlichen Bereich eine sachlich zuständige Stelle tätig werden darf und auf welche Personen und Sachen sich die sachliche Z. erstreckt (z.B. nach dem Wohnsitz).
II. Im *Verfahrensrecht* die Bestimmung, welches Gericht erster Instanz wegen seines örtlichen Sitzes den Rechtsstreit zu erledigen hat; maßgebend ist der Gerichtsbezirk (→ Gerichtsstand).

Ortsgericht
Gericht, das eng begrenzte Aufgaben der → freiwilligen Gerichtsbarkeit wahrnimmt (Beurkundungen, Beglaubigungen). Das O. gibt es nur noch in Hessen. Es ist mit ehrenamtlichen Mitgliedern (Ortsgerichtsvorsteher und Ortsgerichtsschöffen) besetzt.

P

Pacht
Vertrag, in dem sich der eine Teil (der Verpächter) verpflichtet, dem anderen Teil (*Pächter*) den Gebrauch des verpachteten Gegenstandes und (im Unterschied zur Miete) den Genuß der Früchte, soweit sie nach den Regeln einer ordnungsgemäßen Wirtschaft als Ertrag anzusehen sind, während der Pachtzeit zu gestatten und der Pächter sich verpflichtet, den vereinbarten Pachtzins zu zahlen. Es gilt weitgehend Mietrecht. Sonderformen sind z.B. die *Kleingarten-P.* und die *Jagd-P.*

pacta sunt servanda
(lat.: Verträge müssen eingehalten (erfüllt) werden); Grundsatz der Vertragstreue; wichtigster Grundsatz des gesamten Vertragsrechts.

panaschieren
(frz.: panacher = bunt (streifig) machen); die bei einer Verhältniswahl für den Wähler bestehende Möglichkeit, auf seinem Stimmzettel Kandidaten verschiedener Parteien zusammenzustellen. In der Bundesrepublik bei den Wahlen zum Bundestag und zu den Landtagen unzulässig, kann aber durch die Wahlgesetze der Länder für Gemeindewahlen vorgesehen werden.

Paraphierung
(griech.: paraph = Namenszug); bei Verhandlungen über den Abschluß eines völkerrechtlichen Vertrages die Festlegung eines vorläufig verbindlichen Vertragstextes (den die Unterhändler nicht mehr verändern können) durch Unterzeichnung mit den Anfangsbuchstaben der Namen der Unterhändler (Paraphe). Durch die P. sind die Staaten jedoch noch nicht gebunden und auch nicht zur Zustimmung verpflichtet.

Parität
(lat.: paritas = Gleichheit).
I. *Besetzung* eines → Organs unter gleichmäßiger Berücksichtigung verschiedener Gruppen (z.B. im Arbeitsrecht die paritätische → Mitbestimmung).
II. Das im Wechselkurs zum Ausdruck kommende *Tauschverhältnis* zwischen verschiedenen Währungen.

Parken
das Verlassen eines Fahrzeugs im öffentlichen Straßenverkehr sowie das länger als 3 Minuten dauernde Halten. Kann ganz verboten (Parkverbot) oder nur zeitlich begrenzt zugelassen sein (z.B. Parkuhr). Ein besonderes Verkehrszeichen „Parkverbot" gibt es nicht. Die Regel lautet: wo nicht gehalten werden darf, darf auch nicht geparkt werden. P. hat immer ohne Verkehrsbehinderung platzsparend und grundsätzlich am rechten Fahrbahnrand zu erfolgen.

Parlament
(lat.: parlamentum = Gespräch); Vertretung des Volkes in demokratischen Staaten, übt hpts. gesetzgebende Gewalt aus (→ Legislative). Bestellt und kontrolliert jedoch auch die → Exekutive und hat das → Budgetrecht. P. des Bundes ist der Bundestag, P. der Länder sind die Landtage (bzw. das Abgeordnetenhaus in Berlin und die Bürgerschaft in Bremen und Hamburg; in Bayern besteht außer dem Landtag noch ein Senat). P. kann auch aus zwei Kammern bzw. Häusern bestehen. Von einem *Zweikammersystem* spricht man jedoch nur, wenn beide Kammern

gleichberechtigt an der Gesetzgebung beteiligt sind (z.B. USA: Repräsentantenhaus und Senat). In der Bundesrepublik ist der Bundesrat keine echte 2. Kammer (sog. *modifiziertes Einkammersystem)*.

Parlamentarischer Rat
die von den Landtagen der drei westlichen Besatzungszonen Deutschlands gewählte Versammlung von 65 Abgeordneten, die 1948/49 das Grundgesetz ausgearbeitet, beraten und beschlossen haben.

parlamentarisches Regierungssystem
auch Parlamentarismus; bedeutet nicht nur das Vorhandensein eines Parlaments oder dessen maßgebliche Beteiligung an der Staatsgewalt, sondern die verfassungsmäßige Abhängigkeit der Regierung vom Vertrauen des Parlaments. Besteht in der Bundesrepublik Deutschland; die Abhängigkeit der Regierung ist jedoch dadurch begrenzt, daß das Parlament sein Mißtrauen nur dem Bundeskanzler aussprechen kann, und auch das nur durch ein konstruktives → Mißtrauensvotum. P.R. steht im Gegensatz zur Präsidialverfassung, wo der Präsident vom Volk gewählt wird und dem Parlament nicht verantwortlich ist (z.B. USA).

Partei
(lat.: pars = Teil, Seite, Partei).
I. *Politische P.:* Vereinigung von Bürgern, die dauernd oder für längere Zeit für den Bereich des Bundes oder eines Landes auf die politische Willensbildung Einfluß nehmen und an der Vertretung des Volkes im Bundestag oder einem Landtag mitwirken wollen, wenn sie eine ausreichende Gewähr für die Ernsthaftigkeit dieser Zielsetzung bieten (Parteiengesetz). Die P. sind ein verfassungsrechtlich notwendiger Bestandteil der freiheitlichen demokratischen Grundordnung. Ihre innere Ordnung muß demokratischen Grundsätzen entsprechen. Zum Verbot verfassungswidriger P. → Parteiverbot.
II. *P. im Zivilprozeß:* derjenige, von dem und derjenige, gegen den bei Gericht Rechtsschutz gesucht wird. Je nach Verfahrensart sind dies Kläger und Beklagter, Antragsteller und Antragsgegner, Gläubiger und Schuldner.

Parteienfinanzierung
die Beschaffung von Mitteln zur Durchführung der Aufgaben politischer Parteien. Erfolgt nur hinsichtlich der notwendigen Kosten eines angemessenen Wahlkampfes aus dem Bundeshaushalt, und zwar für solche Parteien, die bei der letzten Bundestagswahl mindestens 0,5 % der Zweitstimmen oder 10 % der Erststimmen in einem Wahlkreis erreicht haben. Die Wahlkampfkosten werden mit einem Betrag von 5 DM je Wahlberechtigtem pauschaliert und entsprechend den Stimmenanteilen verteilt. Im übrigen haben die Parteien die Pflicht, über die Herkunft ihrer Mittel öffentlich Rechenschaft zu geben.

Parteienprivileg
das Vorrecht politischer Parteien (im Gegensatz zu anderen politischen oder sonstigen Vereinigungen) und ihrer Mitglieder, wegen ihrer politischen Betätigung nicht benachteiligt oder verfolgt werden zu dürfen, solange eine Partei nicht vom Bundesverfassungsgericht für verfassungswidrig erklärt worden ist (→ Parteiverbot). Das P. verbietet es jedoch nicht, einem Mitglied einer nicht für verfassungswidrig erklärten Partei wegen seiner gegen das Grundgesetz gerichteten Tätigkeit die Zulassung zum öffentlichen Dienst zu versagen.

Parteifähigkeit
Fähigkeit, in einem Zivilrechtsstreit Partei zu sein. Sie kann aktiv (Kläger) oder passiv (Beklagter) sein. Entspricht im wesentlichen der Rechtsfähigkeit. Parteifähig sind aber auch Offene Handelsgesellschaften, Kommanditgesellschaften, politische Parteien, Gewerkschaften (im arbeitsgerichtlichen Verfahren auch Arbeitgeberverbände) und nicht rechtsfähige Vereine, letztere jedoch nur passiv.

Parteiprozeß
Rechtsstreit, den die (Prozeß-)Parteien

selbst oder durch jede prozeßfähige Person als Bevollmächtigte führen können. Steht im Gegensatz zum Anwaltsprozeß, bei dem → Anwaltszwang herrscht.

Parteiverbot
unmittelbare Folge der nur durch das Bundesverfassungsgericht zu entscheidenden Verfassungswidrigkeit einer Partei *(Art. 21 Abs. 2 GG)*. Das Verbot erstreckt sich nicht auf selbständige sog. Tarnorganisationen der Partei, dagegen auf Ersatzorganisationen, die die verfassungswidrigen Bestrebungen der verbotenen Partei fortführen. Das Bundesverfassungsgericht hat bisher die KPD und die (rechtsradikale) Sozialistische Reichspartei für verfassungswidrig erklärt und damit verboten. P. darf nicht verwechselt werden mit dem Verbot von Vereinigungen, deren Zwecke oder deren Tätigkeit den Strafgesetzen zuwiderlaufen oder die sich gegen die verfassungsmäßige Ordnung oder gegen den Gedanken der Völkerverständigung richten *(Art. 9 Abs. 2 GG)*. Dieses sog. Vereinsverbot wird durch Verwaltungsakt von der zuständigen Bundes- oder Landesbehörde ausgesprochen.

Parteivernehmung
Beweismittel im Zivilprozeß, bei dem eine Partei ähnlich wie ein Zeuge vernommen wird. Die Partei braucht sich nicht zu äußern, doch darf das Gericht aus einer Weigerung entsprechende Schlüsse ziehen.

Parteiverrat
Straftat, die ein Rechtsanwalt oder ein anderer Rechtsberater (Rechtsbeistand) begeht, wenn er in derselben ihm anvertrauten Rechtssache beiden Parteien durch Rat oder Beistand pflichtwidrig dient. Geschieht dies im Einverständnis mit der einen Partei zum Nachteil der anderen, so ist die Strafandrohung (stets Freiheitsstrafe) höher. Die Pflichtwidrigkeit entfällt, wenn beide Parteien den Anwalt gemeinsam um Rat bitten.

Paß
öffentliche Urkunde zum Nachweis der Identität einer Person, insbes. im internationalen Verkehr. Für die meisten europäischen Länder ist heute der Personalausweis als Paßersatz ausreichend. Die Ausstellung eines P. kann in bestimmten Fällen untersagt werden (z.B. wenn der Betreffende sich seiner gesetzlichen Unterhaltspflicht entziehen will). Von 1985 an ist ein europäischer P. in den Mitgliedstaaten der EG vorgesehen.

passives Wahlrecht
→ Wahlrecht.

Patent
das einem Erfinder oder dessen Rechtsnachfolger vom Staat erteilte, zeitlich – auf 20 Jahre – begrenzte, ausschließliche Recht, eine neue Erfindung gewerblich zu nutzen. → Lizenz.

Patentamt
für die Erteilung von Patenten zuständige Behörde. Für das Gebiet der Bundesrepublik ist dies das Deutsche Patentamt, für Europa das Europäische Patentamt, beide mit Sitz in München.

Patentgericht
→ Bundespatentgericht.

Pauschalreise
Reise, bei der der Veranstalter zu einem einheitlichen Gesamtpreis mehrere Leistungen (z.B. Beförderung und Unterkunft) anbietet, die er zwar nicht selbst (sondern durch sog. Leistungsträger, z.B. Fluggeschellschaft, Hotel) aber in eigener Verantwortung erbringt. Rechtlich geregelt durch die Bestimmungen über den → Reisevertrag.

Pension
→ Ruhegehalt.

Person
jeder, der Träger von Rechten und Pflichten sein kann (Rechtssubjekt); in erster Linie der Mensch *(natürliche P.)*, aber auch die → juristische P.

Personalausweis
öffentliche Urkunde zum Nachweis der Identität einer Person. Jeder, der das 16. Lebensjahr vollendet hat, ist im Bundesgebiet verpflichtet, einen P. zu

besitzen und ihn auf Verlangen einer zur Prüfung der Personalien ermächtigten Behörde vorzulegen, soweit er sich nicht durch die Vorlage eines gültigen Passes ausweisen kann.

Personalrat
gewähltes Organ der → Personalvertretung im Bereich des öffentlichen → Dienstes, d.h. in den Verwaltungen, Betrieben und Gerichten des Bundes, der Länder, der Gemeinden und sonstigen Körperschaften und Anstalten des öffentlichen Rechts. Der P. nimmt ähnlich wie der → Betriebsrat in der Privatwirtschaft Mitwirkungs- und Mitbestimmungsrechte wahr.

Personalversammlung
im öffentlichen Dienst die Versammlung aller Bediensteten einer Dienststelle. Sie ist ein Organ der Personalvertretung. Findet mindestens einmal in jedem Kalenderjahr statt (bei Bundesdienststellen mindestens einmal im Halbjahr), wenn der Personalrat seinen Tätigkeitsbericht zu erstatten hat. Die P. kann dem Personalrat Anträge unterbreiten und zu seinen Beschlüssen Stellung nehmen; sie darf alle Angelegenheiten behandeln, die die Dienststelle oder ihre Beschäftigten unmittelbar betreffen.

Personalvertretung
die Vertretung der Beamten, Angestellten und Arbeiter des öffentlichen Dienstes. Eine P. muß in allen Dienststellen gebildet werden (die i. d. R. mindestens fünf Wahlberechtigte beschäftigen, von denen drei wählbar sind). Ihre Organe sind der → Personalrat und die → Personalversammlung. Ihre Mitwirkungs- und Mitbestimmungsrechte in sozialen und personellen Angelegenheiten sind weitgehend denen von Betriebsrat und Betriebsversammlung nachgebildet, aber auch durch die Besonderheiten des öffentlichen Dienstes bestimmt. Über Streitigkeiten aus den P.-Gesetzen entscheiden die Verwaltungsgerichte in besonderen Fachkammern.

persona non grata
(lat.: unerwünschte Person); Mitglied einer diplomatischen Vertretung, dessen Tätigkeitsaufnahme bzw. -fortführung dem Empfangsstaat nicht genehm ist. Auf eine entsprechende Mitteilung an den Entsendestaat, die im freien Ermessen des Empfangsstaates steht und nicht begründet zu werden braucht, muß dieser die betreffende Person abberufen oder ihre Tätigkeit beenden, andernsfalls braucht der Empfangsstaat sie nicht mehr als Mitglied der diplomatischen Vertretung anzuerkennen.

Personengesellschaft
Zusammenschluß von mindestens zwei Personen zur Verwirklichung eines bestimmten Zweckes in der Rechtsform der Gesellschaft (*Gegensatz:* Kapitalgesellschaft). P. sind die Gesellschaft des bürgerlichen Rechts, die offene Handelsgesellschaft, die Kommanditgesellschaft, die stille Gesellschaft, die Reederei. Wesentliche Merkmale: persönliche Haftung der Gesellschafter für die Schulden, persönliche Mitarbeit und Selbstorganschaft, Übertragbarkeit und Vererblichkeit der Mitgliedschaft nur mit Zustimmung der anderen Gesellschafter, fehlende Rechtsfähigkeit. Die P. unterliegt nicht der Einkommensteuer und nicht der Vermögensteuer. Steuerpflichtig sind die einzelnen Gesellschafter.

Personensorge
→ elterliche Sorge.

Personenstand
familienrechtliches Verhältnis zweier Personen zueinander. Der P. und seine Veränderungen, insbes. Geburt, Eheschließung und Tod, werden vom Standesbeamten in den P.-Büchern beurkundet. Die Fälschung des P. ist strafbar.

Personenstandsbuch
das vom Standesbeamten geführte öffentliche Verzeichnis über den Personenstand. Es kann Heirats-, → Familien-, Geburts- oder Sterbebuch sein. Die P. beweisen bei ordnungsgemäßer Führung Eheschließung, Geburt und Tod (wobei jedoch der Nachweis der Unrichtigkeit zulässig ist). Anspruch auf

Einsicht in die P. und auf Erteilung von P.-Urkunden (z.B. Geburtsurkunde) haben Personen, auf die sich der Eintrag bezieht sowie deren Ehegatten, Vorfahren und Abkömmlinge; Behörden unter Angabe des Zweckes, andere nur bei Glaubhaftmachung eines rechtlichen Interesses.

Personenstandsfälschung
Straftat, die begeht, wer ein Kind unterschiebt oder den Personenstand eines anderen gegenüber einer zur Führung von Personenstandsbüchern zuständigen Behörde falsch angibt oder unterdrückt.

Persönlichkeitsrecht
Recht jedes Menschen auf Achtung seiner Würde und seines Eigenwertes als individuelle Persönlichkeit. Dieses *allgemeine P.* ist im Gegensatz zu einzelnen besonderen P. (z.B. Recht am eigenen Bild, Namensrecht, Gesundheit, Freiheit, Leben) nicht gesetzlich geregelt, sondern von der Rechtsprechung aus den grundlegenden Wertentscheidungen des GG (Menschenwürde, persönliche Freiheit) entwickelt worden (schützt insbes. die Ehre). Verletzung begründet Unterlassungs- und Schadensersatzansprüche, in besonders schweren Fällen auch Schmerzensgeldansprüche. Das allgemeine P. findet seine Grenzen in den Rechten anderer, der verfassungsmäßigen Ordnung und dem Sittengesetz.

Petition
→ Eingabe, → Petitionsrecht.

Petitionsausschuß
→ Petitionsrecht.

Petitionsrecht
(lat.: petitio = Bitte, Gesuch); jedermann zustehendes Recht, sich einzeln oder in Gemeinschaft mit anderen schriftlich mit Bitten oder Beschwerden an zuständige Stellen und die Volksvertretung zu wenden. Bedeutet nicht nur Recht darauf, daß die Petition entgegengenommen wird, sondern auch, daß sie sachlich geprüft und die Art ihrer Erledigung mitgeteilt wird. Im Bundestag und in den Landtagen werden Petitionen vom Petitionsausschuß behandelt.

Pfand
der Sicherung einer Forderung dienende (bewegliche) Sache sowie das an ihr bestehende Recht. Das P. kann beim Schuldner bleiben *(besitzloses P.)* oder in den Besitz des Gläubigers übergehen (*Besitz-P.*, → *Faust-P.*). Es wird durch Verkauf oder Verfall verwertet.

Pfandkehr
Straftat, die begeht, wer seine eigene bewegliche Sache oder eine fremde bewegliche Sache zugunsten des Eigentümers derselben dem Nutznießer, Pfandgläubiger oder demjenigen, dem an der Sache ein Gebrauchs- oder Zurückbehaltungsrecht zusteht, in rechtswidriger Absicht wegnimmt.

Pfandleihe
die Gewährung eines Gelddarlehens gegen ein → Faustpfand. Die gewerbsmäßige P. durch private Pfandleiher bedarf einer behördlichen Erlaubnis. Außerdem gibt es noch vereinzelt öffentliche P.-Anstalten (Leihhäuser).

Pfandrecht
das zur Sicherung einer Forderung bestellte, von ihrem Bestand abhängige, → dingliche Recht, das den Gläubiger berechtigt, sich aus dem verpfändeten Gegenstand zu befriedigen. Abgesehen von den → Grund-P., für die besondere Vorschriften gelten, unterscheidet man bei P. an beweglichen Sachen und Rechten das *vertragliche P.*, das *gesetzliche P.* (z.B. des Vermieters an den vom Mieter in die Wohnung eingebrachten Sachen) und das (in der Zwangsvollstreckung durch Pfändung entstehende) *Pfändungs-P.* Das vertragliche P. an einer beweglichen Sache entsteht durch Einigung über das P. und Übergabe der Sache vom Eigentümer an den Pfandgläubiger (→ Faustpfand). Die Befriedigung des Pfandgläubigers erfolgt bei Fälligkeit (Pfandreife) durch Pfandverkauf. In der Praxis ist das vertragliche P. weitgehend von der Sicherungsübereignung verdrängt worden. Auf das kraft Gesetzes entstandene P. (nicht für die Entstehung selbst) finden die Vorschriften über das vertragliche P. ent-

sprechende Anwendung. Für P. an Rechten gelten z. T. besondere Vorschriften.

Pfandsiegel

umgangssprachlich auch „Kuckuck" genannt; Marke, die der Gerichtsvollzieher bei der Pfändung beweglicher Sachen, die vorläufig im Gewahrsam des Schuldners bleiben, zur Kenntlichmachung der Beschlagnahme an den betroffenen Sachen anbringt. Das unbefugte Entfernen eines P. ist als Siegelbruch strafbar.

Pfändung

die staatliche Beschlagnahme eines Gegenstandes zur Befriedigung des Gläubigers wegen einer Geldforderung. Sie ist → Zwangsvollstreckung in das bewegliche Vermögen. Bewirkt eine → Verstrickung und ein P.-Pfandrecht. P. erfolgt bei Sachen, indem der Gerichtsvollzieher sie in Besitz nimmt (andere Sachen als Geld, Kostbarkeiten und Wertpapiere sind, sofern hierdurch die Befriedigung des Gläubigers nicht gefährdet wird, im Gewahrsam des Schuldners zu belassen und mit einem → Pfandsiegel zu versehen), bei Forderungen und anderen Rechten durch *P.-Beschluß* des Vollstreckungsgerichts, der dem Schuldner der gepfändeten Forderung (Drittschuldner) die Leistung an seinen Gläubiger (den Schuldner der Zwangsvollstreckung) und diesem die Verfügung über die Forderung verbietet. Verwertet werden Sachen durch öffentliche Versteigerung und Forderungen durch Überweisung und Einziehung.

Pfändungsbeschluß

→ Pfändung.

Pfändungsschutz

die zugunsten des Schuldners aus sozialen Gründen bestehende gänzliche oder teilweise → Unpfändbarkeit bestimmter Sachen und Forderungen.

Pflegekind

Minderjähriger unter 16 Jahren, der sich dauernd oder nur für einen Teil des Tages, jedoch regelmäßig, außerhalb des Elternhauses in Familienpflege befindet. P. untersteht der Aufsicht des Jugendamtes.

Pflegschaft

Fürsorge für eine in rechtlicher Hinsicht hilfsbedürftige Person oder ein Vermögen. Im Unterschied zur Vormundschaft hat der Pfleger nicht für alle, sondern nur für bestimmte einzelne Angelegenheiten des Pflegebefohlenen zu sorgen, z.B. *Ergänzungs-P.* (für Minderjährige, wenn deren gesetzliche Vertreter sie ausnahmsweise nicht vertreten können), *Gebrechlichkeits-P.*, *Abwesenheits-P.*, *Nachlaß-P.* (zur Sicherung des Nachlasses bis zur Annahme der Erbschaft oder bis zur Ermittlung eines unbekannten Erben). Die Vorschriften über die Vormundschaft finden entsprechende Anwendung. Zuständig ist das Vormundschaftsgericht, bei *Nachlaß-P.* das Nachlaßgericht. Ein Sonderfall der P. ist die *Amts-P.* des Jugendamtes bei nichtehelichen Kindern.

Pflichtmitgliedschaft

die gesetzlich vorgeschriebene Mitgliedschaft in manchen öffentlich-rechtlichen Körperschaften, insbes. in der Sozialversicherung und bei berufsständischen Vereinigungen (z.B. Industrie- und Handelskammer).

Pflichtteil

der Anspruch von Abkömmlingen, Eltern und Ehegatten des Erblassers, der diesen in jedem Fall gegen den (oder die Erben zusteht und der die Hälfte des Wertes des gesetzlichen Erbteils im Zeitpunkt des Erbfalls beträgt, auch wenn sie vom Erblasser von der Erbfolge durch → Verfügung von Todes wegen ausgeschlossen worden sind. Ausnahmsweise kann der Erblasser jedoch durch letztwillige Verfügung auch den P. entziehen *(P.-Entziehung,* insbes. bei schweren Verfehlungen des P.-Berechtigten gegenüber dem Erblasser).
Hinsichtlich des Ehegatten wird zwischen *großem* und *kleinem P.* unterschieden. Da beim gesetzlichen Güterstand der Zugewinngemeinschaft der Zugewinnausgleich dadurch verwirklicht wird, daß sich der gesetzliche

Erbteil des überlebenden Ehegatten um ein Viertel der Erbschaft erhöht, erhöht sich auch der P. entsprechend *(großer P.)*. Dieser Anspruch besteht jedoch nur dann, wenn der Ehegatte testamentarischer Erbe oder Vermächtnisnehmer ist und die Erbschaft auch nicht ausgeschlagen hat (für den Fall, daß sein Erbteil kleiner ist als der große P.; er kann dann entsprechende Auffüllung seines Erbteils verlangen). In allen anderen Fällen wird der P. nur nach dem nicht erhöhten Erbteil berechnet *(kleiner P.)* und der Zugewinn anderweitig ausgeglichen (→ Zugewinnausgleich).

Pflichtversicherung

→ Sozialversicherung.

Pflichtverteidiger

auch Offizialverteidiger; Rechtsanwalt oder Referendar, der im Strafverfahren spätestens nach Zustellung der Anklageschrift vom Gericht zum → Verteidiger des Angeschuldigten bestellt wird, falls die Verteidigung notwendig ist. Der Rechtsanwalt muß grundsätzlich die Pflichtverteidigung übernehmen. *Gegensatz:* Wahlverteidiger (→ Verteidiger).

Plädoyer

(frz.: plaidoyer); zusammenfassender Vortrag vor Gericht, insbes. die Schlußausführungen von Staatsanwalt und Verteidiger im Strafprozeß.

Plagiat

(lat.: plagium = Menschendiebstahl); Diebstahl geistigen Eigentums; die Verletzung eines fremden Urheberrechts durch gänzliche oder teilweise Übernahme eines fremden Werkes (z.B. Buch) in ein neues Werk, wobei sich dessen Urheber für den Urheber des gesamten neuen Werkes ausgibt bzw. das auf diese Weise zustande gekommene Werk selbst. Begründet Unterlassungs- und Schadensersatzansprüche.

Planfeststellung

förmliches Verwaltungsverfahren, in dem der Plan für ein öffentliches Großbauvorhaben durch Verwaltungsakt verbindlich festgestellt wird. Der Träger des Vorhabens hat den Plan der Anhörungsbehörde einzureichen; diese holt Stellungnahmen der Beteiligten ein, veranlaßt die Auslegung des Planes und erörtert die erhobenen Einwendungen. Soweit keine Einigung erzielt wird, entscheidet dann die P.-Behörde über die Einwendungen durch P.-Beschluß, in dem sie die Zulässigkeit des Vorhabens einschließlich der notwendigen Folgemaßnahmen an anderen Anlagen im Hinblick auf alle von ihm berührten öffentlichen Belange feststellt.

Planstelle

im Haushaltsplan vorgesehene Arbeitsstelle für eine in ein öffentlich-rechtliches Dienstverhältnis zu berufende Person. Behörden dürfen grds. nur soviele Stellen besetzen wie P. genehmigt sind.

Plenum

(lat. = voll); Vollversammlung einer politischen Körperschaft, insbes. des Parlaments, im Gegensatz zu den Ausschüssen.

Police

(frz. = Versicherungsschein); vom Versicherer unterzeichnete Urkunde über den → Versicherungsvertrag, die dem Versicherungsnehmer auszuhändigen ist.

Polizei

(griech.: politeia = Bürgerrecht, Staatsverwaltung, -verfassung); im weiteren (materiellen, funktionellen) Sinn die gesamte, auf die Abwehr von Gefahren für die öffentliche Sicherheit und Ordnung gerichtete, von Verwaltungsbehörden und Vollzugsorganen ausgeführte Staatstätigkeit, im engeren (institutionellen) Sinn nur die Tätigkeit der im Vollzugsdienst beschäftigten Dienstkräfte *(uniformierte P.* und *Kriminal-P.)*.

polizeiliche Generalklausel

in den Polizeigesetzen der meisten Bundesländer enthaltene Vorschrift, wonach die Polizei im Rahmen der geltenden Gesetze die nach pflichtgemäßem Ermessen notwendigen Maßnahmen zu treffen hat, um von der Allgemeinheit oder dem einzelnen Gefahren abzuwehren, durch die die öffentliche Sicherheit oder Ordnung bedroht wird.

Polizeirecht
die Gesamtheit derjenigen Rechtsnormen, die Aufgaben, Befugnisse und Organisation der → Polizei betreffen. Umfaßt alle Vorschriften, die der Aufrechterhaltung der öffentlichen Sicherheit und Ordnung dienen bzw. (wenn man nicht den funktionellen, sondern den institutionellen Polizeibegriff zugrunde legt) nur das Recht des polizeilichen Vollzugsdienstes. Das P. ist grds. Ländersache (Ausn.: Zuständigkeit des Bundes für → Bundeskriminalamt, → Bundesgrenzschutz und Zusammenarbeit zwischen Bund und Ländern auf dem Gebiet des Verfassungsschutzes); es ist in den einzelnen Bundesländern unterschiedlich geregelt.

Polizeistunde
→ Sperrzeit.

Popularklage
(lat.: populus = das Volk); Klage, die jedermann erheben kann, ohne selbst unmittelbar betroffen sein zu müssen. Grds. unzulässig (Ausnahme: z.B. in der Bayerischen Verfassung).

pornographische Schriften
(griech.: porneuein = Unzuchttreiben, graphein = schreiben); Schriften (sowie ihnen gleichgestellt Ton- und Bildträger, Abbildungen und andere Darstellungen), bei denen der sexuelle Reizzweck überwiegt, eine über den sexuellen Zweck hinausgehende inhaltliche Darstellung nicht beabsichtigt ist oder der geschlechtliche Inhalt aufdringlich vergröbert, verzerrt oder anreißerisch wiedergegeben wird. Bestimmte Formen der Verbreitung (insbes. an Jugendliche) und Darbietung sind strafbar.

positives Recht
(lat.: ponere (positum) = setzen, stellen, legen); vom Menschen gesetztes Recht. Steht im Gegensatz zu Recht, das dem Menschen vorgegeben ist (→ Naturrecht).

Postgeheimnis
→ Brief-, Post- und Fernmeldegeheimnis.

Präambel
Einleitungsformel, die bei völkerrechtlichen Verträgen und bei Verfassungen, gelegentlich auch bei sonstigen wichtigen Gesetzen, dem eigentlichen Vertrags- oder Gesetzestext vorangestellt wird. Enthält meist politische Programmsätze, die zwar keine unmittelbare Rechtswirkung haben, aber für die Auslegung des Vertrags- oder Gesetzestextes von Bedeutung sind.

Präjudiz
(lat.: praeiudicum = Vorentscheidung); frühere Gerichtsentscheidung in derselben Rechtsfrage. Eine rechtliche Bindung an P. höherer Gerichte besteht im angloamerikanischen Recht, im deutschen Recht grds. nicht (Ausn.: Rechtsentscheid (→ Mietgericht), → Rechtseinheit), doch besteht hier meist eine praktische Bindung.

Prämie
(lat.: praemia = Belohnung, Preis, Vorteil, Gewinn); allgemein ein Preis für eine besondere Leistung; im Arbeitsrecht ein zusätzlich zum Lohn gewährtes Entgelt, im Privatversicherungsrecht die vereinbarte Gegenleistung des Versicherten für den Versicherungsschutz *(Versicherungs-P.)*, im Verwaltungsrecht eine zu einem bestimmten Zweck gewährte Leistung des Staates (z.B. *Spar-P., P. an landwirtschaftliche Betriebe)*.

Prävention
(lat.: praevenire = zuvorkommen); → Abschreckung. Vorbeugung gegen künftige Kriminalität; → Spezial-P., → General-P.

Präzedenzfall
(lat.: praecedere = voran-, vorausgehen); Fall, dessen Behandlung für künftige ähnliche Fälle als Beispiel oder Vorbild dient. → Präjudiz.

Preis
der in Geld ausgedrückte Gegenwert für die Erlangung von Gütern und Lei-

stungen. Kann grds. zwischen den Vertragspartnern frei ausgehandelt werden (Vertragsfreiheit). Ausnahme: → P.-Bindung und → P.-Recht.

Preisausschreiben

besondere Form der → Auslobung, bei der ein oder mehrere Preisrichter entscheiden, ob eine Leistung den ausgeschriebenen Bedingungen entspricht und welcher Bewerber den Preis erhalten soll (bei mehreren richten Lösungen kann Entscheidung auch durch Auslosung fallen). Bei besonders leichten P. zu Werbezwecken liegt oft in Wirklichkeit eine → Lotterie vor. Die Koppelung eines P. mit Warenbestellungen ist unzulässig, da unlauterer Wettbewerb.

Preisbindung

vertragliche Verpflichtung der Abnehmer gegenüber dem Hersteller, beim Wiederverkauf der Erzeugnisse einen bestimmten Preis einzuhalten und ihren Abnehmern die gleiche Verpflichtung aufzuerlegen *(P. der zweiten Hand).*

Preisrecht

die Gesamtheit derjenigen Rechtsvorschriften, die der Festsetzung oder Genehmigung von Preisen sowie der Aufrechterhaltung des Preisstandes in Form von Fest-, Höchst- oder Mindestpreisen, der Verpflichtung zu Preisangaben sowie der Preisüberwachung dienen. Preisvorschriften gibt es heute kaum noch (Ausn. z.B. bei der Energieversorgung, Pflegesätzen in Krankenanstalten, Arzneimitteln, im Verkehrsgewerbe); ähnliche Wirkungen haben die Gebührenordnungen für freie Berufe. Die Verordnung über Preisangaben für Waren und Dienstleistungen für Letztverbraucher ist vom Bundesverfassungsgericht jedoch mangels ausreichender gesetzlicher Grundlage für verfassungswidrig erklärt worden. *Verstöße* gegen Preisvorschriften, wozu auch die Preistreiberei gehört (bei unangemessen hohen Entgelten unter Ausnutzung von Wettbewerbsbeschränkungen, einer Monopolstellung oder Mangellage für Gegenstände oder Leistungen des lebenswichtigen Bedarfs), können als → Ordnungswidrigkeiten geahndet werden.

Pressedelikte

Straftaten im Bereich der Presse (z.B. Verbreitung beschlagnahmter Druckwerke). Landesgesetzlich geregelt. Andere Verstöße (z.B. gegen Vorschriften über das Impressum, Ablieferungspflichten von Pflichtexemplaren) werden als Ordnungswidrigkeiten geahndet. Die Verfolgung von P. unterliegt Beschränkungen (z.B. Beschlagnahme einer Zeitung nur durch den Richter; kürzere Verjährungsfristen als im allgemeinen Strafrecht).

Pressefreiheit

Freiheit der Herstellung und Verbreitung von Druckerzeugnissen jeglicher Art, nicht nur der Tagespresse (z.B. auch Zeitschriften, Flugblätter). Geschützt ist nicht nur die Unterrichtung über Tatsachen, sondern auch die Kundgabe von Stellungnahmen und Wertungen. Eine Zensur findet nicht statt. Die freie Presse wird vom GG einerseits als Einrichtung, andererseits als subjektives Recht der auf dem Gebiet des Pressewesens tätigen Personen gewährleistet. Sie ist eine Ausprägung des Grundrechts der Meinungsfreiheit *(Art. 5 Abs. 1 GG)* und unterliegt denselben Einschränkungen.

Primat

(lat.: primatus = die erste Stelle, der erste Rang); Vorrang (z.B. P. des Bundesrechts gegenüber dem Landesrecht, des Völkerrechts gegenüber innerstaatlichem Recht).

Priorität

(lat.: prior = der Erste, der Vordere; der dem Rang nach höher Stehende); allgemein der Vorrang, besonders der zeitliche.

Prioritätsprinzip

Grundsatz, wonach das früher entstandene Recht dem späteren im Rang vorgeht (gilt z.B. (teilweise) für die Bestellung von mehreren Pfandrechten an einer Sache und für die Eintragung von mehreren Grundstücksrechten an einem Grundstück).

Privatisierung
(lat.: privatus = (der Herrschaft) beraubt; gesondert, für sich stehend; nicht öffentlich); die Umwandlung von staatlichem (oder kommunalem) Eigentum in privates Eigentum (z.B. Verkehrsbetriebe, Müllabfuhr). Erfolgt, indem bisher von der öffentlichen Hand erbrachte Dienstleistungen entweder ganz privaten Unternehmen überlassen werden oder öffentliche Unternehmen zwar in private Rechtsform (meist AG oder GmbH) überführt werden, die öffentliche Hand aber einziger oder mehrheitlicher Gesellschafter bleibt. P. steht im Gegensatz zur Sozialisierung. *Re-P.* ist die Zurückführung eines Staats-Unternehmens in private Hand.

Privatklage
die Verfolgung einer Straftat durch den Verletzten oder den zu einem Strafantrag Berechtigten ohne vorherige Anrufung der Staatsanwaltschaft. Nur bei bestimmten Straftaten zulässig (z.B. Hausfriedensbruch, Beleidigung, Körperverletzung, Sachbeschädigung). Setzt meist einen erfolglosen Sühneversuch (→ Sühneverfahren) voraus. Die Erhebung der Anklage geschieht zu Protokoll der Geschäftsstelle (des Amtsgerichts) oder durch Einreichung einer Anklageschrift. Die Staatsanwaltschaft erhebt bei Zulässigkeit der P. die öffentliche Klage nur dann, wenn es im öffentlichen Interesse liegt. Sie kann die Verfolgung auch jederzeit bis zur Rechtskraft des Urteils übernehmen; dadurch wird der Privatkläger zum Nebenkläger. Unzulässig ist die P. gegen Jugendliche (nicht jedoch Heranwachsende).

Privatrecht
alle Rechtsnormen, durch die die Rechtsbeziehungen von gleichberechtigten Privatpersonen untereinander geregelt werden. Wird auch als Zivilrecht oder als bürgerliches Recht bezeichnet. Das bürgerliche Recht umfaßt jedoch nur das Bürgerliche Gesetzbuch einschl. Ergänzungsgesetzen (wie z.B. Ehegesetz), während das P. zusätzlich aus dem Handels-, Gesellschafts-, Wertpapier-, Urheber- und Privatversicherungsrecht besteht. Vgl. dagegen → öffentliches Recht.

Privatschule
Schule, deren Träger die Kirchen oder Privatpersonen sind. Das Recht zur Errichtung von P. ist als Grundrecht gewährleistet. P. stehen wie die öffentlichen Schulen unter Aufsicht des Staates. Soweit sie öffentliche Schulen ersetzen sollen, brauchen sie zusätzlich eine staatliche Genehmigung nach Landesrecht. Diese ist zu erteilen, wenn die P. in ihren Lernzielen und Einrichtungen sowie in der wissenschaftlichen Ausbildung ihrer Lehrkräfte nicht hinter den öffentlichen Schulen zurückstehen und eine Sonderung der Schüler nach den Besitzverhältnissen der Eltern nicht gefördert wird und wenn die wirtschaftliche und rechtliche Stellung der Lehrkräfte genügend gesichert ist. Soweit eine P. Bildungsaufgaben des Staates erfüllt, hat sie Anspruch auf staatliche Förderung.

Privatversicherung
→ Versicherung, → Versicherungsvertrag.

Privileg
(lat.: privilegium = besondere Verordnung, Ausnahmegesetz; Vorrecht); das einer Person oder Gruppe eingeräumte Vorrecht (z.B. Standes-P.). Vom Grundgesetz durch den allgemeinen → Gleichheitsgrundsatz verboten.

Produzent
(lat.: producere = vorwärtsführen, hervorbringen); der gewerbliche Hersteller einer Ware. Er *haftet* bei einer mangelhaften Ware für die durch ihren Gebrauch verursachten Folgeschäden (Konstruktionsfehler, Instruktionsfehler, Fabrikationsfehler; z.B. Unfallschaden durch geplatzte Reifen). Da zwischen P. und Verbraucher i. d. R. keine vertraglichen Beziehungen bestehen, haftet der P. nicht aus Vertragsverletzung, sondern nur aus → unerlaubter Handlung; zugunsten des Verbrauchers braucht dieser jedoch ein

Verschulden des P. nicht nachzuweisen, sondern der P. muß beweisen, daß ihn kein Verschulden trifft.

Prokura

(ital.: procurare = Sorge tragen, pflegen, verwalten, Geschäftsführer sein); handelsrechtliche Art der Vollmacht, die nur von einem Vollkaufmann ausdrücklich erteilt werden kann und zum Handelsregister anzumelden ist. Der Prokurist hat so zu unterschreiben, daß er der Firma seinen Namen und einen die P. bezeichnenden Zusatz beifügt. Die P. ermächtigt zu allen gerichtlichen und außergerichtlichen Rechtsgeschäften, die der Betrieb eines Handelsgewerbes mit sich bringt. Zur Veräußerung und Belastung von Grundstücken ermächtigt die P. nur dann, wenn sie ausdrücklich dafür erteilt ist. Interne Beschränkungen gelten nicht nach außen. Die P. kann auch in der Weise erteilt werden, daß nur mehrere Prokuristen gemeinschaftlich handeln können. Die P. *erlischt* durch Widerruf, durch Tod des Prokuristen, durch Konkurs des Unternehmens oder durch Beendigung des Dienstverhältnisses, nicht jedoch durch den Tod des Firmeninhabers. Das Erlöschen der P. ist zum Handelsregister anzumelden. Fehlt die Eintragung, wird der gute Glaube eines Dritten dadurch geschützt, daß die Geschäfte, die der ehemalige Prokurist abschließt, noch wirksam sind.

Promillegrenze

→ Blutalkohol, → Fahruntüchtigkeit.

Proporz

(lat.: proportio = entsprechendes Verhältnis, Ebenmaß); Verteilung von Sitzen und Ämtern nach dem Verhältnis der abgegebenen Stimmen bzw. der Partei- oder Konfessionszugehörigkeit oder ähnlichem. Zulässig bei der Besetzung politischer Ämter, nicht jedoch bei der Einstellung von Beamten.

Prostitution

(lat.: prostituere = seinen Körper öffentlich zur Unzucht anbieten); die meist gewerbsmäßige Vornahme sexueller Handlungen mit oder vor ständig wechselnden Partnern zu deren sexueller Befriedigung gegen Entgelt. Die Ausübung der P. ist als solche nicht strafbar, sie kann jedoch durch Rechtsverordnung in gewissem Rahmen ganz oder für bestimmte Bezirke und Zeiten verboten werden. Beharrliche Zuwiderhandlungen gegen diese Vorschriften sowie jugendgefährdende P. (z.B. in der Nähe von Schulen), die Förderung der P. sowie Zuhälterei sind jedoch strafbar. Ferner werden als Ordnungswidrigkeiten verfolgt das öffentliche Sichanbieten, wenn es andere zu belästigen geeignet ist sowie sonstige Verstöße gegen Sperrzeit- und Sperrbezirksvorschriften.

Provision

(lat.: provisio = Vorsorge); Vergütung für geleistete Dienste, die nach einem bestimmten Prozentsatz des Wertes des vermittelten *(Vermittlungs-P.)* oder abgeschlossenen *(Abschluß-P.)* Geschäftes bemessen wird. Sie kann Entgelt oder Zulage zum Entgelt sein.

Prozeß

(lat.: processus = Fortschritt, (guter) Fortgang); gerichtliches Verfahren zur Durchsetzung privater oder öffentlich-rechtlicher Ansprüche; ersetzt die (nur noch ganz beschränkt zulässige) Selbsthilfe.

Prozeßbevollmächtigter

Person, der Prozeßvollmacht erteilt ist.
I. Im *Anwaltsprozeß:* nur beim Prozeßgericht zugelassene Rechtsanwälte.
II. Im *Parteiprozeß:* auch alle anderen Personen, soweit sie in eigener Person wirksam verhandeln können (*geschäftsmäßiges* Auftreten in der *mündlichen Verhandlung* ist jedoch nur den besonders zugelassenen sog. Prozeßagenten gestattet).
III. Im *Strafprozeß:* → Verteidiger.

Prozeßfähigkeit

die Fähigkeit, → Prozeßhandlungen selbst oder durch selbstbestellte Vertreter wirksam vor- und entgegenzunehmen. Besteht insoweit, als eine Person sich durch Verträge verpflichten kann, d.h. geschäftsfähig ist, was auch auf bestimmte Arten von Prozessen beschränkt sein kann (z.B. Ehesachen). Die P. ist eine → Prozeßvoraussetzung. Keine P. besitzen juristische Personen; sie müssen durch ihren gesetzlichen Vertreter vertreten werden.

Prozeßgericht
Gericht, demgegenüber die betreffende → Prozeßhandlung vorzunehmen ist; wichtig z.B. bei Rechtsmitteln.

Prozeßhandlung
jede prozeßgestaltende Handlung einer Partei oder eines Streitgehilfen bzw. ihrer Vertreter, die in ihren Voraussetzungen und Wirkungen allein dem Prozeßrecht unterliegen (z.B. Klageerhebung, Einlegung eines Rechtsmittels, Stellen eines Antrags, Bestreiten, Beweisantritt, Geständnis). Voraussetzungen: Parteifähigkeit, Prozeßfähigkeit, u.U. gesetzliche Vertretung oder Prozeßvollmacht, Postulationsfähigkeit (→ Verhandlungsfähigkeit), z.T. bestimmte Form oder Frist, Zugang. Keine P. sind → Realakte (→ Rechtshandlung) und → Rechtsgeschäfte (z.B. Aufrechnung, Anfechtung, Kündigung). Werden sie *im Prozeß* erklärt, so sind sie gleichzeitig Rechtsgeschäft *und* P.

Prozeßkosten
die Kosten einer Partei, die sie zur Führung eines Prozesses unmittelbar aufwenden muß. Bestehen aus den → Gerichtskosten und den außergerichtlichen Kosten (Anwalts-, Gerichtsvollziehergebühren). Im Strafprozeß werden die P. als Verfahrenskosten bezeichnet. Die Höhe der P. richtet sich im Zivilprozeß nach dem → Streitwert, im Strafprozeß hinsichtlich der Gerichtskosten nach der Höhe der Strafe.

Prozeßkostenhilfe
die Befreiung von der Verpflichtung die Prozeßkosten zu tragen, ohne daß Rückzahlungspflicht besteht (anders als beim früheren Armenrecht). P. erhält, wer nach seinen persönlichen und wirtschaftlichen Verhältnissen die Kosten nicht, nur zum Teil oder nur in Raten aufbringen kann (völlige Befreiung z.B. bei einem Alleinstehenden mit einem Nettoeinkommen von unter ca. 850 DM, Ratenzahlung bis höchstens ca. 2400 DM). Setzt voraus, daß die beabsichtigte Rechtsverfolgung oder Rechtsverteidigung hinreichende Aussicht auf Erfolg bietet und nicht mutwillig erscheint. Bewilligung erfolgt auf Antrag durch das Prozeßgericht. Bewirkt, daß der Berechtigte keinen Prozeßkostenvorschuß zu zahlen braucht; die Gerichtskosten (nur, wenn völlige Befreiung vorliegt; sonst Zahlung von höchstens 48 Raten) und die Kosten für einen beigeordneten Rechtsanwalt trägt die Staatskasse (wobei der Anwalt sich allerdings an den Prozeßgegner halten kann, wenn dieser unterliegt). Verliert der P.-Berechtigte den Prozeß, so muß er jedoch i. d. R. dem Gegner dessen Kosten (Anwaltsgebühren) selbst erstatten.

Prozeßvergleich
Vergleich, der vor einem Gericht in einem Rechtsstreit zu dessen (voller oder teilweiser) Erledigung abgeschlossen wird. Er ist sowohl → Prozeßhandlung als auch Rechtsgeschäft und stellt einen Vollstreckungstitel dar. Er kann auch unter einer Bedingung oder unter dem Vorbehalt des Widerrufes erfolgen.

Prozeßverschleppung
absichtliche Verzögerung eines Rechtsstreits; im Zivilprozeß durch verspätetes Vorbringen von Angriffs- und Verteidigungsmitteln, im Strafprozeß durch Stellung von Beweisanträgen lediglich zum Zwecke der Verschleppung. Solche Anträge können unter bestimmten Voraussetzungen zurückgewiesen werden.

Prozeßvoraussetzungen
sind nicht Voraussetzungen, damit ein Prozeß überhaupt beginnen kann, sondern Voraussetzungen, die im Zeitpunkt der letzten mündlichen Verhandlung vorliegen müssen, damit das Klagebegehren zulässig ist. Bei Vorliegen aller P. wird in der Sache selbst darüber entschieden, ob die Klage begründet ist oder nicht.
Allgemeine P., die für jedes Streitver-

fahren vorliegen müssen, sind im Zivilprozeß: Ordnungsmäßigkeit der Klageerhebung, örtliche und sachliche Zuständigkeit, deutsche Gerichtsbarkeit, Parteifähigkeit, Prozeßfähigkeit bzw. wirksame gesetzliche Vertretung Prozeßunfähiger, Prozeßführungsbefugnis, keine entgegenstehende Rechtskraft, keine anderweitige Rechtshängigkeit, Zulässigkeit des Rechtsweges, Rechtsschutzbedürfnis. Darüber hinaus gibt es *besondere P.*, die nur für bestimmte zivilrechtliche Verfahren zusätzlich vorliegen müssen und *weitere P.* im Straf- und Verwaltungsprozeß.

Pseudonym

(griech.: pseudo = falsch, unecht, vorgetäuscht; ónyma = Name); häufig von Künstlern und Schriftstellern angenommener Deckname. Das P. genießt denselben rechtlichen Schutz wie der → Name.

Putativnotwehr

(lat.: putare = glauben); die Verteidigung gegen einen in Wirklichkeit gar nicht bestehenden, vom Handelnden aber irrtümlich angenommenen, gegenwärtigen rechtswidrigen Angriff. Da objektiv keine Notwehrlage gegeben ist, besteht auch kein Notwehrrecht.

Q

Quittung

schriftliches Empfangsbekenntnis, das der Gläubiger gegen Empfang der Leistung auf Verlangen zu erteilen hat. Q. ist ein Beweismittel, das durch Gegenbeweis entkräftet werden kann. Der Überbringer einer Q. gilt als ermächtigt, die Leistung in Empfang zu nehmen, sofern nicht dem Leistenden bekannte Umstände der Annahme einer solchen Ermächtigung entgegenstehen.

Quorum

(lat. = derer, von denen); die Anzahl von Mitgliedern eines Gremiums (z.B. Parlament, Kollegialgericht), die bei einer Abstimmung mindestens anwesend sein oder ihre Stimme abgeben müssen, damit das Gremium überhaupt beschlußfähig ist (z.B. müssen mehr als die Hälfte der Abgeordneten im Sitzungssaal anwesend sein, damit der Bundestag beschlußfähig ist).

Quote

(lat.: quotus = der wievielte); rechnungsmäßiger Anteil (z.B. *Konkurs-Q.)*.

R

Rabatt

(ital.: rabattere = niederschlagen, abschlagen; einen Preisnachlaß gewähren); der meist prozentuale Nachlaß auf einen Preis. Seine Gewährung ist für den Einzelverkauf von Waren und bei Leistungen des täglichen Bedarfs für den Endverbraucher eingeschränkt. Erlaubt sind: Barzahlungsnachlaß (→ Skonto), Mengennachlaß, Sondernachlaß (z.B. für Großverbraucher, Betriebsangehörige) und Treuevergütung. Auch im Versicherungsrecht kann ein R. (Nachlaß auf die Versicherungprämie) gewährt werden (z.B. in der Kraftfahrzeughaftpflichtversicherung bei unfallfreiem Fahren, sog. Schadenfreiheits-R.).

Rädelsführer

Person, die geistig oder körperlich eine führende Rolle in einer Gruppe von Personen einnimmt. Kann sich aus ihrer Stellung in der Gruppe oder aus der Bedeutung oder dem Ausmaß ihrer Tätigkeit ergeben. Die Eigenschaft als R. kann strafbegründendes oder strafschärfendes Tatbestandsmerkmal sein (z.B. Bildung einer → kriminellen Vereinigung, Bildung einer → terroristischen Vereinigung).

Rahmengesetzgebung

Gesetzgebungszuständigkeit, die dem Bund das Recht zum Erlaß von Rahmenvorschriften gibt, soweit ein Bedürfnis nach bundesgesetzlicher Regelung besteht (z.B. für die Rechtsverhältnisse der im öffentlichen Dienst der Länder, Gemeinden und anderen Körperschaften des öffentlichen Rechts stehenden Personen). Rahmenvorschriften legen nur einen allgemeinen Rahmen fest; dessen Ausfüllung im einzelnen bleibt dem Landesgesetzgeber überlassen.

Rasse

Gruppe von Menschen, die sich durch ihre gemeinsamen Erbanlagen von anderen Menschen unterscheiden. Die Benachteiligung oder Bevorzugung eines Menschen wegen seiner R. ist durch das Grundgesetz verboten. *R.-Diskriminierung* kann als Kollektivbeleidigung oder als Aufstachelung zum *R.-Haß* bestraft werden.

Rate

Teilbetrag einer Leistung. Insbes. beim Abzahlungskauf wird der Kaufpreis in R. gezahlt. Die Vereinbarung, daß die Nichterfüllung der Käuferpflichten die sofortige Fälligkeit der Restschuld zur Folge haben soll, kann nur für den Fall rechtswirksam getroffen werden, daß der Käufer mit mindestens zwei aufeinanderfolgenden R. ganz oder teilweise im Verzug ist und der fällige Betrag mindestens 10 % des Kaufpreises beträgt. Tritt der Verkäufer wegen Nichterfüllung der R.-Verpflichtungen vom Vertrag zurück, so bekommt der Käufer die bereits gezahlten R. wieder.
R.-Zahlung kann auch bei Geldstrafen, Geldbußen und Prozeßkosten (→ Prozeßkostenhilfe) gewährt werden.

Ratifikation

(lat.: ratificatio = Bestätigung, Genehmigung); auch Ratifizierung; nach vollzogener parlamentarischer Zustimmung vom Staatsoberhaupt abgegebene formelle Erklärung der Bestätigung eines völkerrechtlichen Vertrages (→ Staatsvertrages). – Gelegentlich wird fälschlicherweise auch die parlamentarische Zustimmung zu einem R.-Gesetz als R. bezeichnet.

Raub
Straftat, die begeht, wer mit Gewalt gegen eine Person oder unter Anwendung von Drohungen mit gegenwärtiger Gefahr für Leib oder Leben eine fremde bewegliche Sache einem anderen in der Absicht rechtswidriger Zueignung wegnimmt.
Schwerer R. liegt vor, wenn der Täter oder ein anderer am R. Beteiligter eine Waffe oder ein sonstiges Werkzeug oder Mittel bei sich führt, um den Widerstand eines anderen durch Gewalt oder Drohung mit Gewalt zu verhindern oder zu überwinden (bei Schußwaffen reicht das bloße Mitführen); wenn der Täter oder ein anderer Beteiligter durch die Tat einen anderen in die Gefahr des Todes oder einer schweren Körperverletzung bringt; oder wenn der Täter den R. als Mitglied einer Bande, die sich zur fortgesetzten Begehung von R. oder Diebstahl verbunden hat, unter Mitwirkung eines anderen Bandenmitglieds begeht.

räuberischer Diebstahl
Straftat, die begeht, wer bei einem Diebstahl auf frischer Tat angetroffen wird, gegen eine Person Gewalt verübt oder Drohungen mit gegenwärtiger Gefahr für Leib oder Leben anwendet, um sich im Besitz des gestohlenen Gutes zu erhalten. R.D. wird wie → Raub bestraft.

Raubmord
der in → Tateinheit mit einem Raub begangene Mord oder Totschlag.

Rauchverbot
das Verbot des Tabakgenusses an verschiedenen Orten zum Schutze bestimmter Rechtsgüter. Besteht für Personen unter 16 Jahren generell in der Öffentlichkeit. Zuwiderhandlungen haben zwar keine Strafmaßnahmen zur Folge, jedoch z.B. Maßnahmen des Jugendamtes wie Ermahnung, Meldung an Eltern oder Schule oder → Weisungen. Als Ordnungswidrigkeit bzw. bei konkreter Gefährdung als Straftat werden das Rauchen im Wald vom 1.3. – 31.10. sowie das Fallenlassen, Fortwerfen oder unvorsichtige Handhaben brennender oder glimmender Gegenstände (z.B. Streichhölzer, Zigaretten) verfolgt. Weiter bestehen R. u.a. in Straßenbahnen, Garagen, Bibliotheken.

Raumordnung
die Ordnung der räumlichen Struktur des gesamten Staatsgebietes durch die die einzelnen Fachplanungen zusammenfassende → Raumplanung. Soll u.a. gesunde Lebens- und Arbeitsbedingungen sowie ausgewogene wirtschaftiche, soziale und kulturelle Verhältnisse sichern und weiterentwickeln, wobei mit dieser Entwicklung die verkehrs- und versorgungsmäßige Aufschließung und die Bedienung mit Verkehrs- und Versorgungsleistungen in Einklang zu bringen ist.

Raumplanung
die zum Zweck der → Raumordnung erfolgende Planung. Sie gliedert sich in die Planungsstufen der Bundes-, Landes-, Regional- und Ortsplanung (Bauleitplanung).

Rausch
zeitlich begrenzter, durch den Genuß von R.-Mitteln (z.B. Alkohol, R.-Gift) hervorgerufener Zustand, der durch Wahrnehmungsstörungen, Bewußtseinsveränderungen, Verminderung der Selbstkontrolle und Orientierungsverlust gekennzeichnet ist. Eine im R. abgegebene Willenserklärung kann nichtig sein. Im Strafrecht kann ein R. → Schuldunfähigkeit begründen (vgl. aber → Rauschtat und → Vollrausch).

Rauschtat
die im → Rausch, d.h. im Zustand der Schuldunfähigkeit begangene strafbare Handlung, die deshalb nicht bestraft werden kann. Vgl. auch → Vollrausch.

real
(lat.: realis = dinglich, sachlich); wirklich, tatsächlich.

Rechnungshof
unabhängige oberste Bundes- bzw. Landesbehörde (Bundes-R. mit Sitz in Frankfurt a.M. sowie R. der einzelnen Länder), die die Rechnungslegung und

damit zugleich die Ordnungsmäßigkeit und Wirtschaftlichkeit der gesamten Haushalts- und Wirtschaftsführung der öffentlichen Hand überprüft.

Recht

im objektiven Sinn die gesamte Rechtsordnung, im subjektiven Sinn die sich daraus für den einzelnen ergebende Befugnis (subjektives R.). Das R. regelt das äußere Verhalten des Menschen im Unterschied zur Moral, die sich an die Gesinnung wendet. Es ist im Gegensatz zur Moral wie auch den sonstigen in der Gesellschaft geltenden Anstandsregeln und Gebräuchen zwangsweise durchsetzbar. Das *objektive R.* kann → positives R. oder → Natur-R., → Gesetzes-R. oder → Gewohnheits-R., geschriebenes oder ungeschriebenes, → zwingendes oder nachgiebiges, → materielles oder → formelles (→ Verfahrens-R.) R., → Privat-R. oder → öffentliches R. sein. Das *subjektive R.* kann absolutes R. (wirkt gegenüber jedermann, z.B. Eigentum), relatives R. (→ Anspruch, z.B. auf Eigentumsübertragung auf Grund eines Kaufvertrages) oder → Gestaltungs-R. sein.

Rechtfertigungsgrund

Umstand, der einem normalerweise rechtswidrigen Verhalten ausnahmsweise die Rechtswidrigkeit nimmt. R. schließen im Zivilrecht Schadensersatzansprüche und im Strafrecht eine Bestrafung aus. R. sind insbes. → Notwehr, → Notstand (zivilrechtlicher und (im Strafrecht) rechtfertigender), erlaubte Selbsthilfe (→ Selbsthilferecht), → Einwilligung und mutmaßliche Einwilligung (z.B. Operation eines Bewußtlosen, dessen Angehörige nicht erreichbar sind).

rechtliches Gehör

Pflicht der Gerichte, Entscheidungen erst dann zu fällen, wenn sie dem dadurch Betroffenen vorher Gelegenheit gegeben haben, sich dazu zu äußern. Der Anspruch auf r.G. ist *nach Art. 103 Abs. 1 GG* für jedermann gewährleistet; er ist eine Ausprägung des Rechtsstaatsprinzips. Er gilt auch vor Verwaltungsbehörden im Rahmen der → Eingriffsverwaltung.

Rechtsanwalt

der berufene Berater und Vertreter in allen Rechtsangelegenheiten; er ist unabhängiges Organ der Rechtspflege, übt aber einen freien Beruf aus. Voraussetzung für die Zulassung durch die Landesjustizverwaltung ist → Richteramtsbefähigung. Kann vor jedem Gericht auftreten, in Zivilsachen mit Anwaltszwang jedoch nur, wenn er beim jeweiligen Prozeßgericht zugelassen ist. R. erhält für seine Tätigkeit Gebühren nach der Bundesrechtsanwaltsgebührenordnung, deren Höhe sich nach dem Wert des Gegenstandes der Beratung oder Vertretung, insbes. nach dem Streitwert richtet, oder nach Vereinbarung mit dem Mandanten. Vgl. → Kammer, → Standesrecht, → Ehrengericht.

Rechtsanwaltsgehilfe

Mitarbeiter im Büro eines Rechtsanwalts, der nach mindestens zwei – höchstens zweieinhalbjähriger – Ausbildungszeit und bestandener Abschlußprüfung vor dem Prüfungsausschuß der zuständigen Rechtsanwaltkammer auf Grund seiner Kenntnisse in der kaufmännischen Praxis und Rechtskunde die anfallenden Büroarbeiten selbständig erledigt.

Rechtsbehelf

jede rechtlich zugelassene Möglichkeit, eine behördliche, insbes. gerichtliche Entscheidung überprüfen zu lassen. Zu den R. gehören die → Rechtsmittel sowie andere – förmliche oder formlose – Gesuche, über die auf gleicher Stufe (bzw. bei Gericht im gleichen Rechtszug) entschieden wird (z.B. Einspruch, Widerspruch, Erinnerung, Wiederaufnahme des Verfahrens, Gegenvorstellung, Dienstaufsichtsbeschwerde).

Rechtsbeistand

Berufsbezeichnung für eine Person, die – ohne → Rechtsanwalt zu sein – geschäftsmäßig die Besorgung fremder Rechtsangelegenheiten betreibt und dazu einer behördlichen Erlaubnis nach dem Rechtsberatungsgesetz bedarf. Um im Zivilprozeß (in einem Verfahren ohne Anwaltszwang) in der mündlichen Verhandlung auftreten zu können, ist darüber hinaus eine besondere Zulassung als sog. Prozeßagent erforderlich.

Rechtsberatung
Beratung in fremden Rechtsangelegenheiten; in erster Linie den → Rechtsanwälten vorbehalten; soweit andere Personen sie *geschäftsmäßig* (entgeltlich oder unentgeltlich) betreiben (→ Rechtsbeistand), brauchen sie eine Erlaubnis nach dem Rechtsberatungsgesetz, das jedoch auch zahlreiche Ausnahmen vorsieht.

Rechtsbeugung
Straftat, die in einer vorsätzlichen Rechtsverletzung (Verfälschung des Sachverhalts, unrichtige Anwendung von Rechtsnormen) durch einen Richter, sonstigen Amtsträger oder Schiedsrichter bei der Leitung oder Entscheidung einer Rechtssache zugunsten oder zum Nachteil einer Partei besteht.

Rechtseinheit
die einheitliche Geltung des Rechts im gesamten Staatsgebiet. Wird in der Bundesrepublik Deutschland durch die Gesetzgebung des Bundes (ausschließliche, konkurrierende und Rahmengesetzgebung) gewährleistet bzw. gefördert. Andererseits stehen der R. wegen des föderativen Staatsaufbaus (→ Föderalismus) die vielfach historisch bedingten, unterschiedlichen Rechtsordnungen der Länder entgegen. Zur R. gehört auch die Einheitlichkeit der Rechtsprechung, zu deren Wahrung z.B. bestimmte → Senate eingerichtet sind (vgl. z.B. → Oberste Gerichtshöfe des Bundes).

Rechtsfähigkeit
die Fähigkeit, Träger von Rechten und Pflichten (Rechtssubjekt) zu sein. Rechtsfähig sind alle natürlichen und juristischen Personen. Bei natürlichen Personen beginnt die R. (im Zivilrecht) mit der Vollendung der → Geburt und endet mit dem Tod; juristische Personen erlangen R. mit der Eintragung in ein öffentliches → Register oder mit staatlicher Verleihung.

Rechtsgeschäft
der aus einer oder mehreren Willenserklärungen und ggfs. sonstigen Wirksamkeitsvoraussetzungen (z.B. Beurkundung, Übergabe) bestehende rechtliche Tatbestand, der den mit der Willenserklärung bezweckten Erfolg herbeiführt. Man unterscheidet einseitiges R., das nur die Willenserklärung einer Person erfordert (z.B. Kündigung), und zweiseitiges R., das in ihren Rechtsfolgen übereinstimmende Willenserklärungen von mindestens zwei Personen erfordert (insbes. Vertrag).

Rechtsgut
Gut, das von der Rechtsordnung geschützt wird, weil in ihm Lebensinteressen des einzelnen und der Allgemeinheit verkörpert sind (z.B. Leben, Gesundheit, Freiheit).

Rechtshandlung
i.w.S. jedes rechtlich bedeutsame menschliche Verhalten, i. e. S. nur das rechtlich erlaubte Verhalten, das nicht → Rechtsgeschäft ist. Bei einer R. i. e. S. tritt der Erfolg ohne Rücksicht auf den erklärten Willen ein. Man unterscheidet rechtsgeschäftsähnliche Handlungen, die auf die Herbeiführung eines tatsächlichen Erfolges gerichtete Willensäußerungen sind (z.B. Mahnung, Einwilligung in eine Operation; werden weitgehend entsprechend wie Rechtsgeschäfte behandelt), und Tathandlungen (Realakte), die auf einen äußeren Erfolg gerichtete Handlungen sind, an den jedoch vom Gesetz Rechtsfolgen geknüpft sind (z.B. Übergabe, Verarbeitung; werden nicht wie Rechtsgeschäfte behandelt).

Rechtshängigkeit
Unterfall der → Anhängigkeit; Bezeichnung wird nur für solche Verfahren gebraucht, die durch Urteil entschieden werden. Tritt i.d.R. mit Klageerhebung ein und endet mit der formellen → Rechtskraft des Urteils oder mit sonstigem Verfahrensabschluß (z.B. Klagerücknahme, Prozeßvergleich). Hat zahlreiche Wirkungen, z.B. ist eine neue Klage über denselben Streitgegenstand unzulässig, besteht

Anspruch auf Prozeßzinsen, werden viele Fristen unterbrochen (z.B. Verjährung).

Rechtshilfe
einzelne richterliche Handlung, die auf Ersuchen des an sich sachlich zuständigen Gerichts aus Zweckmäßigkeitsgründen von einem anderen Gericht vorgenommen wird (z.B. Zeugenvernehmung am Wohnort des Zeugen). Zur R. sind alle Gerichte verpflichtet, soweit die betreffende Amtshandlung nach dem Recht des ersuchten Gerichts zulässig ist. *Internationale R.* (z.B. Vernehmung eines Zeugen durch ein ausländisches Gericht oder Konsulat) erfolgt auf Grund internationaler Vereinbarungen. Vgl. auch → Amtshilfe.

Rechtskraft
die Verbindlichkeit einer gerichtlichen Entscheidung. *Formelle R.* bedeutet, daß die Entscheidung nicht (mehr) angefochten werden kann, also keine Rechtsmittel mehr zulässig sind. Sie ist die Voraussetzung für die *materielle R.,* die bedeutet, daß der Inhalt der Entscheidung für das Gericht und die Parteien maßgebend ist, so daß nicht in einem späteren Prozeß über denselben Streitgegenstand noch einmal und erst recht nicht anders entschieden werden darf. R. kann nur in besonderen Ausnahmefällen beseitigt werden (z.B. → Wiederaufnahmeverfahren). Bei Verwaltungsakten, die unanfechtbar geworden sind, spricht man nicht von R., sondern von Bestandskraft.

Rechtsmißbrauch
die Geltendmachung von Rechten, die zwar dem Buchstaben des Gesetzes oder Rechtsgeschäfts nach bestehen, aber wegen besonderer Umstände des Einzelfalles gegen den Grundsatz von → Treu und Glauben verstoßen (z.B. wenn sich der Schuldner auf Verjährung beruft, obwohl er deren Eintritt selbst dadurch verursacht hat, daß er den Gläubiger hingehalten und damit von der Unterbrechung der Verjährung durch Klageerhebung abgehalten hat). Ein besonderer Fall des R. ist die *Schikane;* sie setzt eine Rechtsausübung voraus, die nur den Zweck haben kann, einem anderen Schaden zuzufügen. R. begründet im Prozeß den Einwand unzulässiger Rechtsausübung.

Rechtsmittel
Rechtsbehelf, mit dem erreicht werden kann, daß eine gerichtliche Entscheidung durch ein höheres Gericht nachgeprüft und ggfs. beseitigt wird. R. sind Berufung, Revision und Beschwerde. Die fristgerechte Einlegung eines statthaften Rechtsmittels hemmt die formelle → Rechtskraft und bewirkt, daß das Verfahren in der höheren Instanz anhängig wird. Vgl. auch Abbildungen Instanzenweg in Zivil- und Strafsachen S. 275 f.

Rechtsmittelbelehrung
der schriftliche oder (im Strafprozeß bei → Verkündung einer Entscheidung) mündliche Hinweis des Gerichts, daß, wie, wo und bis wann ein Rechtsmittel gegen eine Entscheidung eingelegt werden kann. Vorgeschrieben in der Straf-, Arbeits-, Verwaltungs-, Finanz- und Sozialgerichtsbarkeit. Das *Fehlen einer R.* begründet im Strafprozeß die → Wiedereinsetzung in den vorigen Stand; in den anderen Verfahrensarten beginnt die Rechtsmittelfrist erst nach der R. zu laufen, wobei eine Rechtsmitteleinlegung aber grds. nur innerhalb eines Jahres nach Bekanntgabe der Entscheidung möglich ist.

Rechtsmittelverzicht
die nach Erlaß einer Entscheidung erklärte endgültige Aufgabe des Rechts, die Entscheidung durch das übergeordnete Gericht nachprüfen zu lassen. Der von allen Prozeßbeteiligten erklärte R. bewirkt die sofortige Rechtskraft der Entscheidung.

Rechtsnachfolge
der Übergang von Rechten und Pflichten von einer Person auf eine andere. Erfolgt meist im Wege der *Einzel-R. (Sonder-R.),* so i. d. R. bei rechtsgeschäftlicher Übertragung; bei Übertragung kraft Gesetzes verschiedentlich jedoch auch im Wege der *Gesamt-R.* (z.B. beim Erbfall).

Rechtsnorm
jede hoheitliche Anordnung, die für eine unbestimmte Vielzahl von Personen eine allgemeinverbindliche Regelung enthält. Dazu gehören z.B. Bestimmungen aus Verfassung, Gesetz (im formellen Sinn), Rechtsverordnung, Satzung. Entspricht dem Begriff des Gesetzes im materiellen Sinn.

Rechtsobjekt
der Gegenstand, auf den sich ein Recht beziehen kann (z.B. Sache, Forderung).

Rechtspflege
Tätigkeit staatlicher und staatlich anerkannter Organe, deren Aufgabe die Anwendung des Rechts im Einzelfall ist; besteht aus der Rechtsprechung und der sonstigen R., insbes. der → freiwilligen Gerichtsbarkeit, der Tätigkeit der Staatsanwaltschaften und der Rechtsanwälte.

Rechtspfleger
bei Gericht tätiger Beamter des gehobenen Dienstes, dem (obwohl er kein Jurist ist) bestimmte Aufgaben der → Rechtspflege zur Entlastung des Richters übertragen sind, bei denen er selbständig entscheidet. Dazu gehören einfachere (Routine-) Angelegenheiten, aber auch ganze Verfahrensarten wie z.B. fast die gesamte → freiwillige Gerichtsbarkeit, Mahnverfahren, Kostenfestsetzung, Zwangsvollstreckung. Entscheidungen des R. können mit dem Rechtsbehelf der Erinnerung angefochten werden. Voraussetzung für eine Tätigkeit als R. ist ein dreijähriger Vorbereitungsdienst und die bestandene R.-Prüfung.

rechtsprechende Gewalt
→ Rechtsprechung, → Gewaltenteilung.

Rechtsprechung
auch Judikative (lat.: iudicare = Recht sprechen); die rechtsprechende Gewalt im Staat, die in der Bundesrepublik Deutschland unabhängigen, nur an Gesetz und Recht gebundenen Richtern anvertraut ist. Wird durch das Bundesverfassungsgericht, die sonstigen → Bundesgerichte und die Gerichte der Länder in allen Gerichtszweigen ausgübt.

Rechtsschutz
Schutz, den der Staat dem einzelnen zur Durchsetzung seiner Rechte gewährt, indem er Gerichte und Behörden einrichtet und diesen die entsprechenden Befugnisse verleiht. Demgegenüber ist der Selbstschutz des einzelnen heute nur noch ausnahmsweise zulässig (z.B. Selbsthilfe, Notwehr, Notstand).

Rechtsschutzbedürfnis
berechtigtes Interesse eines in seinen Rechten Beeinträchtigten, zur Erlangung von Rechtsschutz ein Gericht in Anspruch zu nehmen. Es ist → Prozeßvoraussetzung für alle Klagearten, insbes. jedoch bei → Feststellungsklagen; bei anderen Klagearten ist das R. i. d. R. ohne weiteres gegeben. Es fehlt z.B., wenn ein einfacherer Weg zum selben Ziel führt oder wenn ein Gericht mutwillig in Anspruch genommen wird.

Rechtssicherheit
die Beständigkeit und Vorhersehbarkeit der für ein bestimmtes Verhalten eintretenden Rechtsfolgen. Sie ist ein grundlegendes Element jeder Rechtsordnung und insbes. eines → Rechtsstaates. Obwohl sie selbst eine Form der Gerechtigkeit ist, kann sie jedoch auch manchmal mit dieser in Widerspruch geraten. Dieser Konflikt wird meist zugunsten der R. entschieden (z.B. → Rechtskraft auch materiell falscher Urteile); anders jedoch bei einem besonders hohen Maß an Ungerechtigkeit (z.B. Wiederaufnahmeverfahren).

Rechtsstaat
Staat, in dem das Recht herrscht und nicht die Willkür der Mächtigen, wie z.B. im Polizeistaat und in totalitären Staaten. Das GG bekennt sich zur Rechtsstaatlichkeit. Bedeutet einerseits die Bindung der Gesetzgebung an die Verfassung und der vollziehenden Gewalt und der Rechtsprechung an Gesetz und Recht sowie die Überprüfbarkeit

staatlicher Maßnahmen durch unabhängige Gerichte, andererseits die Verpflichtung der gesamten Staatsgewalt auf die Idee der Gerechtigkeit. Weitere Ausprägungen des *R.-Prinzips: Gewaltenteilung,* → Vorrang des Gesetzes, → Rechtssicherheit, verfassungsmäßig garantierte → Grundrechte, → rechtliches Gehör, → nullum crimen sine lege, nulla poena sine lege, → ne bis in idem.
Das R.-Prinzip ist ein grundlegendes Element jeder Demokratie. Auch durch eine Änderung des Grundgesetzes kann der R. in der Bundesrepublik Deutschland nicht beseitigt werden.

Rechtsstreit
vor Gericht ausgetragene Auseinandersetzung zwischen zwei oder mehr Beteiligten über ein → Rechtsverhältnis.

Rechtssubjekt
(lat.: subicere = unterwerfen); Träger von Rechten und Pflichten; dies kann eine natürliche, aber auch eine juristische Person sein.

Rechtsverhältnis
rechtliche Beziehung von Personen untereinander oder zu einer Sache.

Rechtsverordnung
→ Verordnung.

Rechtsweg
die vom Gesetz gewährleistete Möglichkeit, im Streitfall ein (bestimmtes) Gericht anrufen zu können, um Rechtsschutz zu begehren. Bei Rechtsverletzungen durch die öffentliche Gewalt steht der R. nach *Art. 19 Abs. 4 GG* offen. Der R. gliedert sich nach den Zweigen der → Gerichtsbarkeit. Der ordentliche R. umfaßt dabei die Zivil- und Strafgerichtsbarkeit.

Rechtswidrigkeit
der Widerspruch zur Rechtsordnung. Rechtswidriges Verhalten kann insbes. Schadensersatzpflichten und Bestrafung zur Folge haben. → Rechtfertigungsgründe können die R. ausschließen.

Rechtszug
→ Instanz.

Reform
(lat.: reformare = umgestalten); Veränderung einer bestehenden Ordnung, die im Gegensatz zur Revolution nicht durch einen gewaltsamen Umsturz erfolgt, sondern sich allmählich innerhalb eines bestehenden Systems vollzieht.

Regelunterhalt
der zum Unterhalt eines nichtehelichen Kindes, das sich in der Pflege seiner Mutter befindet, bei einfacher Lebenshaltung erforderliche Betrag (Regelbedarf) abzüglich bestimmter, regelmäßig wiederkehrender Geldleistungen, die einem anderen als dem Vater zustehen oder ihm zwar zustehen, aber an einen anderen ausgezahlt werden (z.B. das halbe bzw. volle Kindergeld). Der R. wird durch Rechtsverordnung der Bundesregierung festgelegt; er wird nach dem Alter des Kindes abgestuft und von Zeit zu Zeit den veränderten Lebenshaltungskosten angepaßt.

Regierung
Spitze der vollziehenden Gewalt (Exekutive) und Inhaber der politisch verantwortlichen Regierungsgewalt.
Besteht auf Bundesebene aus dem Bundeskanzler und den Bundesministern, auf Landesebene aus dem Ministerpräsidenten (bzw. dem Regierenden Bürgermeister in Berlin, dem Bürgermeister in Bremen und dem Ersten Bürgermeister in Hamburg) und den Landesministern (bzw. Senatoren in Berlin, Bremen und Hamburg und Staatsministern und Staatssekretären in Bayern; in Baden-Württemberg können zusätzlich Staatssekretäre, jedoch nur bis zu einem Drittel der Ministerzahl, und Staatsräte berufen werden). Vgl. auch → Kabinett.
R. überwacht den Vollzug der Gesetze durch die nachgeordneten Behörden und regelt ihn durch Verwaltungsvorschriften und Einzelanweisungen, erläßt Rechtverordnungen auf Grund ausdrücklicher gesetzlicher Ermächtigung und hat Initiativrecht. Außerdem

wirkt die R. an der Gestaltung der Innen- und Außenpolitik mit (vgl. auch → Bundesregierung).
Als R. (Bezirksregierung) wird in einigen Bundesländern auch die Mittelstufe der Landesverwaltung bezeichnet. → Verwaltungsbehörde.

Regierungsbezirk
der örtliche Zuständigkeitsbereich der Mittelbehörden (→ Verwaltungsbehörde) der meisten Bundesländer. Die Mittelbehörden (je nach Bundesland unterschiedlich bezeichnet, z.B. als Regierung oder Bezirksregierung) werden von einem Regierungspräsidenten geleitet.

Register
(lat.: regerere = zurückbringen; eintragen); amtliches, über bestimmte rechtlich wichtige Verhältnisse geführtes Verzeichnis, z.B. *Handels-R., Vereins-R., Güterrechts-R.* (werden bei den Amtsgerichten als R.-Gerichten geführt), *Bundeszentral-R., Bundesverkehrszentral-R.*

Regreß
(lat.: regressus = Rückzug); Rückgriff eines Ersatzpflichtigen auf einen Dritten, der ihm gegenüber wegen des von ihm geleisteten Ersatzes haftet (z.B. R. des Staates gegen einen Beamten, wenn dieser eine Amtspflichtverletzung begangen hat; R. im Scheck- und Wechselrecht).

Reichsrecht
das Recht des Deutschen Reiches bis 1945. Es gilt auch heute noch, soweit es nicht dem Grundgesetz widerspricht. Soweit es Gegenstände der ausschließlichen oder konkurrierenden Gesetzgebung des Bundes betrifft, wurde es Bundesrecht, im übrigen Landesrecht.

Reichsversicherungsordnung
das zur Zeit des Deutschen Reiches geschaffene, noch heute gültige Gesetz, das die Kranken-, Unfall- und Arbeiterrentenversicherung zusammenfassend regelt.

Reisevertrag
Vertrag über eine → Pauschalreise. Der R. stellt eine gesetzlich besonders geregelte Form eines Werkvertrages dar. Von den Bestimmungen über den R. darf nicht zum Nachteil des Reisenden abgewichen werden. Insbes. kann sich der Veranstalter nicht darauf berufen, nur Vermittler der einzelnen Reiseleistungen zu sein. Bei *mangelhafter Leistung* kann der Reisende Abhilfe vom Reiseveranstalter bzw. von der örtlichen Reiseleitung verlangen, nach ergebnisloser Fristsetzung hierzu auch die Mängel selbst beseitigen und Ersatz der hierfür erforderlichen Aufwendungen verlangen sowie für die Dauer des Mangels den Reisepreis mindern (→ Minderung). Bei einer erheblichen Beeinträchtigung besteht für den Reisenden ein Rücktrittsrecht. Beruht der Mangel auf dem Verschulden des Veranstalters oder eines Erfüllungsgehilfen, so besteht zusätzlich auch ein Anspruch auf Schadensersatz wegen Nichterfüllung, bei Vereitelung oder erheblicher Beeinträchtigung der Reise kann auch wegen nutzlos aufgewendeter Urlaubszeit eine angemessene Entschädigung in Geld verlangt werden.

Religionsausübung, freie
nach außen gezeigte Gottesverehrung. Die ungestörte R. ist als Grundrecht in *Art. 4 Abs. 2 GG* gewährleistet. Sie beinhaltet auch, daß auf niemanden Druck zur Teilnahme an religiösen Handlungen ausgeübt werden darf (z.B. ist ein überkonfessionelles Schulgebet auch gegen den Willen eines Schülers oder dessen Eltern zwar zulässig, die Teilnahme daran muß jedoch jedem Schüler freistehen). Die R. ist nicht völlig unbeschränkt möglich, wenn sie gegen allgemeine Gesetze und wichtige Interessen der Gemeinschaft verstößt. Unzulässig sind jedoch zielgerichtete Eingriffe in die R.

Religionsunterricht
die schulische Erziehung in einem religiösen Bekenntnis. R. ist in öffentlichen Schulen mit Ausnahme der bekenntnisfreien Schulen ordentliches Lehrfach (Ausnahmen bestehen für Bremen und Berlin). Er wird unbescha-

det des staatlichen Aufsichtsrechts in Übereinstimmung mit den Grundsätzen der Religionsgemeinschaften erteilt. Über die Teilnahme des Kindes entscheiden bis zur Vollendung des 14. Lebensjahres die Erziehungsberechtigten, danach das Kind selbst.

Rentenversicherung
Zweig der Sozialversicherung, der gegen eine meist laufend zu zahlende Prämie medizinische und berufsfördernde Maßnahmen zur Besserung und Wiederherstellung der Erwerbsfähigkeit eines Versicherten (Rehabilitationsmaßnahmen) erbringt sowie bei Berufs- und Erwerbsunfähigkeit (→ Erwerbsunfähigkeitsrente) oder Erreichen eines bestimmten Lebensalters (→ Altersgrenze, → Altersruhegeld, → flexible Altersgrenze), Rente an den Versicherten zahlt bzw. bei dessen Tod an seine Hinterbliebenen (Witwen- und Waisenrente). Die R. umfaßt insbes. die *Arbeiter-R.* (Träger: Landesversicherungsanstalten), die *Angestellten-R.* (Träger: Bundesversicherungsanstalt für Angestellte) und die *knappschaftliche R.* (für Bergleute; Träger: Bundesknappschaft). Versicherungspflichtig sind alle unselbständig Beschäftigten sowie einige Selbständige (z.B. Handwerker). Voraussetzung für den Bezug von Rente ist eine bestimmte Mindestversicherungszeit (Wartezeit); die Rentenhöhe bestimmt sich nach dem Arbeitsverdienst des Versicherten und der Versicherungsdauer. Die R. wird finanziert durch Beiträge, die je zur Hälfte vom Versicherten und von seinem Arbeitgeber aufgebracht werden (insgesamt zur Zeit 18,7 % des Bruttoarbeitseinkommens) sowie durch Bundeszuschüsse.

Republik
(lat.: res publica = öffentliche Sache, Gemeinwesen, Staat); Staatsform, in der das Staatsoberhaupt gewählt wird; steht im Gegensatz zur Monarchie, wo diese Stellung erblich ist.

Resozialisierung
(lat.: re- = wieder, socialis = gesellig); Wiedereingliederung von Straftätern in die Gesellschaft; neben anderen der wichtigste Zweck einer Strafe. Sie ist eine Aufgabe schon der Strafzumessung, insbes. aber des Strafvollzuges und auch der gesamten Gesellschaft. Aus Gründen der R. sind u.a. die früher bestehenden verschiedenen Freiheitsstrafen einschl. der Zuchthausstrafe in eine Einheitsstrafe („Freiheitsstrafe") umgewandelt worden, ist die Möglichkeit kurzfristiger Freiheitsstrafen weitgehend eingeschränkt und sind erweiterte Möglichkeiten der Strafaussetzung zur Bewährung und bedingten Entlassung, das System der Tagessätze bei Geldstrafen und sozialtherapeutische Anstalten geschaffen worden.

Restitutionsklage
(lat.: restitutio = Wiederherstellung); auf → Wiederaufnahme eines rechtskräftig abgeschlossenen Verfahrens gerichtete Klage, die nur bei den vom Gesetz abschließend aufgeführten schweren Mängeln der Urteilsgrundlage zulässig ist (z.B. Falschaussage eines Zeugen, gefälschte Urkunde).

Reue
→ tätige Reue.

Revision
(lat.: revisio = prüfende Wiederdurchsicht); Rechtsmittel zur Überprüfung eines Urteils in rechtlicher – nicht tatsächlicher – Hinsicht. Zulässig in Zivilsachen gegen die Berufungsurteile der Oberlandesgerichte, in Strafsachen gegen die Urteile der Strafkammern und Schwurgerichte sowie die im 1. Rechtszug ergangenen Urteile der Oberlandesgerichte. Im *Zivilprozeß* bedarf die R. der Zulassung durch das Berufungsgericht (die zu erfolgen hat, wenn der Rechtsstreit grundsätzliche Bedeutung hat oder das Urteil auf einer Abweichung von einer Entscheidung des BGH oder des gemeinsamen Senats der → Obersten Gerichtshöfe des Bundes beruht), es sei denn, es handelt sich um eine vermögensrechtliche Streitigkeit mit einer Summe von über 40 000 DM (R.-Summe). R. ist begründet, wenn es nicht auszuschließen ist, daß das Urteil ohne Gesetzesverletzung anders ausgefallen wäre; bei den sog. *absoluten R.*-

Gründen wird dies unwiderlegbar vermutet (z.B. Unzuständigkeit des vorinstanzlichen Gerichts, fehlende Öffentlichkeit der Verhandlung). Die R. ist innerhalb eines Monats ab Zustellung des Urteils einzulegen und innerhalb eines weiteren Monats zu begründen. Vgl. auch Abbildungen Instanzenweg in Zivil- und Strafsachen S. 275 f.

Revisionsgericht

Gericht, das über das Rechtsmittel der Revision entscheidet. R. ist in Zivilsachen der Bundesgerichtshof (in Bayern z.T. das Bayerische Oberste Landesgericht), in Strafsachen der Bundesgerichtshof oder das Oberlandesgericht (in Bayern z.T. das Bayerische Oberste Landesgericht), in der Arbeitsgerichtsbarkeit das Bundesarbeitsgericht, in der Verwaltungsgerichtsbarkeit das Bundesverwaltungsgericht, in der Finanzgerichtsbarkeit der Bundesfinanzhof und in der Sozialgerichtsbarkeit das Bundessozialgericht. Vgl. auch Abbildungen Instanzenweg in Zivil- und Strafsachen S. 275 f.

Revolution

(frz. = Umdrehung); grundlegende Veränderung der bestehenden Ordnung; kann durch gewaltsamen Umsturz bisher benachteiligter Schichten erfolgen (z.B. Französische R.) oder sich auch in formell verfassungsmäßigen Formen vollziehen (z.B. Nationalsozialismus).

Richter

sachlich und persönlich unabhängiges, nur dem Gesetz unterworfenes Organ der Rechtspflege, dem die rechtsprechende Gewalt anvertraut ist. R. ist entweder → Berufsrichter oder → ehrenamtlicher R. Voraussetzung: → Richteramtsbefähigung.

Seine *sachliche Unabhängigkeit* zeigt sich darin, daß ihm keine Weisungen und auch keine Empfehlungen erteilt werden dürfen und daß er grds. von der strafrechtlichen (Ausn.: → Rechtsbeugung) und zivilrechtlichen (→ Richterprivileg) Verantwortung für sein richterliches Handeln befreit ist; eine Dienstaufsicht ist nur zulässig, soweit sie die richterliche Unabhängigkeit nicht beeinträchtigt.

Die *persönliche Unabhängigkeit* des Berufs-R. liegt in seiner weitgehenden Unversetzbarkeit und Unabsetzbarkeit. Bei einem R. auf Lebenszeit oder auf Zeit ist eine Versetzung oder Amtsenthebung, wenn der Betreffende nicht schriftlich zustimmt, nur möglich im Verfahren über die → Richteranklage, im förmlichen Disziplinarverfahren, wenn das Interesse der Rechtspflege es zwingend gebietet, und bei einer Veränderung der Gerichtsorganisation. Von letzterem Fall (bei dem dem R. das volle Gehalt weitergezahlt werden muß) abgesehen, ist eine Versetzung oder Amtsenthebung nur auf Grund rechtskräftiger richterlicher Entscheidung möglich. Auch der ehrenamtliche R. darf vor Ablauf seiner Amtszeit nur unter den gesetzlich bestimmten Voraussetzungen und gegen seinen Willen nur durch Entscheidung eines Gerichts abberufen werden.

Vgl. auch → Inkompatibilität und → gesetzlicher R.

Richteramtsbefähigung

die Befähigung, zum (Berufs-) Richter ernannt zu werden. Wird durch das Bestehen zweier juristischer Staatsprüfungen erworben. Der ersten Prüfung muß ein Universitätsstudium der Rechtswissenschaft von mindestens 3 1/2 Jahren vorausgehen. Zwischen der ersten und der zweiten Prüfung muß ein Vorbereitungsdienst (Referendariat) von 2 1/2 Jahren liegen. Dieser ist bei einem Zivilgericht, einem Strafgericht oder einer Staatsanwaltschaft, einer Verwaltungsbehörde, einem Rechtsanwalt und einer vom Referendar zu wählenden Stelle (Pflichtwahlstelle) abzuleisten. Weitere Einzelheiten regeln Gesetze und Justizausbildungs- und Prüfungsordnungen der Länder.

Richteranklage

bei Verstoß eines Bundesrichters gegen die Grundsätze des GG oder gegen die verfassungsmäßige Ordnung eines Landes zulässiger Antrag des Bundestages, den Richter in ein anderes Amt oder den Ruhestand zu versetzen. Über die

R. entscheidet das Bundesverfassungsgericht mit Zweidrittelmehrheit, ein vorsätzlicher Verstoß kann auch zur Entlassung führen. Die Länder können für Richter im Landesdienst entsprechende Regelungen treffen; auch hier entscheidet das Bundesverfassungsgericht.

Richterprivileg
(lat.: privilegium = Sonderrecht, Vorrecht); Vorrecht des Richters, beim Urteil in einer Rechtssache nur für solche → Amtspflichtverletzungen zu haften, die in einer Straftat bestehen (→ Rechtsbeugung).

Richterrecht
Rechtsnormen und -grundsätze, die von Richtern ohne Ableitung aus vorgegebenen Gesetzen bei der Entscheidung von Einzelfällen geschaffen werden. Besteht z.B. in der Konkretisierung von → Generalklauseln und → unbestimmten Rechtsbegriffen und im Ausfüllen von Gesetzeslücken (nicht jedoch im Besonderen Teil des StGB, → nullum crimen sine lege). Da jedoch wegen des Grundsatzes der Gewaltenteilung in der Bundesrepublik Deutschland die Gerichte nicht zur Rechtsetzung, sondern nur zur Anwendung des von der Legislative geschaffenen Rechts berufen sind, darf R. nicht den Gesetzen widersprechen und bildet sich R. nur durch die *tatsächliche* Befolgung der Entscheidungen der höchsten Gerichte.

Richtlinie
allgemein ein Grundsatz oder eine Anweisung zu einem bestimmten Verhalten. Zur R.-Kompetenz des → Bundeskanzlers vgl. dort; vgl. ferner → Verwaltungsvorschrift, → Europäisches Gemeinschaftsrecht.

Rubrum
(lat.: das Rote), auch Urteilskopf; (früher rot geschriebene) Eingangsformel eines Urteils. Enthält im Zivilprozeß die Bezeichnung der Parteien, ggfs. ihrer gesetzlichen Vertreter und der Prozeßbevollmächtigten, die Bezeichnung des Gerichts und die Namen der Richter, die an der Entscheidung mitgewirkt haben und den Tag, an dem die mündliche Verhandlung geschlossen worden ist.

Rückfall
das Begehen einer vorsätzlichen Straftat, die im Höchstmaß mit Freiheitsstrafe von einem Jahr oder mehr bedroht ist, nachdem der Täter schon mindestens zweimal im räumlichen Geltungsbereich des Strafgesetzbuches wegen einer vorsätzlichen Straftat zu Strafe verurteilt worden ist und wegen dieser Taten mindestens 3 Monate Freiheitsstrafe verbüßt hat und ihm im Hinblick auf Art und Umstände der Straftaten vorzuwerfen ist, daß er sich die früheren Verurteilungen nicht hat zur Warnung dienen lassen. Führt zu einer Mindestfreiheitsstrafe von 6 Monaten, falls die Tat nicht ohnehin mit einer höheren Mindeststrafe bedroht ist. Eine frühere Tat bleibt aber dann außer Betracht, wenn zwischen ihr und der folgenden Tat mehr als 5 Jahre verstrichen sind.

Rücktritt
nachträgliche Zurücknahme einer Handlung durch ein entgegengesetztes Verhalten des Handelnden.
I. Im *Schuldrecht* eine empfangsbedürftige Willenserklärung, durch die ein Schuldverhältnis auf Grund vertraglichen Vorbehalts oder kraft Gesetzes einseitig von einem Vertragspartner in ein Rückgewährungsschuldverhältnis umgewandelt wird, mit dem Ziel, den Zustand wiederherzustellen, der vor Eingehung des Schuldverhältnisses bestanden hat.
II. Im *Strafrecht* die freiwillige Aufgabe der Tatausführung vor Beendigung des Versuchs; sie wirkt strafbefreiend. *Nach* beendigtem Versuch kann der Täter Straffreiheit nur bei → tätiger Reue erlangen. Freiwillig ist der R., wenn der Täter sich sagt, daß er könne, aber nicht wolle, unfreiwillig, wenn er sich sagt, er könne nicht, obwohl er wolle.

Rücktrittsrecht
im Schuldrecht die Befugnis zum →

Rücktritt. Das R. ist ein → Gestaltungsrecht.

Rückversicherung

die Versicherung, durch die sich ein Versicherungsunternehmen (Erstversicherer) gegen die Inanspruchnahme durch seine Versicherungsnehmer (teilweise) absichert.

Rückwirkung

das Zurückbeziehen der Wirkung eines Ereignisses auf einen davorliegenden Zeitpunkt. Die Anfechtung eines Rechtsgeschäfts hat rückwirkende Kraft, da das angefochtene Rechtsgeschäft als von Anfang an (→ ex tunc) nichtig anzusehen ist.

Bei der – rechtsstaatlich problematischen – *R. von Gesetzen* unterscheidet man zwischen echter und unechter R. *Echte R.* ist die Änderung der rechtlichen Beurteilung von abgewickelten, der Vergangenheit angehörenden Tatbeständen (z.B. wird nachträglich bestimmt, daß ein bestimmtes Verhalten strafbar ist oder zum Schadenersatz verpflichtet); zum Nachteil des Betroffenen ist sie grds. unwirksam (z.B. → nullum crimen sine lege). *Unechte R.* ist nur die Änderung künftiger Rechtsfolgen von in der Vergangenheit liegenden Tatbeständen (z.B. Rentenänderung für die Zukunft); sie ist zwar grds. zulässig, jedoch ergeben sich aus dem Gesichtspunkt des Vertrauensschutzes für den Gesetzgeber Grenzen. Durfte der Bürger auf eine bestimmte Rechtslage vertrauen und brauchte er nicht mit bestimmten entwertenden Eingriffen des Gesetzgebers zu rechnen und liegen auch keine sonstigen zwingenden Gründe des Gemeinwohls vor, so ist auch diese R. unwirksam.

Rüge

allgemein: eine Beanstandung.

I. Im *Verfahrensrecht* die Behauptung einer Partei, eine Handlung der Gegenseite verletze Verfahrensvorschriften oder das Gericht wende das Recht falsch an.

II. Im *Beamtenrecht* die mißbilligende Äußerung eines Vorgesetzten, die nicht ausdrücklich als eine der zulässigen → Disziplinarmaßnahmen bezeichnet ist. Sie ist keine Disziplinarmaßnahme, kann aber vor dem Disziplinargericht angefochten werden.

III. Im → *Standesrecht* für Rechtsanwälte der Ausspruch des Vorstands der Rechtsanwaltskammer bei geringfügigen Pflichtverletzungen, die ein ehrengerichtliches Verfahren nicht erforderlich erscheinen lassen. Dagegen kann der Rechtsanwalt Einspruch erheben und (falls dieser zurückgewiesen wird) die Entscheidung des Ehrengerichts beantragen.

IV. → Mängelrüge.

Ruhegehalt

auch Pension; das Gehalt, das ein Beamter während des → Ruhestandes erhält. Es wird auf der Grundlage der ruhegehaltsfähigen Dienstbezüge und der ruhegehaltsfähigen Dienstzeit berechnet. Mindestvoraussetzung ist i. d. R. eine 5jährige Dienstzeit. Das R. staffelt sich von 35 % (bis zum 10. Dienstjahr) bis zum Höchstsatz von 75 %.

Ein R. (meist als *Ruhegeld* bezeichnet) kann auch an einen Arbeitnehmer eines privaten Betriebes im Rahmen einer betrieblichen Altersversorgung gezahlt werden.

Ruhen des Verfahrens

besonderer Fall der Aussetzung (→ Stillstand des Verfahrens). Wird vom Gericht angeordnet, wenn beide Parteien dies beantragen und anzunehmen ist, daß z.B. wegen schwebender Vergleichsverhandlungen diese Anordnung zweckmäßig ist. Vor Ablauf von drei Monaten kann das Verfahren nur mit Zustimmung des Gerichts wieder aufgenommen werden. Das R.d.V. kann ferner als Sanktion bei Säumnis beider Parteien angeordnet werden.

Ruhestand

die Rechtsstellung eines (i. d. R. auf Lebenszeit berufenen) Beamten nach Beendigung des aktiven Dienstes. Ein Beamter tritt kraft Gesetzes nach Erreichung der → Altersgrenze in den R., außerdem kann er wegen Dienstunfähigkeit oder auf Antrag mit Vollendung des 63. (bei Schwerbehinderten

62.) Lebensjahres in den R. versetzt werden. An die Stelle seiner Dienstbezüge tritt die beamtenrechtliche Versorgung (→ Ruhegehalt). Weitere Rechte (z.B. auf Beihilfe) und Pflichten (z.B. Amtsverschwiegenheit) bleiben bestehen. In den *einstweiligen R.* können insbes. politische Beamte (jederzeit) versetzt werden.
Unter einem *R.-Verhältnis* versteht man das nach Beendigung eines Dienst- oder Arbeitsverhältnisses bestehende Verhältnis zwischen Arbeitgeber und Arbeitnehmer, wenn dem Arbeitnehmer im Rahmen der betrieblichen Altersversorgung ein Ruhegeld gezahlt wird.

Ruhestörung
vom Gesetz mit „unzulässiger Lärm" bezeichnete Ordnungswidrigkeit, die begeht, wer ohne berechtigten Anlaß oder in einem unzulässigen oder nach den Umständen vermeidbaren Ausmaß Lärm erregt, der geeignet ist, die Allgemeinheit oder die Nachbarschaft erheblich zu belästigen oder die Gesundheit eines anderen zu schädigen.

Rundfunk
die Verbreitung von Darbietungen in Ton (Hörfunk) und/oder Bild (Fernsehen) durch elektromagnetische Wellen, meist drahtlos, aber auch über Fernsprech- oder Starkstromleitungen (Drahtfunk, Kabelfernsehen), für einen unbegenzten Personenkreis. Die Veranstaltung von R.-Sendungen war bisher eine ausschließlich öffentliche Aufgabe, für die hpts. die Länder zuständig sind. Eine Zuständigkeit des Bundes ergibt sich auch nicht aus der Zuständigkeit für das Post- und Fernmeldewesen, da diese nur den sendetechnischen Bereich unter Ausschluß der sog. Studiotechnik umfaßt. Die R.-Anstalten der Länder als Anstalten des öffentlichen Rechts haben sich zur *Arbeitsgemeinschaft der R.-Anstalten Deutschlands (ARD)* zusammengeschlossen und betreiben gemeinsam das 1. Fernsehprogramm. Das *Zweite Deutsche Fernsehen (ZDF)* ist eine durch Staatsvertrag der Länder geschaffene Anstalt des öffentlichen Rechts.

Rundfunkfreiheit
Recht auf freie Berichterstattung durch Hörfunk und Fernsehen. R. ist eine Ausprägung des in *Art. 5 GG* geschützten Grundrechts der Meinungsfreiheit und unterliegt denselben Schranken. Vgl. auch → Meinungsfreiheit, → Pressefreiheit.

S

Sachbeschädigung

Straftat, die begeht, wer vorsätzlich und rechtswidrig eine fremde Sache beschädigt oder zerstört. Beschädigen bedeutet ein derartiges Einwirken auf die Sache, daß ihre bestimmungsgemäße Brauchbarkeit nicht nur vorübergehend beeinträchtigt wird (u.a. auch Beschmieren einer Hauswand, Luftablassen aus Autoreifen); Zerstören bedeutet ein Einwirken, durch das die bestimmungsgemäße Brauchbarkeit völlig aufgehoben wird. Höhere Strafandrohungen bestehen für die *gemeinschädliche S.,* die Zerstörung von Bauwerken und die Beschädigung bestimmter wichtiger Anlagen.

Sache

I. *Privatrechtlich:* körperlicher Gegenstand (gleichgültig, ob in festem, flüssigem oder gasförmigem Zustand; muß aber räumlich abgrenzbar sein, wie z.B. Wasser in einer Flasche, nicht jedoch fließendes Wasser). Auch Tiere werden rechtlich als S. behandelt. Man unterscheidet zwischen beweglichen und unbeweglichen S. *Unbewegliche S.* sind Grundstücke und deren → Bestandteile (z.B. Häuser), *bewegliche S.* alle übrigen S. *Vertretbare S.* sind bewegliche S., die üblicherweise nach Zahl, Maß oder Gewicht bestimmt werden (Gegenteil ist z.B. ein Kunstwerk).
II. *Öffentliche S. i. e. S.* sind S., die unmittelbar der Öffentlichkeit oder der (öffentlichen) Verwaltung zur Erfüllung ihrer Aufgaben dienen; sie gliedern sich in 1. *S. im Gemeingebrauch:* Sie kann jedermann ohne besondere Zulassung im Rahmen ihres Verwendungszweckes benutzen (z.B. Straße). 2. *S. im Sondergebrauch:* den Gemeingebrauch übersteigende, vorübergehende Benutzung, die einer Erlaubnis bedarf und gebührenpflichtig sein kann (z.B. Verkaufsstand). 3. *S. im Anstaltsgebrauch:* Benutzung einer öffentlichen S. innerhalb einer → Anstalt des öffentlichen Rechts; bedarf besonderer Zulassung und kann gebührenpflichtig sein (z.B. Museum, Schule). 4. *S. im Verwaltungsgebrauch:* Benutzung einer öffentlichen S., die ausschließlich Zwecken der Verwaltung dient (z.B. Verwaltungsgebäude, Dienstwagen), wobei z.T. auch Personen, die keine Verwaltungsbediensteten sind, zur Benutzung zugelassen werden (z.B. Antragsteller, die ein Dienstgebäude betreten).
Zu den *öffentlichen S. i. w. S.* gehört das Finanzvermögen, das der Verwaltung nur mittelbar durch seinen Wert (z.B. Bargeld) oder durch seinen Ertrag (z.B. aus Grundstücken) finanzielle Mittel zur Erfüllung ihrer Aufgaben liefert.
Der Begriff der öffentlichen S. deckt sich nicht immer mit dem privatrechtlichen Sachenbegriff; so ist z.B. auch der Luftraum, der keinen abgrenzbaren Körper darstellt, eine öffentliche S. Zur öffentlichen S. wird eine S. durch Widmung, die gleichzeitig ihre Zweckbestimmung festlegt. Eine öffentliche S. ist zwar Gegenstand privaten Eigentums und kann wie dieses veräußert und belastet werden; die öffentlichrechtliche Zweckbestimmung beschränkt die Ausübung privater Rechte jedoch weitgehend.

Sachenrecht

das Recht, das die Beziehungen von Personen zu Sachen regelt. Im Gegensatz zum Schuldrecht nicht das Recht auf Verschaffung einer Sache, sondern das unmittelbare → dingliche Recht an einer Sache (z.B. Eigentum). Geregelt im 3. Buch des BGB.

Sachmangel

beim Kauf der Fehler einer Sache, der den Wert oder die Tauglichkeit zu dem gewöhnlichen oder nach dem Vertrag vorausgesetzten Gebrauch aufhebt oder nicht unerheblich mindert, oder das Fehlen einer zugesicherten Eigenschaft. Wegen eines S. kann der Käufer grds. → Wandelung oder → Minderung verlangen. Fehlt der verkauften Sache zur Zeit des Kaufes eine zugesicherte Eigenschaft, hat der Verkäufer einen Fehler arglistig verschwiegen oder eine nicht vorhandene Eigenschaft arglistig vorgespiegelt, so kann der Käufer stattdessen auch Schadensersatz wegen Nichterfüllung verlangen. Bei → Gattungsschulden kann er statt Wandelung oder Minderung auch Nachlieferung einer mangelfreien Sache verlangen. Ähnliche Regelungen bestehen für Schenkung, Miete, Leihe und Werkvertrag.

Sachverhalt

ein konkretes tatsächliches Geschehen. Bei der Rechtsanwendung wird der S. unter den → Tatbestand einer abstrakten Rechtsnorm subsumiert. Im Verfahrensrecht auch gleichbedeutend mit Tatbestand.

Sachverständiger

Person, die auf Grund ihres besonderen Fachwissens dem Richter fehlende Kenntnisse, insbes. abstrakte Erfahrungssätze sowie aus diesen zu ziehende Schlüsse vermittelt. Der S. ist → Beweismittel. Das Gericht hat sein Gutachten nach freier Überzeugung zu würdigen, es insbes. auf seine logische und wissenschaftliche Begründung nachzuprüfen; rechtliche Schlußfolgerungen hat es selbst zu ziehen. Der S. wird vom Prozeßgericht bestellt. Das Gutachten eines privat beauftragten S. ist kein Beweismittel, sondern nur Gegenstand des Parteivorbringens. Kein S., sondern Zeuge ist der sog. sachverständige Zeuge, bei dem es nur um die Wahrnehmung vergangener Tatsachen oder Zustände geht (die eine besondere Sachkunde voraussetzt).

Saldo

(ital. = Rechnungsabschluß); Ausgleich zwischen Aktiv- und Passivposten. Bedeutsam insbes. für Kontokorrent und Berechnung einer herauszugebenden ungerechtfertigten Bereicherung.

Sanktion

(lat.: sanctio = Strafbestimmung); Maßnahme zur Erzwingung von Recht. I. *Innerstaatlich*: Rechtsfolge gesetzlicher → Tatbestände (z.B.: wer einen bestimmten Schaden verursacht, muß dafür Schadensersatz leisten; wer eine bestimmte Straftat begeht, wird dafür mit einer bestimmten Strafe bedroht). II. Im *Völkerrecht*: wirtschaftliche oder militärische Maßnahme, die ein Staat oder eine internationale Organisation gegen einen anderen Staat ergreift, um diesen zu völkerrechtsgemäßem Verhalten zu zwingen.

Satzung

I. Im *Privatrecht* die schriftliche, vertragliche Festlegung der Verfassung eines Vereins, einer Aktiengesellschaft oder einer Genossenschaft (hier Statut genannt) durch deren Gründer. Sie enthält insbes. Bestimmungen über Zweck, Name, Sitz und Organisation. II. Im *öffentlichen Recht* das von Körperschaften des öffentlichen Rechts (insbes. Gemeinden) im Rahmen ihrer Zuständigkeit zur Regelung ihrer eigenen Angelegenheiten gesetzte Recht (→ Autonomie, → Selbstverwaltung). S. sind → Gesetze im materiellen Sinn.

Satzungsrecht

einerseits das durch eine Satzung geschaffene Recht, andererseits das Recht zum Erlaß einer Satzung (Satzungsgewalt). Satzungsgewalt räumt der Staat den → Selbstverwaltungskörperschaften (insbes. Gemeinden, Landkreise, Universitäten) ein (durch Landesgesetz, insbes. Gemeindeordnung, oder Bundesgesetz).

Säumnis

das Nichterscheinen oder Nichtverhandeln einer Partei trotz ordnungsgemäßer Ladung zu einem zur notwendigen mündlichen Verhandlung bestimmten Termin. Kann zu einem → Versäumnisurteil oder einer Entscheidung nach Lage der Akten führen bzw. bei S. beider Parteien zu einer Aktenlageentscheidung oder Vertagung oder zum → Ruhen des Verfahrens.

Schaden
die unfreiwillige Einbuße an rechtlich geschützten Gütern auf Grund eines bestimmten Ereignisses. Kann in einer Güterminderung (*positiver S.;* Verminderung von Vermögensaktiva oder Vermehrung von Schulden) liegen oder im Entgehen von Vorteilen, die sonst eingetreten wären (insbes. entgangener Gewinn). Man unterscheidet → *Vermögens-S.* und *Nichtvermögens-S.* (→ immaterieller S.) sowie *Nichterfüllungs-S.* (positives Interesse; der durch die Nichterfüllung eingetretene S.) und *Vertrauens-S.* (negatives Interesse; der im Vertrauen auf den Bestand eines Rechtsgeschäfts erlittene S.); → Schadensersatz.

Schadensersatz
der Ausgleich des einer Person entstandenen Schadens durch eine andere Person. S. ist insbes. bei Verletzung von Pflichten aus einem Vertrag oder vertragsähnlichen Rechtsverhältnis (z.B. positive → Forderungsverletzung, → culpa in contrahendo), bei → unerlaubter Handlung und bei → Gefährdungshaftung zu leisten. Setzt i. d. R. (außer einer schädigenden Handlung und deren Rechtswidrigkeit) Verschulden voraus (Ausnahme bei → Gefährdungshaftung) sowie die Verursachung (→ Kausalität) des Schadens durch die schädigende Handlung. S. hat grds. durch → Naturalherstellung zu erfolgen.
Hat der Schädiger den Nichterfüllungsschaden zu ersetzen, so hat er den Geschädigten so zu stellen, wie wenn er ordnungsgemäß erfüllt hätte; beim Ersatz des Vertrauensschadens ist der Geschädigte so zu stellen, wie wenn er nie auf die Gültigkeit des Rechtsgeschäfts vertraut hätte (z.B. Kosten des Vertragsschlusses, Nachteile infolge der Unterlassung eines anderen Geschäfts), wobei aber oft Höchstgrenzen bestehen.

Schatz
Sache, die so lange verborgen gelegen hat, daß der Eigentümer nicht mehr zu ermitteln ist; → Fund.

Scheck
Zahlungsanweisung auf ein Guthaben des Ausstellers über einen bestimmten Betrag bei einer Bank. Die Anweisung wird auf einem S.-Formular gegeben. Der S. ist ein → Wertpapier und durch den Zusatz „oder Überbringer" Inhaberpapier. S. ist wichtigstes Mittel des bargeldlosen Zahlungsverkehrs. Er ist bei Sicht fällig. Bei abhanden gekommenem S. ist eine S.-Sperre möglich.

Scheckkarte
von der bezogenen Bank an den Kunden ausgegebene Karte mit der Zusicherung an Dritte, Schecks bis zu einer Höhe von 300 DM einzulösen. Die Garantie setzt voraus, daß die S. vorgelegen hat, Unterschrift und Kontonummer auf Scheck und S. übereinstimmen, die S.-Nummer auf der Rückseite des Schecks vermerkt ist, das Ausstellungsdatum des Schecks innerhalb der Gültigkeitsdauer der S. liegt und der Scheck binnen 8 Tagen seit Ausstellung der bezogenen Bank vorgelegt wird.

Scheidung
→ Ehescheidung.

Scheinehe
→ Nichtehe, → Eheaufhebung.

Schenkung
Vertrag, durch den sich der eine Teil (Schenker) verpflichtet, den anderen Teil (Beschenkten) aus seinem Vermögen unentgeltlich zu bereichern. Eine sofort vollzogene S. *(Hand-S.)* ist formlos gültig, ein *S.-Versprechen* hingegen bedarf der notariellen Beurkundung, deren Fehlen jedoch durch den Vollzug der S. geheilt wird. Bei nachträglicher Bedürftigkeit des Schenkers kann er die Erfüllung seines S.-

Versprechens verweigern bzw. bei einer bereits vollzogenen S. diese zurückverlangen. Eine S. kann ferner widerrufen werden, wenn sich der Beschenkte durch eine schwere Verfehlung gegen den Schenker oder einen nahen Angehörigen des Schenkers des groben Undanks schuldig macht. Rückforderung und Widerruf sind jedoch ausgeschlossen bei S., mit denen einer sittlichen Pflicht (z.B. Unterstützung bedürftiger Angehöriger) oder einer Anstandspflicht (z.B. Geburtstagsgeschenk) entsprochen wird.

Schickschuld

→ Schuld, bei der → Erfüllungsort der Wohnsitz der Schuldners ist, der Schuldner aber zur Versendung an einen anderen Ort (Bestimmungsort) verpflichtet ist. S. sind i. d. R. die Geldschulden (bei denen die Versendung zusätzlich auf Gefahr und Kosten des Schuldners erfolgt) sowie grds. auch die Warenschulden im Handelsverkehr. → Versendungskauf.

Schiedsgericht

mit einem oder mehreren Schiedsrichtern besetztes privates Gericht, das anstelle des an sich zuständigen staatlichen Gerichts über eine Streitigkeit entscheidet. Setzt grds. einen → Schiedsvertrag voraus; nur zulässig in Angelegenheiten, in denen die Parteien einen Vergleich schließen können. S.-Verfahren endet mit einem Schiedsspruch oder einem Schiedsvertrag. S. gibt es auch im Völkerrecht.

Schiedsmann

in mehreren Bundesländern die Person, vor welcher der vor einer Privatklage erforderliche Sühneversuch (→ Sühneverfahren) stattzufinden hat.

Schiedsvertrag

privatrechtlicher, grds. schriftlich abzuschließender Vertrag, der eine Schiedsklausel enthält, d.h. die Bestimmung, daß die Parteien sich für den Fall eines Rechtsstreits der Entscheidung eines → Schiedsgerichts unterwerfen.

Schikaneverbot

→ Rechtsmißbrauch.

Schlägerei

Streit zwischen mindestens drei Personen mit gegenseitigen Körperverletzungen. Schon die bloße Beteiligung an einer S. oder einem Angriff mehrerer Personen, wodurch der Tod eines Menschen oder eine schwere Körperverletzung verursacht worden ist, ist strafbar, falls der Betreffende nicht ohne sein Verschulden hineingezogen worden ist.

Schlichtung

Verfahren zur Beilegung von Streitigkeiten zwischen den Parteien eines Tarifvertrages bzw. einer Betriebsvereinbarung; soll Hilfe zum Abschluß eines neuen Tarifvertrages bzw. einer Betriebsvereinbarung leisten. Es gibt die durch Tarifvertrag oder Betriebsvereinbarung *vereinbarte S.* und die auf landesrechtlichen Bestimmungen beruhende *staatliche S.* An den ergehenden Schiedsspruch sind die Parteien nur gebunden, wenn sie ihn annehmen oder sich ihm unterwerfen.

Schlüsselgewalt

die früher nur der Frau, jetzt jedem nicht getrennt lebenden Ehegatten zustehende Berechtigung, Geschäfte zur angemessenen Deckung des Lebensbedarfs der Familie mit Wirkung auch für den anderen Ehegatten zu besorgen. Durch solche Geschäfte werden beide Ehegatten berechtigt und verpflichtet, es sei denn, daß sich aus den Umständen etwas anderes ergibt.

Schlüssigkeit

die Rechtfertigung des Klageantrags durch die vom Kläger vorgetragenen Tatsachen, wenn man diese als richtig unterstellt. Sie ist Voraussetzung für die Begründetheit der Klage, die dann vorliegt, wenn die Tatsachen nicht bestritten, zugestanden oder bewiesen werden. S. ist insbes. beim → Versäumnisurteil von Bedeutung. Sie fehlt, wenn der Kläger selbst anspruchshindernde oder anspruchsvernichtende Tatsachen vorträgt.

Schlußvortrag

die Ausführungen einschließlich der

Anträge von Staatsanwalt und Angeklagtem bzw. Verteidiger am Schluß der Beweisaufnahme.

Schmerzensgeld

angemessene Entschädigung in Geld, die bei einer Verletzung des Körpers, der Gesundheit oder der Freiheit durch eine → unerlaubte Handlung für einen Nichtvermögensschaden (→ immaterieller Schaden; z.B. Schmerzen, Verlust an Lebensfreude) verlangt werden kann. Anspruch auf S. ist nicht übertragbar oder vererblich, es sei denn, daß es vertraglich anerkannt oder rechtshängig geworden ist.

Schmuggel

der – nicht gesetzestechnische – Oberbegriff für Zollhinterziehung und Bannbruch. Bannbruch ist die verbotswidrige Ein-, Aus- oder Durchfuhr zollpflichtiger Gegenstände, ohne sie der Zollabfertigung ordnungsgemäß anzuzeigen. Wird wie → Steuerhinterziehung bestraft, falls nicht andere Vorschriften eingreifen. Eine höhere Strafandrohung besteht bei gewerbs- oder bandenmäßiger *(Banden-S.)* Begehung oder beim Mitführen von Waffen.

Schnellverfahren

→ beschleunigtes Verfahren.

Schöffe

→ ehrenamtlicher Richter, der als unmittelbarer Vertreter des ganzen Volkes in der Hauptverhandlung beim S.-Gericht, der Strafkammer, dem Schwurgericht, dem Jugendgericht und der Jugendkammer an der Rechtsprechung mitwirkt. Muß Deutscher sein. Bestimmte Personen sind unfähig zum Amt eines S. (z.B. bei Verurteilung wegen einer vorsätzlichen Tat zu einer mehr als 6monatigen Freiheitsstrafe), andere sollen nicht zu S. berufen werden (z.B. Personen unter 25 und über 70 Jahre), wieder andere dürfen ihre Berufung ablehnen (z.B. Ärzte). S. werden von den Gemeinden vorgeschlagen und von einem Ausschuß gewählt. Ihre Zahl ist so zu bestimmen, daß voraussichtlich jeder zu nicht mehr als 12 ordentlichen Sitzungstagen im Jahr herangezogen wird. Für ihre S.-Tätigkeit erhalten die S. eine Entschädigung.

Schöffengericht

das bei den Amtsgerichten gebildete Gericht für die Verhandlung und Entscheidung der Strafsachen, für die nicht der Strafrichter (Einzelrichter) zuständig ist. Besteht i. d. R. aus dem Richter am Amtsgericht als Vorsitzendem und 2 Schöffen; bei *erweitertem* S. wird ein weiterer Amtsrichter hinzugezogen. Zum → Instanzenweg in Strafsachen vgl. Abbildung Instanzenweg in Strafsachen S. 276, außerdem Abbildung Gerichtsorganisation S. 274.

Schriftform

auf Gesetz oder Rechtsgeschäft beruhendes Formerfordernis, bei dem eine Urkunde vom Aussteller eigenhändig durch Namensunterschrift oder mittels notariell beglaubigten Handzeichens unterzeichnet werden muß. Die Unterschrift muß unter dem Schriftstück stehen, das selbst jedoch nicht eigenhändig geschrieben zu sein braucht.

Schriftsatz

Schreiben an das Gericht. Im Prozeß mit Anwaltszwang wird die mündliche Verhandlung durch S. vorbereitet, in anderen Prozessen kann das Gericht die Vorbereitung durch S. anordnen. Von diesem *vorbereitenden S.* ist der *bestimmende S.* zu unterscheiden, der Prozeßhandlungen enthält, für die Schriftform vorgeschrieben ist (z.B. Klageschrift). S. sind rechtzeitig einzureichen; ggfs. ist dem Gegner eine Erwiderungsfrist einzuräumen.

Schuld

I. Im *Privatrecht* einerseits die Verpflichtung des Schuldners zur Erbringung seiner Leistung an den Gläubiger (→ Schuldverhältnis), andererseits S.i.S. von → Verschulden.

II. Im *Strafrecht* die subjektive Vorwerfbarkeit eines mit Strafe bedrohten Handelns; ist gegeben, wenn der Täter sich unter den konkreten Umständen auch rechtmäßig hätte verhalten können. S. ist Voraussetzung einer Bestrafung. *S.-Formen* sind → Vorsatz und → Fahrlässigkeit. Vgl. auch → Schuldfähigkeit, → Unrechtsbewußtsein.

Schuldfähigkeit
die Fähigkeit eines Menschen, schuldhaft zu handeln. Sie ist Voraussetzung für Schuld. Zur *S. im Zivilrecht* → Deliktsfähigkeit. Zur altersmäßigen *S. im Strafrecht* → Strafmündigkeit. Ohne Schuld handelt im Strafrecht ferner, wer bei Begehung einer Tat wegen einer krankhaften seelischen Störung, einer tiefgreifenden Bewußtseinsstörung oder wegen Schwachsinns oder einer schweren anderen seelischen Abartigkeit unfähig ist, das Unrecht der Tat einzusehen *(Einsichtsfähigkeit)* oder nach dieser Einsicht zu handeln *(Steuerungsfähigkeit)*. Sind Einsichts- und Steuerungsfähigkeit aus anderen Gründen erheblich vermindert *(verminderte S.)*, so kann die Strafe gemildert werden (Strafmilderungsgrund).

Schuldform
Art des → Verschuldens. S. sind → Vorsatz und → Fahrlässigkeit.

Schuldner
der aus einem Schuldverhältnis zu einer bestimmten Leistung Verpflichtete (z.B. Käufer als zur Zahlung des Kaufpreises Verpflichteter). Er kann zugleich → Gläubiger einer Gegenleistung sein (z.B. des Anspruchs auf Übereignung der gekauften Sache).

Schuldrecht
das Recht der → Schuldverhältnisse. Im 2. Buch des BGB geregelt; gliedert sich in einen allgemeinen Teil, der Vorschriften enthält, die für alle Schuldverhältnisse gemeinsam gelten und einen besonderen Teil mit den verschiedenen Schuldverhältnissen im einzelnen (z.B. Kauf, Miete, Dienstvertrag). Im S. gilt weitgehend der Grundsatz der → Vertragsfreiheit.

Schuldschein
vom Schuldner ausgestellte Urkunde, die zur Beweiserleichterung für den Gläubiger eine Verpflichtung bestätigt oder auch erst begründet. Das Eigentum am S. steht dem Gläubiger zu; nach erbrachter Leistung kann der Schuldner Rückgabe verlangen.

Schuldunfähigkeit
das Fehlen der Fähigkeit, schuldhaft zu handeln. Sie ist ein Schuldausschließungsgrund. → Schuldfähigkeit.

Schuldverhältnis
i.w.S. ein Rechtsverhältnis zwischen (mindestens) zwei Personen, auf Grund dessen (mindestens) die eine Person (Schuldner) der anderen (Gläubiger) ein Verhalten (Tun oder Unterlassen) schuldet; i.e.S. auch der einzelne Anspruch (z.B. auf den Kaufpreis). Kann durch Rechtsgeschäft (z.B. Kaufvertrag) oder durch Gesetz (z.B. → unerlaubte Handlung) entstehen.

Schule
Einrichtung zur Förderung der geistig-sozialen Entwicklung insbes. von Kindern. Man unterscheidet *allgemeinbildende* und *berufsbildende, Pflicht-* (Primar-S.) und *weiterführende* (Sekundar-S.), *Vollzeit-* (Ganztags-, Halbtags-S.) und *Teilzeit* (z.B. Abend-S.) sowie *öffentliche* und → *Privat-S.* (vgl. auch → Schulpflicht).
Die Schulhoheit steht als Teil der → Kulturhoheit den Ländern zu. Schulträger sind entweder die Länder selbst (staatliche S.) oder kommunale Körperschaften, Kirchen oder Privatpersonen. Die S. selbst ist eine nichtrechtsfähige Anstalt ihres jeweiligen Trägers.

Schulgewalt
die Gewalt des Staates und seiner Schulorgane über die Schüler öffentlicher Schulen. Das zwischen Schule und Schüler bestehende Rechtsverhältnis (Schulverhältnis), das ein besonderes → Gewaltverhältnis ist, wird durch (landesrechtliche) Schulgesetze und Schulordnungen sowie Verwaltungsvorschriften näher bestimmt. → Schulpflicht, → Schulstrafen.

Schulpflicht
allgemeiner Zwang zum Schulbesuch, in der Bundesrepublik Deutschland landesrechtlich geregelt. Besteht zwischen dem 6. und 18. Lebensjahr, grds.

in Form einer 9jährigen Vollzeitschulpflicht und einer anschließenden 3jährigen Berufsschulpflicht. Die Vollzeitschulpflicht wird erfüllt durch den 4jährigen Besuch einer Grundschule, anschließend entweder Besuch einer Hauptschule oder einer Orientierungs- bzw. Förderstufe in den Klassen 5 und 6, einer Realschule, eines Gymnasiums oder einer Gesamtschule. Die Berufsschulpflicht entfällt, soweit eine dieser Schulen über das Ende der Vollzeitschulpflicht hinaus besucht wird. Unter gewissen Voraussetzungen sind Zurückstellung, Befreiung, vorzeitige Beendigung und Verlängerung der S. möglich.

Schulstrafe
die im Rahmen eines Schulverhältnisses auf Grund einer Schulordnung erfolgende Ahndung des Verhaltens eines Schülers aus erzieherischen Gründen und zur Aufrechterhaltung der Ordnung an der Schule. Zulässig, wenn Ermahnungen nicht befolgt werden und bei schwereren Verfehlungen. Die wichtigsten Arten von S. an Höheren Schulen sind Verweis, Schularrest, Androhung der Entlassung, Entlassung und Ausschluß von allen Höheren Schulen. Zumindest die Verhängung einer der drei letztgenannten S. ist ein → Verwaltungsakt, gegen den vor dem Verwaltungsgericht Anfechtungsklage erhoben werden kann.

Schutzhelm
Kopfbedeckung aus festem Kunststoff zum Schutz gegen Verletzungen. Muß von Fahrern von Krafträdern und ihren Beifahrern während der Fahrt getragen werden (gilt nicht für Fahrräder mit Hilfsmotor mit 25 km/h Höchstgeschwindigkeit). Verstöße können mit einem Bußgeld geahndet werden und zum Verlust von Versicherungsansprüchen führen oder gegenüber Schadensersatzansprüchen als Mitverschulden geltend gemacht werden.

Schwägerschaft
Verhältnis eines Ehegatten zu den Verwandten des anderen Ehegatten (z.B. Schwiegereltern, Stiefkinder). Linie und Grad der S. richten sich nach dem Grad der jeweiligen Verwandtschaft. Keine S. ist die sog. Schwipp-S. (zwischen den Verwandten des einen Ehegatten und denen des anderen Ehegatten). S. besteht weiter, auch wenn die sie begründende Ehe aufgelöst ist. Anders als die Verwandtschaft begründet die S. keine Unterhaltspflicht und kein Erbrecht, ansonsten gelten die Vorschriften über die Verwandtschaft weitgehend entsprechend. Für Verschwägerte in gerader Linie besteht ein Eheverbot (von dem das Vormundschaftsgericht allerdings Befreiung erteilen kann); im Strafrecht werden sie als Angehörige behandelt.

Schwangerschaft
Zeitraum, in dem im Körper einer Frau ein befruchtetes Ei bis zur Geburt eines Kindes heranreift. Hat → Mutterschutz, z.B. → Mutterschaftsurlaub sowie Leistungen der Sozialversicherung wie Mutterschaftshilfe, Mutterschaftsgeld zur Folge. Zum Abbruch der S. → Abtreibung.

Schwangerschaftsabbruch
→ Abtreibung.

Schwarzarbeit
die ohne die gesetzlich vorgeschriebene Anmeldung bei der zuständigen Behörde ausgeführte Arbeit. Sie ist nach dem Gesetz zur Bekämpfung der S. bei erheblichem Umfang und Gewinnsucht eine Ordnungswidrigkeit sowohl dessen, der sie ausführt als auch seines Auftraggebers (ausgenommen sind Tätigkeiten aus Gefälligkeit oder im Rahmen der Nachbarschaftshilfe oder der Selbsthilfe des Bauherrn beim Wohnungsbau); entsprechende Verträge sind nichtig, wobei die Berufung hierauf jedoch im Einzelfall gegen Treu und Glauben verstoßen kann.

Schweigepflicht
die Verpflichtung bestimmter Personen, ein fremdes Geheimnis, insbes. ein zum persönlichen Lebensbereich gehörendes Geheimnis oder ein Betriebs- oder Geschäftsgeheimnis, das ihnen in ihrem Beruf oder Amt anvertraut oder

sonst bekannt geworden ist, nicht unbefugt zu offenbaren. Betrifft z.B. Ärzte, Berufspsychologen, Rechtsanwälte, Steuerberater, Mitarbeiter öffentlich anerkannter Beratungsstellen, Angehörige von privaten Versicherungsunternehmen sowie Amtsträger. Die Verletzung der S. ist strafbar; außerdem kann sie eine Vertragsverletzung sein.

Schwerbehinderter
Person, die körperlich, geistig oder seelisch behindert und dadurch in ihrer Erwerbsfähigkeit nicht nur vorübergehend um wenigstens 50 % gemindert ist. Sie wird im Arbeitsleben besonders geschützt. So müssen Arbeitgeber mit mindestens 16 Arbeitsplätzen wenigstens 6 % davon mit S. besetzen; andernfalls haben sie eine monatliche Ausgleichsabgabe zu zahlen. S. im Arbeitsverhältnis genießt einen erweiterten Kündigungsschutz und hat Anspruch auf Zusatzurlaub von 6 Arbeitstagen, z.T. auf unentgeltliche Beförderung im öffentlichen Personennahverkehr sowie eine Reihe weiterer Vergünstigungen.

Schwerbeschädigter
Person, die infolge einer gesundheitlichen Schädigung durch bestimmte Einwirkungen (z.B. Krieg) nicht nur vorübergehend um wenigstens 50 % in ihrer Erwerbsfähigkeit gemindert ist. Kann Versorgungsrente erhalten oder früher Altersruhegeld beantragen. Ansonsten vgl. → Schwerbehinderter.

Schwurgericht
bei besonders schweren, im einzelnen gesetzlich festgelegten Straftaten (z.B. Mord und Totschlag) zuständige Strafkammer *(S.-Kammer),* die in der Hauptverhandlung mit drei Berufsrichtern und zwei Schöffen mit gleichem Stimmrecht besetzt über die Schuld- und Straffrage entscheidet. Das S. alter Art (drei Berufsrichter, sechs Geschworene) wurde 1975 abgeschafft.
Im ausländischen Recht entscheiden die Geschworenen über die Schuld; das Strafmaß wird von den Berufsrichtern festgesetzt. Vgl. auch Abbildungen Gerichtsorganisation S. 274 und Instanzenweg in Strafsachen S. 276.

Seerecht
Oberbegriff für völkerrechtliche und innerstaatliche Vorschriften, die die See (z.B. Freiheit des Meeres, Küstengewässer) und die Seeschiffahrt betreffen. Eine internationale S.-Konvention ist verabschiedet, aber noch nicht in Kraft getreten (sieht z.B. die Möglichkeit einer Ausdehnung der Hoheitszone des Küstenstaates auf 12 Meilen vor). Das *staatliche S.* ist vor allem Seehandelsrecht, betrifft aber auch die Bereiche des Arbeits-, Versicherungs- und Verwaltungsrechts.

Selbständiger
Erwerbstätiger, der auf eigenes Risiko und eigene Rechnung wirtschaftlich tätig wird, wobei er seine Tätigkeit im wesentlichen frei gestalten und seine Arbeitszeit selbst bestimmen kann (z.B. freie Berufe, Unternehmer, Handwerker, Landwirte). Die Leistung selbständiger Dienste kann Gegenstand eines → Dienstvertrages, aber auch eines → Werk- oder Geschäftsbesorgungsvertrages sein.

Selbstbestimmungsrecht
I. Im *Verfassungsrecht* das Recht der einzelnen Person und der gesellschaftlichen Gruppe auf eigenverantwortliche Gestaltung ihrer eigenen Angelegenheiten. Im Rahmen des Rechtes auf freie Entfaltung der Persönlichkeit durch *Art. 2 GG* grundrechtlich gewährleistet.
II. Im *Völkerrecht* das Recht jedes Volkes auf freie Entscheidung hinsichtlich eines Zusammenschlusses zu einem selbständigen Staat; beinhaltet auch, daß Annexion oder Abtretungen eines Gebietsteiles nur mit Zustimmung der Mehrheit der Bevölkerung zulässig sind.

Selbsthilferecht
das Recht, einen Anspruch durch eigenes Handeln durchzusetzen oder zu sichern. Besteht nur ausnahmsweise, da grds. jedermann auf die Inanspruchnahme staatlicher Hilfe zur Verwirkli-

chung seiner Rechte angewiesen ist. Wer zum Zwecke des S. eine Sache wegnimmt, zerstört oder beschädigt oder einen Verpflichteten, der der Flucht verdächtigt ist, festnimmt oder den Widerstand des Verpflichteten gegen eine Handlung, die dieser zu dulden verpflichtet ist, beseitigt, handelt nicht rechtswidrig, wenn obrigkeitliche Hilfe nicht rechtzeitig zu erlangen ist und ohne sofortiges Eingreifen die Gefahr besteht, daß die Verwirklichung des Anspruchs vereitelt oder wesentlich erschwert würde. Die Selbsthilfe darf nicht weiter gehen, als es zur Abwendung der Gefahr erforderlich ist. Nach Beseitigung der Gefahr muß unverzüglich ein dinglicher (bei Wegnahme von Sachen) oder persönlicher (bei Festnahme einer Person) → Arrest bei Gericht beantragt werden.

Selbstmord

die Beendigung des eigenen Lebens. Ist nicht strafbar; daher bleiben auch Versuch, Anstiftung und Beihilfe straflos (wobei letztere von der *Tötung auf* ausdrückliches und ernstliches *Verlangen* des Getöteten zu unterscheiden ist, bei der der Betreffende selbst → Täter ist; wird – wenn auch milder als Totschlag – bestraft). Jedoch kann als Tötung in mittelbarer Täterschaft strafbar sein, wenn ein Unzurechnungsfähiger zum S. bestimmt oder wenn ein S. durch Drohung erzwungen wird. Die unterlassene Hinderung eines S. kann als Tötung durch Unterlassen strafbar sein, wenn eine Garantiepflicht bestand, oder als unterlassene Hilfeleistung.

Selbstverstümmelung

die unmittelbare mechanische Einwirkung auf einen menschlichen Körper, die zu Verlust oder Zerstörung eines Organs oder Körpergliedes führt. Wer sich oder einen anderen mit dessen Einwilligung durch S. zur Erfüllung der Wehrpflicht untauglich macht, macht sich strafbar.

Selbstverwaltung

die eigenverantwortliche Wahrnehmung öffentlicher Aufgaben durch Körperschaften des öffentlichen Rechts, insbes. Gemeinden, Kreise und Hochschulen; dabei handelt es sich nur um *eigene* Angelegenheiten (z.B. bei den Gemeinden um solche der örtlichen Gemeinschaft). Das Recht der S. ist für Gemeinden und Gemeindeverbände im Rahmen der Gesetze vom GG gewährleistet. Man unterscheidet *freiwillige S.-Angelegenheiten* und solche, zu deren Wahrnehmung eine gesetzliche Pflicht besteht *(Pflichtaufgaben)*. Die Träger der S. stehen unter Staatsaufsicht. Den Gegensatz zu den S.-Angelegenheiten (sog. eigener Wirkungskreis) bilden die *Auftragsangelegenheiten* (übertragener Wirkungskreis).

Selbstverwaltungskörperschaft

diejenige → Körperschaft, der das Recht auf → Selbstverwaltung eingeräumt ist.

Senat

(lat.: senatus = Rat der Alten);
I. Im *Verfassungsrecht:* 1. Eine Kammer der Volksvertretung (z.B. USA, Bayern); 2. Landesregierung in Berlin, Bremen und Hamburg.
II. Im *Verwaltungsrecht:* Leitungsorgan einer Hochschule.
III. Im *Verfahrensrecht:* Kollegialer Spruchkörper eines oberen Gerichts (z.B. Oberlandesgericht, Bundesgerichtshof, Bundesverfassungsgericht).

Sexualstraftat

auch Sittlichkeitsdelikt; Straftat, die sich gegen die sexuelle Selbstbestimmung richtet. Vgl. → Homosexualität, → sexueller Mißbrauch von Kindern, → Vergewaltigung, → Prostitution, → Menschenhandel, → Zuhälterei, → Verführung, → Exhibitionismus, → Erregung öffentlichen Ärgernisses, → pornographische Schriften.

sexueller Mißbrauch von Kindern

Straftat, die begeht, wer sexuelle Handlungen an einer Person unter 14 Jahren vornimmt oder von ihr an sich vornehmen läßt oder wer sie dazu bestimmt, sexuelle Handlungen an einem Dritten vorzunehmen oder von einem Dritten an sich vornehmen zu lassen.

sicheres Geleit
auch freies Geleit; gerichtliche Zusicherung an einen abwesenden Beschuldigten, ihn wegen einer bestimmten Straftat von der Untersuchungshaft zu befreien. Das s.G. erlischt, wenn der Beschuldigte zu Freiheitsstrafe verurteilt wird, wenn er zu fliehen versucht oder sich nicht an Bedingungen hält, unter denen ihm das s.G. erteilt worden ist.

Sicherheitsgurt
sehr haltbarer Gurt zum Anschnallen von Personen insbes. im Auto, um deren Chancen erheblich zu erhöhen, einen Verkehrsunfall zu überleben bzw. mit nur geringen Verletzungen zu überstehen.
Eine Pflicht zur Anlegung des S. besteht für alle Fahrzeuginsassen; wer auf den Vordersitzen bei einer Polizeikontrolle ohne S. angetroffen wird, muß ein Bußgeld von 40 DM zahlen (das allerdings nicht in das Verkehrszentralregister in Flensburg eingetragen wird). Darüber hinaus kann ein Verlust von Versicherungs- und Lohnfortzahlungsansprüchen eintreten oder gegenüber Schadensersatzansprüchen ein Mitverschulden geltend gemacht werden.

Sicherheitsleistung
eine der Abwendung bestimmter zukünftiger Rechtsverletzungen dienende Leistung, die entweder auf Vertrag beruht (z.B. Mietkaution als Sicherheit für den Vermieter zur Einhaltung des Mietvertrages durch den Mieter) oder auf richterlicher Anordnung (Kaution als Sicherheit für die Entlassung eines Untersuchungshäftlings) oder auf Gesetz. Oft ermöglicht sie dem Betroffenen auch die Durchsetzung eines eigenen Rechts (z.B. vorläufige → Vollstreckbarkeit) oder die Abwendung eines fremden Rechts (z.B. → Zurückbehaltungsrecht). Die Art der S. unterliegt zunächst der Vereinbarung, hilfsweise dem BGB (insbes. Hinterlegung von Geld und Wertpapieren, Bestellung eines Pfandrechts, einer Hypothek oder Grundschuld und als letzte Möglichkeit die Stellung eines tauglichen Bürgen) und im Prozeß dem freien Ermessen des Gerichts.

Sicherheitsrat
→ UNO.

Sicherungsübereignung
die Übertragung des Eigentums an einer beweglichen Sache mit der Abrede, daß das Eigentum nur für die Dauer des Bestehens einer Forderung des Erwerbers gegen den Veräußerer zu deren Sicherung übertragen werden soll. Dabei bleibt der Veräußerer unmittelbarer Besitzer der Sache; an die Stelle der (zu einer Übereignung sonst nötigen) Übergabe tritt die Vereinbarung eines Rechtsverhältnisses, durch das der Erwerber den mittelbaren Besitz erlangt (z.B. Leihe). Vgl. → Treuhand.

Sicherungsverwahrung
freiheitsentziehende → Maßregel der Besserung und Sicherung; wird bei Straftätern angeordnet, die wegen ihres Hanges zu erheblichen Straftaten für die Allgemeinheit besonders gefährlich sind. Sie wird nach Verbüßung der Freiheitsstrafe, mit der zusammen sie angeordnet worden ist, vollstreckt. Die erste Unterbringung in der S. darf 10 Jahre nicht überschreiten und gegen Jugendliche und Heranwachsende überhaupt nicht angeordnet werden.

Sitte
die in einer Gesellschaft geltenden Anstandsregeln und Gebräuche. Ein entsprechendes Verhalten ist nur dann erzwingbar, wenn es auch von Rechtsvorschriften gefordert wird. Teilweise nimmt das Gesetz auf die S. Bezug (z.B. → Verkehrs-S., → S.-Widrigkeit).

Sittengesetz
die Summe derjenigen sittlichen Normen, die die Allgemeinheit als richtig anerkennt und als für das menschliche Zusammenleben verbindlich ansieht. Das S. ist eine der drei Schranken der allgemeinen Handlungsfreiheit (→ freie Entfaltung der Persönlichkeit).

Sittenwidrigkeit
Verstoß gegen die guten Sitten. Ein Rechtsgeschäft verletzt die guten Sitten, wenn es nach seinem Inhalt, Beweggrund oder Zweck gegen das An-

standsgefühl aller billig und gerecht Denkenden verstößt; bei Ausnutzung einer wirtschaftlichen Machtstellung (z.B. durch Freizeichnungsklauseln in → Allgemeinen Geschäftsbedingungen), bei unbilligen Wettbewerbsverboten nach Ausscheiden eines Arbeitnehmers, bei Verstößen gegen Standespflichten (z.B. bei Rechtsanwälten) und insbes. bei → Wucher. Das sittenwidrige Rechtsgeschäft ist nichtig. Wer in einer gegen die guten Sitten verstoßenden Weise einem anderen vorsätzlich Schaden zufügt, ist diesem zu Schadensersatz verpflichtet.

Sittlichkeit
die Gesamtheit derjenigen Verhaltensanforderungen, die sich (im Gegensatz zum Recht, das das äußere Verhalten regelt) an die Gesinnung des Menschen wenden und ihm gebieten, das Gute um seiner selbst willen (und nicht aus anderen Gründen, z.B. aus Angst vor Bestrafung) zu tun. I. e. S. ist S. die geschlechtliche Moral.

Sittlichkeitsdelikt
→ Sexualstraftat.

Sitzung
allgemein eine Zusammenkunft, bei der die Teilnehmer etwas besprechen oder beraten.
I. Im *Verfassungsrecht* die Zusammenkunft eines kollegialen Verfassungsorgans (z.B. Parlament). S. des Parlaments werden zu einer von diesem selbst bestimmten Tagungsperiode *(S.-Periode)* zusammengefaßt (nicht zu verwechseln mit der → Wahlperiode, die aus mehreren S.-Perioden besteht). Für die Aufrechterhaltung der Ordnung in der S. hat der Vorsitzende zu sorgen *(S.-Polizei).*
II. Im *Verfahrensrecht* → Termin.

Skonto
(ital. = Abzug); Nachlaß (→ Rabatt) von bis zu 3 % auf den Kaufpreis bei sofortiger Zahlung (Barzahlungsnachlaß).

Sodomie
(nach der Stadt Sodom); sexuelle Handlungen von Menschen mit Tieren. Nicht mehr strafbar.

Soldat
wer auf Grund der → Wehrpflicht oder freiwilliger Verpflichtung in einem Wehrdienstverhältnis steht. Der S. ist bei freiwilliger Verpflichtung auf Lebenszeit *Berufs-S.,* bei freiwilliger Verpflichtung für begrenzte Zeit *S. auf Zeit.* Die Grundpflicht des S. besteht darin, der Bundesrepublik Deutschland treu zu dienen und das Recht und die Freiheit des deutschen Volkes tapfer zu verteidigen. Der S. hat die gleichen staatsbürgerlichen Rechte wie jeder andere Staatsbürger; sie werden jedoch im Rahmen der Erfordernisse des militärischen Dienstes durch seine gesetzlich begründeten Pflichten beschränkt (z.B. Beschränkung der Meinungsfreiheit und der Versammlungsfreiheit).

Soldatengesetz
Gesetz über die Rechtsstellung der Soldaten. Bildet zusammen mit dem Wehrpflichtgesetz die Grundlage des Wehrdienstrechts.

Sondergericht
während der Zeit des Nationalsozialismus Bezeichnung für besondere Strafgerichte, die 1933 durch Verordnung zur Aburteilung politischer Straftaten eingerichtet wurden. Heute verbietet das GG Ausnahmegerichte; zulässig sind nur Gerichte für besondere Sachgebiete (→ Gericht).

Sonderopfer
→ Aufopferungsanspruch, → Enteignung.

Sorge
→ elterliche Sorge.

Sorgerecht
gleichbedeutend mit → elterlicher Sorge.

Sorgfalt
allgemein Genauigkeit oder Gewissenhaftigkeit. Wer die im Rechtsverkehr (objektiv) erforderliche S. außer acht läßt, handelt im Zivilrecht fahrlässig. In bestimmten Fällen (z.B. für Eltern bei der Ausübung der elterlichen Sorge,

für den unentgeltlichen Verwahrer) tritt eine Haftung dann nicht ein, wenn jemand diejenige S. beachtet hat, die er in eigenen Angelegenheiten (subjektiv) anzuwenden pflegt, was jedoch nicht von der Haftung für grobe → Fahrlässigkeit befreit.

Souveränität

(frz.: souveraineté = Staatshoheit); die höchste Herrschaftsgewalt eines Staates. Sie umfaßt die Befugnis, innerhalb des Staatsgebietes das Recht selbst zu ordnen und die Regierungsform zu bestimmen, sowie die Unabhängigkeit von fremder Gewalt und die Fähigkeit, völkerrechtliche Verträge abzuschließen.

sozial

(lat.: socialis = gesellschaftlich, gemeinnützig).

Sozialbindung des Eigentums

auch Sozialpflichtigkeit; → Eigentumsgarantie.

soziale Indikation

→ Indikation.

soziale Marktwirtschaft

Wirtschaftsordnung der Bundesrepublik Deutschland. Sie bejaht grundsätzlich das freie Spiel der Kräfte und lehnt Planwirtschaft ab. Entgegen der völlig freien → Marktwirtschaft wird dem Staat im Wirtschaftsleben eine wesentliche Ordnungsaufgabe zugestanden. Der Staat hat die Bedingungen und den Rahmen für die Wirtschaft zu setzen, deren Freiheit dort eine Grenze findet, wo soziale und kulturelle Belange mit dem freien Markt in Widerspruch stehen. Die Bundesregierung kann die Entstehung marktbeherrschender Einflüsse überwachen und die Marktwirtschaft auch konjunkturell lenken (z.B. Stabilitätsgesetz).

sozialer Rechtsstaat

Staat, der die Grundsätze des → Rechtsstaates mit denen des → Sozialstaates verbindet (so z.B. die Bundesrepublik Deutschland). Im Gegensatz zum liberalen Rechtsstaat, der sich auf die formale Gerechtigkeit beschränkt, kommt es dem s.R. darauf an, die sozial Schwächeren überhaupt erst in die Lage zu versetzen, von ihren Rechten auch Gebrauch zu machen (z.B. kann jedermann vor Gericht klagen; dieses Recht nutzt ihm jedoch wenig, wenn er die Prozeßkosten nicht bezahlen kann, → Prozeßkostenhilfe).

sozialer Wohnungsbau

der öffentlich geförderte Bau von Wohnungen, die nach dem 20.6.1948 bezugsfertig geworden sind oder noch werden. Sozialwohnungen dürfen nur an Personen mit einer Wohnberechtigungsbescheinigung (Voraussetzung: geringes Einkommen, große Familie) vermietet werden. Die Miete darf nicht höher sein als zur Deckung der laufenden Aufwendungen erforderlich *(Kostenmiete);* sie ist auf Grund einer Wirtschaftlichkeitsberechnung festzustellen. Sind öffentliche Mittel ohne eine solche Berechnung bewilligt worden, tritt an die Stelle der Kostenmiete die Miete für vergleichbare öffentlich geförderte Wohnungen *(Vergleichsmiete).* Bis zur Grenze der zulässigen Miete kann der Vermieter die Miete einseitig erhöhen; dazu ist eine schriftliche Erklärung mit einer Berechnung und Erläuterung der Erhöhung erforderlich. Der Mieter ist daraufhin berechtigt, das Mietverhältnis spätestens am dritten Werktag des Kalendermonats, von dem an die Miete erhöht werden soll, für den Ablauf des nächsten Kalendermonats zu kündigen.

Sozialgerichtsbarkeit

besonderer Verwaltungsgerichtszweig für Entscheidungen über öffentlich-rechtliche Streitigkeiten in Angelegenheiten insbes. der Sozialversicherung, der Arbeitslosenversicherung, der übrigen Aufgaben der Bundesanstalt für Arbeit und der Kriegsopferversorgung. In 1. Instanz entscheiden die Sozialgerichte (unterteilt in Kammern, die mit einem Berufsrichter als Vorsitzendem und zwei ehrenamtlichen Richtern besetzt sind), in 2. Instanz die Landessozialgerichte (zuständig für Berufungen gegen Urteile und für Beschwerden gegen andere Entscheidungen der Sozialgerichte) und in 3. Instanz das Bundessozialgericht. Das Verfahren ist kostenfrei; Vertretungszwang besteht nur vor dem Bundessozialgericht. Vgl. auch Abbildung Gerichtsorganisation S. 274.

Sozialgesetzbuch
Gesetzbuch, in dem die wichtigsten Sozialgesetze zusammenfassend geregelt werden sollen. Es ist bisher nur teilweise in Kraft getreten. Es soll sich einmal folgendermaßen gliedern: I. Allgemeiner Teil, II. Ausbildungsförderung, III. Arbeitsförderung, IV. Sozialversicherung, V. Soziales Entschädigungsrecht, VI. Wohngeld, VII. Kindergeld, VIII. Jugendhilfe, IX. Sozialhilfe, X. Verwaltungsverfahren, Schutz der Sozialdaten, Zusammenarbeit der Leistungsträger und ihre Beziehungen zu Dritten.

Sozialhilfe
staatliche Hilfe für Personen, die sich weder selbst helfen können noch Hilfe von Angehörigen oder von anderen Sozialleistungsträgern erhalten. S. umfaßt Hilfe zum Lebensunterhalt und Hilfe in besonderen Lebenslagen. Art, Form und Maß richten sich nach den Besonderheiten des Einzelfalles; S. kann in Form von persönlicher Hilfe, Geldleistung oder Sachleistung erbracht werden. Sie soll dem Empfänger die Führung eines Lebens ermöglichen, das der Würde des Menschen entspricht, ihn aber auch so weit wie möglich befähigen, unabhängig von ihr zu leben. Dabei muß der Empfänger nach seinen Kräften mitwirken, insbes. auch zumutbare Arbeit annehmen. Soweit die Voraussetzungen vorliegen, besteht ein Rechtsanspruch auf S. Sie braucht i. d. R. nicht zurückgezahlt zu werden.

Sozialisierung
Verstaatlichung oder Vergesellschaftung; Überführung von Privat- in Gemeineigentum. Nach dem GG können Grund und Boden, Naturschätze und Produktionsmittel zum Zwecke der Vergesellschaftung durch Gesetz in Gemeineigentum oder in andere Formen der Gemeinwirtschaft überführt werden. Das Gesetz muß zugleich Art und Ausmaß der Entschädigung regeln; dabei sind die für die Enteignung geltenden Grundsätze entsprechend anzuwenden.

Sozialismus
im 19. Jahrhundert entstandene Staats- und Gesellschaftslehre, die nicht an den Interessen des einzelnen oder einzelner Gruppen oder Klassen, sondern am Wohl des Ganzen orientiert ist. Wird heute in den verschiedensten Ausprägungen vertreten, die von einer Reform des kapitalistischen Wirtschaftssystems bis zu einem Umsturz der auf ihm beruhenden Gesellschaftsordnung reicht, wobei der S. als Vorstufe zum → Kommunismus angesehen wird.

Sozialleistung
Geld- oder Sachleistung, die auf Grund sozialrechtlicher Vorschriften an eine Privatperson gewährt wird.

Sozialpartner
Tarifvertragsparteien im Arbeitsrecht, d.h. die Arbeitgeberverbände bzw. auch ein einzelner Arbeitgeber und die Gewerkschaften einschl. ihrer Spitzenorganisationen.

Sozialpflichtigkeit
die sich aus dem Sozialstaatsprinzip ergebende Verpflichtung des Staates insbes. zur Hilfeleistung in sozialen Notlagen, darüberhinaus aber auch die Mitverantwortung des Staates für die Deckung des Bedarfs seiner Bürger und damit für das Funktionieren der Wirtschaft insgesamt. Zur S. des Eigentums → Eigentumsgarantie.

Sozialplan
Vereinbarung zwischen Unternehmer und Betriebsrat über den Ausgleich oder die Milderung von wirtschaftlichen Nachteilen, die den Arbeitnehmern infolge einer geplanten Betriebsänderung entstehen (z.B. → Abfindungen bei Massenentlassungen oder Betriebsstillegung). Fall der Mitbestimmung. Hat die Wirkung einer → Betriebsvereinbarung.

Sozialrecht
das Recht der öffentlich-rechtlichen

Leistungen und Hilfen, mit denen Risiken und Notständen begegnet wird, die der einzelne individuell nicht bewältigen kann. Dazu zählen insbes. die im → Sozialgesetzbuch geregelten Rechtsbereiche.

Sozialrente
allgemeine Bezeichnung für eine Rente aus der Sozialversicherung.

Sozialstaat
Staat, der nach einer gerechten Sozialordnung strebt und den Ausgleich sozialer Gegensätze übernimmt. Die Bundesrepublik ist nach *Art. 20, 28 GG* ein sozialer Rechtsstaat und bekennt sich damit zu den Prinzipien des S. Sie kommen im GG zum Ausdruck u.a. durch die Garantie der → Koalitionsfreiheit, die → Sozialpflichtigkeit des Eigentums und die Möglichkeit der → Sozialisierung. Der S. verpflichtet den Gesetzgeber (z.B. Sozialhilfe, Steuergesetzgebung, Vermögensbildung) und ist auch bei der Anwendung und Auslegung der Gesetze zu berücksichtigen.

Sozialstaatsprinzip
→ Sozialstaat.

Sozialversicherung
gesetzliche Zwangsversicherung, um zur Daseinsvorsorge bei Krankheit, Arbeitsunfall, Berufskrankheit, Berufs- und Erwerbsunfähigkeit, Arbeitslosigkeit, Mutterschaft, Alter und Tod Leistungen zu gewähren. Zweige der S. sind die Kranken-, Unfall-, Renten- und Arbeitslosenversicherung. Die Mittel der S. werden durch Beiträge der Arbeitgeber und Versicherten und durch Zuschüsse des Bundes aufgebracht. Versicherungsträger sind besondere öffentlich-rechtliche Körperschaften oder Anstalten, an deren Selbstverwaltung ehrenamtliche Vertreter der Versicherten und der Arbeitgeber beteiligt sind (z.B. in Krankenkassen, Berufsgenossenschaften und Versicherungsanstalten). Streitigkeiten in Angelegenheiten der S. werden von den Sozialgerichten entschieden.

Sparbuch
die von einem Kreditinstitut (Sparkasse oder Bank) über ein Sparguthaben auf den Namen des Sparkontoinhabers ausgestellte Urkunde. Das Kreditinstitut braucht nur gegen Vorlage des S. Zahlungen zu leisten; es ist zwar grds. dazu berechtigt an jeden, der das S. vorlegt (Inhaber) mit befreiender Wirkung zu zahlen ohne nachprüfen zu müssen, ob der Inhaber zum Empfang der Zahlung legitimiert ist, es ist jedoch nicht dazu verpflichtet, sondern kann auch selbst nachprüfen, ob der Inhaber legitimiert ist (sog. hinkendes Inhaberpapier oder qualifiziertes Legitimationspapier).

Sparkasse
Kreditinstitut, das insbes. zur Förderung des Sparens als meist gemeinnützige Anstalt des öffentlichen Rechts von Gemeinden, Gemeindeverbänden oder Zweckverbänden errichtet wird, die als Gewährsträger unbeschränkt haften. Organe der S. sind meist Verwaltungsrat, Vorstand und Kreditausschuß.

Spediteur
(ital.: spedire = Güter abfertigen, versenden); Kaufmann, der es gewerbsmäßig übernimmt, Güterversendungen durch Frachtführer oder Verfrachter von Seeschiffen für Rechnung eines anderen (des Versenders) im eigenen Namen zu besorgen. Er befördert meist nicht selbst (ist aber dazu berechtigt). Er erhält Provision und Aufwendungsersatz. Es gelten insbes. die Allgemeinen Deutschen S.-Bedingungen.

Sperrbezirk
durch Rechtsverordnung genau bezeichnetes Gebiet in einer Gemeinde, in dem die Prostitution verboten ist. Zuwiderhandlung gegen die S.-Verordnung wird als Ordnungswidrigkeit geahndet, beharrliche Zuwiderhandlung als Straftat.

Sperrzeit
auch Sperrstunde oder Polizeistunde; Zeit, in der Gaststätten grds. geschlossen zu halten sind. Wird im einzelnen durch Verordnungen der Länder bestimmt. Wer als Gast nach Eintritt der

S. trotz Aufforderung eine Gaststätte nicht verläßt oder als Inhaber einer Gaststätte dies duldet, begeht eine Ordnungswidrigkeit.

Spezialprävention

(lat.: specialis = besonders, eigentümlich; praevenire = zuvorkommen); die Abschreckung des Einzelnen von der (vor allem erneuten) Begehung von Straftaten. Sie ist eine der im Strafrecht anerkannten → Strafzwecke. Erfolgt durch den Vollzug der Strafe oder → Maßregel der Besserung und Sicherung (z.B. Sicherungsverwahrung) sowie durch gleichzeitige Maßnahmen zur Resozialisierung.

Spezifikation

(lat.: specificus = von besonderer Art, eigentümlich); die nähere Bestimmung einer Leistung, die z.B. bei einem Handelskauf dem Käufer vorbehalten sein kann (S.-Kauf) oder die Aufzählung (Aufgliederung, genaue Bezeichnung), z.B. hinsichtlich der Einzelposten einer Abrechnung.
Im *Sachenrecht* die → Verarbeitung eines Stoffes zu einer neuen Sache.

Spiel

Vertrag, bei dem sich die Beteiligten zwecks Unterhaltung und/oder Gewinns eine Leistung (Gewinn oder Verlust) unter entgegengesetzten Bedingungen zusagen. Dadurch wird keine Verbindlichkeit begründet, doch kann das auf Grund des S. Geleistete nicht aus diesem Grunde zurückgefordert werden. Vgl. auch → Glücksspiel, → Lotterie.

Spionage

(frz.: espionnage = Tätigkeit eines Spions, geht auf das germanische Wort spähen zurück); das Auskundschaften von Geheimnissen für einen fremden Staat. S. sowie die Abwehr gegenerischer S. ist Aufgabe der → Geheimdienste. S. wird in der Bundesrepublik Deutschlang als → Landesverrat oder landesverräterische → Agententätigkeit bestraft. Das Auskundschaften fremder Betriebsgeheimnisse kann in verschiedener Hinsicht strafbar sein, insbes. als Verrat eines → Geschäftsgeheimnisses.

Splitting

(engl.: to split = aufspalten).
I. Eine Art der *Einkommensteuerberechnung bei Ehegatten,* die i. d. R. günstiger für sie ist als die getrennte Veranlagung, die sie auch wählen können. Beim S. werden die Einkommen beider Ehegatten zunächst zusammengerechnet, dann halbiert, davon die Steuern ermittelt und diese wieder verdoppelt.
II. Im *Verfassungsrecht* ist S. die Aufteilung der Erst- und Zweitstimme auf verschiedene Parteien (→ Wahlsystem).

Sport

körperliche Betätigung aus Freude an der Bewegung, zur Erholung, Förderung der Gesundheit oder Messung der eigenen Körperkräfte im Wettkampf. Die bei einem Wettkampfspiel (z.B. Fußball) oder bei einem Kampfsport (z.B. Boxen) zugefügte Körperverletzung ist nur bei einem groben Regelverstoß rechtswidrig, da ansonsten in der Teilnahme eine stillschweigende Einwilligung bzw. ein Handeln auf eigene Gefahr zu sehen ist. Im Skisport gelten auf Pisten und Loipen nicht die Vorschriften der Straßenverkehrsordnung, sondern die sportlichen Eigenregeln des Internationalen Skiverbandes (FIS-Regeln), die von der Rechtsprechung weitgehend übernommen werden.

Sprengstoff

Stoff, der bei Entzündung zu einer plötzlichen Ausdehnung von Flüssigkeiten oder Gasen und dadurch zu einer Sprengwirkung führt. Der Umgang und Verkehr mit S., Zündmitteln, pyrotechnischen Gegenständen und Sprengzubehör bedarf nach dem Sprengstoffgesetz der Zulassung; Beförderung und Einfuhr sind erlaubnispflichtig. Das Herbeiführen einer S.-Explosion sowie die Vorbereitung eines Explosionsverbrechens sind strafbar.

Spruchkörper

das Gericht, verkörpert durch die zur Entscheidung bestimmter Rechtsstreitigkeiten zuständigen Personen; entweder Einzelrichter oder (meist) Kollegialgericht (Kammer, Senat).

Sprungrevision
Revision, die unter Übergehung der Berufungsinstanz unmittelbar eingelegt werden kann. Sie dient der Beschleunigung des Prozesses und kommt in Betracht, wenn nicht mehr Sach-, sondern nur noch Rechtsfragen umstritten sind. Vom Strafverfahren abgesehen kann sie in allen Verfahrensarten nicht auf Verfahrensmängel gestützt werden und bedarf der Einwilligung des Gegners. Im Zivilprozeß findet sie gegen die im ersten Rechtszug ergangenen Endurteile der Landgerichte statt. Im Strafverfahren kann jedes Urteil eines Amtsgerichts an Stelle der Berufung mit der Revision angefochten werden. Vgl. auch Abbildungen → Instanzenweg in Zivil- und Strafsachen S. 275 f.

Staat
dauerhaft organisierter Herrschaftsverband, der auf einem bestimmten Gebiet (Staatsgebiet) unter einer obersten, umfassenden, von niemanden abgeleiteten Gewalt (Staatsgewalt) lebenden Menschen (Staatsvolk). S. hat die Verbandsexistenz zu sichern und die Gemeinschaftsinteressen der Verbandsangehörigen wahrzunehmen.

Staatenbund
völkerrechtliche Staatenverbindung, bei der einzelne politische Angelegenheiten auf gemeinsame Organe übertragen werden. S. ist kein neuer Staat; die beteiligten Staaten behalten ihre volle Souveränität (z.B. Deutscher Bund 1815–66, Eidgenossenschaft 1815–48) Gegensatz: → Bundesstaat.

Staatenloser
Person, die keine Staatsangehörigkeit besitzt. Sie wird von allen Staaten als Ausländer behandelt. Der Verlust der deutschen Staatsangehörigkeit darf gegen den Willen des Betroffenen nur dann eintreten, wenn er dadurch nicht zum S. wird.

Staatsangehörigkeit
rechtliche Zugehörigkeit einer Person zu einem bestimmten Staat, unter dessen Schutz der Staatsangehörige im In- und Ausland steht. Bedingt zahlreiche Rechte (z.B. Wahlrecht) und Pflichten (z.B. Wehrpflicht, Steuerpflicht). Mögliche *Anknüpfungspunkte* für den Erwerb einer S. sind Abstammung (ius sanguinis, Blutsrecht), Geburt im Staatsgebiet (ius soli, Recht des Bodens) oder eine Mischung aus beiden. In der Bundesrepublik Deutschland Erwerb durch Geburt, Legitimation, Annahme als Kind und für einen Ausländer durch Einbürgerung; Verlust durch Entlassung, Erwerb einer ausländischen S., Verzicht und Annahme als Kind durch einen Ausländer, nicht jedoch durch Heirat. Der Verlust der deutschen S. darf gegen den Willen des Betroffenen nur eintreten, wenn dieser dadurch nicht staatenlos wird.

Staatsaufsicht
die Aufsicht des Staates über die juristischen Personen des öffentlichen Rechts, soweit diese öffentliche Verwaltungsaufgaben wahrnehmen. In Angelegenheiten der → Selbstverwaltung ist sie nur Rechtsaufsicht, in Auftragsangelegenheiten darüber hinaus auch Fachaufsicht (Kontrolle der Rechtmäßigkeit und der Zweckmäßigkeit).

Staatsgebiet
der geographische Raum, auf den sich die Hoheitsgewalt eines Staates erstreckt. Er umfaßt außer dem Land innerhalb der Staatsgrenzen (einschl. von Exklaven, die von fremdem Staatsgebiet umgeben sind) den Luftraum darüber, die Eigengewässer und die Küstengewässer.

Staatsform
grundlegende rechtliche Gestaltung eines Staates. Man unterscheidet nach der Person des Staatsoberhauptes zwischen Monarchie (erbliches Staatsoberhaupt) und Republik (gewähltes Staatsoberhaupt); nach dem Träger der Staatsgewalt zwischen Alleinherrschaft (Monarchie, Diktatur), Mehrherrschaft (Aristokratie = Herrschaft der Besten, und Oligarchie = Herrschaft einer kleinen Gruppe) und Volksherrschaft (Demokratie); nach der staatlichen Organisation zwischen Einheits-

staat und Bundesstaat; nach der Machtfülle der Herrschenden zwischen absolutem und konstitutionellem (verfassungsmäßig beschränktem) Staat; nach dem Umfang der Staatstätigkeit zwischen totalitärem bzw. Polizeistaat und liberalem bzw. Rechtsstaat.

Staatsgeheimnis
Tatsache, Gegenstand oder Erkenntnis, die nur einem begrenzten Personenkreis zugänglich ist und vor einer fremden Macht geheimgehalten werden muß, um die Gefahr eines schweren Nachteils für die äußere Sicherheit der Bundesrepublik Deutschland abzuwenden. Das S. wird durch verschiedene Straftatbestände geschützt (z.B. → Landesverrat).

Staatsgewalt
die oberste, von niemandem abgeleitete, umfassende Herrschaftsmacht des Staates über sein Gebiet und die darauf befindlichen Personen. Ihr Bestehen ist Voraussetzung für die Anerkennung als Staat. Alle S. geht im demokratischen Staat vom Volk aus; nach dem GG wird sie vom Volk in Wahlen und Abstimmungen und durch besondere Organe der Gesetzgebung, der vollziehenden Gewalt und der Rechtsprechung ausgeübt. Im Bundesstaat ist die S. zwischen Zentralstaat (in der Bundesrepublik: Bund) und den Gliedstaaten (in der Bundesrepublik: Länder) so aufgeteilt, daß jeder ursprüngliche S. besitzt, diese aber durch die Verfassung auf bestimmte Aufgabengebiete verteilt wird.

Staatshaftung
die Haftung des Staates oder anderer öffentlich-rechtlicher Körperschaften für → Amtspflichtverletzungen ihrer Bediensteten. Nachdem das neue S.-Gesetz vom Bundesverfassungsgericht wegen mangelnder Gesetzgebungszuständigkeit des Bundes für nichtig erklärt worden ist, gelten bis auf weiteres die bisherigen Vorschriften über die → Amtshaftung. Vgl. ferner → Aufopferungsanspruch, → Enteignung, → enteignungsgleicher Eingriff.

Staatskasse
vom Staat eingerichtete Verwaltung für Kassenangelegenheiten mit entsprechenden Zahlstellen (z.B. Gerichtskasse).

Staatsnotstand
→ Notstandsverfassung.

Staatsoberhaupt
an der Spitze des Staates stehendes Organ, meist durch eine einzelne Person verkörpert. Erlangt sein Amt entweder durch Erbfolge (Monarchie) oder durch Wahl (Republik). Vertritt sein Land meist völkerrechtlich; innerstaatlich sind unterschiedliche Stellungen möglich. In Staaten mit Gewaltenteilung steht das S. weitgehend außerhalb der drei Gewalten; anders jedoch in sog. Präsidialverfassungen (z.B. USA), wo das S. auch Inhaber der vollziehenden Gewalt ist.

Staatsrecht
Rechtsnormen, die die Grundlagen des Staates betreffen. Teil des öffentlichen Rechts; weitgehend gleichbedeutend mit Verfassungsrecht, da die Verfassung die Grundlage des Staates ist.

Staatsschutzdelikte
Straftaten, die sich gegen den Bestand des Staates, seine verfassungsmäßigen Einrichtungen, das Funktionieren des Staatsapparates und andere lebenswichtige Staatsinteressen richten. Dazu gehören u.a. Friedensverrat, Hochverrat, Gefährdung des demokratischen Rechtsstaats, Landesverrat. Für einen Teil von ihnen ist in erster Instanz das Oberlandesgericht zuständig, in dessen Bezirk die Landesregierung ihren Sitz hat (sog. Staatsschutzsenat); ein anderer Teil wird von einer besonderen, für den gesamten Oberlandesgerichtsbezirk zuständigen Strafkammer eines Landgerichts abgeurteilt (sog. Staatsschutzkammer). Hier kann in Fällen von besonderer Bedeutung der Generalbundesanwalt die Verfolgung übernehmen und Anklage beim Oberlandesgericht erheben.

Staatssekretär
beamteter Stellvertreter eines Mini-

sters. In Bayern sind die S. keine Beamten, sondern stehen als Mitglieder der Staatsregierung ebenso wie die Minister in einem besonderen öffentlich-rechtlichen Amtsverhältnis.
Der sog. *parlamentarische S.* ist ein nicht beamtetes Mitglied des Parlaments zur Unterstützung eines Mitglieds der Bundesregierung.

Staatsvertrag

I. Andere Bezeichnung für *völkerrechtlichen Vertrag.* (Jedoch ungenaue Bezeichnung, da nicht nur Staaten, sondern auch internationale Organisationen Vertragspartner eines völkerrechtlichen Vertrages sein können.) S. kommt i.d. R. zustande durch Vertragsverhandlungen, → Paraphierung des vorläufigen Vertragstextes und nachfolgende Unterzeichnung mit vollem Namen durch die Unterhändler, Durchlaufen eines innerstaatlichen Zustimmungsverfahrens, → Ratifikation, Austausch der Ratifikationsurkunden bzw. bei mehrseitigen Verträgen deren Hinterlegung.
Die *Bundesrepublik Deutschland* wird völkerrechtlich durch den Bundespräsidenten vertreten. Verträge, welche die politischen Beziehungen des Bundes regeln oder sich auf Gegenstände der Bundesgesetzgebung beziehen, bedürfen der Zustimmung oder der Mitwirkung der jeweils für die Bundesgesetzgebung zuständigen Körperschaften in der Form eines Bundesgesetzes (Zustimmungsgesetz, auch Vertrags- oder Ratifikationsgesetz). Dieses wandelt zugleich Völkerrecht in innerstaatliches Recht um (sog. Transformation).
II. Die *Bundesländer* können im Rahmen ihrer Gesetzgebungsbefugnis untereinander einen S. abschließen (z.B. über die Errichtung des Zweiten Deutschen Fernsehens); einen S. mit auswärtigen Staaten jedoch nur mit Zustimmung der Bundesregierung.

Staatsvolk

die Gesamtheit derjenigen Personen, die auf dem Gebiet eines bestimmten Staates dessen Staatsgewalt untersteht.

Stadtstaat

der im wesentlichen nur aus einer Stadt bestehende Staat (in der Bundesrepublik: Berlin, Bremen und Hamburg). Gegensatz: Flächenstaat.

Stammkapital

der bei der Gründung einer GmbH aufzubringende Kapitalbetrag. Er setzt sich aus den Stammeinlagen der einzelnen Gesellschafter zusammen und muß mindestens 50 000 DM betragen.

Standesbeamter

Gemeindebeamter, der vor allem folgende staatlichen Aufgaben ausführt: Erlaß des Aufgebots, Vornahme der Eheschließung, Führung der Personenstandsbücher und Erteilung von Personenstandsurkunden (z.B. Geburtsurkunde). In kleineren Gemeinden ist dies meist der Bürgermeister.

Standesrecht

Vorschriften, die für Angehörige bestimmter Berufe als Ausdruck eines besonderen, durch den Berufsstand geprägten Berufsethos gelten (z.B. Ärzte, Rechtsanwälte). Gesetzlich nur ansatzweise und auch innerhalb eines Berufsstandes nur teilweise schriftlich geregelt. Ein Verstoß gegen S. wird vor den → Ehrengerichten geahndet, kann aber auch im Rahmen der allgemeinen Rechtsordnung von Bedeutung sein (so können z.B. Rechtsgeschäfte, die schwere Verstöße gegen Standespflichten enthalten, wegen Sittenwidrigkeit nichtig sein).

status quo

(lat.: Zustand, in dem [sich etwas befindet]); bestehender Zustand (z.B. hinsichtlich von Staatsgrenzen).

status quo ante

(lat.: Zustand, in dem [sich etwas] vorher [befunden hat]).

Statut

(lat.: statuere (statutum) = hinstellen, aufstellen; errichten; festsetzen, bestimmen); gelegentlich für öffentlichrechtliche und privatrechtliche Satzungen (z.B. „Vereinsstatuten") sowie im Völkerrecht gebrauchter Begriff.

Steckbrief
schriftliches Ersuchen zur Fahndung nach einem flüchtigen oder sich verbergenden Beschuldigten oder Verurteilten, das sich an die Strafverfolgungsbehörden richtet, aber auch alle anderen Behörden und die Öffentlichkeit zur Mithilfe durch zweckdienliche Hinweise auffordert. Kann von der Staatsanwaltschaft oder dem Richter gegen Beschuldigte grds. nur bei Vorliegen eines Haft- oder Unterbringungsbefehls erlassen werden, sonst nur gegen einen entwichenen Festgenommenen (hier auch von der Polizei); gegen zu Freiheitsstrafe Verurteilte wird der S. von der Vollstreckungsbehörde erlassen. S. soll genau die verfolgte Person (z.B. durch Bild) und kurz ihre Tat bezeichnen; Bekanntgabe erfolgt z.B. durch Aushang und durch Ausschreibung im Fahndungsbuch.
Eine weitere Form öffentlicher Fahndung, die *Beteiligung öffentlicher Kommunikationsmittel* (z.B. die Fernsehsendung „Aktenzeichen XY ungelöst“), ist zur Vermeidung einer Bloßstellung oder Schädigung des Gesuchten nur unter besonderer Berücksichtigung des Verhältnismäßigkeitsgrundsatzes zulässig.

Stellvertretung
die Abgabe einer Willenserklärung oder deren Empfang durch eine Person (→ Vertreter) im Namen und Interesse eines anderen (des Vertretenen) (so daß das rechtsgeschäftliche Handeln, das zwar im Interesse eines anderen, aber in eigenem Namen erfolgt, keine S. ist, z.B. Treuhänder, Kommissionär). Voraussetzungen sind außer rechtsgeschäftlichem Handeln Vertretungswille und → Vertretungsmacht sowie Zulässigkeit von S. (ausgeschlossen z.B. bei Eheschließung, Testamentserrichtung). Tritt der Wille, in fremdem Namen zu handeln, nicht erkennbar hervor, so wird der Handelnde selbst verpflichtet und berechtigt, auch wenn er nicht in eigenem Namen handeln wollte. Bei fehlender Vertretungsmacht (Vertretung ohne Vertretungsmacht) → Vertretungsmacht. Die im Namen des Vertretenen abgegebene oder empfangene Willenserklärung wirkt unmittelbar für und gegen den Vertretenen. Für das Vorliegen von → Willensmängeln (z.B. Irrtum) sowie die Kenntnis oder fahrlässige Unkenntnis bestimmter Umstände kommt es allein auf die Person des Vertreters an.

Sterbehilfe
→ Euthanasie.

Sterilisation
(lat.: sterilis = unfruchtbar); die Herbeiführung von Unfruchtbarkeit durch operative Unterbindung der Ausführungsgänge der Gechlechtsdrüsen (Samenleiter beim Mann, Eileiter bei der Frau), wobei im Unterschied zur → Kastration die Hormonproduktion erhalten bleibt. Unter denselben Voraussetzungen wie eine Kastration zulässig. Die Rechtmäßigkeit einer *freiwilligen S.* aus medizinischer oder sozialer Indikation ist, da gesetzlich nicht geregelt, nach den Umständen des Einzelfalles zu beurteilen.

Steuer
einmalige oder laufende Geldleistung, die keine Gegenleistung für eine besondere Leistung darstellt und von einem öffentlich-rechtlichen Gemeinwesen zur Erzielung von Einkünften allen auferlegt wird, bei denen der Tatbestand zutrifft, an den das Gesetz die Leistungspflicht knüpft. Die S. ist eine (Zwangs-) → Abgabe. Sie kann je nach Steuerhoheit durch Bund, Länder, Gemeinden oder Kirchen erhoben werden. Auch Zölle sind Steuern. Vgl. auch → Einkommen-, → Erbschaft-, → Gewerbe-, → Kirchen-, → Körperschaft-, → Lohn-, → Mehrwert-, → Umsatz-, → Verbrauch- und Vermögen-S.

Steuerberater
Steuerfachmann, der geschäftsmäßig gegen Entgelt seine Auftraggeber in Steuersachen berät, vertritt und bei der Bearbeitung ihrer Steuerangelegenheiten und der Erfüllung ihrer steuerlichen Pflichten (z.B. Aufstellung einer Steuerbilanz) Hilfe leistet. Zur Prüfung als S. ist insbes. zuzulassen, wer ein

rechts- oder wirtschaftswissenschaftliches Hochschulstudium abgeschlossen hat und danach drei Jahre auf dem Gebiet des Steuerwesens hauptberuflich praktisch tätig war.

Steuerbescheid
schriftlicher Bescheid des Finanzamts an den Steuerpflichtigen, durch den die von diesem zu zahlende Steuer festgesetzt wird. Dagegen kann der Steuerpflichtige Einspruch und Anfechtungsklage erheben.

Steuergeheimnis
die auf Steuerbeamte und amtlich zugezogene Sachverständige beschränkte, amtlich erworbene Kenntnis über Verhältnisse eines Steuerpflichtigen. Ihre unbefugte Offenbarung ist strafbar. Zulässig ist sie nur, soweit z.B. der Betroffene zustimmt oder ein zwingendes öffentliches Interesse besteht.

Steuerhehlerei
Straftat, die begeht, wer in Bereicherungsabsicht Erzeugnisse oder Waren, hinsichtlich derer Verbrauchsteuer oder Zoll hinterzogen oder Bannbruch (→ Schmuggel) begangen worden ist, ankauft, zum Pfand annimmt, an sich bringt, verheimlicht oder absetzt.

Steuerhinterziehung
Straftat, die begeht, wer vorsätzlich den Finanzbehörden oder anderen Behörden über steuerlich erhebliche Tatsachen unrichtige oder unvollständige Angaben macht, die Finanzbehörden pflichtwidrig über steuerlich erhebliche Tatsachen in Unkenntnis läßt oder pflichtwidrig die Verwendung von Steuerzeichen oder Steuerstempeln unterläßt und Steuern oder Eingangsabgaben verkürzt oder nicht gerechtfertigte Steuervorteile erlangt. Straffreiheit kann durch rechtzeitige Selbstanzeige erlangt werden. Hinterzogene Steuern sind zu verzinsen.

Steuerpflicht
Verpflichtung einer natürlichen oder juristischen Person bei Vorliegen der von den Steuergesetzen festgelegten Voraussetzungen, Steuern zu entrichten und alle genannten Verpflichtungen zu erfüllen (z.B. Abgabe der Steuererklärung, Führung der Bücher und Aufzeichnungen, Leistung von Sicherheit).

Steuerrecht
Gesamtheit der Rechtsnormen, die sich auf Steuern beziehen, insbes. die → Abgabenordnung. Das S. regelt die Rechtsbeziehungen zwischen den Trägern der Steuerhoheit und den natürlichen und juristischen Personen.

Steuerstrafrecht
I.e.S. die sich auf Steuerstraftaten beziehenden Vorschriften der Abgabenordnung und des Strafgesetzbuches; i.w.S. auch die Steuerordnungswidrigkeiten. Steuerstraftaten sind insbes. → Steuerhinterziehung, Bannbruch (→ Schmuggel), Bandenschmuggel (→ Schmuggel) und → Steuerhehlerei. Steuerordnungswidrigkeiten (sie können mit Geldbuße geahndet werden) sind u.a. leichtfertige Steuerverkürzung, Steuergefährdung und unzulässiger Erwerb von Steuererstattungs- oder -vergütungsansprüchen.
Beim Verdacht einer Steuerstraftat ermittelt die Finanzbehörde den Sachverhalt. Sie kann die Strafsache jederzeit an die Staatsanwaltschaft abgeben. Die Finanzbehörde kann beim Amtgericht den Erlaß eines Strafbefehls beantragen oder die Akten der Staatsanwaltschaft vorlegen, die Anklage beim Amts- oder Landgericht erheben kann. Einleitung und Einstellung des Bußgeldverfahrens liegen im pflichtgemäßen Ermessen der Finanzbehörde.

Stiefkind
Kind, das nur von einem der Ehegatten abstammt, im Verhältnis zum anderen Ehegatten. Stiefeltern und S. sind im ersten Grad miteinander verschwägert. Sie haben ein Zeugnisverweigerungsrecht. S. hat keinen gesetzlichen Unterhaltsanspruch; die Unterhaltspflicht kann aber vertraglich (auch stillschweigend durch Aufnahme in den Haushalt) übernommen werden. Beim Tode des Vaters oder der Mutter eines erbberechtigten S. sind der Stiefvater bzw. die Stiefmutter, soweit sie gesetzliche Erben sind, verpflichtet, dem S. bei Be-

dürftigkeit eine angemessene Ausbildung aus dem Viertel der Erbschaft zu bezahlen, um das sich diese durch Verwirklichung des → Zugewinnausgleichs erhöht hat.

Steuerungsfähigkeit

→ Schuldfähigkeit.

Stiftung

die nach dem Willen eines Stifters für einen bestimmten Zweck erfolgende Widmung einer Vermögensmasse, die dadurch und durch anschließende staatliche Genehmigung zu einer rechtsfähigen juristischen Person wird *(S. des Privatrechts)*. Die *S. des öffentlichen Rechts* unterscheidet sich davon i. d. R. dadurch, daß sie durch Gesetz oder auf Grund eines Gesetzes entsteht und Aufgaben der öffentlichen Verwaltung wahrnimmt (z.B. S. Preußischer Kulturbesitz). Keine S. des öffentlichen Rechts ist die sog. *öffentliche S.*, die zwar einem allgemeinen gemeinnützigen oder kirchlichen Zweck dient, aber trotzdem eine S. des Privatrechts ist. Die S. des Privatrechts unterliegt den Vorschriften des BGB, die des öffentlichen Rechts den S.-Gesetzen der Länder.

Stillstand des Verfahrens

I. Nach der *ZPO* das Aufhören der Tätigkeit des Gerichts in einem (konkreten) Verfahren. Unterschieden wird der *tatsächliche S.*, wenn die Parteien den Prozeß nicht weiter betreiben, vom *rechtlichen S.* Letzterer tritt ein durch *Unterbrechung* (S. kraft Gesetzes; u.a. auch beim *S. der Rechtspflege*, dem Aufhören der gesamten gerichtlichen Tätigkeit, z.B. infolge eines Krieges), durch *Aussetzung* (S. auf Grund gerichtlicher Anordnung) und (als Unterfall der Aussetzung) durch das *Ruhen des Verfahrens*. Der rechtliche S. bewirkt, daß der Lauf aller Fristen (bei Ruhen des Verfahrens mit Ausnahme der Notfristen und der Fristen zur Begründung von Rechtsmitteln) aufhört und nach Beendigung des S. die volle Frist von neuem zu laufen beginnt und daß Prozeßhandlungen unwirksam sind.

II. Im *Strafprozeß* gibt es nur die *Unterbrechung* und die *Aussetzung der Hauptverhandlung*. Hier bedeutet Unterbrechung die Vertagung auf kurze Zeit, nach der die begonnene Hauptverhandlung fortgesetzt wird, Aussetzung die Vertagung mit der Folge, daß die Hauptverhandlung von neuem beginnen muß.

Stimmrecht

das Recht, an einer Abstimmung teilzunehmen. Es besteht für die Mitglieder privatrechtlicher Personenvereinigungen (z.B. Aktiengesellschaft, Genossenschaft) sowie öffentlich-rechtlicher Körperschaften (z.B. Parlamenten, Vertretungsorganen der Sozialversicherung); im übrigen vgl. → Wahlrecht.

Störer

I. Im *Zivilrecht* → Eigentumsstörung.
II. Im *Verwaltungsrecht* diejenige Person, die unmittelbar für eine Störung oder Gefährdung der → öffentlichen Sicherheit und Ordnung verantwortlich ist (Verschulden nicht erforderlich) und deshalb von der Polizei zur Beseitigung oder Abwehr herangezogen werden kann. Man unterscheidet den Handlungs-S., der durch sein Verhalten (Tun oder Unterlassen) die Störung verursacht hat und den Zustands-S., der Eigentümer oder Inhaber der tatsächlichen Gewalt über eine Sache ist, durch deren Zustand die öffentliche Sicherheit und Ordnung gefährdet oder gestört wird.

Störung

allgemein eine Beeinträchtigung. Zur S. im Zivilrecht → Eigentumsstörung. Zur S. im Verwaltungsrecht → öffentliche Sicherheit und Ordnung, → Störer.

Strafantrag

die zur Verfolgung bestimmter Straftaten erforderliche (und bei allen Straftaten mögliche) Erklärung des Verletzten oder sonst gesetzlich dazu Berechtigten (z.B. Ehegatten, u.U. Dienstvorgesetzte), daß er die Strafverfolgung wegen einer bestimmten Tat wünscht. Der S. ist innerhalb von drei Monaten ab

Kenntnis von der Tat bei Gericht oder Staatsanwaltschaft schriftlich oder zu Protokoll, bei der Polizeibehörde schriftlich zu stellen. Die Zurücknahme ist zulässig, aber unwiderruflich. → Antragsdelikt.

Strafanzeige
die Mitteilung des Verdachts einer Straftat mit der Anregung zu prüfen, ob sie zu verfolgen ist. Kann von jedermann bei der Staatsanwaltschaft, den Behörden und Beamten des Polizeidienstes und den Amtsgerichten mündlich oder schriftlich erstattet werden. Eine Anzeigepflicht für *begangene* Straftaten besteht für Privatpersonen grds. nicht, jedoch macht sich strafbar, wer trotz Kenntnis vom *Vorhaben* gewisser schwerer Straftaten keine Anzeige erstattet.

Strafarrest
vom Wehrstrafgesetz angedrohte Freiheitsstrafe zwischen zwei Wochen und sechs Monaten, während deren Vollzug der Soldat in seiner Ausbildung gefördert werden soll, was bedeutet, daß der S. i. d. R. als militärischer Dienst zu vollstrecken ist. S. wird bei Straftaten von Soldaten anstelle von Geldstrafen und von Freiheitsstrafen unter sechs Monaten dann verhängt, wenn die Wahrung der Disziplin dies gebietet.

Strafaufschub
das Hinausschieben des Beginns der Vollstreckung einer Freiheitsstrafe durch die Vollstreckungsbehörde (i. d. R. Staatsanwaltschaft). Muß erfolgen, z.B. bei Krankheit, wenn von der Vollstreckung eine nahe Lebensgefahr für den Verurteilten zu befürchten ist; kann erfolgen, wenn der Verurteilte sich in einem körperlichen Zustand befindet, bei dem eine sofortige Vollstreckung mit der Einrichtung der Vollzugsanstalt unverträglich ist oder aus Gründen der Vollzugsorganisation. S. ist auch auf Antrag des Verurteilten möglich, sofern durch die sofortige Vollstreckung dem Verurteilten oder seiner Familie erhebliche, außerhalb des Strafzweckes liegende Nachteile erwachsen würden.

Strafausschließungsgrund
ein in der Person des Täters liegender, schon zur Tatzeit vorhandener Umstand, der zur persönlichen Straflosigkeit des Täters führt (z.B. → Immunität), obwohl Tatbestandsmäßigkeit, Rechtswidrigkeit und Schuld gegeben sind. Tritt der Umstand erst nach der Tat ein, so handelt es sich um einen Strafaufhebungsgrund (z.B. beim Rücktritt).

Strafaussetzung
die Aussetzung der Vollstreckung einer Freiheitsstrafe. *S. zur Bewährung* ist zulässig bei Verurteilung zu Freiheitsstrafe bis zu einem Jahr (ausnahmsweise bis zu zwei Jahren), wenn zu erwarten ist, daß der Verurteilte sich schon die Verurteilung zur Warnung dienen lassen und künftig auch ohne die Einwirkung des Strafvollzuges keine Straftaten mehr begehen wird. Die Bewährungszeit beträgt mindestens zwei und höchstens fünf Jahre. Das Gericht kann dem Verurteilten für diese Zeit Auflagen und Weisungen erteilen und ihn einem → Bewährungshelfer unterstellen. Insbes. nach Begehung einer neuen Straftat während der Bewährungszeit kann die S. widerrufen werden; andernfalls erläßt das Gericht die Strafe nach Ablauf der Bewährungszeit.
Unter bestimmten Voraussetzungen ist auch die *Aussetzung des Strafrestes* zulässig. Neben der gerichtlichen S. gibt es auch noch die *bedingte S. im Gnadenwege* (→ Begnadigung).

Strafbarkeit
die Kennzeichnung eines Verhaltens als mit Strafe bedroht.

Strafbefehl
Entscheidung des Strafrichters beim → Amtsgericht (→ Einzelrichter und → Schöffengericht), die im schriftlichen Verfahren nach Anhörung des Beschuldigten auf Antrag der Staatsanwaltschaft ohne Hauptverhandlung anstelle eines Urteils ergehen kann.
Bei → Einspruch innerhalb einer Woche kommt es zur Hauptverhandlung. Wird Einspruch nicht eingelegt, wirkt

S. wie rechtskräftiges Urteil, wenn nicht neue Tatsachen oder Beweismittel Anwendung eines strengeren Strafgesetzes begründen. Durch S. kann nur Geldstrafe (nicht Freiheitsstrafe) verhängt werden, außerdem Nebenstrafen und sonstige Rechtsfolgen wie Fahrverbot, Entziehung der Fahrerlaubnis bis zu zwei Jahren.

Strafe
die durch Strafgesetz angedrohte Rechtsfolge für eine rechtswidrige und schuldhafte Handlung, durch die ein konkret beschriebener, strafrechtlicher Tatbestand verletzt worden ist. Hauptstrafen sind Freiheitsstrafe, Jugendstrafe und Geldstrafe, bei Soldaten auch Strafarrest; Nebenstrafen u. a. Fahrverbot. Die Todesstrafe und die Unterteilung der Freiheitsstrafe in Zuchthaus-, Gefängnis- und Haftstrafe sind abgeschafft.

Strafgerichtsbarkeit
der Teil der → ordentlichen Gerichtsbarkeit, der für Strafprozesse zuständig ist. Am Amtsgericht entscheidet der Strafrichter als Einzelrichter und das Schöffengericht, am Landgericht die Strafkammer (kleine Strafkammer, Schwurgericht, große Strafkammer) und am Oberlandesgericht sowie am Bundesgerichtshof der Strafsenat.

Strafgesetz
Gesetz, das Strafen als Rechtsfolgen anordnet. Dazu gehören insbes. das Strafgesetzbuch sowie zahlreiche strafrechtliche Nebengesetze.

Strafgesetzbuch
Gesetz, das die allgemeinen Grundsätze des Strafrechts sowie die wichtigsten Straftatbestände enthält.

Strafkammer
→ Kammer. Vgl. auch Abbildung Instanzenweg in Strafsachen S. 276.

Strafmilderungsgrund
Grund, aus dem eine mildere Strafe als im Normalfall verhängt werden kann oder muß. Ist gegeben, wenn vom Gesetz generell für bestimmte Fälle vorgesehen (z.B. bei verminderter Schuldfähigkeit, Versuch; zwingend z.B. bei Beihilfe) und bei vielen Straftatbeständen, wenn die tatsächlichen Verhältnisse im Einzelfall die Tat im ganzen unter Berücksichtigung der Täterpersönlichkeit und im Vergleich zu erfahrungsgemäß vorkommenden Fällen an Strafwürdigkeit in einem milderen Licht und die regelmäßige Strafe als zu streng erscheinen lassen (minder schwerer Fall, früher als mildernde Umstände bezeichnet).

Strafmündigkeit
die strafrechtliche Verantwortlichkeit. Bis zur Vollendung des 14. Lebensjahres besteht absolute Strafunmündigkeit. Bis zur Vollendung des 18. Lebensjahres ist ein Jugendlicher nur dann strafrechtlich verantwortlich, wenn er zur Zeit der Tat nach seiner sittlichen und geistigen Entwicklung reif genug war, das Unrecht der Tat einzusehen und nach dieser Einsicht zu handeln *(bedingte S.),* jedoch nur nach → Jugendstrafrecht. Mit Vollendung des 18. Lebensjahres beginnt die *volle S.,* die jedoch bei einem → Heranwachsenden noch zur Anwendung von Jugendstrafrecht führen kann, wenn er zur Zeit der Tat nach seiner sittlichen und geistigen Entwicklung noch einem Jugendlichen gleichstand oder es sich bei der Tat um eine Jugendverfehlung handelt.

Strafprozeß
das gesamte Verfahren von Staatsanwaltschaft und Strafgerichten zur Ermittlung und Bestrafung von Straftätern. Gliedert sich in → Ermittlungs-, → Eröffnungs- und → Hauptverfahren sowie (bei Verurteilung) Vollstreckungsverfahren.

Strafprozeßordnung
Gesetz zur Regelung des Strafverfahrens. Gliedert sich in allgemeine Vorschriften sowie Bestimmungen über das Verfahren im ersten Rechtszug, Rechtsmittel, Wiederaufname des Verfahrens, Beteiligung des Verletzten am Verfahren, besondere Arten des Verfahrens, Strafvollstreckung und Kosten des Verfahrens.

Strafrahmen
der dem Richter bei der → Strafzumessung grds. eingeräumte Spielraum, der in den einzelnen Strafvorschriften durch die Festlegung einer Mindest- und/oder Höchststrafe begrenzt wird (z.B. bei Raub: Freiheitsstrafe nicht unter einem Jahr).

Strafrecht
die Gesamtheit derjenigen Rechtsvorschriften, die Inhalt und Umfang der staatlichen Befugnis umfassen, auf ein bestimmtes menschliches Verhalten mit Strafe oder → Maßregeln der Besserung und Sicherung zu reagieren. Man unterscheidet zwischen dem *materiellen S.* (dem S. im eigentlichen Sinn), das die Voraussetzungen der Strafbarkeit und deren Rechtsfolgen festlegt, und dem *formellen S.* (dem Strafprozeßrecht), das den Ablauf des Strafverfahrens regelt. Nicht zum (materiellen) S. gehört das Recht der Disziplinarmaßnahmen, Ordnungswidrigkeiten, Ordnungs- und Zwangsmittel. Vgl. → Strafgesetz und Abbildung Instanzenweg in Strafsachen S. 276.

Strafregister
→ Register, in dem strafgerichtliche Verurteilungen zu einer Strafe oder → Maßregel der Besserung und Sicherung, Entmündigungen, bestimmte Entscheidungen von Verwaltungsbehörden sowie Vermerke über Schuldunfähigkeit eingetragen werden (→ Bundeszentralregister). Jeder Person, die das 14. Lebensjahr vollendet hat, wird auf Antrag ein Zeugnis über den sie betreffenden Inhalt des S. erteilt (Führungszeugnis).

Strafsenat
→ Senat.

Straftat
auch strafbare Handlung; vom Gesetz mit Strafe als Rechtsfolge bedrohtes menschliches Verhalten (Tun oder → Unterlassen), das außer der Verwirklichung des gesetzlichen → Tatbestandes (i. e. S.) → Rechtswidrigkeit und → Schuld voraussetzt. Man unterscheidet → Verbrechen und → Vergehen.

Straftheorie
Theorie vom Zweck der Strafe. Während man in früheren Jahrhunderten die Strafe hauptsächlich als gerechten Schuldausgleich (Vergeltung) betrachtete, sah man sie später mehr als Mittel zur Vorbeugung gegen künftige Straftaten entweder in Form der → Generalprävention oder der → Spezialprävention an. Heute hat sich die Vereinigungstheorie in der Form durchgesetzt, daß der gerechte Schuldausgleich im Vordergrund stehen soll, in dem dadurch gesteckten Rahmen aber auch die übrigen Strafzwecke anzustreben sind.

Straftilgung
die Entfernung einer Eintragung über eine Verurteilung aus dem → Strafregister. Erfolgt bei den meisten Eintragungen (Ausn. z.B. lebenslange Freiheitsstrafe) nach bestimmten Fristen (5, 10 oder 15 Jahre), allerdings erst, wenn *alle* Eintragungen einer Person tilgungsreif sind. S. hat zur Folge, daß die Verurteilung dem Betroffenen nicht mehr vorgehalten und nicht zu seinem Nachteil verwertet werden darf (z.B. zur Bestrafung wegen Rückfalls); Ausnahmen gelten jedoch z.B. bei zwingenden staatlichen Sicherheitsinteressen, bei Einstellung in den öffentlichen Dienst, bei Erteilung eines Waffenscheins. Der Verurteilte darf sich nach der S. als unbestraft bezeichnen und braucht den seiner Verurteilung zugrunde liegenden Sachverhalt nicht zu offenbaren.

Strafvereitelung
Straftat, die begeht, wer absichtlich oder wissentlich verhindert, daß ein anderer der gesetzlichen Strafe oder der Vollstreckung des Strafurteils zugeführt wird. Höhere Strafdrohungen gelten für die an einem Strafverfahren beteiligten Amtsträger; straffrei bleibt hingegen die S. zugunsten eines Angehörigen.

Strafverfahren
→ Strafprozeß.

Strafverfolgung
der aus Ermittlungs-, Eröffnungs- und

Hauptverfahren bestehende Teil eines Strafprozesses bis zur Rechtskraft des Urteils. Wird grds. (Ausn. bei Privatklage) von der Staatsanwaltschaft (wozu teilweise ein → Strafantrag erforderlich ist) eingeleitet. S. wird durch Verjährung ausgeschlossen (Fristen je nach angedrohter Strafe i. d. R. zwischen 3 und 30 Jahren). Bei ungerechtfertigter S. kann ein Anspruch auf Entschädigung gegen den Staat entstehen (→ Haftentschädigung).

Strafvollstreckung
Teil des Strafverfahrens, zur Durchsetzung einer rechtskräftigen Entscheidung über eine Strafe; umfaßt z.B. die Beitreibung von Geldstrafen, die Ladung zum Strafantritt und die Durchführung des → Strafvollzuges. S. obliegt i. d. R. der Staatsanwaltschaft, die ihre Befugnisse weitgehend auf den ihrer Weisung unterstehenden Rechtspfleger überträgt; in Jugendsachen dem Jugendrichter.

Strafvollzug
der Teil des → Strafvollstreckungsverfahrens, der den Vollzug von Freiheitsstrafen und freiheitsentziehenden → Maßregeln der Besserung und Sicherung sowie des Jugendarrests betrifft. Der S. erfolgt nach dem Strafvollzugsgesetz in Justizvollzugsanstalten, nach dem Jugendgerichtsgesetz in Jugendstrafanstalten, der Vollzug des Jugendarrests in Jugendarrestanstalten oder Freizeitarrestanstalten. Durch den S. soll der Verurteilte nach einem Vollzugsplan auf ein Leben in sozialer Verantwortung vorbereitet werden (Ziel der → Resozialisierung).

Strafvorschrift
die einzelne Bestimmung eines Strafgesetzes.

Strafzumessung
die gerichtliche Festsetzung der Strafe im Einzelfall. Sie wird i. d. R. zunächst vom gesetzlichen → Strafrahmen bestimmt; innerhalb dessen bildet die Schuld des Täters die Grundlage der S. Zu berücksichtigen sind die Wirkungen, die von der Strafe für das künftige Leben des Täters in der Gesellschaft zu erwarten sind. Bei Abwägung der für und gegen den Täter sprechenden Umstände kommen insbes. in Betracht: die Beweggründe und die Ziele des Täters, die aus der Tat sprechende Gesinnung und der bei der Tat aufgewendete Wille, das Maß der Pflichtwidrigkeit, die Art der Tatausführung und die vom Täter verschuldeten Auswirkungen der Tat, das Vorleben des Täters, seine persönlichen und wirtschaftlichen Verhältnisse sowie sein Verhalten nach der Tat, besonders sein Bemühen, den Schaden wieder gutzumachen. Innerhalb des durch die Berücksichtigung der Schwere der Schuld und der Tatumstände weiter eingeengten Strafrahmens kann das Gericht schließlich auch noch die verschiedenen → Strafzwecke berücksichtigen.

Strafzweck
das Ziel der Bestrafung. Nach heute herrschender Meinung dient die Strafe verschiedenen Zwecken (sog. Vereinigungstheorie, → Straftheorie).

Straßen- und Wegerecht
die Gesamtheit derjenigen Rechtsvorschriften, die sich auf öffentliche Straßen, Wege und Plätze beziehen (z.B. Bestimmungen über die Einteilung der Straßen (wie z.B. Bundesfernstraßen, Gemeindestraßen), Straßenbaulast, Planfeststellung, Enteignung). Geregelt insbes. im Bundesfernstraßengesetz und in Straßen- und Wegegesetzen der Länder.

Straßenverkehrsgefährdung
Straftaten, die eine konkrete oder abstrakte Gefahr für den Straßenverkehr darstellen. Strafbar ist, wer die Sicherheit des Straßenverkehrs durch gefährliche Eingriffe, insbes. durch die Zerstörung, Beschädigung oder Beseitigung von Anlagen oder Fahrzeugen oder das Bereiten von Hindernissen beeinträchtigt *(gefährliche Eingriffe in den Straßenverkehr);* ferner, wer im Straßenverkehr ein Fahrzeug führt, obwohl er infolge des Genusses alkoholischer Getränke oder anderer berauschender Mittel oder infolge geistiger

oder körperlicher Mängel nicht in der Lage ist, das Fahrzeug sicher zu führen oder grob verkehrswidrig und rücksichtslos gegen bestimmte Verkehrsregeln verstößt (z.B. Nichtbeachtung der Vorfahrt, Wenden auf der Autobahn; *Gefährdung des Straßenverkehrs).* In beiden Fällen muß durch die Tat Leib oder Leben eines anderen oder fremde Sachen von bedeutendem Wert gefährdet worden sein. Auch ohne eine solche Gefährdung kann Bestrafung wegen → Trunkenheit im Verkehr erfolgen.

Straßenverkehrshaftung

bei einem Verkehrsunfall insbes. die (unabhängig von der allgemeinen Haftung aus → unerlaubter Handlung oder Vertrag bestehende) → Gefährdungshaftung des Kraftfahrzeughalters (→ Kraftfahrzeug) nach dem Straßenverkehrsgesetz. Danach ist dieser auch ohne Verschulden zum Schadensersatz verpflichtet, wenn beim Betrieb seines Kraftfahrzeugs ein Mensch getötet oder verletzt oder eine Sache beschädigt wird, es sei denn, der Unfall ist durch ein → unabwendbares Ereignis verursacht worden, das nicht auf einem Versagen des Fahrzeugs oder seiner Anlagen beruht. S. *umfaßt* bei Tötung die Beerdigungskosten sowie für etwaige Unterhaltsberechtigte des Getöteten eine Unterhaltsrente, bei Körperverletzung die Heilungskosten sowie bei Wegfall oder Minderung der Erwerbsfähigkeit eine entsprechende Rente, bei Sachschäden an einem anderen Kraftfahrzeug Reparaturkosten und Wertminderung (sog. merkantiler Minderwert), bei Totalschaden den Wiederbeschaffungswert für ein gleichwertiges Fahrzeug, ferner Auslagen für ein gemietetes Ersatzfahrzeug, andernfalls ein Nutzungsentgelt in Höhe von ca. 30 % der üblichen Mietwagenkosten sowie den entgangenen Gewinn. Die Haftung umfaßt jedoch (falls nicht gleichzeitig eine → unerlaubte Handlung vorliegt) nicht *Schmerzensgeld. Sie ist der Höhe* nach *begrenzt*, bis zu 500 000 DM bei Tötung und Körperverletzung bzw. 30 000 DM jährliche Rente und bis zu 100 000 DM bei Sachbeschädigung.

Straßenverkehrsrecht

Sammelbegriff für in verschiedenen Gesetzen (insbes. Straßenverkehrsgesetz, Straßenverkehrsordnung und Straßenverkehrszulassungsordnung) enthaltene straf-, zivil- und verwaltungsrechtliche Bestimmungen, die den Verkehr auf öffentlichen Straßen regeln.

Streik

(engl.: strike); gemeinsam und planmäßig durchgeführte, vorübergehende Arbeitsniederlegung einer größeren Zahl von Arbeitnehmern zur Erlangung günstigerer Arbeitsbedingungen. Arbeitsverhältnisse werden nicht aufgelöst, sondern ruhen; die Arbeitnehmer haben keinen Lohnanspruch, nur die Mitglieder der Gewerkschaft erhalten von dieser eine Unterstützung.
Das *S.-Recht* wird indirekt vom Grundgesetz (→ Koalitionsfreiheit) und direkt von einigen Länderverfassungen gewährleistet. Ein S. ist rechtmäßig, wenn er ohne Verstoß gegen die → Friedenspflicht aufgrund einer → Urabstimmung von der Gewerkschaft beschlossen wird und das Ziel hat, die Arbeitsbedingungen zu ändern (Verbot des politischen S.). Kein S.-Recht haben die Beamten.
Dem S. steht das Arbeitskampfmittel der Arbeitgeber, die → Aussperrung, gegenüber.

Streitigkeit

im Verfahrensrecht der Rechtsstreit (→ öffentlich-rechtliche S., Verfassungs-S., bürgerlich-rechtliche S.).

Streitkräfte

die Gesamtheit der bewaffneten Verbände eines Staates. In der Bundesrepublik Deutschland stellt der Bund S. zur Verteidigung auf, deren zahlenmäßige Stärke und die Grundzüge ihrer Organisation sich aus dem Haushaltsplan ergeben müssen. Außer zur Verteidigung dürfen die S. nur eingesetzt werden, soweit es das GG ausdrücklich zuläßt (Verteidigungsfall, Spannungsfall und innerer Notstand). Die Rechtsstellung der in der Bundesrepublik stationierten Truppen der NATO-Staaten wird durch das NATO-Truppenstatut einschl. Zusatzvereinbarungen besonders geregelt.

Streitverkündung
im Zivilprozeß die förmliche Benachrichtigung eines Dritten von einem anhängigen Rechtsstreit durch eine Partei, wenn diese für den Fall ihres Unterliegens einen Regreßanspruch zu haben glaubt oder einen solchen von dem Dritten befürchtet. Der Dritte kann dem Rechtsstreit beitreten und hat dann die Stellung eines Streitgehilfen. In jedem Fall wird er später im Verhältnis zu der Hauptpartei nicht mehr damit gehört, daß der Rechtsstreit unrichtig entschieden sei.

Streitwert
der in einem Geldbetrag ausgedrückte Wert des Gegenstandes eines Rechtsstreits. Er wird vom Gericht grds. nach freiem Ermessen festgesetzt, falls nicht spezielle Vorschriften eingreifen (z.B. richtet sich der S. bei Geldansprüchen nach der Höhe des Anspruchs). S. hat Bedeutung für die sachliche Zuständigkeit der Amts- und Landgerichte in vermögensrechtlichen Streitigkeiten,für die Gerichts- und Anwaltsgebühren (bei letzteren spricht man von Gegenstandswert) und die Zulässigkeit eines Rechtsmittels.

Stromentwendung
Straftat, die begeht, wer einer elektrischen Anlage oder Einrichtung fremde elektrische Energie mittels eines Leiters entzieht, der nicht zur ordnungsgemäßen Energieentnahme bestimmt ist, in der Absicht, sich die elektrische Energie rechtswidrig zuzueignen.

Studium
(lat.: eifriges Streben; intensive Beschäftigung, wissenschaftliche Betätigung); die durch wissenschaftliche Vermittlung von Kenntnissen und Fähigkeiten erfolgende Ausbildung von Studenten an Hochschulen, die i. d. R. zu einem berufsqualifizierenden Abschluß führt oder die fachliche Eignung für einen beruflichen Vorbereitungsdienst (z.B. Referendariat für Juristen und Lehrer) vermittelt. Voraussetzung für die Zulassung zu einem S. ist der Nachweis der erforderlichen Qualifikation, die grds. durch den erfolgreichen Abschluß einer auf das S. vorbereitenden Schulbildung erbracht wird (vgl. auch → numerus clausus). *Fern-S.* ist eine Art des S., bei dem die räumliche Distanz zwischen Lehrenden und Lernenden durch geeignete Medien (z.B. schriftliche Unterlagen, Tonband, Rundfunk) überbrückt wird.

Stundung
das Hinausschieben der Fälligkeit einer Forderung. Bedarf bei Privatpersonen der vertraglichen Vereinbarung; kann aber auch durch Hoheitsakt erfolgen (z.B. bei Steuern und Geldstrafen, deren Einziehung zu einer unzumutbaren Härte führen würde). Die S. hemmt den Lauf der Verjährung.

subjektives Recht
(lat.: subiectivus = zum Subjekt gehörig); die von der Rechtsordnung (dem sog. objektiven Recht) einem → Rechtssubjekt eingeräumte Rechtsstellung gegenüber anderen Rechtssubjekten oder -objekten, das einzelne Recht (z.B. Anspruch gegen eine Person, Eigentum an einer Sache).
Soweit es sich gegen einen Träger hoheitlicher Gewalt als solchen richtet, bezeichnet man es als *subjektives öffentliches R.* Es erfordert eine Rechtsnorm, die nicht nur den einzelnen objektiv als Teil der Allgemeinheit schützt, sondern gerade den Schutz des einzelnen mit bezweckt.

Subvention
(lat.: subvenire = zu Hilfe kommen); Leistung des Staates an private Unternehmen, die zur Erreichung eines bestimmten, im öffentlichen Interesse liegenden Zweckes ohne marktmäßige Gegenleistung gewährt wird. Instrument der staatlichen Wirtschaftslenkung.

Sühneverfahren
Verfahren zur gütlichen Beilegung eines Rechtsstreits. Im Strafprozeßrecht

muß in bestimmten Fällen der → Privatklage ein Sühneversuch als besondere Prozeßvoraussetzung vorausgehen (→ Schiedsmann). Im Zivilprozeßrecht soll das Gericht in jeder Lage des Verfahrens auf eine gütliche Beilegung des Rechtsstreits oder einzelner Streitpunkte bedacht sein. Das erfolgreich abgeschlossene S. endet mit einem → Prozeßvergleich; andernfalls schließt sich die streitige mündliche Verhandlung an.

Sukzessivlieferungsvertrag
(lat.: successivus = nachfolgend); einheitlicher Kaufvertrag, durch den sich der Verkäufer zur Lieferung einer festgelegten oder nach bedarf des Käufers für eine gewisse Zeit zu bestimmenden Warenmenge in Raten und der Käufer i. d. R. zu entsprechender Ratenzahlung verpflichtet. Die Nichterfüllung oder mangelhafte Erfüllung einzelner Raten kann zu einem Schadensersatzanspruch oder einem Rücktrittsrecht des Gläubigers sowohl hinsichtlich dieser Leistung als auch hinsichtlich des ganzen Vertrages führen, soweit er noch nicht erfüllt ist und die Fortführung des gesamten S. derartig gefährdet erscheint, daß dem Vertragspartner die Fortführung nicht mehr zumutbar ist.

supranational
(lat.: supra = über, oberhalb; natio = Volk); überstaatlich.

Suspendierung
(lat.: suspendere = aufhängen; in der Schwebe lassen; aufheben, beseitigen); (vorläufige) Dienstenthebung sowie allgemein die zeitweilige Aufhebung oder Aussetzung.

Suspensiveffekt
(lat.: suspendere = zeitweilig aufheben); das Hinausschieben der formellen → Rechtskraft einer Entscheidung. Diese Wirkung kommt den → Rechtsmitteln und bei Verwaltungsakten auch → Widerspruch und → Anfechtungsklage zu, soweit sie rechtzeitig eingelegt und statthaft sind (ohne Rücksicht auf ihre sonstige Zulässigkeit oder Begründetheit). Die aufschiebende Wirkung entfällt jedoch bei der Anforderung von öffentlichen Abgaben oder Kosten, bei unaufschiebbaren Anordnungen und Maßnahmen von Polizeivollzugsbeamten und in anderen durch Bundesgesetz vorgeschriebenen Fällen; ferner, wenn die Behörde, die den Verwaltungakt erlassen oder über den Widerspruchsbescheid zu entscheiden hat, im öffentlichen Interesse oder im überwiegenden Interesse eines Beteiligten die sofortige Vollziehung besonders anordnet. Nach Widerspruchseinlegung kann die Widerspruchsbehörde die sofortige Vollziehung aussetzen. Das Gericht kann – auch schon vor Erhebung der Anfechtungsklage – auf Antrag die aufschiebende Wirkung ganz oder teilweise anordnen oder wiederherstellen.

Syndikus
(griech.: syn = zusammen mit, gemeinsam, gleichzeitig); Geschäftsführer; Rechtsberater bei Verbänden, Genossenschaften, Kammern und großen Wirtschaftsunternehmen. *S.-Anwalt* ist ein Rechtsanwalt, der auf Grund eines Dienstvertrages als ständiger Rechtsberater für ein Unternehmen tätig ist. Darf seinen Dienstherrn aber nicht vor Gericht vertreten, weil seine Stellung insoweit nicht die für den Rechtsanwalt erforderliche Unabhängigkeit besitzt. Die Zulassung zur Anwaltschaft setzt voraus, daß die Tätigkeit als S. mit dem Beruf eines Rechtsanwaltes und dem Ansehen der Rechtsanwaltschaft vereinbar ist, insbes. die zeitliche Möglichkeit zur Berufsausübung besteht.

T

Tagessatz
→ Geldstrafe.

Tantieme
(frz.: der sovielte Teil; Gewinnanteil).
I. Prozentuale *Beteiligung* am Gewinn oder Umsatz; üblich als zusätzliche Vergütung für Vorstands- und Aufsichtsratsmitglieder einer Aktiengesellschaft.
II. (Meist im Plural) *Vergütungen* an Autoren, Sänger u.a. für das Recht zur Aufführung bzw. Wiedergabe ihrer literarischen oder musikalischen Werke.

Tarif
der meist in einer Tabelle angegebene Preis, der für eine bestimmte Leistung zu zahlen ist; z.B. Eisenbahn-T., Luftfracht-T., Zoll-T. Im *Arbeitsrecht* die ausgerechneten Ecklöhne. Im *Steuerrecht* die ausgerechneten Steuertabellen für Einkommensteuer oder Lohnsteuer, für Gewerbesteuer und Erbschaftsteuer.

Tarifausschließungsklausel
die Bestimmung eines Tarifvertrages, die es dem Arbeitgeber verbietet, bestimmte tarifliche Vergünstigungen auch nicht organisierten Arbeitnehmern zu gewähren.

Tarifautonomie
aus *Art. 9 GG* abgeleitetes Recht der → Tarifpartner zur selbständigen Regelung der Arbeits- und Wirtschaftsbedingungen durch Tarifvertrag.

Tariffähigkeit
die Fähigkeit, einen Tarifvertrag abzuschließen. Steht nur Gewerkschaften und Arbeitgeberverbänden (einschl. ihrer Spitzenorganisationen) sowie einzelnen Arbeitgebern zu (→ Tarifpartner).

Tarifpartner
die Parteien eines Tarifvertrages. Sie müssen → Tariffähigkeit besitzen.

Tarifvertrag
schriftlicher Vertrag zwischen tariffähigen Parteien (→ Tariffähigkeit), der zum einen die Rechte und Pflichten der T.-Parteien regelt *(schuldrechtlicher Teil,* z.B. → Friedenspflicht) und zum anderen Rechtsnormen für die tarifgebundenen Arbeitgeber und Arbeitnehmer über Abschluß, Inhalt (z.B. Lohn, Arbeitszeit, Urlaub) und Beendigung von Arbeitsverhältnissen sowie die Ordnung von betrieblichen und betriebsverfassungsrechtlichen Fragen enthält *(normativer Teil)*. Tarifgebunden sind alle Arbeitnehmer, die der T. schließenden Gewerkschaft angehören, und die Arbeitgeber, die Mitglieder des T. schließenden Arbeitgeberverbandes oder selbst T.-Partei sind. Vom T. abweichende Einzelvereinbarungen zwischen Arbeitgeber und Arbeitnehmer sind nur zulässig, wenn sie für den Arbeitnehmer günstiger oder durch T. gestattet sind. Der Bundesminister für Arbeit und Sozialordnung kann einen T. unter bestimmten Voraussetzungen für *allgemeinverbindlich erklären*. Im Gegensatz zu dem → *Mantel-T.* haben die *Lohn-und Gehalts-T.* meist eine kürzere Laufzeit und regeln das Arbeitsentgelt unter Berücksichtigung von Ausbildung, Alter, Schwierigkeitsgrad der ausgeübten Beschäftigung und Betriebszugehörigkeit. T. enden durch Kündigung oder Fristablauf. Streitigkeiten aus T. werden durch die Arbeitsgerichte entschieden.

Taschengeldparagraph
Bezeichnung für eine Vorschrift des *BGB (§ 110)*, wonach ein von einem Minderjährigen ohne Zustimmung des gesetzlichen Vertreters geschlossener Vertrag als von Anfang an wirksam gilt, wenn der Minderjährige die vertragsmäßige Leistung mit Mitteln bewirkt, die ihm zu diesem Zweck oder zu freier Verfügung (Taschengeld) von dem gesetzlichen Vertreter oder mit dessen Zustimmung von einem Dritten überlassen worden sind. → Geschäftsfähigkeit.

Tat
allgemein ein Handeln, das in einem Tun oder Unterlassen bestehen kann. Kann insbes. Schadensersatzpflichten und Strafen zur Folge haben. Im Strafrecht ist eine *rechtswidrige T.* ein Verhalten, das den Tatbestand eines Strafgesetzes verwirklicht.

Tatbestand
I. Der Teil einer Rechtsnorm, der die *Voraussetzungen* enthält, bei deren Vorliegen eine bestimmte Rechtsfolge eintritt (z.B. bei ungerechtfertigter Bereicherung: „Wer durch die Leistung eines anderen oder in sonstiger Weise auf dessen Kosten etwas ohne rechtlichen Grund erlangt" = T., „ist ihm zur Herausgabe verpflichtet" = Rechtsfolge). Im *Strafrecht* versteht man unter T. i. w. S. alle Voraussetzungen, die gegeben sein müssen, damit eine Bestrafung möglich ist, i. e. S. nur die Voraussetzungen, die eine Straftat im Gegensatz zu anderen Straftaten besonders kennzeichnen; auf letztere muß sich der Vorsatz des Täters beziehen.
II. Der *T. eines Urteils* ist die knapp zusammengefaßte Darstellung des Sach- und Streitstandes (mit der Möglichkeit wegen Einzelheiten auf andere Unterlagen zu verweisen). Besteht im Zivilprozeß aus dem unstreitigen Teil (den übereinstimmenden (Tatsachen-)Behauptungen beider Parteien und den Behauptungen einer Partei, die die andere Partei nicht ausdrücklich bestritten hat, es sei denn die Absicht, sie bestreiten zu wollen, sei aus den übrigen Erklärungen der Partei hervorgegangen), den (vom Beklagten) bestrittenen Behauptungen des Klägers, den Anträgen der Parteien, die wörtlich wiedergegeben und durch Einrücken optisch besonders herausgestellt werden, dem Verteidigungsvorbringen des Beklagten und der Prozeßgeschichte, soweit sie nach der letzten mündlichen Verhandlung noch von Bedeutung ist.
T. ist i. d. R. notwendiger Bestandteil eines Zivilurteils. Ihm entspricht beim → Beschluß der Sachverhalt. Strafurteile enthalten keinen *selbständigen T.*, aber tatsächliche Feststellungen.
T. hat die Beweiskraft einer öffentlichen Urkunde. Nur bei offensichtlichen Unrichtigkeiten (z.B. Schreib- oder Rechenfehler) kann er auf Antrag oder von Amts wegen berichtigt werden; ferner (nicht jedoch im Strafrecht) nur auf Antrag wegen anderer Unrichtigkeiten wie Auslassungen, Unklarheiten und Widersprüchen.

Tatbestandsmerkmal
das einzelne Element des → Tatbestandes einer Rechtsnorm. *Objektive T.* bestimmen das äußere Erscheinungsbild einer Tat (z.B. beim Mord der Tod eines Menschen), *subjektive T.* umfassen die zugrundeliegenden seelischen Vorgänge im Täter (z.B. Tötungsvorsatz und die gesetzlich vorgesehenen Beweggründe).

Tateinheit
auch Idealkonkurrenz; ein Fall der → Konkurrenz von Straftaten, bei dem dieselbe Handlung mehrere Strafbestimmungen (*ungleichartige T.*, z.B. Attentat verletzt einen Menschen und beschädigt eine Sache) oder dieselbe Strafbestimmung mehrmals (*gleichartige T.*, z.B. Attentat tötet mehrere Menschen) verletzt. Es wird nur *eine* Strafe verhängt, die bei ungleichartiger T. der Bestimmung zu entnehmen ist, die die schwerste Strafe androht.

Täter
Person, die eine Straftat selbst (unmittelbarer T.) oder durch einen anderen (mittelbarer T.) begeht. Der *mittelbare*

T. bedient sich zur Verwirklichung einer Straftat einer Person, die selbst nicht strafbar ist, weil sie entweder nicht rechtswidrig handelt oder weil sie (wegen Zurechnungsunfähigkeit, mangelnder Strafmündigkeit oder weil ihr der Sachverhalt nicht bekannt ist) keine Schuld trifft. Auch Mit-T. und Neben-T. (wenn mehrere T., ohne es zu wissen, zusammenwirken) sind T. Gegensatz zum T.: Teilnehmer (→ Teilnahme).

tätige Reue

im Strafrecht der → Rücktritt vom beendigten → Versuch einer Straftat. Setzt die freiwillige Verhinderung der Tatvollendung durch den Täter voraus (z.B. Täter entfernt den in Tötungsabsicht vergifteten Kaffee wieder, bevor ihn das Opfer getrunken hat) oder wenigstens – falls die Tat ohne sein Zutun nicht vollendet wird – das freiwillige und ernsthafte Bemühen, die Vollendung der Tat zu verhindern; führt zu Straffreiheit.
Ausnahmsweise gibt es auch noch nach Eintritt des Taterfolges die Möglichkeit zu t.R. (z.B. nach Brandstiftung durch Löschen des Brandes vor dessen Ausbreitung), die z.T. strafbefreiend wirkt, z.T. aber auch nur die Möglichkeit der Strafmilderung oder einer Einstellung des Verfahrens vorsieht.

Tatmehrheit

auch Realkonkurrenz; ein Fall der → Konkurrenz von Straftaten, der vorliegt, wenn mehrere selbständige Straftaten eines Täters gleichzeitig abgeurteilt werden. Es wird eine Gesamtstrafe verhängt, die höher als die höchste Einzelstrafe, aber niedriger als die Summe der Einzelstrafen sein muß und bei Freiheitsstrafe 15 Jahre, bei Geldstrafe 720 Tagessätze nicht übersteigen darf (Ausn.: Fällt mehrmals eine *lebenslange* Freiheitsstrafe an, werden die Einzelstrafen addiert, z.B. bei zweifachem Mord zweimal lebenslang. Bei Zusammentreffen von Freiheits- und Geldstrafen kann Geldstrafe gesondert verhängt werden).

Tatverdacht

Vermutung, daß eine bestimmte Person eine strafbare Handlung begangen hat. *Dringender T.* ist eine Voraussetzung für die Anordnung von Untersuchungshaft. Besteht, wenn nach dem gegenwärtigen Stand der Ermittlungen die Wahrscheinlichkeit groß ist, daß der Verfolgte schuldiger Täter oder Teilnehmer ist. *Hinreichender T.* ist Voraussetzung zur Eröffnung des Hauptverfahrens. Setzt bei vorläufiger Tatbewertung die Wahrscheinlichkeit späterer Verurteilung voraus.

Tausch

Vertrag, der nicht auf Leistung eines Gegenstandes gegen Geld, sondern gegen einen anderen Gegenstand gerichtet ist; Austauschgegenstände können Sachen, Rechte und Forderungen sein. Die Vorschriften über den Kauf finden entsprechende Anwendung.

Täuschung

das Hervorrufen oder Aufrechterhalten eines Irrtums durch Vorspiegelung falscher oder Verschweigen wahrer Tatsachen. Die T. ist im Strafrecht ein → Tatbestandsmerkmal des → Betrugs.
Die *arglistige T.* ist T. mit dem Vorsatz, auf die Abgabe einer Willenserklärung einzuwirken oder zumindest mit dem Bewußtsein, daß dies die Folge sein könnte. Wer durch arglistige T. zur Abgabe einer Willenserklärung bestimmt worden ist, kann seine Erklärung anfechten (→ Anfechtung).

Teilnahme

Beteiligung an einer fremden Straftat durch → Anstiftung oder → Beihilfe; steht im Gegensatz zur Täterschaft (→ Täter). Setzt eine rechtswidrige Haupttat voraus. Die Strafe des Teilnehmers richtet sich nach der Strafandrohung für den Täter, doch werden besondere persönliche Merkmale, die die Strafe schärfen, mildern oder ausschließen, nur dem zugerechnet, bei dem sie vorliegen; bei Merkmalen, die die Strafbarkeit begründen, ist die Strafe für den Teilnehmer, der sie nicht erfüllt, zu mildern (z.B. Anstiftung eines Nichtbeamten zu einem echten → Amtsdelikt). Jeder Teilnehmer wird ohne Rücksicht auf die Schuld anderer nach seiner Schuld bestraft.

Teilzahlung
→ Abzahlungskauf.

Tendenzbetrieb
(lat.: tendere = spannen, strecken; abzielen; sich hinneigen); Unternehmen oder Betrieb, der unmittelbar und überwiegend politischen, koalitionspolitischen, konfessionellen, karitativen, erzieherischen, wissenschaftlichen oder künstlerischen Bestimmungen oder Zwecken der Berichterstattung oder Meinungsäußerung dient. Auf T. findet das Betriebsverfassungsgesetz nur insoweit Anwendung, als die Eigenart des Unternehmens oder Betriebes dem nicht entgegensteht.

Tenor
(lat.: Inhalt, Wortlaut); auch als Urteils-T., Urteilsformel, Urteilssatz oder Urteilsspruch bezeichnet. Teil des → Urteils, in dem kurz zusammengefaßt die Entscheidung ausgesprochen wird (z.B. im Zivilprozeß „Der Beklagte wird verurteilt... Die Kosten trägt der Beklagte. Das Urteil ist... vorläufig vollstreckbar"). T. muß die in der letzten mündlichen Verhandlung gestellten Anträge erschöpfend erledigen. Er muß aus sich heraus verständlich und der Zwangsvollstreckung zugänglich sein.

Termin
bestimmter Zeitpunkt, zu dem eine rechtliche Wirkung eintreten oder etwas geschehen soll. Im Verfahrensrecht: ein im Voraus bestimmter Zeitpunkt für ein gemeinsames Handeln von Gericht und Parteien; gleichbedeutend mit Sitzung.

terroristische Vereinigung
Vereinigung, deren Zweck oder Tätigkeit die Begehung von Mord, Totschlag, Völkermord, erpresserischem Menschenraub, Geiselnahme oder bestimmten gemeingefährlichen Straftaten ist. Gründung, Beteiligung, Unterstützung und Werbung für eine t.V. sind strafbar, wobei Rädelsführer und Hintermänner mit höherer Strafe bedroht werden, während die Strafe bei Mitläufern gemildert werden kann. Die Strafe mildern oder ganz von Bestrafung absehen kann das Gericht auch dann, wenn ein Täter sich freiwillig und ernsthaft bemüht, das Fortbestehen der t.V. oder die Begehung einer ihren Zielen entsprechenden Straftat zu verhindern oder freiwillig sein Wissen so rechtzeitig einer Dienststelle offenbart, daß Straftaten, deren Planung er kennt, noch verhindert werden können.

Testament
(lat.: testari = bezeugen); auch letztwillige Verfügung; einseitige, jederzeit widerrufliche Erklärung des Erblassers, mit der er für den Fall seines Todes Anordnungen trifft, mit denen er die gesetzliche → Erbfolge (durch die gewillkürte Erbfolge) ersetzt. Ist eine → Verfügung von Todes wegen (insbes. Erbeinsetzung, aber auch Enterbung, Vermächtnis, Auflage). Setzt → Testierfähigkeit voraus.
Das T. kann nur vom Erblasser persönlich errichtet werden. Es kann ordentliches oder außerordentliches T. (unter besonderen Voraussetzungen und zeitlich nur beschränkt gültiges T. (Not-T.)) sein. Das *ordentliche T.* kann *eigenhändiges* (vom Erblasser eigenhändig ge- und unterschriebenes) *T.* oder *öffentliches T.* (zur Niederschrift eines Notars nach mündlicher Erklärung oder Übergabe einer offenen oder verschlossenen Schrift) sein. Bei Minderjährigen → Testierfähigkeit.
Ein *gemeinschaftliches T.* kann nur von Ehegatten errichtet werden. Es ist *gegenseitiges T.*, wenn sich die Ehegatten gegenseitig zu Erben einsetzen. Haben sie zusätzlich bestimmt, daß nach dem Tode des Überlebenden der beiderseitige Nachlaß an einen Dritten fallen soll, so ist im Zweifel anzunehmen, daß der Dritte für den gesamten Nachlaß als Erbe des zuletzt versterbenden Ehegatten eingesetzt ist (sog. *Berliner Testament).* Ein *wechselbezügliches T.* ist ein gemeinschaftliches T., bei dem

die Verfügung des einen Ehegatten von der des anderen untrennbar abhängig ist, so daß der Widerruf einer Verfügung auch die Unwirksamkeit der anderen zur Folge hat.

Testamentsvollstrecker
durch → Testament oder einseitige Verfügung in einem → Erbvertrag vom Erblasser berufene Person zur Ausführung seines letzten Willens. Das Amt des T. beginnt nach Eintritt des Erbfalles mit der Annahme gegenüber dem Nachlaßgericht, wozu der vom Erblasser Bestimmte aber nicht verpflichtet ist und endet mit dem Tod des T., dem Wegfall seiner Geschäftsfähigkeit, mit seiner jederzeit möglichen Kündigung, seiner Entlassung durch das Nachlaßgericht auf Antrag eines Beteiligten aus wichtigem Grund und mit der Erledigung seiner Aufgabe. T. hat die letztwilligen Verfügungen des Erblassers auszuführen, (bei mehreren Erben) die Auseinandersetzung der Erbengemeinschaft zu bewirken und insbes. den Nachlaß zu verwalten, wodurch der Erbe seine Verfügungsbefugnis verliert.

Testierfähigkeit
die Fähigkeit, ein wirksames → Testament zu errichten, zu ändern oder aufzuheben. Besitzt grds. jede Person, die das 16. Lebensjahr vollendet hat, nicht entmündigt ist und nicht wegen krankhafter Störung der Geistestätigkeit, wegen Geistesschwäche oder wegen Bewußtseinsstörung nicht in der Lage ist, die Bedeutung einer von ihr abgegebenen Willenserklärung einzusehen und nach dieser Einsicht zu handeln. Minderjährige (über 16 Jahre) bedürfen zur Testamtentserrichtung nicht der Zustimmung ihres gesetzlichen Vertreters, können aber kein eigenhändiges Testament errichten, sondern nur ein öffentliches durch mündliche Erklärung oder Übergabe einer offenen Schrift an einen Notar.

Testierfreiheit
die Freiheit des Erblassers, den Inhalt seiner → Verfügung von Todes wegen (Testament oder Erbvertrag) grds. selbst zu bestimmen. Wird eingeschränkt durch das Pflichtteilsrecht, wechselbezügliche Verfügungen in einem gemeinschaftlichen Testament, den Erbvertrag sowie das allgemeine Verbot der Sittenwidrigkeit.

Tier
Lebewesen, das weder Mensch noch Pflanze ist (mit Ausnahme niedrigster Lebewesen, wie z.B. Bakterien). Wird rechtlich als Sache behandelt.

Tierhalter
Person, die im eigenen Interesse ein Tier in ihrem Hausstand oder Wirtschaftsbetrieb nicht nur vorübergehend verwendet. T. haftet bei einem durch das Tier verursachten Schaden, auch wenn ihn kein Verschulden trifft (→ Gefährdungshaftung); nicht jedoch, wenn der Schaden durch ein Haustier verursacht wird, das dem Beruf, der Erwerbstätigkeit oder dem Unterhalt des T. zu dienen bestimmt ist, und entweder der T. bei der Beaufsichtigung des Tieres die im Verkehr erforderliche Sorgfalt beachtet hat oder der Schaden auch bei Anwendung dieser Sorgfalt entstanden sein würde.

Tierschutz
der Schutz des Lebens und Wohlbefindens von Tieren. Oberster Grundsatz des T.-Gesetzes ist es, daß niemand einem Tier ohne vernünftigen Grund Schmerzen, Leiden oder Schäden zufügen darf. Die Haltung von Tieren hat durch artgemäße Nahrung und Pflege sowie verhaltensgerechte Unterbringung zu erfolgen; das Aussetzen von Tieren ist verboten. Die Tötung von Wirbeltieren darf nicht ohne vernünftigen Grund, nur unter Betäubung oder unter Vermeidung unnötiger Schmerzen und nur durch Personen erfolgen, die die dazu notwendigen Kenntnisse und Fähigkeiten haben. Auch mit Schmerzen verbundene Eingriffe dürfen an Wirbeltieren grds. nicht ohne Betäubung vorgenommen werden. Tierversuche sind anzeige- bzw. bei Wirbeltieren genehmigungspflichtig. Sie sind nur zulässig, wenn die angestrebten Versuchsergebnisse nicht durch andere zumutbare Methoden

oder Verfahren zu erreichen sind und zur Vorbeugung, Erkennung oder Heilung von Krankheiten bei Mensch oder Tier erforderlich sind oder sonst wissenschaftlichen Zwecken dienen. Sie sind auf das unerläßliche Maß zu beschränken und dürfen grds. nur unter Betäubung vorgenommen werden.

Tilgung
i. w. S. die Beseitigung einer Schuld (die vor allem durch Erfüllung eintritt); i. e. S. die Rückzahlung langfristiger Schulden in Teilbeträgen. Zur T. von Strafen im Bundeszentralregister → Straftilgung.

Tod
das Erlöschen der Lebensäußerungen, das endgültig mit dem Absterben der Hirnzellen (Hirntod) eintritt. Der T. ist dem Standesamt spätestens am folgenden Werktag zur Eintragung ins Sterberegister anzuzeigen. Mit dem T. endet die Rechtsfähigkeit des Menschen; das Vermögen geht als Ganzes auf die Erben über. Im Zivilprozeß führt der T. einer Partei i. d. R. zur Unterbrechung des Prozesses, bis der Rechtsnachfolger das Verfahren wieder aufnimmt; im Strafprozeß beendet der T. eines Beschuldigten das Strafverfahren, ohne daß es einer förmlichen Einstellung bedarf.

Todesstrafe
in der Bundesrepublik Deutschland durch das Grundgesetz abgeschafft.

Totschlag
die Tötung eines Menschen, die kein → Mord ist. Sie kann in besonders schweren Fällen bis zu lebenslanger Freiheitsstrafe führen; in minder schweren Fällen, insbes. wenn der Täter ohne eigene Schuld durch eine ihm oder einem Angehörigen zugefügte Mißhandlung oder schwere Beleidigung von dem Getöteten zum Zorne gereizt und hierdurch auf der Stelle zur Tat hingerissen worden ist, kann milder bestraft werden.

Tötung
die Verursachung des Todes eines Menschen. Sie kann fahrlässig (fahrlässige T.) oder vorsätzlich (Mord, Totschlag, T. auf Verlangen, Kindes-T.) geschehen.

Tötung auf Verlangen
→ Selbstmord.

Transplantation
→ Organverpflanzung.

Transsexualität
(lat.: trans = hinüber, sexus: Geschlecht); psychisch bedingtes, beherrschendes Gefühl der Zugehörigkeit zum anderen Geschlecht. Berechtigt den Betroffenen nach dreijähriger Dauer, wenn keine Änderung des Empfindens zu erwarten ist, zu dem Antrag, durch Entscheidung des Amtsgerichts seinen Vornamen zu ändern (Voraussetzung: zwei Sachverständigengutachten); ferner unter den zusätzlichen Voraussetzungen, daß er unverheiratet und dauernd fortpflanzungsunfähig ist und sich einer operativen Geschlechtsumwandlung unterzogen hat, zur Beantragung gerichtlicher Feststellung seiner neuen Geschlechtszugehörigkeit.

Trauung
die (kirchliche und standesamtliche) Form der → Eheschließung.

Trennung von Staat und Kirche
verfassungsrechtlicher Grundsatz, wonach es in der Bundesrepublik Deutschland weder eine Staatsreligion noch eine Staatskirche gibt, sondern Staat und Kirche voneinander unabhängig sind und der Staat allgemeine Glaubens-, Gewissens- und Bekenntnisfreiheit sowie die Freiheit zur Vereinigung zu Religionsgesellschaften und deren Recht auf Selbstverwaltung im Rahmen der allgemeinen Gesetze gewährleistet. Bereiche, in denen sich die Aufgaben von Staat und Kirche überschneiden (z.B. Schule), werden meist vertraglich geregelt (Konkordat, Kirchenvertrag). Die von den Religionsgemeinschaften erhobenen Steuern werden allerdings weitgehend durch den Staat eingezogen (→ Kirchensteuer).

Treuepflicht
die auf Grund des Arbeitsverhältnisses bestehende Pflicht des Arbeitnehmers,

die berechtigten Interessen des Arbeitgebers wahrzunehmen und alles zu unterlassen, was diesen schadet (z.B. keine Geschäftsgeheimnisse zu verraten, keine Schmiergelder anzunehmen). Hindert den Arbeitnehmer jedoch nicht daran, seine eigenen berechtigten Interessen in gesetzlich zulässiger Weise zu verfolgen (insbes. Lohnerhöhung). Der T. des Arbeitnehmers entspricht die → Fürsorgepflicht des Arbeitgebers.

Treuhand
Rechtsverhältnis, bei dem jemand (der Treugeber) einem anderem (dem Treuhänder) ein Recht (z.B. Eigentum oder Forderung) überträgt, wobei der Treuhänder zwar nach außen die volle Rechtsstellung erwirbt, im Verhältnis zum Treugeber jedoch dazu verpflichtet ist, das Recht nur vereinbarungsgemäß (T.-Abrede) auszuüben. Man unterscheidet die *fremdnützige* (uneigennützige, Verwaltungs-) *T.* (z.B. Inkassozession) von der *eigennützigen* (Sicherungs-) *T.* (insbes. Sicherungsübereignung).

Treu und Glauben
in erster Linie im Schuldrecht, aber darüber hinaus auch im gesamten sonstigen Recht geltende → Generalklausel, wonach jeder verpflichtet ist, sich unter Berücksichtigung der schutzwürdigen Interessen des anderen wie ein redlich und anständig denkender und handelnder Mensch zu verhalten. So ist der Schuldner verpflichtet, die Leistung so zu bewirken, wie T.u.G. mit Rücksicht auf die → Verkehrssitte es erfordern; nach den gleichen Kriterien erfolgt auch die Auslegung einer Willenserklärung.

Trunkenheit im Verkehr
Straftat, die vorliegt, wenn jemand im Verkehr ein Fahrzeug führt, obwohl er infolge des Genusses alkoholischer Getränke oder anderer berauschender Mittel nicht in der Lage ist, das Fahrzeug sicher zu führen. Bei *konkreter* Gefährdung von Personen oder wertvollen fremden Sachen gilt eine erhöhte Strafandrohung. Auch ohne daß es der Feststellung von T. bedarf, macht sich einer Ordnungswidrigkeit schuldig, wer mit einem → Blutalkoholgehalt von mehr als 0,8 Promille ein Kraftfahrzeug führt. Vgl. auch → Blutprobe, → Fahruntüchtigkeit, → Fahrverbot, → Vollrausch.

Trunksucht
der krankhafte Hang zu übermäßigem unkontrollierten Genuß alkoholischer Getränke. Wer infolge von T. sich oder seine Familie der Gefahr des Notstandes aussetzt oder die Sicherheit anderer gefährdet, kann entmündigt werden, was zu beschränkter Geschäftsfähigkeit führt. Unter bestimmten Voraussetzungen ist auch die Unterbringung in einer Entziehungsanstalt zulässig.

Truppendienstgericht
Gericht, das in erster Instanz für Disziplinarverfahren gegen Soldaten sowie für Verfahren über Beschwerden von Soldaten zuständig ist. Als Berufungs- und Beschwerdeinstanz bestehen Wehrdienstsenate beim Bundesverwaltungsgericht.

Tumultschaden
(lat.: tumultus = Lärm, Unruhe, Auflauf, Aufruhr); der durch innere Unruhen (z.B. Demonstrationen) an Personen oder Sachen verursachte Schaden. Soweit der Verursacher bekannt ist, haftet er nach den allgemeinen Vorschriften über → unerlaubte Handlungen. Bei gemeinschaftlicher Begehung mehrerer ist jeder für den Schaden verantwortlich, auch wenn sich nicht ermitteln läßt, wer den Schaden durch seine Handlung verursacht hat. Darüber hinaus besteht unter bestimmten engen Voraussetzungen nach dem T.-Gesetz ein Ausgleichsanspruch gegen das betreffende Bundesland.

U

Übereignung
die Übertragung des Eigentums an einer Sache. Bei beweglichen Sachen ist dazu Einigung (über den Eigentumsübergang) und Übergabe (der Sache) erforderlich. Ist der Erwerber schon im Besitz der Sache, genügt die Einigung; ist der Eigentümer im Besitz der Sache, so kann die Übergabe auch dadurch ersetzt werden, daß zwischen dem Eigentümer und dem Erwerber ein Rechtsverhältnis vereinbart wird, wodurch der Erwerber den mittelbaren → Besitz erlangt; ist die Sache im Besitz eines Dritten, so kann der Eigentümer seinen Herausgabeanspruch an den Erwerber abtreten. Bei Grundstücken erfolgt die Ü. durch → Auflassung und Eintragung (im Grundbuch). Eine Ü. durch einen Nichtberechtigten ist nur dann wirksam, wenn der Erwerber (bei beweglichen Sachen zum Zeitpunkt der Übergabe, bei Grundstücken bei Stellung des Eintragungsantrages) in → gutem Glauben gewesen ist.

Überfall
I. Im *Privatrecht* die von einem Baum oder Strauch auf ein Nachbargrundstück hinüberfallende Frucht. Sie gilt als Frucht dieses Grundstücks (falls es nicht dem öffentlichen Gebrauch dient).
II. Im *Strafrecht* ein Angriff, der das Opfer unversehens trifft. Er ist hinterlistig, wenn der Täter unter Verdeckung seiner wahren Absicht mittels Täuschung vorgeht. Der hinterlistige Ü. ist ein Tatbestandsmerkmal der gefährlichen → Körperverletzung.

Übergabe
die Übertragung des unmittelbaren Besitzes einer beweglichen Sache vom Eigentümer auf den Erwerber mit deren beiderseitigem entsprechenden Willen. Sie ist i. d. R. (neben der Einigung) Voraussetzung für die Übereignung sowie für die Bestellung eines vertraglichen Pfandrechts.

übergesetzlicher Notstand
→ Notstand.

Überhang
die von einem Nachbargrundstück eingedrungene Wurzel bzw. der herüberragende Zweig. Wenn der Ü. die Benutzung des Grundstücks beeinträchtigt, kann der Grundstückseigentümer ihn abschneiden und behalten, bei Zweigen allerdings erst, nachdem er dem Besitzer des Nachbargrundstücks eine angemessene Frist zur Beseitigung gesetzt hat und diese erfolglos verstrichen ist.

Überhangmandat
→ Wahlsystem.

Übermaßverbot
→ Verhältnismäßigkeitsgrundsatz.

Übernahme
das Übernehmen einer Rechtsstellung. Von Bedeutung sind insbes. die Ü. einer Schuld (Schuld-Ü.), eines Vermögens (Vermögens-Ü.) und eines Handelsgeschäfts.

Überschuldung
Zustand, in dem die Schulden einer Person ihr Aktivvermögen überwiegen. Ist Konkursgrund bei juristischen Personen und bei einem Nachlaß (→ Nachlaßkonkurs).

Übertragung
der durch rechtsgeschäftliche oder amtliche Bestimmung bewirkte Übergang einer Rechtsstellung von einer Person auf eine andere. Die *Ü. einer Forde-*

rung oder eines sonstigen Rechts erfolgt durch Abtretung, die *Ü. des Eigentums* durch Einigung und Übergabe (bei beweglichen Sachen) bzw. durch Einigung und Eintragung im Grundbuch (bei Grundstücken). Zur Ü. der → elterlichen Sorge siehe dort.

Übertretung
früher neben Verbrechen und Vergehen die dritte und einfachste Form einer Straftat. Heute entweder ganz entfallen oder vorwiegend als → Ordnungswidrigkeit mit Androhung eines Bußgeldes bis zu 1000 DM behandelt.

Überweisung
I. Form der *bargeldlosen Zahlung,* bei der der Inhaber eines Girokontos sein Geldinstitut beauftragt, sein Konto zu belasten und den entsprechenden Betrag dem Konto des Empfängers (bei demselben oder einem anderen Geldinstitut) gutzuschreiben.
II. Im Zwangsvollstreckungsrecht ist die Ü. einer *Forderung* die Übertragung der Befugnis, eine gepfändete Forderung gegen den Drittschuldner (z.B. Arbeitgeber) geltend zu machen (→ Lohnpfändung).

üble Nachrede
die Behauptung oder Verbreitung einer nicht nachweislich wahren Tatsache in Bezug auf einen anderen, die geeignet ist, diesen verächtlich zu machen oder in der öffentlichen Meinung herabzuwürdigen. Strafbar ist eine derartige Behauptung nicht nur, wenn die Unwahrheit der Tatsache bewiesen ist, sondern auch schon dann, wenn weder ihre Wahrheit noch ihre Unwahrheit bewiesen werden kann; hier ist ausnahmsweise nicht nach dem Grundsatz → in dubio pro reo zu entscheiden.

Ultimatum
(lat.: ultimus = letzter); letztmalige Forderung mit der Androhung bestimmter Maßnahmen für den Fall, daß die Gegenseite – meist innerhalb einer gewissen Frist – keine Folge leistet.

Umsatz
allgemein der Wert oder die Menge der Waren und Dienstleistungen, die in einem bestimmten Zeitraum verkauft werden (z.B. Jahres-U.). Im Sinne des U.-Steuergesetzes die Lieferung und sonstige Leistung, die ein Unternehmer im Inland gegen Entgelt im Rahmen seines Unternehmens ausführt, der Eigenverbrauch im Inland sowie die Einfuhr von Gegenständen in das inländische Zollgebiet.

Umsatzsteuer
die am → Umsatz anknüpfende Steuer. Sie ist wirtschaftlich gesehen eine allgemeine → Verbrauchsteuer. Sie wird auch als *Mehrwertsteuer* bezeichnet, weil nur der mit jeder Handelsstufe entstehende Mehrwert steuerlich erfaßt wird, da jeder Unternehmer von seiner U.-Schuld die ihm von seinen Lieferanten in Rechnung gestellte U. als Vorsteuer abziehen kann. Der allgemeine Steuersatz beträgt 14 %; für gewisse Leistungen (z.B. Bücher) gilt der ermäßigte Steuersatz von 7 %. Die Einnahmen aus der U. stehen Bund und Ländern gemeinsam zu, wobei die entsprechenden Anteile jeweils durch Bundesgesetz (mit Zustimmung des Bundesrates) festgesetzt werden.

Umwelt
→ Umweltschutz.

Umweltkriminalität
das Begehen von Straftaten gegen die Umwelt. Dazu gehören Gewässer- und Luftverunreinigung, gesundheitsschädlicher Lärm, unbefugte umweltgefährdende Abfallbeseitigung, unerlaubter Betrieb gefährlicher genehmigungspflichtiger Anlagen, unzulässiger Umgang mit Kernbrennstoffen und Gefährdung schutzbedürftiger, durch Rechtsverordnung einem besonderen Umweltschutz unterstellter Gebiete durch Betreiben störender Anlagen sowie der Verstoß gegen Vorschriften zum Schutz von Naturschutzgebieten oder Nationalparks.

Umweltschutz
alle Maßnahmen zum Schutz der natürlichen Lebensbedingungen vor Zerstörung durch den Menschen. Dem U. dienen u.a. folgende Gesetze: Bundes-Immissionsschutzgesetz, Fluglärmgesetz,

Benzin-Blei-Gesetz, Wasserhaushaltsgesetz, Abwasserabgabengesetz, Waschmittelgesetz, Abfallbeseitigungsgesetz, Altölgesetz, Bundesnaturschutzgesetz, Chemikaliengesetz, Gesetz zur Bekämpfung der → Umweltkriminalität.

Unabhängigkeit

→ Richter, → Abgeordneter, → Fraktionszwang.

unabwendbares Ereignis

Vorfall, der auch durch die äußerste, den Umständen nach mögliche Sorgfalt nicht abgewendet werden konnte, insbes., wenn er allein auf einem völlig unvorhersehbaren Verhalten des Verletzten beruht. Ein u.E. schließt die Gefährdungshaftung des Halters eines Kraftfahrzeuges nach dem Straßenverkehrsgesetz aus (→ Straßenverkehrshaftung). Liegt z.B. vor bei grober Vorfahrtsmißachtung durch den Verletzten; nicht jedoch, wenn spielende Kinder auf die Straße laufen oder die Bremsen versagen.

unbestimmter Rechtsbegriff

vom Gesetzgeber nicht genau festgelegter Begriff, der zu seiner Anwendung einer näheren, durch Auslegung zu ermittelnden Bestimmung bedarf (z.B. Gemeinwohl, öffentliche Sicherheit und Ordnung). Soweit ein Verwaltungsakt auf der Anwendung eines u.R. beruht, unterliegt er (anders als bei einer Ermessensentscheidung) in vollem Umfang der gerichtlichen Nachprüfung.

unehelich

frühere Bezeichnung für nichtehelich.

unerlaubte Handlung

Eingriff in ein durch Gesetz geschütztes Rechtsgut, der voraussetzt: eine menschliche Handlung, deren → Rechtswidrigkeit, i. d. R. auch → Verschulden (Ausn.: → Gefährdungshaftung) sowie den Eintritt eines Schadens, der durch die Handlung adäquat verursacht worden ist (→ Kausalität). Ein Anspruch aus u.H. kann u.U. gleichzeitig mit einem Anspruch aus Verletzung eines Vertrages bestehen (Unterschied von Bedeutung z.B. für Verjährung (bei u.H. 3 Jahre ab Kenntnis) und → Schmerzensgeld (nur bei u.H.)).
Eine u.H. begeht insbes., wer vorsätzlich oder fahrlässig das Leben, den Körper, die Gesundheit, die Freiheit, das Eigentum oder ein sonstiges Recht (nur ein absolutes → Recht, z.B. → dingliches Recht, Anwartschaftsrecht, → Persönlichkeitsrecht, Recht am eingerichteten und ausgeübten → Gewerbebetrieb, auch Besitz, nicht jedoch das Vermögen als solches) eines anderen verletzt; ferner, wer gegen ein Schutzgesetz verstößt, das nicht nur dem Schutz der Allgemeinheit dient, sondern gerade auch den einzelnen schützen soll, z.B. Strafbestimmungen zum Schutz der Ehre gegen Beleidigung. Die u.H. verpflichtet zur Leistung von → Schadensersatz. Spezialfälle der u.H. sind z.B. die Haftung von Eltern für Schäden durch ihre Kinder bei Verletzung der Aufsichtspflicht, die Haftung des → Tierhalters, die Haftung bei vorsätzlicher sittenwidriger Schädigung (→ Sittenwidrigkeit) und die → Amtshaftung.

unerlaubtes Entfernen vom Unfallort

Straftat, die ein Unfallbeteiligter (d.h. jeder, dessen Verhalten den Umständen nach zur Verursachung eines Unfalls beigetragen haben kann, u.U. auch ein Fußgänger) begeht, wenn er sich nach einem Unfall im Straßenverkehr vom Unfallort entfernt, bevor er zugunsten der anderen Unfallbeteiligten und der Geschädigten die Feststellung seiner Person, seines Fahrzeugs und der Art seiner Beteiligung durch seine Anwesenheit und durch die Angabe ermöglicht, daß er an dem Unfall beteiligt ist, oder bevor er eine nach den Umständen angemessene Zeit gewartet hat, ohne daß jemand bereit war, die Feststellungen zu treffen. In gleicher Weise macht sich strafbar, wer vergeblich gewartet hat oder sich vorher berechtigt oder entschuldigt entfernt hat (z.B. um einen Verletzten ins Krankenhaus zu bringen), wenn er die Feststellungen nicht unverzüglich nachträglich ermöglicht, indem er dem Geschädigten oder einer nahe gelegenen Polizeidienststelle seine Unfallbeteiligung, seine Anschrift, seinen Aufenthalt sowie das Kennzeichen und den Standort seines Fahrzeugs mitteilt und dieses zu unverzüglichen Feststellungen für eine zumutbare Zeit zur Verfügung hält. Vorschrift bezweckt die Sicherung zivilrechtlicher Ansprüche.

Unfall

die durch plötzliche, zeitlich begrenzte Einwirkung von außen verursachte Verletzung oder Tötung eines Menschen. Kann einen Schadensersatzanspruch auslösen. Für Versicherte der Sozialversicherung ist ein U. ein Leistungsgrund in der Kranken- und Rentenversicherung, in der U.-Versicherung nur, wenn es sich um einen → Arbeits-U. handelt. Siehe ferner → U.-Versicherung und → Verkehrs-U.

Unfallbeteiligter

→ unerlaubtes Entfernen vom Unfallort.

Unfallflucht

auch Verkehrsunfallflucht (beides allgemeiner Sprachgebrauch); → unerlaubtes Entfernen vom Unfallort.

Unfallverhütung

Vorsorge gegen Arbeitsunfälle. Sie ist u.a. Aufgabe der Berufsgenossenschaften, die spezielle, Arbeitgeber *und* Arbeitnehmer verpflichtende *U.-Vorschriften* erlassen. Deren Einhaltung wird durch technische Aufsichtsbeamte der Berufsgenossenschaften überwacht. In Betrieben mit mehr als 20 Beschäftigten ist ferner ein Sicherheitsbeauftragter zu bestellen. Verstöße gegen Schutzvorschriften können als → Ordnungswidrigkeiten mit Geldbußen bis zu 20 000 DM geahndet werden.

Unfallversicherung

Versicherung einer Person gegen die wirtschaftlichen Folgen von Unfällen. In der *gesetzlichen U.*, einem Zweig der Sozialversicherung, sind vor allem unselbständig Beschäftigte sowie weitere Personengruppen versichert (z.B. Kinder während des Besuchs von Kindergärten, Schüler während des Besuchs allgemeinbildender Schulen, Lernende während der beruflichen Aus- und Fortbildung, Studierende an Hochschulen, Personen, die bei Unglücksfällen Hilfe leisten). Neben der → Unfallverhütung hat die gesetzliche U. die Aufgabe, dem Versicherten bei Arbeitsunfällen und Berufskrankheiten (und nur bei diesen) Leistungen zu gewähren (insbes. Heilbehandlung, Rehabilitationsmaßnahmen, Übergangsgeld, Verletztenrente sowie beim Tod des Verletzten Sterbegeld und Hinterbliebenenrente). Träger der gesetzlichen U. sind insbes. die von den Arbeitgebern finanzierten Berufsgenossenschaften.

Durch eine *privatrechtliche U.* kann in Form einer Kapitalversicherung oder einer Rentenversicherung der mögliche dauernde oder zeitweilige Wegfall der Erwerbsfähigkeit durch einen Unfall versichert werden. Für sie gelten über die allgemeinen Vorschriften für den → Versicherungsvertrag hinaus Sonderbestimmungen (z.B. keine Leistungspflicht, wenn der Versicherungsnehmer den Unfall vorsätzlich herbeigeführt hat).

ungerechtfertigte Bereicherung

eine → Bereicherung ohne rechtlichen Grund. Sie begründet ein gesetzliches Schuldverhältnis. Dabei entsteht, wenn jemand durch die Leistung eines anderen oder in sonstiger Weise auf dessen Kosten ohne rechtlichen Grund etwas erlangt hat, eine Pflicht zur ***Herausgabe des Erlangten*** oder hilfsweise des objektiven Wertes (z.B. beim Rücktritt vom Kaufvertrag; da die Eigentumsübertragung als solche unabhängig von der Wirksamkeit des zugrunde liegenden Kaufvertrages ist (→ Verpflichtung, → Verfügungsgeschäft), und sich daher mit dem Wegfall des rechtlichen Grundes nicht automatisch auch die Eigentumslage ändert, erhält der Entreicherte einen (schuldrechtlichen) Anspruch auf Rückabwicklung). Des weiteren entsteht ein Anspruch aus u.B. auch dann, wenn ein Nichtberechtigter über einen Gegenstand eine Verfügung trifft, die dem Berechtigten gegenüber wirksam ist (z.B. beim gutgläubigen Eigentumserwerb) oder wenn an einen Nichtberechtigten eine Leistung bewirkt wird, die dem Berechtigten gegenüber wirksam ist (z.B. an den früheren Gläubiger einer abgetretenen Forderung). Die Herausgabepflicht ist jedoch *ausgeschlossen*, soweit der Empfänger nicht mehr bereichert ist, was z.B. der Fall ist bei Verbrauch für Luxusausgaben, nicht jedoch, wenn normalerweise gemachte Ausgaben damit erspart worden sind. Eine *verschärfte Haftung* (insbes. keine Möglichkeit zur Berufung auf den Wegfall der Bereicherung) tritt ein ab Rechtshängigkeit, bei Kenntnis des Mangels des rechtlichen Grundes sowie bei Gesetzes- und Sittenverstoß.

Unglücksfall

plötzlich eintretendes Ereignis, das eine erhebliche Gefahr für Menschen oder Sachen mit sich bringt oder zu bringen droht. Ist Tatbestandsmerkmal der → unterlassenen Hilfeleistung; vgl. ferner → Notstandsverfassung.

Universität

(lat.: universitas (magistrorum et scolarium) = Gesamtheit (der Lehrenden und Lernenden)); die wissenschaftliche → Hochschule, an der sämtliche Wissenschaften in Forschung und Lehre vertreten sind.

unlauterer Wettbewerb

Begriff des Wettbewerbsrechts. Das Gesetz gegen den u.W. (UWG) verbietet Wettbewerbshandlungen im geschäftlichen Verkehr, die gegen die guten Sitten verstoßen. Maßgebend für die guten Sitten ist die Anschauung des verständigen und anständigen Durchschnittsgewerbetreibenden des betreffenden Gewerbezweiges. *Unlauter* sind die irreführende Werbung durch falsche Angaben über die Beschaffenheit, den Ursprung, die Herstellungsart einer Ware, die vergleichende Werbung, die Lockvogelwerbung, das fälschliche Ankündigen von Räumungs- und Schlußverkäufen, das Anreißen von Kunden, die Zusendung unbestellter Waren, das Verteilen von größeren Gratisproben, marktschreierische Reklame, das Ausnutzen fremder Arbeitsergebnisse, die üble Nachrede und Verleumdung, die Bestechung von Angestellten und Beauftragten und der Geheimnisverrat. Das UWG gewährt dem Wettbewerber einen Unterlassungs- oder Schadensersatzanspruch. Etliche Verstöße werden als Ordnungswidrigkeit mit Geldbuße geahndet oder können als Straftat zu Geld- oder Freiheitsstrafen führen.

unmittelbarer Zwang

I. Stärkstes → Zwangsmittel in der → *Verwaltungsvollstreckung*. Unter Beachtung des Grundsatzes der → Verhältnismäßigkeit anwendbar, wenn die anderen Zwangsmittel nicht angebracht sind oder nicht zum Ziel führen. Mit dem u.Z. kann die Verwaltung den Pflichtigen zu einer Handlung, Duldung oder Unterlassung zwingen oder die Handlung selbst vornehmen.

II. Für die Vollzugsbeamten, insbes. die *Polizei*, in Bund und Ländern ist die Anwendung von u.Z. in den Polizeigesetzen bzw. besonderen Gesetzen in den Grundzügen einheitlich geregelt. U.Z. ist danach die Einwirkung auf Personen oder Sachen durch körperliche Gewalt und ihre Hilfsmittel (z.B. Handschellen und andere Fesseln, Wasserwerfer, Diensthunde, Dienstpferde sowie durch dienstlich zugelassene Hieb- und Schußwaffen, Reizstoffe und Explosivmittel). Auch hier gilt das Verbot des Übermaßes nach dem Grundsatz der Verhältnismäßigkeit.

Der *Gebrauch von Waffen*, insbes. Schußwaffen unterliegt besonders strengen Voraussetzungen. Er ist nur erlaubt, wenn der Zweck nicht durch Waffenwirkung gegen Sachen erreicht wird. Die Schußwaffe darf auch dann nur angewendet werden, um angriffs- oder fluchtunfähig zu machen und nur zur Verhütung schwerer strafbarer Handlungen oder zur Verhinderung der Flucht von Personen, die sich in amtlichen Gewahrsam befinden oder einer schweren Straftat verdächtig sind. Gegen eine Menschenmenge dürfen Schußwaffen nur gebraucht werden, wenn aus ihr heraus Gewalttaten begangen werden oder unmittelbar bevorstehen und Zwangsmaßnahmen gegen einzelne nicht zum Ziele führen oder offensichtlich keinen Erfolg versprechen. Die Anwendung von Schußwaffen muß vorher angedroht werden; die Abgabe eines Warnschusses reicht aus; einer Menschenmenge gegenüber ist die Androhung jedoch zu wiederholen.

Unmöglichkeit

→ Leistungsstörung, bei der der Schuldner dauernd außerstande ist, seine Leistung zu erbringen. Kann tatsächliche (z.B. Zerstörung einer Sache) oder rechtliche (z.B. Beschlagnahme) Gründe haben und zu Nichtigkeit, Rücktritt oder Schadensersatz führen.

UNO

(engl. Abk. für United Nations Organization = Organisation der Vereinten Nationen); völkerrechtlicher Zusammenschluß von inzwischen fast allen Staaten als Nachfolgeorganisation des Völkerbundes. Sitz: New York, europäisches Büro: Genf. Grundlage ist die Satzung (Charta), wonach die UNO folgenden *Zielen* dient: Wahrung des Weltfriedens und der internationalen Sicherheit durch Gemeinschaftsmaßnahmen, Entwicklung freundschaftlicher, auf dem Grundsatz der Gleichberechtigung und Selbstbestimmung der Völker beruhender zwischenstaatlicher Beziehungen, Stärkung der internationalen Zusammenarbeit auf wirtschaftlichem, sozialem, kulturellem und humanitärem Gebiet und die Förderung der Achtung der Menschenrechte.
Wichtigste Organe: 1. *Vollversammlung* (Generalversammlung): besteht aus je höchstens 5 Vertretern aller Mitglieder, die jährlich einmal zu einer ordentlichen Jahrestagung, u. U. auch zu außerordentlichen Tagungen zusammentreten. Jedes Mitglied hat 1 Stimme. Beschlußfassung mit einfacher Mehrheit, bei bestimmten wichtigen Fragen mit Zwei-Drittel-Mehrheit. *Aufgabe:* Erörterung aller Fragen im Rahmen der Charta, kann auch Empfehlungen an die Mitglieder oder den Sicherheitsrat richten. 2. *Sicherheitsrat:* Besteht aus den ständig zum Zusammentritt bereiten Vertretern von 15 Mitgliedern; davon sind 5 ständige Mitglieder. Beschlüsse bedürfen der Zustimmung von 9 Mitgliedern einschließlich der ständigen Mitglieder (sog. Vetorecht, → Veto). *Aufgaben:* Hauptverantwortung für den Weltfrieden; stellt fest, ob eine Bedrohung, ein Bruch des Friedens oder eine Angriffshandlung vorliegt, gibt Empfehlungen ab und beschließt Maßnahmen. 3. *Sekretariat:* vom Generalsekretär geleitet. 4. → *Internationaler Gerichtshof:* Sitz in Den Haag.
Für zahlreiche Teilaufgabengebiete bestehen Sonderorganisationen (z.B. UNESCO, UNICEF).

Unpfändbarkeit

der gesetzliche Ausschluß der Pfändung bestimmter Gegenstände (Sachen oder Forderungen). Überhaupt nicht pfändbar sind z.B. dem persönlichen Gebrauch oder dem Haushalt dienende Sachen, insbes. Kleidungsstücke, Wäsche, Betten, Haus- und Küchengerät, soweit der Schuldner sie zu einer seiner Berufstätigkeit und seiner Verschuldung angemessenen, bescheidenen Lebens- und Haushaltsführung benötigt; andere Gegenstände sind nur in bestimmtem Umfang pfändbar (→ Lohnpfändung).

Unrecht

Verhalten, das im Widerspruch zur Rechtsordnung steht (→ Rechtswidrigkeit).

Unrechtsbewußtsein

auch Bewußtsein der Rechtswidrigkeit; Einsicht, daß ein bestimmtes Verhalten rechtlich verboten ist. Das U. ist kein Teil des Vorsatzes, sondern ein selbständiges Schuldelement, so daß das Fehlen des U. den Vorsatz nicht ausschließt. Eine Bestrafung wegen Vorsatzes erfolgt jedoch nur bei Vorliegen eines vermeidbaren Irrtums; → Verbotsirrtum.

Untätigkeitsklage

Klage im Verwaltungsprozeß, die sich dagegen richtet, daß eine Verwaltungsbehörde über den Antrag auf Erlaß eines Verwaltungsaktes ohne ausreichenden Grund innerhalb angemessener Frist in der Sache nicht entschieden hat. U. ist ohne vorheriges Widerspruchsverfahren zulässig, grds. aber nicht vor Ablauf von drei Monaten seit dem Antrag auf Vornahme des Verwaltungsaktes.

Unterbringung

allgemein die Beschaffung einer Unterkunft für eine Person.
Eine *zwangsweise U.* kann z.B. bei Seuchenverdächtigen, Geschlechtskranken und Süchtigen (die gemeingefährlich oder selbstgefährlich sind und dadurch die öffentliche Sicherheit und Ordnung gefährden), erfolgen. Dabei kann die Freiheit der Person jedoch nur auf Grund eines förmlichen Gesetzes und nur unter Beachtung der darin vorgeschriebenen Formen beschränkt werden; über die Zulässigkeit und Fortdauer einer Freiheitsentziehung hat nur der Richter zu entscheiden.
Im *Strafrecht* sind die U. in einem psychiatrischen Krankenhaus, einer Entziehungsanstalt, einer sozialtherapeutischen Anstalt und der Sicherungsverwahrung → Maßregeln der Besserung und Sicherung. Eine *einstweilige U.* in einem psychiatrischen Krankenhaus oder einer Entziehungsanstalt kann das Gericht anordnen, wenn dringende Gründe für die Annahme vorhanden sind, daß jemand eine rechtswidrige Tat im Zustand der Schuldunfähigkeit oder verminderter Schuldfähigkeit begangen hat.

Unterhalt

die Mittel, die ein Mensch zum Leben braucht, insbes. um sich Nahrung, Kleidung und Unterkunft zu beschaffen. Aufgrund einer → Unterhaltspflicht ist grds. der angemessene U. zu leisten, d.h. unter Verwandten der nach der jeweiligen Lebensstellung des Bedürftigen bestimmte U. bzw. unter Ehegatten der U. der Familie, der alles umfaßt, was nach den Verhältnissen der Ehegatten erforderlich ist, um die laufenden Kosten des Haushalts zu bestreiten sowie die persönlichen Bedürfnisse der Ehegatten und den Lebensbedarf der gemeinsamen unterhaltsberechtigten Kinder zu befriedigen; für ein nichteheliches Kind hat dessen Vater mindestens den → Regelunterhalt zu zahlen.

Unterhaltsanspruch

→ Unterhaltspflicht.

Unterhaltspflicht

die Verpflichtung einer Person, einer anderen Person Unterhalt zu gewähren. Besteht zwischen Verwandten in gerader Linie (→ Verwandtschaft), wobei einen Unterhaltsanspruch nur hat, wer außerstande ist, sich selbst zu unterhalten und die U. grds. für den entfällt, der bei Berücksichtigung seiner sonstigen Verpflichtungen außerstande ist, ohne Gefährdung seines eigenen angemessenen Unterhalts einem anderen Unterhalt zu leisten (jedoch müssen Eltern gegenüber ihren unverheirateten minderjährigen Kindern alle verfügbaren Mittel einsetzen). Mehrere Unterhaltspflichtige sind in einer bestimmten, gesetzlich festgelegten Reihenfolge unterhaltspflichtig (z.B. Abkömmlinge vor Verwandten aufsteigender Linie). Der Unterhalt ist in einer monatlich im voraus zu entrichtenden Geldrente zu gewähren, jedoch können Eltern gegenüber ihren unverheirateten (auch volljährigen) Kindern die Art der Unterhaltsgewährung grds. frei bestimmen; aus besonderen Gründen kann das Vormundschaftsgericht jedoch bei einem entsprechenden Antrag des Kindes eine andere Regelung treffen (z.B. bei unerquicklichen Familienverhältnissen). Zur U. des Vaters eines → nichtehelichen Kindes siehe dort.
Der U. der Verwandten vorgehend, sind daneben die *Ehegatten* verpflichtet, durch ihre Arbeit und mit ihrem Vermögen die Familie angemessen zu unterhalten. Ist einem Ehegatten die Haushaltsführung übertragen, so erfüllt er seine Verpflichtung, durch Ar-

beit zum Unterhalt der Familie beizutragen, i. d. R. durch die Führung des Haushalts. Nach der Ehescheidung hat der Ehegatte, der nicht selbst für seinen Unterhalt sorgen kann, unter bestimmten Voraussetzungen auch weiterhin Anspruch auf Unterhalt (z.B. bei Betreuung eines gemeinschaftlichen Kindes).

Unterlassen

auch Unterlassung; die Nichtvornahme einer bestimmten Handlung. Rechtlich nur dann von Bedeutung, wenn das U. gegen eine Handlungspflicht verstößt. *Unterlassungsdelikt* ist das mit Strafe bedrohte U. einer rechtlich gebotenen Handlung. Es ist *echtes Unterlassungsdelikt,* wenn das U. selbst ausdrücklich mit Strafe bedroht ist (z.B. unterlassene Hilfeleistung), und *unechtes Unterlassungsdelikt,* wenn der Täter einen Straftatbestand, der i. d. R. in einem Tun besteht (z.B. Körperverletzung, Totschlag), dadurch verwirklicht, daß er es unterläßt, den Eintritt des dem Tatbestand entsprechenden Erfolges zu verhindern, obwohl er rechtlich für das Nichteintreten einzustehen hat (sog. Garantenpflicht; z.B. → Unterhaltspflicht der Eltern).

unterlassene Hilfeleistung

Straftat, die darin besteht, daß jemand bei einem Unglücksfall oder allgemeiner Gefahr oder Not keine Hilfe leistet, obwohl dies erforderlich und ihm den Umständen nach zuzumuten, insbes. ohne erhebliche eigene Gefahr und ohne Verletzung anderer wichtiger Pflichten möglich ist.

Unterlassungsanspruch

Anspruch auf Unterlassung einer rechtswidrigen Beeinträchtigung z.B. des Eigentums oder in weiteren gesetzlich geregelten Fällen, darüber hinaus jedoch analog bei allen Verletzungen absoluter Rechte und Schutzgesetze, z.B. bei Ehrverletzung. Kann *vorübergehender U.* sein (bei konkreter Gefahr einer Beeinträchtigung bzw. bei bereits erfolgter Beeinträchtigung, wenn die Gefahr weiterer Beeinträchtigung besteht) oder *beseitigender U.* (bei bereits eingetretener noch fortwirkender Beeinträchtigung). Vgl. auch → Unterlassungsklage.

Unterlassungsklage

Klage, mit der ein → Unterlassungsanspruch geltend gemacht wird. Sie ist ein Fall der → Leistungsklage. In Eilfällen kann ein Unterlassungsanspruch auch durch Antrag auf Erlaß einer → einstweiligen Verfügung geltend gemacht werden.

Unternehmen

organisatorisch-rechtliche Einheit, die wirtschaftliche Zwecke verfolgt. Das kaufmännische U. setzt sich aus Sachen, Rechten und sonstigen Werten zusammen. Träger aller Rechte und Pflichten ist der Kaufmann oder eine Handelsgesellschaft als Inhaber des U. Im Gegensatz zum U. ist der → Betrieb eine Produktionsstätte, d.h. die technisch-organisatorische Wirtschaftseinheit. Ein U. kann aus mehreren Betrieben bestehen.

Untersagung

das Verbot eines Verhaltens. Kann sowohl durch eine Behörde als auch durch eine Privatperson erfolgen.

Unterschlagung

Straftat, die begeht, wer sich eine fremde bewegliche Sache, die er in Gewahrsam hat, rechtswidrig zueignet (im Unterschied zum Diebstahl, bei dem der Täter erst fremden Gewahrsam brechen muß). Ist die Sache dem Täter anvertraut (Veruntreuung), besteht erhöhte Strafandrohung.

Unterschrift

der eigenhändig geschriebene Name (grds. mindestens der Familienname, der individuelle Züge tragen, nicht aber unbedingt lesbar sein muß) einer Person, den diese unter eine Urkunde setzt zum Zeichen der Billigung des Urkundeninhalts.

Untersuchung

allgemein die prüfende Betrachtung eines Umstandes zur Feststellung eines Ergebnisses. Ist z.B. beim → Handelskauf Voraussetzung für eine → Mängelrüge und damit die Erhaltung von Rechten wegen eines Mangels der Ware.

Eine *körperliche U.* des Beschuldigten darf im Strafverfahren zur Feststellung von Tatsachen angeordnet werden, die für das Verfahren von Bedeutung sind. Dazu sind Entnahmen von Blutproben und andere körperliche Eingriffe, die von einem Arzt nach den Regeln der ärztlichen Kunst vorgenommen werden, auch ohne Einwilligung des Beschuldigten zulässig, wenn kein Nachteil für seine Gesundheit zu befürchten ist. Andere Personen dürfen, wenn sie als Zeugen in Betracht kommen, ohne ihre Einwilligung nur untersucht werden, soweit zur Erforschung der Wahrheit festgestellt werden muß, ob sich an ihrem Körper eine bestimmte Spur oder Folge einer Straftat befindet. Bei anderen Personen sind U. zur Feststellung der Abstammung und die Entnahme von Blutproben ohne Einwilligung des zu Untersuchenden zulässig, wenn kein Nachteil für die Gesundheit zu befürchten und die Maßnahme zur Erforschung der Wahrheit unerläßlich ist. U. und die Entnahme von Blutproben dürfen stets nur von einem Arzt vorgenommen werden. Sie können aus denselben Gründen wie das Zeugnis verweigert werden (→ Zeugnisverweigerungsrecht).

Die *Anordnung* einer körperlichen U. steht dem Richter, bei Gefährdung des U.-Erfolges durch Verzögerung auch der Staatsanwaltschaft und ihren Hilfsbeamten (Polizisten) zu. Kann eine körperliche U. einer Frau das Schamgefühl verletzen, so wird sie einer Frau oder einem Arzt übertragen. Auf Verlangen soll eine andere Frau oder ein Angehöriger zugelassen werden.

Untersuchungsausschuß

Parlamentsausschuß, der eigens zur Aufklärung eines einzelnen politischen Sachverhalts (z.B. bei Bestechungsvorwürfen) eingesetzt wird. Stellt nur Tatsachen fest, fällt aber kein Urteil. Gerichte sind an diese Tatsachenfeststellung gebunden, in ihrer rechtlichen Bewertung jedoch frei. Im Bundestag muß ein U. auf Verlangen eines Viertels der Mitglieder eingesetzt werden; ähnliche Regelungen in den Ländern.

Untersuchungsgrundsatz

auch Ermittlungsgrundsatz oder Inquisitionsmaxime; Grundsatz, wonach das Gericht von Amts wegen die für die Entscheidung des Rechtsstreits erheblichen Tatsachen ermittelt, in den Prozeß einführt und ihre Wahrheit feststellt. U. steht im Gegensatz zum → Verhandlungsgrundsatz. U. gilt insbes. im Strafverfahrensrecht sowie im Verwaltungsprozeßrecht, im Zivilprozeß jedoch nur ausnahmsweise.

Untersuchungshaft

Freiheitsentziehung, um die Durchführung eines Strafprozesses zu sichern. Setzt grds. dringenden → Tatverdacht und einen → Haftgrund (Flucht, Fluchtgefahr oder Verdunkelungsgefahr, evtl. Wiederholungsgefahr) voraus und wird durch schriftlichen richterlichen → Haftbefehl angeordnet. Darf in bezug auf die zu erwartende Strafe nicht unverhältnismäßig sein und wegen derselben Tat i. d. R. sechs Monate nicht überschreiten. Wird grds. auf die Strafe angerechnet. Der Verhaftete wird getrennt von Strafgefangenen und auch von anderen Untersuchungsgefangenen untergebracht. Beschränkungen dieses Rechts sind nur soweit zulässig, wie es der Haftzweck und die Anstaltsordnung erfordern. Vgl. auch vorläufige → Unterbringung, vorläufige → Festnahme, Vollstreckung der → Freiheitsstrafe.

Untreue

Straftat, die begeht, wer die ihm durch Gesetz, behördlichen Auftrag oder Rechtsgeschäft eingeräumte Befugnis, *über fremdes Vermögen zu verfügen oder einen anderen zu verpflichten, mißbraucht* und dadurch dem, dessen Vermögensinteressen er zu betreuen hat, Nachteil zufügt (sog. Mißbrauchstatbestand; z.B. Prokurist, der treuwidrig über Gelder verfügt). U. begeht auch, wer die ihm kraft Gesetzes, behördlichen Auftrags, Rechtsgeschäfts oder *eines Treueverhältnisses* obliegende Pflicht, *fremde Vermögensinteressen wahrzunehmen, verletzt* und dadurch dem, dessen Vermögensinteressen er zu betreuen hat, Nachteil zufügt (sog. Treubruchstatbestand; in Frage kommen dabei nur Tätigkeiten, die nicht ganz untergeordnet sind; z.B. Rechtsanwalt, der für seinen Mandanten eingegangene Gelder nicht abführt).

unverzüglich
ohne schuldhaftes Zögern. Nicht gleichbedeutend mit sofort; es kommt auf die subjektive Zumutbarkeit eines alsbaldigen Handelns an.

Unwirksamkeit
das Fehlen rechtlicher Wirkungen. Im Privatrecht ist die *absolute U.* die → Nichtigkeit eines Rechtsgeschäfts. *Relative U.* bedeutet, daß die U. nur bestimmten Personen gegenüber besteht, während das Rechtsgeschäft im Verhältnis zu allen anderen voll wirksam ist (z.B. → Veräußerungsverbot zum Schutz bestimmter Personen). *Schwebende U.* ist die vorläufige U., die besteht, bis der Berechtigte seine Entschließung dazu erklärt hat, wenn jemand nicht allein verfügungs- oder vertretungsbefugt ist (z.B. bei Vertragsabschluß eines Minderjährigen ohne Einwilligung des gesetzlichen Vertreters). Eine Genehmigung führt zur rückwirkenden Wirksamkeit, die Verweigerung der Genehmigung zur *endgültigen U.*

Unzulässigkeit
→ Zulässigkeit.

Unzurechnungsfähigkeit
→ Schuldunfähigkeit, → Deliktsfähigkeit, → Geschäftsunfähigkeit.

Urabstimmung
geheime Abstimmung unter Gewerkschaftsmitgliedern über die Frage, ob sie streiken wollen. Voraussetzung für einen Streikbeschluß des Gewerkschaftsvorstandes ist die Zustimmung von 75 % der Abstimmenden.

Urheberrecht
die Gesamtheit derjenigen Rechtsvorschriften, die ein individuelles geistiges Werk der Literatur, Wissenschaft oder Kunst schützen sowie die dem einzelnen Werkschöpfer (Urheber) daran zustehende ausschließliche Verfügungsbefugnis. Umfaßt insbes. Urheberpersönlichkeitsrecht (z.B. Recht auf Anerkennung der Urheberschaft, Recht zum Verbot von Entstellungen) und Verwertungsrechte (z.B. Aufführungsrecht). Das U. erlischt grds. 70 Jahre nach dem Tod des Urhebers. Seine Verletzung ist strafbar und kann zu Schadensersatzansprüchen führen.

Urkunde
I. Im *Strafrecht* eine verkörperte Gedankenerklärung, die allgemein oder für Eingeweihte verständlich ist, den Aussteller erkennen läßt und geeignet und bestimmt ist; im Rechtsverkehr Beweis zu erbringen, → Urkundenfälschung, → Urkundenunterdrückung.
II. Im *Verfahrensrecht* nur die in Schriftzeichen verkörperte Gedankenerklärung. *Öffentliche U.* sind die von einer öffentlichen Behörde innerhalb der Grenzen ihrer Amtsbefugnisse oder von einer mit öffentlichem Glauben versehenen Person (z.B. Notar, Standesbeamter) innerhalb des ihr zugewiesenen Geschäftskreises in der vorgeschriebenen Form aufgenommene U. *Privat-U.* sind alle anderen U. (auch, wenn die Unterschrift öffentlich beglaubigt ist). Zur Beweiskraft → Urkundenbeweis. *Vollstreckbare U.* sind von einem Gericht oder einem Notar ausgestellte U., in denen sich ein Schuldner wegen bestimmter Ansprüche der sofortigen Zwangsvollstreckung unterwirft.

Urkundenbeweis
der Beweis durch (echte) Urkunden. Öffentliche → Urkunden begründen bei vor der Behörde oder Urkundsperson abgegebenen Erklärungen vollen Beweis des beurkundeten Vorgangs, bei öffentlichen Urkunden über amtliche Anordnungen, Verfügungen oder Entscheidungen vollen Beweis ihres Inhalts und bei sonstigen öffentlichen Urkunden den vollen Beweis der darin bezeugten Tatsachen. Privaturkunden be-

gründen, wenn sie vom Aussteller unterschrieben sind, vollen Beweis nur dafür, daß die in ihnen enthaltenen Erklärungen vom Aussteller abgegeben worden sind. Für die Beweisaufnahme genügt die Vorlage der Urkunde; im Strafprozeß muß sie jedoch verlesen werden.

Urkundenfälschung
Straftat, die begeht, wer zur Täuschung im Rechtsverkehr eine unechte Urkunde herstellt, eine echte Urkunde verfälscht oder eine unechte oder verfälschte Urkunde gebraucht. Unecht ist eine Urkunde, wenn sie den Anschein erweckt, von jemandem ausgestellt worden zu sein, von dem sie in Wirklichkeit gar nicht stammt. U. liegt nicht vor, wenn nur der Inhalt der Urkunde unrichtig ist (sog. schriftliche Lüge, z.B. Unterzeichnung einer inhaltlich falschen Aussage mit dem richtigen Namen), vgl. aber → Falschbeurkundung.

Urkundenunterdrückung
Straftat, die begeht, wer eine Urkunde oder eine technische Aufzeichnung, die ihm nicht oder nicht ausschließlich gehört, in der Absicht, einem anderen einen Nachteil zuzufügen, vernichtet, beschädigt oder unterdrückt.

Urlaub
Zeit, in der jemand von seiner normalerweise bestehenden Arbeits- oder Dienstpflicht befreit ist. Jeder Arbeitnehmer hat pro Kalenderjahr einen Anspruch auf mindestens 18 Werktage Erholungsurlaub (Jugendliche unter 16 Jahren 30, unter 17 Jahren 27 und unter 18 Jahren 25 Werktage) unter Weiterzahlung des Arbeitsentgelts (U.-Entgelt). Durch Gesetz, Verordnung, Tarifvertrag, Betriebsvereinbarung oder Einzelvertrag kann (nur) eine längere Dauer bestimmt werden sowie (oft als freiwillige Leistung) die Zahlung eines zusätzlichen U.-Geldes. Der Erholungs-U. ist grds. zusammenhängend zu gewähren und im laufenden Kalenderjahr zu nehmen (ausnahmsweise auch erst während der ersten drei Monate des folgenden Kalenderjahres). Während des Erholungs-U. darf keine, dem U.-Zweck zuwiderlaufende Erwerbstätigkeit ausgeübt werden. Bei Erkrankung während des U. verlängert sich der U.-Anspruch entsprechend um die nachgewiesenen Krankheitstage. Aus besonderem Anlaß (z.B. familiäre Ereignisse, Berufsfortbildung) kann ausnahmsweise auch (bezahlter oder unbezahlter) Sonder-U. gewährt werden. Sonderregeln gelten für Beamte, Richter und Soldaten.

Ursache
der Grund oder Anlaß für einen Erfolg, insbes. eine Verletzung oder einen Schaden. Vgl. → Kausalität.

Urteil
gerichtliche Entscheidung, die einer besonderen Form bedarf. Besteht aus → Rubrum, → Tenor, → Tatbestand und Entscheidungsgründen (im Strafprozeß statt Tatbestand und Entscheidungsgründen nur Urteilsgründe) sowie u. U. einer → Rechtsmittelbelehrung. U. ergeht „Im Namen des Volkes“, wird schriftlich abgefaßt und i. d. R. mündlich verkündet.

Urteilsgründe
→ Urteil.

V

Vater

der Erzeuger eines Kindes. Er hat bei einem ehelichen minderjährigen Kind zusammen mit der Mutter das Recht und die Pflicht, für das Kind zu sorgen (elterliche Sorge).
Der *nichteheliche V.* ist grundsätzlich von der Vermögens- und Personensorge ausgeschlossen. Er ist andererseits dem Kind, sofern es bedürftig ist, zum Unterhalt verpflichtet, der den gesamten Lebensbedarf sowie die Kosten der Erziehung und der Berufsausbildung umfaßt. Dabei ist i. d. R. die Erwerbs- und Vermögenslage beider Eltern zu berücksichtigen. Dem nicht in seinen Haushalt aufgenommenen Kind hat der nichteheliche V. dabei bis zum 18. Lebensjahr zumindest den → Regelunterhalt zu zahlen. Der nichteheliche V. kann von seinem Kind auch auf einen vorzeitigen Erbausgleich in Anspruch genommen werden (vgl. → nichteheliches Kind).

Vaterschaft

die rechtliche Stellung als Vater. *Eheliche V.* besteht, wenn das Kind nach der Eheschließung geboren, die Ehefrau es vor oder während der Ehe empfangen hat und der Ehemann ihr innerhalb der Empfängniszeit (181.–320. Tag vor der Geburt) beigewohnt hat. Dies gilt, solange nicht die Nichtehelichkeit rechtskräftig festgestellt ist. *Nichteheliche V.* wird durch Anerkennung oder gerichtliche Entscheidung festgestellt.

Vaterschaftsanerkenntnis

die grds. unwiderrufliche Erklärung eines Mannes, mit der er seine nichteheliche Vaterschaft anerkennt. Ist schon vor der Geburt zulässig; bedarf jedoch der Zustimmung des Kindes (bzw. seines gesetzlichen Vertreters, i. d. R. des Jugendamtes als Amtspfleger). Anerkennung und Zustimmung müssen öffentlich beglaubigt werden. V. kann wegen Irrtum oder arglistiger Täuschung angefochten werden.

Vaterschaftsgutachten

wissenschaftliches Gutachten (insbes. Blutgruppenuntersuchung und erbbiologisches Gutachten) zur Feststellung der Vaterschaft eines Mannes an einem Kind.

Vaterschaftsvermutung

bei einem nach der Eheschließung geborenen und vor oder während der Ehe empfangenen Kind die gesetzliche Vermutung, daß der Ehemann innerhalb der Empfängniszeit (181.-320. Tag vor der Geburt) seiner Frau beigewohnt hat und das Kind aus dem ehelichen Verkehr stammt. Die vermutete Beiwohnung kann jedoch durch einfachen Gegenbeweis widerlegt werden (z.B. bei Auslandsaufenthalt des Ehemannes während der Empfängniszeit). Durch → Vaterschaftsgutachten kann auch die Ursächlichkeit für die Empfängnis erfolgreich angefochten werden, wenn sie den Umständen nach offenbar unmöglich ist (z.B. bei Kind anderer Hautfarbe oder bei Zeugungsunfähigkeit des Ehemanns).
Bei einem *nichtehelichen Kind* die Vermutung, daß das Kind von dem Mann gezeugt ist, der der Mutter während der Empfängniszeit beigewohnt hat. Gilt jedoch nicht, wenn nach Würdigung aller Umstände schwerwiegende Zweifel an der Vaterschaft verbleiben.

Verabredung einer Straftat

die ausdrückliche oder stillschweigende Einigung von mindestens zwei Personen, an der Ausführung einer bestimmten Straftat als Täter mitzuwirken. Wer mit einem anderen verabredet (oder sich bereit erklärt oder das Erbieten eines anderen annimmt), ein Verbrechen zu begehen oder zu ihm anzustiften, wird nach den Vorschriften über den Versuch des Verbrechens bestraft, wobei die Strafe jedoch gemildert werden muß. Keine Bestrafung erfolgt im Falle → tätiger Reue. Entsprechend wird ferner die V. von Soldaten zur Unbotmäßigkeit (Gehorsamsverweigerung, Bedrohung oder Nötigung eines Vorgesetzten oder tätlichen Angriff auf diesen sowie Meuterei) bestraft.

Veranlagung
Verwaltungsverfahren im Steuerrecht, in dem festgestellt wird, ob und in welcher Höhe eine Steuerschuld besteht und diese durch Steuerbescheid festgesetzt wird. Bei der Einkommensteuer gibt es die *Einzel-V.*, die *Zusammen-V.* der Ehegatten (→ Splitting) und die *getrennte V.* der Ehegatten.

Verarbeitung
die Herstellung einer neuen (nicht bloß reparierten) beweglichen Sache durch Verarbeiten oder Umbilden eines oder mehrerer Stoffe (z.B. Leder zu Schuhen; aber auch das Schreiben, Malen, Drucken oder eine ähnliche Bearbeitung der Oberfläche). Durch die V. erwirbt der Hersteller das Eigentum an der neuen Sache, und es erlöschen die an dem Stoff bestehenden Rechte, sofern nicht der Wert der V. oder Umbildung erheblich geringer ist als der Wert des Stoffes. Hersteller ist dabei, wer in eigener Verantwortung eine neue Sache anfertigt; dies muß nicht der sein, der die V. selbst vornimmt; bedient sich jemand eines anderen zur Herstellung (z.B. Angestellter), so ist nicht dieser, sondern der Geschäftsherr Hersteller. Wer infolge der V. einen Rechtsverlust erleidet, kann von dem neuen Eigentümer eine Vergütung in Geld nach den Vorschriten über die Herausgabe einer → ungerechtfertigten Bereicherung verlangen.

Veräußerung
i. e. S. die → Verfügung über ein Recht an einem Gegenstand durch dessen Übertragung auf eine andere Person (z.B. → Übereignung); i. w. S. gehört dazu auch das zugrundeliegende Verpflichtungsgeschäft (→ Verpflichtung; z.B. Kaufvertrag).

Veräußerungsverbot
Verbot, über ein Recht an einem Gegenstand (z.B. Eigentum an einer Sache) zu verfügen. Es gibt gesetzliche und behördliche V.; i. d. R. unzulässig sind jedoch rechtsgeschäftliche V. Bei Verstoß gegen ein V., das zugunsten der Allgemeinheit besteht, ist die betreffende Verfügung absolut nichtig, V. nur zum Schutz bestimmter Personen führt nur diesen gegenüber zur Unwirksamkeit (relative Unwirksamkeit).

Verband
Zusammenschluß von (natürlichen und juristischen) Personen oder Vereinigungen zur Förderung gemeinsamer Interessen, insbes. wirtschaftlicher ‚politischer, sozialer oder kultureller Art (z.B. Gewerkschaft, Arbeitgeber-V., Berufs-V.). Durch *Art. 9 GG* gewährleistet. Rechtsform unterschiedlich ausgeprägt (kann z.B. → Verein sein).

Verbandsklage
die Klage eines → Verbandes vor dem Verwaltungsgericht. Sie ist grds. unzulässig, da ein Verband nicht, wie erforderlich, eigene Rechte, sondern die Interessen seiner Mitglieder oder der Allgemeinheit geltend macht. Anerkannten Naturschutzverbänden steht jedoch z.B. in Bremen und Hessen ein Klagerecht zu.

Verbindlichkeit
die Verpflichtung (Schuld) des Schuldners. Kann auf Gesetz (z.B. → unerlaubter Handlung, → ungerechtfertigter Bereicherung) oder Rechtsgeschäft (z.B. Kaufvertrag) beruhen. Sie ist ausnahmsweise *unvollkommene V.*, wenn sie nicht eingeklagt, das einmal Geleistete aber vom Schuldner auch nicht deshalb zurückgefordert werden kann, weil eine V. nicht bestanden habe (z.B. Spiel, Wette).

Verbindung
allgemein die Zusammenfügung mehrerer Elemente zu einer Einheit.
I. Im *Privatrecht* die Vereinigung einer beweglichen Sache mit einem Grundstück oder mit anderen beweglichen Sachen dergestalt, daß sie wesentlicher Bestandteil des Grundstücks bzw. einer einheitlichen (beweglichen) Sache wird. Hat zur Folge, daß sich das Eigentum am Grundstück auch auf die bewegliche Sache erstreckt, und daß die bisherigen Eigentümer mehrerer beweglicher Sachen Miteigentümer werden oder, wenn eine der Sachen als Hauptsache anzusehen ist, ihr Eigentümer das Alleineigentum erwirbt. Wer infolge der V. einen Rechtsverlust erleidet, kann von dem Begünstigten Vergütung in Geld nach den Vorschriften über die Herausgabe einer → ungerechtfertigten Bereicherung verlangen.
II. Im *Verfahrensrecht* kann das Gericht die V. mehrerer bei ihm anhängiger Prozesse derselben oder verschiedener Parteien zur gleichzeitigen Verhandlung und Entscheidung anordnen, wenn die Ansprüche, die den Gegenstand dieser Prozesse bilden, in rechtlichem Zusammenhang stehen oder in einer Klage hätten geltend gemacht werden können.

Verbot
die Anordnung, ein Verhalten zu unterlassen. Kann gesetzlich, behördlich oder rechtsgeschäftlich festgelegt sein. Zur Unterscheidung von präventivem und repressivem V. mit Erlaubnisvorbehalt im Verwaltungsrecht → Erlaubnis.

Verbotsirrtum
Irrtum des Täters über die Rechtswidrigkeit seiner Tat. Soweit der Täter den V. nicht vermeiden konnte, wird er nicht bestraft; bei Vermeidbarkeit erfolgt Bestrafung wegen vorsätzlichen Handelns, aber mit der Möglichkeit der Strafmilderung.

Verbrauchsteuer
Steuer auf den Verbrauch von Gütern (z.B. Tabaksteuer, Mineralölsteuer; i. w. S. auch Umsatzsteuer). Die V. ist eine indirekte Steuer, die der Hersteller schuldet, über den Preis eines Gutes jedoch auf den Endverbraucher als Steuerträger abwälzt.

Verbrechen
i. w. S. besonders schwere Straftat; i. e. S. eine rechtswidrige Tat, die im Mindestmaß mit Freiheitsstrafe von 1 Jahr oder darüber bedroht ist. Auch der Versuch eines V. ist stets strafbar.

Verdacht
→ Tatverdacht.

Verdächtigter
Person, die verdächtigt wird, eine strafbare Handlung begangen zu haben. Durch Einleitung eines Ermittlungsverfahrens wird V. zum → Beschuldigten.

Verdächtigung
Äußerung oder Begründung eines Verdachts.
I. Wegen *falscher V.* wird bestraft, wer einen anderen bei einer Behörde oder öffentlich *wider besseres Wissen* einer rechtswidrigen Tat oder einer Dienstpflichtverletzung in der Absicht verdächtigt, behördliche Maßnahmen gegen ihn herbeizuführen oder fortdauern zu lassen.
II. *Politische V.* begeht, wer einen anderen durch eine Anzeige oder V. der Gefahr aussetzt, aus politischen Gründen verfolgt zu werden und hierbei im Widerspruch zu rechtsstaatlichen Grundsätzen durch Gewalt- oder Willkürmaßnahmen Schaden an Leib oder Leben zu erleiden, der Freiheit beraubt oder in seiner beruflichen oder wirtschaftlichen Stellung empfindlich beeinträchtigt zu werden.

Verdienst
Bezeichnung für Lohn und Gehalt.

Verdingung
die Vergabe von Arbeits- und Lieferungsaufträgen durch Ausschreibung, insbes. der öffentlichen Hand.

Verdingungsordnung für Bauleistungen
abgekürzt VOB; → Verwaltungsvorschrift über die bei der Vergabe öffent-

licher Bauaufträge maßgeblichen Grundsätze. Teil A regelt das Verfahren, Teil B enthält die allgemeinen Vertragsbedingungen für die Ausführung der Bauleistungen. Letztere werden, obwohl sie nur für Bund und Länder allgemein verbindlich sind, oft auch im privaten Bauwesen als allgemeine Geschäftsbedingungen vereinbart oder sonst bei der Auslegung von Verträgen als Ausdruck der → Verkehrssitte herangezogen.

Verdunkelungsgefahr
durch das Verhalten des Beschuldigten begründeter dringender Verdacht, er werde Beweismittel beseitigen oder fälschen oder in unlauterer Weise auf Mitbeschuldigte, Zeugen oder Sachverständige einwirken oder andere zu solchem Verhalten veranlassen, so daß die Gefahr droht, daß die Ermittlung der Wahrheit erschwert wird. V. ist ein → Haftgrund, nicht jedoch bei leichteren Taten (Freiheitsstrafe bis zu 6 Monaten bzw. Geldstrafe bis zu 180 Tagessätzen).

Vereidigung
die Bekräftigung einer Aussage durch einen → Eid. Vorgesehen insbes. bei Zeugen, Sachverständigen, Parteien (→ Parteivernehmung), Dolmetschern, Beamten und Richtern. Im Strafverfahren ist die eidliche Zeugenvernehmung die Regel, während in anderen Verfahrensarten Zeugen meist uneidlich vernommen werden. Vgl. auch → Meineid und → Falscheid.

Verein
nach dem Vereinsgesetz jede Vereinigung, zu der sich eine Mehrheit von Personen (mindestens drei) für eine gewisse Dauer zu einem gemeinsamen Zweck freiwillig zusammenschließt, wobei diese Vereinigung vom Wechsel ihrer Mitglieder unabhängig ist. Der V. führt einen Namen. Er kann entweder rechtsfähiger oder nichtrechtsfähiger V. sein.
Rechtsfähiger V.: Mindestmitgliederzahl 7, hauptsächlich ein V., dessen Zweck nicht auf wirtschaftlichen Geschäftsbetrieb gerichtet, sondern z.B. geselliger, kultureller oder wohltätiger Art ist (Ideal-V.). Dieser erlangt Rechtsfähigkeit durch Eintragung ins V.-Register (e.V. = eingetragener V.). Weniger bedeutend die wirtschaftlichen V., die ihre Rechtsfähigkeit durch staatliche Verleihung erlangen (z.B. Technischer Überwachungs-V.).
Auf den *nichtrechtsfähigen V.* finden laut BGB die Vorschriften über die Gesellschaft Anwendung. Wird jedoch von der Rechtsprechung weitgehend dem rechtsfähigen V. gleichgestellt, weil auch der nichtrechtsfähige V. im Gegensatz zur Gesellschaft körperschaftlich organisiert ist. Nichtrechtsfähiger V. kann als solcher nicht selbst klagen (Ausnahme z.B. Gewerkschaften), jedoch verklagt werden. Die Haftung der Mitglieder ist i. d. R. stillschweigend auf das V.-Vermögen beschränkt, während beim rechtsfähigen V. der Vorstand u. U. für eine unerlaubte Handlung gegenüber einem Dritten haftet.

Vereinigung
jeder Zusammenschluß von Personen zur Verfolgung gemeinsamer Ziele (ohne Rücksicht auf eine rechtliche Form) mit Ausnahme öffentlich-rechtlicher Körperschaften. Das Grundgesetz gewährleistet allen Deutschen → V.-Freiheit (vgl. ferner → Koalitionsfreiheit). Vgl. auch → kriminelle V., → terroristische V.

Vereinigungsfreiheit
das in *Art. 9 Abs. 1 GG* für alle Deutschen garantierte Grundrecht, Vereine und Gesellschaften zu bilden. Umfaßt das Recht des einzelnen, bestehenden Vereinigungen beizutreten, neue Vereinigungen zu gründen, aber auch keiner Vereinigung anzugehören sowie das Recht der Vereinigung zur Selbstbestimmung über ihre eigenen Angelegenheiten (Vereinsautonomie). Besonders geregelt ist dieses Recht für Koalitionen (*Art. 9 Abs. 3 GG* → Koalitionsfreiheit) und für politische Parteien *(Art. 21 Abs. 1 S. 1 GG)*.
Verboten sind Vereinigungen, deren Zwecke oder deren Tätigkeit den Strafgesetzen zuwider laufen oder sich gegen

die verfassungsmäßige Ordnung oder gegen den Gedanken der Völkerverständigung richten. Dürfen aber erst dann als verboten behandelt werden, wenn das Verbot durch die oberste Landesbehörde oder den Bundesminister des Inneren festgestellt worden ist.

Vereinsregister
beim Amtsgericht geführtes Register, in das nichtwirtschaftliche Vereine eingetragen werden, wodurch sie Rechtsfähigkeit erlangen.

Vereinte Nationen
→ UNO.

Verfahrensgrundsätze
allgemeine Prinzipien der Durchführung eines Prozesses (wobei jedoch nicht jeder Grundsatz in allen Verfahrensarten gilt). Dazu gehören vor allem der Öffentlichkeits-, Mündlichkeits-, Unmittelbarkeits-, Verhandlungs-, Verfügungs- und Untersuchungsgrundsatz sowie der Grundsatz des rechtlichen Gehörs.

Verfahrensrecht
auch formelles Recht; Rechtsnormen zur Regelung der Form, in der ein Gerichtsverfahren oder ein außergerichtliches Verfahren (z.B. Erlaß eines Verwaltungsaktes) abläuft. Das Recht des gerichtlichen Verfahrens (Prozeßrecht) ist in den verschiedenen Prozeßordnungen geregelt (z.B. StPO, ZPO, VwGO), das des Verwaltungsverfahrens in den Verwaltungsverfahrensgesetzen von Bund und Ländern. Das V. steht im Gegensatz zum → materiellen Recht.

Verfassung
rechtliche Grundordnung eines Staates. Sie regelt insbes. die → Staatsform, Einrichtung und Aufgaben der obersten Staatsorgane und die Rechtsstellung der Bürger im Staat. Soweit es sich um eine geschriebene V. handelt, wird als V. (im formellen Sinn) gleichzeitig auch die schriftliche V.-Urkunde bezeichnet; solche V. sind meist in besonderer Form zustande gekommene Gesetze, die nur in einem besonderen Verfahren, insbes. mit qualifizierter Mehrheit, geändert werden können. Die V. der Bundesrepublik Deutschland ist das → Grundgesetz.

Verfassungsänderung
→ Grundgesetz.

Verfassungsbeschwerde
→ Rechtsbehelf, der vor dem Bundesverfassungsgericht (BVerfG) von jedermann mit der Behauptung erhoben werden kann, durch die öffentliche Gewalt (Gesetzgebung, Rechtsprechung, Verwaltung) in einem seiner Grundrechte oder einem diesen gleichgestellten Rechte verletzt worden zu sein. Voraussetzung ist die vorherige Erschöpfung des Rechtsweges (z.B. im Strafverfahren die erfolglose Revisionseinlegung beim Bundesgerichtshof); V. gegen Rechtsnormen sind nur zulässig, wenn der Beschwerdeführer selbst unmittelbar durch eine Rechtsnorm und nicht erst durch einen nachfolgenden Vollzugsakt in seinen verfassungsmäßigen Rechten verletzt sein kann.
Die V. ist innerhalb einer Frist von einem Monat (bei Gesetzen einem Jahr) einzureichen. Sie bedarf der ausdrücklichen Annahme durch das BVerfG, wobei zunächst eine Vorprüfung durch einen Richterausschuß (Dreierausschuß) stattfindet, der die Annahme einstimmig ablehnen kann, wenn die V. unzulässig oder offensichtlich unbegründet ist; erfolgt keine Ablehnung, so entscheidet der zuständige Senat über die Annahme. Hält das BVerfG die V. für begründet, so stellt es die Grundrechtsverletzung fest und hebt die entsprechende Maßnahme auf; ein grundrechtswidriges Gesetz erklärt es für nichtig.
Entsprechende Vorschriften für V. zu den Verfassungsgerichten (Staatsgerichtshöfe) der Länder bestehen z.T. nach den Landesverfassungen.

Verfassungsfeind
jemand, der die freiheitlich-demokratische Grundordnung nicht nur nicht bejaht oder ihr gleichgültig gegenübersteht, sondern sie ablehnt und aktiv bekämpft. Gegen verfassungsfeindliche

Tätigkeiten sind staatliche Abwehrmaßnahmen zulässig. Im Strafrecht sind einzelne verfassungsfeindliche Taten, die als verfassungswidrig angesehen werden, mit Strafe bedroht.

Verfassungsgerichtsbarkeit
die vom Bundesverfassungsgericht und den Verfassungsgerichten der Länder (z.T. Staatsgerichtshöfe genannt) ausgeübte Gerichtsbarkeit in Verfassungsstreitigkeiten. Vgl. auch Abbildung Gerichtsorganisation S. 274.

Verfassungsgrundsätze
die wesentlichen Prinzipien einer Verfassung. Im → Grundgesetz sind dies: allgemeines, unmittelbares, freies, gleiches und geheimes Wahlrecht, Gewaltenteilung, Bindung der Gesetzgebung an die verfassungsmäßige Ordnung und der vollziehenden Gewalt und der Rechtsprechung an Gesetz und Recht, Recht auf parlamentarische Opposition, Ablösbarkeit der Regierung und ihre Verantwortlichkeit gegenüber dem Parlament, Unabhängigkeit der Gerichte und Ausschluß jeder Gewalt-und Willkürherrschaft.

verfassungsmäßige Ordnung
alle Rechtsnormen, die mit dem Grundgesetz formell und materiell in Einklang stehen. Die v.O. ist eine der drei Schranken des Grundrechts auf freie Entfaltung der Persönlichkeit; entsprechend ist eine Einschränkung dieses Grundrechts unzulässig, wenn sie im Widerspruch zur v.O. steht; in diesem Fall kann eine → Verfassungsbeschwerde, die eigentlich nur gegen Grundrechtsverletzungen zulässig ist, auch darauf gestützt werden, daß ein Gesetz nicht der v.O. entspreche, da seine Existenz gleichzeitig auch die freie Entfaltung der Persönlichkeit ungerechtfertigterweise beeinträchtige.

Verfassungsorgan
eines der von der Verfassung bestimmten obersten Staatsorgane. Dies sind nach dem GG: Bundestag, Bundesrat, Bundespräsident, Bundesregierung und Bundesverfassungsgericht.

Verfassungsrecht
→ Staatsrecht.

Verfassungsschutz
der Schutz der verfassungsmäßigen Grundordnung des Staates. Dem Bundesamt für V. und den Landesämtern für V. obliegt die Sammlung und Auswertung von Informationen über verfassungsfeindliche Bestrebungen; ihnen stehen jedoch keine polizeilichen Befugnisse zu. Strafrechtlich dienen dem V. hpts. die Bestimmungen über Hoch- und Landesverrat, die Gefährdung des demokratischen Rechtsstaates, Straftaten gegen Verfassungsorgane und Wahldelikte. Aufgaben des V. obliegen auch dem Bundesverfassungsgericht im Rahmen seiner Entscheidungsbefugnis über die Verfassungswidrigkeit einer Partei und über die Verwirkung von Grundrechten.

Verfassungsstreitigkeit
i. w. S. jede Rechtsstreitigkeit, die auf Grund von Verfassungsrecht entschieden wird; i. e. S. eine solche, die verfahrensmäßig in die Zuständigkeit der Verfassungsgerichte fällt (vgl. → Bundesverfassungsgericht, → Normenkontrolle, → Vorlageverfahren, → Verfassungsbeschwerde, → Organstreitigkeit).

Verfassungswidrigkeit
Widerspruch zur Verfassung. Ein *Gesetz* ist verfassungswidrig, wenn es formell (d.h. seinem Zustandekommen nach, z.B. bei fehlender Gesetzgebungszuständigkeit) oder materiell (d.h. seinem Inhalt nach, z.B. bei Verstoß gegen ein Grundrecht) mit der Verfassung nicht zu vereinbaren ist. Die V. eines Gesetzes und damit dessen Nichtigkeit wird im Wege der abstrakten oder konkreten → Normenkontrolle, u. U. auch der → Verfassungsbeschwerde durch das Bundesverfassungsgericht und die Verfassungsgerichte der Länder, festgestellt. Zur V. einer *Partei* vgl. → Parteiverbot.

Verfolgung
das private oder amtliche Nachgehen gegenüber einer Person oder Sache; die

Ahndung eines Verhaltens; auch das feindselige Nachstellen. Zur V. von *Straftaten* vgl. → Strafverfolgung, → Legalitätsprinzip. Zur V. *auf frischer Tat* vgl. → Festnahme. Wegen V. *Unschuldiger* macht sich ein Amtsträger strafbar, der im Rahmen eines Strafverfahrens, eines Verfahrens zur Anordnung einer behördlichen Verwahrung, eines Bußgeld-, Disziplinar-, Ehrengerichts- oder Berufsgerichtsverfahrens wissentlich einen Unschuldigen oder jemand, der sonst nach dem Gesetz nicht verfolgt werden darf, verfolgt.

Ein *V.-Recht* steht dem Besitzer einer Sache zu, die auf ein im Besitz eines anderen befindliches Grundstück gelangt ist.

Zugunsten der *Opfer der nationalsozialistischen V.* werden u.a. Entschädigungen gewährt.

Verfügung

I. Im *Verwaltungsrecht* ein → Verwaltungsakt, der ein Gebot oder Verbot ausspricht (z.B. Polizei-V.).

II. Im *Verfahrensrecht* eine insbes. vom Vorsitzenden getroffene, meist prozeßleitende gerichtliche Entscheidung (z.B. Terminbestimmung, Ladung zum Termin). Vgl. ferner → einstweilige V.

III. Im *Privatrecht* die unmittelbare Einwirkung auf den Bestand eines Rechts durch Übertragung, Aufhebung, Belastung oder inhaltliche Änderung (z.B. Übereignung, Abtretung). Setzt → V.-Befugnis voraus. Vgl. ferner → V. von Todes wegen.

Verfügungsbefugnis

Berechtigung einer Person, über ein (veräußerliches) Recht zu verfügen. Steht grds. dem Inhaber des Rechtes zu (Ausnahmen sind z.B. Einziehungsermächtigung, Konkursverwalter, Veräußerungsverbot). Die Verfügung eines Nichtberechtigten bedarf der Zustimmung des Berechtigten; sie kann aber auch auf Grund der Vorschriften über den Erwerb kraft → guten Glaubens wirksam sein.

Verfügungsgeschäft

das Rechtsgeschäft, durch das eine → Verfügung getroffen wird (z.B. → Übereignung, → Abtretung). Es ist streng zu trennen von dem ihm zugrunde liegenden Verpflichtungsgeschäft, mit dem lediglich die → Verpflichtung zu einer entsprechenden Verfügung begründet wird.

Verfügungsgrundsatz

auch Dispositionsmaxime; Grundsatz, wonach die Prozeßparteien über den Gegenstand des Rechtsstreits und insoweit über Gang und Inhalt des Verfahrens frei verfügen können (z.B. im Zivilprozeß). Sein Gegensatz ist der Offizialgrundsatz (→ Offizialverfahren). Der V. gilt außer im Strafprozeß in allen Verfahrensarten, allerdings vielfach eingeschränkt (z.B. im Verfahren in Ehesachen).

Verfügungsverbot

→ Veräußerungsverbot.

Verfügung von Todes wegen

jede Anordnung, die eine Person für den Fall ihres Todes trifft und die erst mit dessen Eintritt wirksam werden soll. Sie kann → Testament (letztwillige Verfügung) oder → Erbvertrag sein und u.a. Bestimmungen über Erbeinsetzung, Enterbung, Pflichtteilsentziehung, Vermächtnis, Auflage, Testamentsvollstreckung enthalten.

Verführung

Straftat, die begeht, wer auf den Willen eines Mädchens unter 16 Jahren einwirkt, wodurch dieses entgegen seinem zunächst bestehenden Widerstand dazu bestimmt wird, mit ihm den Beischlaf zu vollziehen. Die Tat wird nicht verfolgt, wenn der Täter die Verführte geheiratet hat; bei einem noch nicht 21 Jahre alten Täter kann das Gericht von Bestrafung absehen.

Vergehen

im Strafrecht rechtswidrige Tat, die im Mindestmaß mit einer Freiheitsstrafe von weniger als einem Jahr oder mit Geldstrafe bedroht ist. Der Versuch eines V. ist nur dann strafbar, wenn das

Gesetz es ausdrücklich bestimmt. Vgl. auch → Verbrechen.

Vergesellschaftung
→ Sozialisierung.

Vergewaltigung
auch Notzucht; Straftat, die begeht, wer eine Frau mit Gewalt oder durch Drohung mit gegenwärtiger Gefahr für Leib oder Leben zum außerehelichen Beischlaf mit ihm oder einem Dritten nötigt.

Vergiftung
Straftat, die begeht, wer einem anderen, um dessen Gesundheit zu beschädigen, Gift oder andere Stoffe beibringt, welche die Gesundheit zu zerstören geeignet sind.
Gemeingefährliche V. begeht, wer Brunnen- oder Wasserbehälter, die zum Gebrauch anderer dienen oder Gegenstände, die zum öffentlichen Verkauf oder Verbrauch bestimmt sind, vergiftet oder ihnen Stoffe beimischt, von denen bekannt ist, daß sie die menschliche Gesundheit zu zerstören geeignet sind; desgleichen, wer solche Gegenstände unter Verschweigen dieser Eigenschaft verkauft, feilhält oder sonst in Verkehr bringt.

Vergleich
I. *Vertrag,* durch den der Streit oder die Ungewißheit der Parteien über ein Rechtsverhältnis im Wege gegenseitigen Nachgebens beseitigt wird. Der V. kann sowohl außergerichtlich als auch vor Gericht (Prozeß-V.) geschlossen werden.
II. *Maßnahme* zur Abwendung des Konkurses oder der Sanierung in der Form des außergerichtlichen V. oder des gerichtlichen V.-Verfahrens.

Vergleichsverfahren
gerichtliches Verfahren nach der Vergleichsordnung, durch das der Konkurs abgewendet werden soll, indem die Vergleichsgläubiger zu einem bestimmten Teil ihrer Forderungen befriedigt werden. Das Vergleichsgericht entscheidet über den vom Schuldner zu stellenden Antrag, der einen bestimmten Vergleichsvorschlag enthalten muß. Nach Antragstellung wird ein Vergleichsverwalter bestellt und Vergleichstermin bestimmt. Der Beschluß wird öffentlich bekanntgemacht und im Handelsregister vermerkt. Der Schuldner behält die Verfügungsmacht über sein Vermögen, sofern nicht ein allgemeines Veräußerungsverbot erlassen oder eine Verfügungsbeschränkung auferlegt wird. Die Vergleichsgläubiger können gegen den Schuldner während des V. keine Zwangsvollstreckung durchführen. Im Vergleichstermin stimmen die Vergleichsgläubiger über den Vergleichsvorschlag ab.

Vergütung
das Entgelt für eine Leistung.

Verhaftung
Inhaftnahme einer Person durch richterlichen → Haftbefehl. Führt zur → Untersuchungshaft. Zu trennen von der vorläufigen → Festnahme sowie der → Vollstreckung der Freiheitsstrafe (→ Strafvollzug).

Verhalten
die willensgesteuerte Lebensäußerung eines Menschen. V. kann in einem Tun (→ Handlung) oder Unterlassen bestehen. Es kann die verschiedensten Rechtsfolgen haben, insbes. Strafe oder Schadensersatz.
Schlüssiges (konkludentes) V. (oder Handeln) ist ein V., bei dem das, was rechtlich gewollt ist, nicht ausdrücklich erklärt wird, das aber den Umständen nach nur eine bestimmte Schlußfolgerung zuläßt (z.B. legt jemand an einem Eisstand wortlos den Geldbetrag hin, den das Eis kostet; damit gibt er zu erkennen, daß er einen entsprechenden Kaufvertrag abschließen möchte). Muß vom bloßen Nichtstun abgegrenzt werden (z.b. wenn jemand auf ein schriftliches Angebot nicht antwortet; Schweigen führt grds. (Ausn. im Handelsrecht) nicht zur Annahme des Angebots).

Verhältnismäßigkeitsgrundsatz
auch Übermaßverbot; aus dem Rechtsstaatsprinzip abgeleiteter allgemeiner Grundsatz des öffentlichen Rechts, daß

die Verwaltung bei Eingriffen in Rechte des einzelnen unter mehreren (tatsächlich und rechtlich) möglichen Maßnahmen nur diejenige ergreifen darf, die den Betroffenen und die Allgemeinheit am wenigsten beeinträchtigt; daß diese Maßnahme nicht weiter gehen darf, als zur Erreichung des angestrebten Zweckes erforderlich ist (Grundsatz des mildesten Mittels, Grundsatz der Erforderlichkeit) und daß ein zu erwartender Schaden nicht in grobem Mißverhältnis zu dem erstrebten Erfolg stehen darf.

Verhältniswahlrecht
→ Wahlsystem.

Verhandlung
die Erörterung einer Angelegenheit sowie der dazu bestimmte gerichtliche → Termin. *Mündliche V.* erfolgt in Anwesenheit der Beteiligten vor Gericht durch mündlichen Vortrag (→ Mündlichkeitsgrundsatz). In den meisten Verfahrensordnungen für das Urteilsverfahren als gesetzliche Regel vorgesehen; im übrigen steht sie im Ermessen des Gerichts. Im *Zivilprozeß* ist der Rechtsstreit i. d. R. in einem umfassend vorbereiteten Termin zur mündlichen V. *(Haupttermin)* zu erledigen, wozu der Vorsitzende entweder einen *frühen ersten Termin* zur mündlichen V. bestimmt oder ein schriftliches Vorverfahren bestimmt. Im *Strafprozeß* → Haupt.-V.

Verhandlungsfähigkeit
Fähigkeit, in einem Prozeß in oder außerhalb der Verhandlung seine Interessen vernünftig wahrzunehmen und Prozeßerklärungen abzugeben sowie entgegenzunehmen.
I. V. ist im *Strafprozeß* Voraussetzung für die Durchführung der Hauptverhandlung (Ausn.: in bestimmten Grenzen bei vorsätzlich herbeigeführter Verhandlungsunfähigkeit). Setzt weniger als Geschäftsfähigkeit voraus; entfällt bei Erwachsenen nur bei schweren körperlichen oder seelischen Mängeln oder Krankheiten. Die endgültige Verhandlungsunfähigkeit des Beschuldigten führt zur Einstellung des Verfahrens.
II. In der mündlichen Verhandlung des *Zivilprozesses* setzt V. *Postulationsfähigkeit* voraus, d.h. die Fähigkeit, einer Prozeßhandlung die rechtserhebliche Erscheinungsform zu geben. Haben im → Parteiprozeß grds. alle prozeßfähigen Personen, im Anwaltsprozeß nur die zugelassenen Rechtsanwälte.

Verhandlungsgrundsatz
Grundsatz, wonach die Parteien bestimmen, welche Tatsachen sie dem Gericht zur Entscheidung vorlegen. Gilt nur im Zivilprozeß (Ausn. z.B. in Ehe-, Kindschafts- und Entmündigungssachen). Das Gericht darf nicht vorgetragene Tatsachen bei seiner Entscheidung nicht berücksichtigen. V. steht im Gegensatz zum → Untersuchungsgrundsatz.

Verherrlichung von Gewalttaten
die Glorifizierung von Gewalt als Mittel menschlicher Auseinandersetzung. Erfolgt sie durch Darstellungen, die Gewalttätigkeiten gegen Menschen in grausamer oder sonst unmenschlicher Weise schildern, so sind u.a. Herstellung, Zugänglichmachung und Verbreitung strafbar; das gleiche gilt für eine Verharmlosung von Gewalttätigkeiten. Ausgenommen sind Darstellungen, die der Berichterstattung über Vorgänge des Zeitgeschehens oder der Geschichte dienen.

Verjährung
der durch Zeitablauf nach dem Gesetz eintretende Verlust der Durchsetzbarkeit von Rechten.
I. Im *bürgerlichen Recht (BGB)* kann der Verpflichtete durch die Einrede der V. die fällige Leistung verweigern. Regelmäßig verjähren Ansprüche in 30 Jahren. Kürzere V.-Fristen sind durch Gesetz bestimmt (siehe Tabelle).

Verjährungsfristen im bürgerlichen Recht
nach 2 Jahren: Ansprüche
☐ der Kaufleute und Handwerker für gelieferte Waren
☐ der Ärzte, Rechtsanwälte und Architekten usw. für erbrachte Leistungen

☐ der Gast- und Schankwirte
☐ der Arbeiter und Angestellten auf Lohn
nach 4 Jahren:
Ansprüche auf Rückstände von Mieten, Zinsen, Unterhaltsbeihilfen, Renten usw.
nach 30 Jahren:
alle sonstigen Ansprüche mit wenigen Ausnahmen.

II. Auch *öffentlich-rechtliche Rechte* können verjähren. Bei Ansprüchen vermögensrechtlicher Art werden die Fristen des BGB analog angewendet. Bei *Sozialleistungen* verjährt der Anspruch in vier Jahren.
Im *Steuerrecht* unterscheidet man die Festsetzungs-V. und die Zahlungs-V. (siehe Tabelle).

Verjährungsfristen im Steuerrecht
a) Festsetzungsverjährung
Die Festsetzung, Aufhebung oder Änderung verjährt
in 1 Jahr:
bei Zöllen, Verbrauchsteuern, Zinsen und Kosten der Vollstreckung
in 4 Jahren:
bei sonstigen Steuern
in 5 Jahren:
bei leichtfertig verkürzten Steuern
in 10 Jahren:
bei hinterzogenen Steuern
b) Zahlungsverjährung
In 5 Jahren verjährt ein festgesetzter Zahlungsanspruch.

III. Im *Strafrecht* bedeutet V. den Ausschluß der Strafverfolgung sowie der Strafvollstreckung (siehe Tabelle).

Verjährung von Straftaten
Keine Verjährung bei Mord und Völkermord

Straftat bedroht mit:	Verjährung der Verfolgung nach:
Lebensl. Freiheitsstrafe	30 J.
Höchstmaß mehr als 10 J.	20 J.
Höchstmaß 5 bis 10 J.	10 J.
Höchstmaß 1 bis 5 J.	5 J.
Bei übrigen Straftaten	3 J.

vom Tattag an

IV. Die *Vollstreckung* einer rechtskräftig verhängten Strafe wird durch den Ablauf von Fristen zwischen 3 und 25 Jahren ausgeschlossen.

Verkehrssicherungspflicht

die Pflicht, Orte, die der Allgemeinheit oder einem bestimmten Personenkreis zugänglich sind, zu deren Schutz ausreichend abzusichern. Trifft jeden, der eine mögliche Gefahrenquelle geschaffen hat oder den öffentlichen Verkehr auf einem seiner Verfügung unterstehenden Grundstück duldet (z.B. Abdeckung einer Baugrube, Beleuchtung eines Mietshauses, Streuen bei Glatteis). Die Verletzung der V. führt zu einer Schadensersatzpflicht aus → unerlaubter Handlung. Ein mit der Erfüllung der V. beauftragter Dritter ist laufend zu beaufsichtigen. Die Haftung öffentlich-rechtlicher Körperschaften, insbes. von Staat und Gemeinden, richtet sich bei Verletzung der Staßen-V. nach den Bestimmungen über die Amtshaftung.

Verkehrssitte

die im Verkehr der beteiligten Kreise herrschende Anschauung und tatsächliche Übung. Sie stellt (im Gegensatz zum Gewohnheitsrecht) keine Rechtsnorm dar, ist jedoch bei der Auslegung von Verträgen und bei der Bestimmung des Inhalts eines Schuldverhältnisses nach Treu und Glauben zu berücksichtigen. Besondere Bedeutung kommt der speziellen V. des Handels, dem Handelsbrauch, zu.

Verkehrsunfall

plötzlich auftretendes Ereignis im Straßenverkehr, das zur Tötung oder Verletzung eines Menschen oder zu einem nicht völlig belanglosen Sachschaden führt.

Verkehrsunfallflucht

→ unerlaubtes Entfernen vom Unfallort.

Verkehrszeichen
Zeichen zur Regelung des Straßenverkehrs. Sie sind Gefahr-, Vorschrifts- oder Richtzeichen. Gefahrzeichen mahnen, sich auf eine angekündigte Gefahr einzurichten (z.B. Schleudergefahr, Wildwechsel). Vorschriftszeichen enthalten Gebote oder Verbote (z.B. Radweg, Parkverbot, Geschwindigkeitsbeschränkung). Verstöße dagegen werden als Ordnungswidrigkeiten geahndet. Richtzeichen geben besondere Hinweise zur Erleichterung des Verkehrs (z.B. auf Parkplatz).

Verkehrszentralregister
(Bundes-V.); „Verkehrssünderkartei"; vom Kraftfahrt-Bundesamt in Flensburg für die ganze Bundesrepublik Deutschland geführtes Register über Verkehrsverstöße von Kraftfahrern und dazu ergangene Entscheidungen der Verwaltung und der Gerichte. Eingetragen werden insbes. Entziehung der Fahrerlaubnis, Fahrverbot, strafgerichtliche Urteile wegen eines Verkehrsdelikts, Geldbußen von mehr als 80 DM wegen Verkehrsordnungswidrigkeiten. Eintragungen werden nach Fristablauf getilgt. Auskunft kann verlangt werden.

Verkündung
öffentliche förmliche Bekanntgabe von gerichtlichen Entscheidungen (i. d. R. mündlich, z.B. durch Verlesung der Urteilsformel) oder von Gesetzen und Verordnungen (durch Veröffentlichung im Gesetz- und Verordnungsblatt). V. ist jeweils Wirksamkeitsvoraussetzung. Vgl. Abbildung Gesetzgebungsverfahren S. 272 f.

Verleger
der Unternehmer, der einen Verlag (insbes. Buch-Verlag) betreibt und auf Grund eines Verlagsvertrags mit dem Urheber berechtigt und verpflichtet wird, ein Sprach- und Musikwerk zu vervielfältigen und zu verbreiten sowie die vereinbarte Vergütung zu zahlen. Für Zeitungs- und Zeitschriften-V. bestehen im Verlagsgesetz Sonderregelungen.

Verletzter
Person, die eine → Verletzung erlitten hat. Der durch eine Straftat V. ist zur Stellung eines → Strafantrages berechtigt. Stellt die Staatsanwaltschaft das Ermittlungsverfahren trotz seines Strafantrages ein, kann der V. Beschwerde einlegen und bei ablehnendem Bescheid des vorgesetzten Beamten der Staatsanwaltschaft gerichtliche Entscheidung beantragen (→ Klageerzwingungsverfahren). Bei Privatklagedelikten kann er Privatklage erheben, wenn die Staatsanwaltschaft die Strafverfolgung mangels öffentlichen Interesses nicht übernimmt. Erhebt sie Anklage, so kann sich der V. dem Verfahren als Nebenkläger anschließen, wenn es sich um ein Privatklagedelikt handelt oder wenn er das Klageerzwingungsverfahren erfolgreich betrieben hat. Er kann dann an der Hauptverhandlung teilnehmen, Anträge stellen und Rechtsmittel unabhängig vom Staatsanwalt einlegen.

Verletzung
die Schädigung von Leben, Körper, Gesundheit oder einem sonstigen Rechtsgut eines Menschen; die Nichtbeachtung einer gesetzlichen Vorschrift.

Verleumdung
Straftat, die begeht, wer wider besseres Wissen eine unwahre Tatsache in Beziehung auf einen anderen behauptet oder verbreitet, die geeignet ist, diesen verächtlich zu machen oder in der öffentlichen Meinung herabzuwürdigen oder dessen Kredit zu gefährden.

Verlöbnis
nach herrschender Meinung ein Vertrag, durch den sich Mann und Frau gegenseitig versprechen, die Ehe miteinander einzugehen; auch die darauf gegründete Gemeinschaft (Brautstand). Aus dem V. kann nicht auf Eingehung der Ehe geklagt werden. Zum V. muß ernstlicher Wille deutlich in Erscheinung treten, wenn er auch an keine bestimmte äußere Form (Ringewechsel, Zeitungsanzeige, Karten) gebunden ist. Äußere Formen können jedoch bei

Rücktritt vom V. als Beweis für das Vorliegen eines V. dienen.
Tritt ein Verlobter ohne wichtigen Grund zurück oder gibt er dem anderen durch sein Verhalten einen wichtigen Rücktrittsgrund, so ist er für finanzielle Dispositionen, die in Erwartung der Ehe getroffen worden sind, schadensersatzpflichtig (z.B. Aussteuerbeschaffung, Berufsaufgabe), vgl. auch → Kranzgeld.

Vermächtnis
→ Verfügung von Todes wegen, durch die der Erblasser einem anderen einen einzelnen Vermögensvorteil (einen bestimmten Gegenstand oder eine Geldforderung) zuwendet, ohne ihn als Erben einzusetzen. Mit dem Erbfall erwirbt der mit einem V. Bedachte nicht automatisch das Eigentum an dem betreffenden Gegenstand, sondern hat nur einen Anspruch gegen die Erben auf Übertragung.

Vermittlung
allgemein die Herstellung einer Verbindung oder Einigung.
Die *V. von Adoptionen* ist nur den Jugendämtern und den freien Wohlfahrtsverbänden gestattet. *Arbeits-V.* darf grds. nur von der Bundesanstalt für Arbeit betrieben werden.
Im *Völkerrecht* das Tätigwerden eines an einem Streitfall unbeteiligten Staates (oder einer internationalen Organisation) mit dem Ziel, durch Unterbreiten eines Lösungsvorschlages den Streit zu beenden.

Vermittlungsausschuß
ständiger Ausschuß zur Vermittlung bei Meinungsverschiedenheiten zwischen Bundestag und Bundesrat über Gesetzesbeschlüsse des Bundestages; kann nur Vorschläge machen, aber nicht selbst entscheiden. Kann bei Einspruchsgesetzen vom Bundesrat angerufen werden, bei Zustimmungsgesetzen auch von Bundestag und Bundesregierung. Besteht aus je 11 Mitgliedern des Bundestages und des Bundesrates, wobei die Bundesratsmitglieder ausnahmsweise weisungsunabhängig sind.
Vgl. auch Abbildung Gesetzgebungsverfahren S. 272 f.

Vermögen
die Gesamtheit der einer Person zustehenden, geldwerten oder in Geld schätzbaren Güter und Rechte. V. besteht im Zivilrecht i. d. R. nur aus den Aktiva, nicht aus den Passiva (Schulden und sonstige Verpflichtungen), die das V. belasten.

Vermögensschaden
jeder in Geld bewertbare Nachteil einer Person an ihrem → Vermögen (z.B. auch nutzlos vertane Urlaubszeit). Steht im Gegensatz zum Nichtvermögensschaden (→ immaterieller Schaden). Abgrenzung im einzelnen schwierig, da nur bestimmte immaterielle Schäden eine Ersatzpflicht begründen (z.B. Ehrverletzung, Schmerzen).

Vermögenssorge
→ elterliche Sorge.

Vermögensteuer
direkte, von natürlichen und juristischen Personen zu zahlende Steuer; Berechnungsgrundlage ist das Reinvermögen einschließlich des ausländischen Vermögens. Der Steuersatz beträgt für natürliche Personen 0,5 %, für juristische Personen 0,6 % des steuerpflichtigen Vermögens abzüglich der Freibeträge. Bei natürlichen Personen sind je Ehegatte 70 000 DM frei.

Vernehmung
(meist mündliche) Befragung (nicht bloße Anhörung), vor allem von Zeugen, Sachverständigen, Beschuldigten (im Strafverfahren) und Parteien (im Zivilprozeß) zur Aufklärung des Sachverhalts. Bestimmte Personen (z.B. Angehörige) können ein Aussageverweigerungsrecht haben. Verbotene V.-Mittel sind Mißhandlung, Ermüdung, körperliche Eingriffe, Verabreichung von Mitteln, Quälerei, Täuschung, Hypnose, Zwang, Drohung und Versprechen von gesetzlich nicht vorgesehenen Vorteilen.

Verordnung
gleichbedeutend mit *Rechts-V.* (der Be-

griff der Verwaltungs-V. ist heute weitgehend durch den der → Verwaltungsvorschrift ersetzt); das auf Grund gesetzlicher Ermächtigung von der Exekutive erlassene Recht. Eine V. ist kein Gesetz im formellen Sinn, da sie nicht im förmlichen Gesetzgebungsverfahren zustande gekommen ist, jedoch Gesetz im materiellen Sinn, da sie (im Gegensatz zum Verwaltungsakt nicht nur einen Einzelfall regelt, sondern) allgemeinverbindlich ist. Das Gesetz, auf Grund dessen eine V. ergehen darf, muß Inhalt, Zweck und Ausmaß der Ermächtigung bestimmen. V. stehen im Rang unter den Gesetzen (im formellen Sinn). Sie werden im Bundesgesetzblatt bzw. in den Gesetz- und *V.-Blättern* der Länder verkündet.

Verpfändung
die Begründung eines → Pfandrechts an einer beweglichen Sache durch Rechtsgeschäft.

Verpflichtung
I. Im *Zivilrecht:* Pflicht, Schuld, Verbindlichkeit. Entsteht durch Gesetz oder Rechtsgeschäft. Erlischt insbes. durch Erfüllung.
V.-Geschäft ist das auf Begründung einer V. gerichtete Rechtsgeschäft (z.B. Kaufvertrag). Bewirkt keine unmittelbare Rechtsänderung. Diese tritt erst durch das streng vom V.-Geschäft zu trennende nachfolgende Verfügungsgeschäft ein, mit dem die Verpflichtung erfüllt wird (z.B. Übereignung der gekauften Sache).
II. Im *öffentlichen Recht:* V. erfolgt bei mit öffentlichen Aufgaben betrauten Personen, die nicht Beamte sind, durch die Ausstellungsbehörde oder sonstige öffentliche Stelle sowie durch mit öffentlichen Aufgaben befaßten Verband oder Unternehmen. Die V. richtet sich auf gewissenhafte Erfüllung der Obliegenheiten. Verpflichtete werden im Strafrecht Amtsträgern gleichgestellt.

Verrat
→ Geheimnisverrat, → Hochverrat, → Landesverrat.

Verrechnungsscheck
Scheck, bei dem der Aussteller oder Inhaber durch den quer über die Vorderseite gesetzten Vermerk „nur zur Verrechnung“ oder durch einen gleichbedeutenden Vermerk untersagt, daß der Scheck bar bezahlt wird. Die einlösende Bank darf die Schecksumme dem Einlieferer nur auf dessen Konto gutschreiben. *Gegensatz:* Barscheck.

Versammlung
Zusammenkunft einer Anzahl von Menschen (mindestens drei) zum nicht nur zufälligen Zweck gemeinsamer Erörterungen öffentlicher Angelegenheiten oder zur Veranstaltung einer gemeinsamen Kundgebung (→ Demonstration). Für die Demokratie unentbehrliche Form der Meinungsäußerung und Meinungsbildung. Die V. kann öffentlich und nicht öffentlich sein.

Versammlungsfreiheit
das in *Art. 8 GG* garantierte Grundrecht, sich ohne Anmeldung und ohne Erlaubnis friedlich und ohne Waffen zu versammeln. Versammlungen unter freiem Himmel unterliegen jedoch Beschränkungen auf Grund des → Versammlungsgesetzes; sie sind vorher anzumelden.

Versammlungsgesetz
regelt Einzelheiten des nach *Art. 8 GG* gewährten Grundrechts der Versammlungsfreiheit und beschränkt dieses teilweise, z.B. durch die Pflicht zu vorheriger Anmeldung (von Versammlungen und Aufzügen unter freiem Himmel).

Versäumnisurteil
das bei → Säumnis einer Partei auf Antrag der Gegenpartei zu erlassende Urteil. Das V. gegen den Kläger (mit dem die Klage abgewiesen wird) setzt voraus, daß die Klage zulässig ist (wird die Klage wegen Unzulässigkeit abgewiesen, liegt kein V. vor, sog. unechtes V.), das V. gegen den Beklagten setzt zusätzlich voraus, daß die Klage schlüssig ist (→ Schlüssigkeit). Das V. ist als solches zu bezeichnen, es kann in erheblich abgekürzter Form ergehen.
Gegen ein V. kann die säumige Partei

innerhalb von zwei Wochen ab Zustellung Einspruch einlegen, wodurch der Prozeß in die Lage zurückversetzt wird, in der er sich vor Eintritt der Säumnis befand. Gegen ein zweites V. ist kein Einspruch mehr möglich. Ausnahmsweise ist gegen ein V., gegen das der Einspruch an sich nicht statthaft ist, die Berufung zulässig, wenn sie darauf gestützt wird, daß der Fall der Säumnis nicht vorgelegen habe.

Verschollenheit

ernstliche Zweifel am Fortleben einer Person, deren Aufenthalt seit längerer Zeit unbekannt ist, ohne daß Nachrichten darüber vorliegen, ob sie in dieser Zeit noch gelebt hat oder gestorben ist. Ein Verschollener kann in einem Aufgebotsverfahren nach bestimmten Fristen (meist nach 10 Jahren seit der letzten Nachricht, in Sonderfällen wie Krieg, Schiffsuntergang, Flugzeugabsturz schon früher) für tot erklärt werden. Die Todeserklärung begründet eine – widerlegbare – Todesvermutung.

Verschulden

die (subjektive) Vorwerfbarkeit eines rechtswidrigen Handelns einer schuldfähigen Person. Ist im Privatrecht meist Voraussetzung für einen Schadensersatzanspruch; wird im Strafrecht meist als → Schuld bezeichnet. Zur Haftung für *fremdes V.* vgl. → Erfüllungsgehilfe und → gesetzlicher Vertreter; zum *V. bei Vertragsschluß* vgl. → culpa in contrahendo.

Verschwendung

der Hang zu unnützen und im Verhältnis zur eigenen wirtschaftlichen Lage übermäßigen Ausgaben. Wer durch V. sich oder seine Familie der Gefahr eines Notstands aussetzt, kann deswegen entmündigt (→ Entmündigung) werden, was zu beschränkter Geschäftsfähigkeit führt. Im Erbrecht kann der Erblasser das Pflichtteilsrecht eines Abkömmlings bei V. (auch ohne Entmündigung) derart beschränken, daß er die gesetzlichen Erben des Abkömmlings als Nacherben einsetzt oder einen Testamentsvollstrecker zur Verwaltung des Pflichtteils bestellt (sog. Pflichtteilsbeschränkung in guter Absicht).

Verschwiegenheitspflicht

Verpflichtung, ein Geheimnis nicht zu offenbaren. Vgl. → Geheimnisverrat und die dortigen Verweise.

Versendungskauf

Kauf, bei dem der Verkäufer die verkaufte Sache auf Verlangen des Käufers an einen anderen Ort als den → Erfüllungsort versendet. Dabei geht die Gefahr des zufälligen Untergangs oder der zufälligen Verschlechterung der Sache bereits mit der Übergabe an die zur Versendung bestimmte Person oder Anstalt (z.B. Spediteur, Post, Bahn) auf den Käufer über. Dies gilt jedoch nicht, wenn der Bestimmungsort der zu versendenden Ware als Erfüllungsort vereinbart ist. → Schickschuld.

Versicherung

die Abwälzung eines Risikos auf einen Versicherer, indem viele einzelne (verhältnismäßig niedrige) Beiträge an den Versicherer zahlen, der bei Eintritt bestimmter Ereignisse (z.B. Krankheit) zu einer festgelegten, auch relativ hohen, Leistung (V.-Summe) verpflichtet ist. Man unterscheidet die *Sozial-V.* und die *Privat-V.* Letztere kann Personen- oder Schadens-V. (Sach-V.) sein. Vgl. auch → Versicherungsvertrag.

Versicherung an Eides Statt

→ eidesstattliche Versicherung.

Versicherungsbetrug

Straftat, die begeht, wer in betrügerischer Absicht eine gegen Feuersgefahr versicherte Sache in Brand setzt oder ein Schiff sinken oder stranden läßt, das als ganzes oder dessen Ladung versichert ist. Sonderstraftatbestand gegenüber dem Betrug.

Versicherungsvertrag

der (formlos abschließbare) Vertrag zwischen Versicherer und Versicherungsnehmer über die Übernahme eines Risikos gegen Entgelt. Im Privatversicherungsrecht Voraussetzung für die Entstehung eines Versicherungsverhältnisses (wohingegen ein solches in der Sozialversicherung kraft Gesetzes zustande kommt). Für den V. gelten insbes. das Versicherungsvertragsgesetz und die Allgemeinen Versicherungsbedingungen.

Versorgung
Bezüge und Vorteile aus früheren Dienstleistungen, die als Ruhegehalt, Witwen- und Waisengeld, Unterhaltsbeitrag, Unfallfürsorge und Übergangsgeld auf Grund beamtenrechtlicher Vorschriften, aus der Kriegsopfer-V. oder dem Soldaten-Versorgungsgesetz gewährt werden. V. beruht nicht auf der Vorsorge des Berechtigten durch Beitragszahlung, sondern wird aus öffentlichen Mitteln finanziert. Vgl. auch Entschädigung für die Opfer von → Gewalttaten, → Alters-V.

Versorgungsamt
Dienststelle der Versorgungsverwaltung, die insbes. für die Kriegsopferversorgung sowie für Leistungen bei → Impfschäden, für Schwerbeschädigte, Schwerbehinderte und Opfer von → Gewalttaten zuständig ist. Das V. untersteht dem Landes-V.

Versorgungsausgleich
Ausgleich der Ansprüche auf Versorgung zwischen Ehegatten im Falle der Ehescheidung. Findet statt, soweit für mindestens einen Ehegatten während der Ehezeit Anwartschaften oder Aussichten auf eine Versorgung wegen Alters oder Berufs- oder Erwerbsunfähigkeit erworben worden sind. Ausgleichspflichtig ist der Ehegatte mit den werthöheren Anwartschaften, und zwar in Höhe der Hälfte des Wertunterschiedes. V. erfolgt meist durch Übertragung von Rentenanwartschaften (so daß z.B. auch der während der Ehe nicht erwerbstätige Ehegatte einen Rentenanspruch erlangen kann).

Verstaatlichung
→ Sozialisierung.

Versteigerung
öffentlicher Verkauf an den Meistbietenden.
I. Im *Privatrecht* ist *öffentliche V.* die öffentlich erfolgende V. durch einen für den V.-Ort bestellten Gerichtsvollzieher oder zur V. befugten anderen Beamten oder öffentlich angestellten Versteigerer (z.B. zur Verwertung eines Pfandes). Bei ihr gelten das → Gebot des Bieters als Antrag zum Vertragsabschluß (der durch ein höheres Gebot erlischt) und der Zuschlag als Annahme. Zulässig bei hinterlegungsunfähigen Sachen.
II. In der *Zwangsvollstreckung* sind gepfändete bewegliche Sachen vom Gerichtsvollzieher öffentlich zu versteigern. Diese öffentliche V. ist ein Hoheitsakt. Sie bewirkt die Veräußerung der Sache durch den Zuschlag und die Ablieferung. Die Empfangnahme des Erlöses durch den Gerichtsvollzieher gilt als Zahlung von Seiten des Schuldners. Die V. von Grundstücken heißt in der Zwangsvollstreckung → Zwangsversteigerung.

Verstrickung
die Folge einer staatlichen Beschlagnahme, durch die die Verfügungsmacht des privatrechtlich Berechtigten (z.B. Eigentümer) an einem Gegenstand erlischt und der Staat die Verfügungsmacht daran erhält. Bei Pfändung von Sachen beginnt V. damit, daß diese vom Gerichtsvollzieher in Besitz genommen werden. Vgl. auch → Pfandsiegel.

Verstrickungsbruch
Straftat, die begeht, wer eine Sache, die gepfändet oder sonst dienstlich in Beschlag genommen ist (mit der Verfügungsmacht des Staates „verstrickt" ist), zerstört, beschädigt, unbrauchbar macht oder in anderer Weise ganz oder zum Teil der Verstrickung entzieht. Eine Bestrafung entfällt, wenn die Pfändung nicht durch eine rechtmäßige Diensthandlung vorgenommen ist; gilt selbst dann, wenn der Täter irrig annimmt, die Diensthandlung sei rechtmäßig.

Versuch
das auf dem Entschluß zur Begehung einer Straftat (Tatentschluß) beruhende unmittelbare Ansetzen zur Verwirklichung eines Straftatbestandes (Ausführungshandlung), das aber nicht zur Vollendung der Tat führt. Vor dem Beginn der Ausführungshandlung liegen-

de Vorbereitungshandlungen sind grds. straflos. Der V. eines Verbrechens ist stets strafbar, der V. eines Vergehens nur dann, wenn das Gesetz es ausdrücklich bestimmt. Der V. *kann* milder bestraft werden als die vollendete Tat. Auch der sog. *untaugliche V.*, bei dem der Täter ein in Wirklichkeit fehlendes Tatbestandsmerkmal irrtümlich für gegeben hält (Tatsubjekt, Tatobjekt, Tatmittel) ist strafbar; jedoch kann das Gericht von Strafe absehen oder die Strafe nach seinem Ermessen mildern, wenn der Täter die Untauglichkeit seines V. aus grobem Unverstand verkannt hat (z.B. eine Frau trinkt Lindenblütentee, um damit abzutreiben). Nicht strafbar ist das sog. *Wahndelikt,* bei dem jemand einen nicht mit Strafe bedrohten Sachverhalt für strafbar hält. Vgl. auch → Rücktritt, → tätige Reue.

Verteidiger

Person, die im Strafverfahren dem Beschuldigten beisteht, indem sie dessen Rechte und Interessen wahrnimmt. In seiner Rechtsstellung dem Gericht und der Staatsanwaltschaft gleichgeordnetes, unabhängiges Organ der Rechtspflege, soll daher auch gleichzeitig der Wahrheitsfindung dienen und darf diese nicht erschweren oder vereiteln.

Zum V. kann vom Beschuldigten in jeder Lage des Verfahrens jeder bei einem deutschen Gericht zugelassene Rechtsanwalt oder jeder Rechtslehrer einer deutschen Hochschule gewählt werden (Wahlverteidiger, vgl. auch → Pflichtverteidiger), andere Personen nur mit Genehmigung des Gerichts. Ein Beschuldigter darf höchstens drei V., mehrere Beschuldigte dürfen keinen gemeinschaftlichen V. haben.

V. hat das Recht zur Akteneinsicht, zum grundsätzlich unbeschränkten schriftlichen und mündlichen Verkehr mit dem Beschuldigten (vgl. aber → Kontaktsperre) sowie ein Frage-, Erklärungs- und Antragsrecht. Rechtsmittel darf der V. nicht gegen den ausdrücklichen Willen des Beschuldigten einlegen und nur mit dessen ausdrücklicher Ermächtigung zurücknehmen.

Verteidigungsfall

der Fall, daß das Bundesgebiet mit Waffen angegriffen wird oder ein solcher Angriff unmittelbar droht. Die Feststellung des V. trifft der Bundestag mit Zustimmung des Bundesrates auf Antrag der Bundesregierung mit 2/3-Mehrheit, mindestens jedoch mit Mehrheit seiner gesetzlichen Mitglieder. Mit der Verkündung des V. durch den Bundespräsidenten geht die Befehls- und Kommandogewalt auf den Bundeskanzler über. Der V. hat insbes. Veränderungen der Gesetzgebungs- und Verwaltungszuständigkeit zur Folge (z.B. Einsatz des Bundesgrenzschutzes im gesamten Bundesgebiet); die Amtszeit des Bundespräsidenten und der Mitglieder des Bundesverfassungsgerichts wird verlängert, ebenso die Wahlperiode der Bundes- und Länderparlamente und das Gesetzgebungsverfahren vereinfacht. Vgl. auch → Gemeinsamer Ausschuß.

Vertrag

mehrseitiges (i. d. R. zweiseitiges) Rechtsgeschäft, das durch → Antrag (Angebot) und → Annahme (auch mündlich) zustande kommt. In zahlreichen Fällen bestehen Form-Vorschriften, z.B. Schriftform. Ein V. kann einseitig verpflichtend sein (z.B. Schenkungsversprechen), unvollkommen zweiseitig verpflichtend (z.B. Leihe) oder vollkommen zweiseitig verpflichtend (gegenseitiger V.; z.B. Kauf-V.). Beim *gegenseitigen V.* stehen die beiderseitigen Verpflichtungen in einem Abhängigkeitsverhältnis, die eine Leistung soll nur um der anderen willen erbracht werden und umgekehrt. V. zu Lasten Dritter sind verboten; zulässig sind jedoch V. zugunsten Dritter.

Öffentlich-rechtlicher (verwaltungsrechtlicher) V. ist ein V., durch den ein Rechtsverhältnis auf dem Gebiet des öffentlichen Rechts begründet, geändert oder aufgehoben wird. Man unterscheidet V. zwischen gleichrangigen Verwaltungsträgern (koordinationsrechtlicher V.; z.B. Gebietsänderungs-V. zwischen Gemeinden) und V. zwischen dem Staat oder einer sonstigen

juristischen Person des öffentlichen Rechts und einer ihr untergeordneten Person (subordinationsrechtlicher V.), bei denen das Rechtsverhältnis von der Behörde auch einseitig durch Verwaltungsakt geregelt werden könnte.
Völkerrechtliche V. sind V. auf dem Gebiet des → Völkerrechts; V.-Partner können Staaten und internationale Organisationen sein.

Vertragsfreiheit
für die Begründung eines Schuldverhältnisses geltender Grundsatz, wonach die → Parteien den Abschluß, die Form und den Inhalt eines Vertrages frei bestimmen können, soweit sie nicht gegen gesetzliche Bestimmungen wie z.B. die → guten Sitten verstoßen. V. ist eine Ausprägung der allgemeinen → Handlungsfreiheit.

Vertragsrecht
die Gesamtheit derjenigen Rechtsvorschriften, die Verträge betreffen. Die wichtigsten gesetzlichen Bestimmungen hierzu enthält der Allgemeine Teil des Bürgerlichen Gesetzbuches.

Vertragsschluß
das Zustandekommen eines Vertrages. Es erfordert einen → Antrag (Angebot) und dessen → Annahme; beide sind empfangsbedürftige Willenserklärungen (→ Willenserklärung).

Vertragsstrafe
auch Konventionalstrafe (lat.: conventio = Übereinkunft); meist in Geld bestehende Leistung, die zwischen Gläubiger und Schuldner für den Fall vereinbart werden kann, daß der Schuldner seine Verbindlichkeit gar nicht oder nicht gehörig erfüllt. Wird fällig mit dem Verzug des Schuldners und ist entweder statt (bei Nichterfüllung) oder neben der Erfüllung (bei nicht gehöriger Erfüllung) zu erbringen. Ist V. unverhältnismäßig hoch, kann sie durch Urteil herabgesetzt werden.

Vertragsverletzung
die Verletzung einer vertraglichen Pflicht. Liegt vor bei → Unmöglichkeit der Leistung, → Verzug und der sog. positiven V. oder → Forderungsverletzung (→ Leistungsstörung).

Vertrauensfrage
Antrag des Bundeskanzlers an den Bundestag, ihm das Vertrauen auszusprechen. Lehnt die Mehrheit der Mitglieder des Bundestages dies ab, so kann der Bundespräsident auf Vorschlag des Bundeskanzlers den Bundestag innerhalb von 21 Tagen auflösen, falls der Bundestag nicht inzwischen einen anderen Bundeskanzler wählt.

Vertreter
Person, die in fremdem Namen und Interesse rechtsgeschäftlich tätig wird (→ Stellvertretung). V. kann *gesetzlicher V.* (z.B. Eltern für ihr Kind) oder durch Rechtsgeschäft bestimmter V. sein. Er unterscheidet sich vom Boten dadurch, daß er nicht nur eine fremde Willenserklärung übermittelt, sondern selbst mit eigenem Entscheidungsspielraum an der Willensbildung beteiligt ist.
Verfassungsmäßig berufener V. ist ein durch die Satzung eines Vereins vorgesehenes Organ, das zur Tätigkeit innerhalb eines bestimmten Geschäftsbereichs berufen ist. Fügt er durch eine in Ausführung der ihm zustehenden Verrichtungen begangene Handlung einem Dritten einen Schaden zu, so ist der Verein dafür verantwortlich. Entsprechendes gilt für alle juristischen Personen des Privatrechts, auch für OHG und KG sowie für die juristischen Personen des öffentlichen Rechts, soweit sie privatrechtlich handeln (Fiskus); hier genügt es, daß durch allgemeine Betriebsregelung wesensgemäße Funktionen der juristischen Person zur selbständigen Erfüllung zugewiesen sind. Der verfassungsmäßig berufene V. handelt für die juristische Person als deren Organ, nicht als deren Stellvertreter.

Vertretungsmacht
die Befugnis, in fremdem Namen und Interesse rechtsgeschäftlich tätig zu werden. Sie wirkt im Außenverhältnis Vertreter – Geschäftspartner und darf nicht mit der Geschäftsführungsbefugnis verwechselt werden, die das Innenverhältnis Vertreter – Vertretener betrifft und durch Geschäftsbesorgungs-

vertrag, Auftrag oder Dienstvertrag begründet werden kann. V. kann auf Gesetz, Hoheitsakt oder Rechtsgeschäft (→ Vollmacht) beruhen. Sie ist Voraussetzung für eine wirksame Stellvertretung. Das Fehlen oder Überschreiten der V. *(Vertretung ohne V.)* führt bei Verträgen zu schwebender Unwirksamkeit. Ein Vertrag kann nur durch Genehmigung des Vertretenen wirksam werden; wird die Genehmigung verweigert, ist der Vertreter grds. zur Erfüllung oder zu Schadensersatz verpflichtet.

Vertriebener

deutscher Staatsangehöriger oder Volkszugehöriger, der seinen Wohnsitz in den früheren deutschen Ostgebieten oder außerhalb des Deutschen Reiches (nach dem Stand vom 31.12.1937) im Zusammenhang mit den Ereignissen des 2. Weltkrieges infolge Vertreibung, insbes. durch Ausweisung oder Flucht, verloren hat sowie eine ihm gleichgestellte Person. Die Eingliederung V. wird gesetzlich durch besondere Maßnahmen gefördert.

Veruntreuung

Straftat, die begeht, wer eine ihm anvertraute Sache unterschlägt. Besonderer Tatbestand der → Unterschlagung mit höherer Strafandrohung.

Verursachung

→ Kausalität.

Verurteilung

durch Urteil ausgesprochene gerichtliche Entscheidung, die (im Zivilprozeß) das Unterliegen einer Partei bzw. (im Strafprozeß) die Schuld des Angeklagten beinhaltet sowie deren jeweilige Rechtsfolgen. Regelt außer der → Hauptsache grds. auch die Kosten. V. im Strafprozeß sind in das Bundeszentralregister einzutragen.

Verwahrlosung

Zustand eines Kindes oder Jugendlichen, der entsteht, wenn sich die Erziehungsberechtigten eine Zeit lang überhaupt nicht oder nur völlig unzureichend um seine körperliche, geistige und seelische Entwicklung gekümmert haben. Kann → Fürsorgeerziehung zur Folge haben.

Verwahrung

Vertrag über die entgeltliche oder unentgeltliche Aufbewahrung von beweglichen Sachen. Wichtige Fälle der V. (z.B. Depotgeschäft, d.h. V. von Wertpapieren durch Banken) sind durch Spezialgesetze geregelt. Werden dem Verwahrer vertretbare → Sachen übergeben, die sein Eigentum werden sollen, wofür er Sachen in gleicher Art, Güte und Menge zurückzugeben hat, liegt eine *unregelmäßige V.* vor, auf die die Vorschriften über das Darlehen Anwendung finden.

Ein *öffentlich-rechtliches V.-Verhältnis* entsteht, wenn eine Behörde in Wahrnehmung ihrer Aufgaben und Befugnisse Gegenstände, die Privatpersonen gehören, in Besitz nimmt (z.B. bei → Beschlagnahme); die bürgerlichrechtlichen Vorschriften über die V. sind entsprechend anwendbar; zuständig ist das Zivilgericht.

Verwahrungsbruch

Straftat, die begeht, wer Schriftstücke oder andere bewegliche Sachen, die sich in dienstlicher Verwahrung befinden oder die ihm oder einem anderen dienstlich in Verwahrung gegeben sind (z.B. beschlagnahmter Führerschein, Blutprobe) zerstört, beschädigt, unbrauchbar macht oder der dienstlichen Verfügung entzieht.

Verwaltung

öffentliche V. ist i. w. S. die vollziehende Gewalt, d.h. jede Tätigkeit des Staates oder anderer Träger öffentlicher Gewalt (→ Behörde), die weder der gesetzgebenden noch der rechtsprechenden Gewalt zuzurechnen ist; i. e. S. zusätzlich unter Ausschluß der Regierungstätigkeit, also nur der eigentliche Gesetzesvollzug.

Verwaltungsakt

jede Verfügung, Entscheidung oder andere hoheitliche Maßnahme, die eine Behörde zur Regelung eines Einzelfalles auf dem Gebiet des öffentlichen Rechts trifft und die auf unmittelbare Rechtswirkung nach außen gerichtet

ist. Zu unterscheiden von anderem Handeln der Verwaltung, das keine oder noch keine Regelung enthält, wie z.B. Auskünfte, Teil- und Vorbereitungsakte (z.B. Klassenarbeitsnote, erst das Zeugnis ist V.), Handeln auf privatrechtlichem Gebiet (z.B. Bestellen von Büromaterial), Erlaß von Verordnungen (diese gelten nicht für einen Einzelfall, sondern allgemein) und innerdienstlichen Anordnungen.
V. lassen sich u.a. *einteilen* in: rechtsgestaltende und feststellende; begünstigende und belastende und solche mit Doppelwirkung (z.B. bei einer Baugenehmigung begünstigend für den Bauwilligen, belastend für den Nachbarn); einseitige und mitwirkungsbedürftige (ergehen nur auf Antrag oder mit Zustimmung einer weiteren Behörde); mündliche und schriftliche. Schriftliche V. müssen schriftlich begründet werden; alle V. sind zuzustellen.
Gegen einen V. sind → Widerspruch bei der Verwaltungsbehörde und nach Abschluß des → Widerspruchsverfahrens Klage beim Verwaltungsgericht zulässig. Die Behörde kann einen V. unter bestimmten Voraussetzungen auch von sich aus widerrufen oder zurücknehmen (bei rechtmäßigem V.: Widerruf, bei rechtswidrigem: Rücknahme). Vgl. auch Nichtigkeit.

Verwaltungsbehörde

→ Behörde. Man unterscheidet bei den *Bundesbehörden* die *Zentralstufe,* zu der die Obersten Bundesbehörden (insbes. Bundespräsidialamt, Bundeskanzleramt, Bundesministerien) sowie die den Ministerien unmittelbar unterstellten und für das ganze Bundesgebiet zuständigen Bundesoberbehörden und nicht rechtsfähigen Bundesanstalten (z.B. Bundesarchiv, Physikalisch-Technische Bundesanstalt) gehören, die *Mittelstufe* (z.B. Oberpostdirektion) und die *Unterstufe* (z.B. Postamt). Bei den *Landesbehörden* besteht meist gleichfalls ein dreigliedriger Aufbau, teilweise fehlt jedoch die Mittelstufe. Zur *Zentralstufe* gehören die obersten Landesbehörden (Staatskanzleien und Landesministerien), die Landesrechnungshöfe und die Landesoberbehörden, die den Staatskanzleien und Landesministerien unmittelbar zur Erledigung von Verwaltungsaufgaben für das ganze Land unterstellt sind (z.B. Landeskriminalämter), zur *Mittelstufe* die Landesmittelbehörden (→ Regierungen) und zur *Unterstufe* die unteren Landesbehörden, die Kreis- und Gemeindebehörden (z.B. Landratsamt, Finanzamt).

Verwaltungsgebühr

→ Gebühr.

Verwaltungsgerichtsbarkeit

Gerichtsbarkeit, die unabhängig von der Verwaltung deren Entscheidungen auf Verlangen des Bürgers nachprüft. Sie ist zuständig für alle öffentlich-rechtlichen Streitigkeiten nichtverfassungsrechtlicher Art, soweit nicht bundesgesetzlich eine Sonderregelung (z.B. bei vermögensrechtlichen Ansprüchen aus → Aufopferung, für die die Zivilgerichte zuständig sind) besteht. Als V. wird nur die allgemeine V. bezeichnet, nicht jedoch die besondere V., wie z.B. Sozialgerichtsbarkeit, Finanzgerichtsbarkeit. Die V. wird durch Verwaltungsgerichte, Oberverwaltungsgerichte (in einigen Bundesländern als Verwaltungsgerichtshöfe bezeichnet) und das Bundesverwaltungsgericht (mit Sitz in Berlin) ausgeübt. Vgl. auch Abbildung Gerichtsorganisation S. 274.

Verwaltungshandeln

das Tätigwerden der Verwaltungsbehörden. Kann in Rechtssetzung (→ Verordnung, → Satzung, → Verwaltungsvorschrift), im Erlaß eines → Verwaltungsakts oder im Abschluß eines öffentlich-rechtlichen → Vertrages bestehen; als → Fiskus kann die Verwaltung auch privatrechtlich handeln.

Verwaltungsprozeß

auch Verwaltungsstreitverfahren; das Verfahren vor den Gerichten der (allgemeinen) → Verwaltungsgerichtsbarkeit, in dem über → öffentlich-rechtliche Streitigkeiten nichtverfassungsrechtlicher Art entschieden wird, soweit nicht eine bundesgesetzliche Sonderregelung besteht. Klagearten sind die Anfechtungs-, Verpflichtungs-, Untätigkeits-, allgemeine Leistungs- und Feststellungsklage. Es gilt der → Untersuchungsgrundsatz. Vgl. ferner → Widerspruch.

Verwaltungsrecht

das Recht der öffentlichen → Verwaltung, das jedoch wesentlich auch durch das Verfassungsrecht bestimmt wird und von dem das privatrechtliche Handeln der Verwaltung (z.B. Kauf von Büromaterial) ausgenommen ist. Es ist ein Teil des öffentlichen Rechts und gliedert sich in das allgemeine (für alle Gebiete der Verwaltung geltende) und das besondere V. (z.B. Beamten-, Polizei-, Schulrecht).

Verwaltungsunrecht

Zuwiderhandlungen gegen Rechtsvorschriften, die keine Strafe (Freiheitsstrafe oder Geldstrafe) als Rechtsfolge androhen, sondern nur Geld*bußen* (→ Ordnungswidrigkeiten). Unterscheiden sich von den Straftaten durch ihren geringeren Unrechtsgehalt und werden durch die Verwaltungsbehörden verfolgt.

Verwaltungsverfahren

die nach außen wirkende Tätigkeit der Behörden, die auf Prüfung der Voraussetzungen, die Vorbereitung und den Erlaß eines → Verwaltungsaktes oder auf den Abschluß eines öffentlichrechtlichen Vertrages gerichtet ist. Das V. ist grds. nicht an bestimmte Formen gebunden; es ist einfach und zweckmäßig durchzuführen. Rein internes Handeln der Verwaltung fällt nicht unter den Begriff des V.

Verwaltungsvollstreckung

zwangsweise Durchsetzung der Anordnungen der Verwaltung. Unterschieden werden die Vollstreckung von Geldforderungen und die Erzwingung von Handlungen, Duldungen oder Unterlassungen (→ Verwaltungszwang). Anders als Privatpersonen kann die Verwaltung ihre gesetzlich begründeten Ansprüche ohne gerichtliche oder sonstige staatliche Hilfe selbst vollstrecken.

Verwaltungsvorschrift

früher Verwaltungsverordnung; verwaltungsinterne Anordnung der vorgesetzten Behörde an untergeordnete Behörden, um Organisation und Handeln der Verwaltung näher zu bestimmen (z.B. Erlaß, Dienstanweisung, Richtlinie). V. enthält allgemeine Regelungen, während eine Anordnung im Einzelfall als Weisung bezeichnet wird. V. bindet nur die Verwaltung, hat aber keine Außenwirkung gegenüber dem Bürger.

Verwaltungszwang

Durchsetzung von → Verwaltungsakten, die auf die Vornahme einer Handlung, auf Duldung oder Unterlassung gerichtet sind mit Hilfe von → Zwangsmitteln. Der Verwaltungsakt muß unanfechtbar (→ Anfechtung) sein oder seine sofortige Vollziehung angeordnet oder dem Rechtsmittel keine aufschiebende Wirkung beigegeben sein. Ausnahmsweise ist die Anwendung des V. auch ohne vorausgehenden Verwaltungsakt zulässig, wenn die sofortige Vollziehung zur Verhinderung einer Straftat oder Ordnungswidrigkeit oder zur Abwendung einer drohenden Gefahr notwendig ist. Vgl. auch → Verwaltungsvollstreckung.

Verwandtschaft

Rechtsbeziehung zwischen blutsmäßig verbundenen Personen, die entweder voneinander (V. in gerader Linie, z.B. Großeltern, Eltern, Kind) oder von derselben dritten Person (V. in der Seitenlinie, z.B. Geschwister) abstammen. Nichteheliche Kinder gelten auch mit ihrem Vater als verwandt; nicht verwandt sind jedoch Ehegatten. V. hat rechtliche Bedeutung insbes. im Eherecht als Ehehindernis, für die Unterhaltspflicht, im Erbrecht und beim Zeugnisverweigerungsrecht.

Verwarnung

I. Im *Jugendstrafrecht* die Zurechtweisung eines jugendlichen Straftäters unter eindringlicher Vorhaltung des Unrechts der begangenen Straftat; ist ein → Zuchtmittel.

II. Im (allgemeinen) *Strafrecht* ist gegenüber demjenigen, der eigentlich zu

einer Geldstrafe unter 180 Tagessätzen verurteilt werden müßte, unter bestimmten Voraussetzungen eine V. mit Strafvorbehalt zulässig (z.B. wenn zu erwarten ist, daß der Täter künftig auch ohne Verurteilung zu einer Strafe keine Straftaten mehr begehen wird).
III. Im *Verwaltungsrecht* kann bei geringfügigen Ordnungswidrigkeiten, insbes. bei leichten Verstößen gegen die Straßenverkehrsordnung, eine – oft gebührenpflichtige – V. erteilt werden. Zahlt der Betreffende das V.-Geld, so kann die Tat nicht mehr als Ordnungswidrigkeit verfolgt werden. Weigert er sich hingegen (wozu er berechtigt ist und worauf er auch hingewiesen werden muß), so prüft die Behörde den Erlaß eines Bußgeldbescheides.

Verwertungsverbot
auf Grundprinzipien der Verfassung beruhendes oder ausdrücklich in einem (einfachen) Gesetz geregeltes Verbot, ein bestimmtes Beweisergebnis bei einer gerichtlichen oder behördlichen Entscheidung zu berücksichtigen (z.B. Tagebuchaufzeichnungen, da sie zur Intimsphäre gehören und daher durch das allgemeine → Persönlichkeitsrecht geschützt sind, wobei jedoch das Verhältnismäßigkeitsprinzip zu beachten ist; durch verbotene Vernehmungsmethoden, wie z.B. durch Mißhandlung erzwungene Aussagen).

Verwirkung
Verlust eines Rechts wegen verspäteter Geltendmachung.
I. Bei längerer *Nichtausübung eines Rechtes,* zu der weitere Umstände hinzukommen müssen, die die späte Ausübung als Verstoß gegen Treu und Glauben erscheinen lassen, insbes. wenn der in Anspruch Genommene aus dem Verhalten des Rechtsinhabers schließen mußte, er werde sein Recht nicht mehr ausüben, und wenn er sich darauf eingerichtet hat.
II. Bei *Mißbrauch verschiedener Grundrechte* kann V. (nur vom BVerfG) ausgesprochen werden, entweder für immer oder nur für eine bestimmte Zeit.

Verzicht
die Aufgabe eines Rechts. Der V. auf eine Forderung ist nur durch Vertrag (nicht einseitig) möglich (→ Erlaß; → Erbverzicht). Ansonsten kann meist durch einseitiges Rechtsgeschäft verzichtet werden (z.B. auf das Eigentum an einem Grundstück; in der mündlichen Verhandlung im Zivilprozeß auf den geltend gemachten Anspruch – was eine endgültige Zurücknahme der aufgestellten Rechtsbehauptung bedeutet, im Unterschied zur → Klagerücknahme; auf ein Rechtsmittel: → Rechtsmittelverzicht).

Verzug
die nicht rechtzeitige Erbringung einer Leistung aus einem Schuldverhältnis.
I. *Schuldner-V.* liegt vor, wenn der Schuldner einer fälligen Leistung, deren Erbringung noch möglich ist und der keine Einreden entgegenstehen, auf eine Mahnung des Gläubigers hin (wenn eine Zeit nach dem Kalender bestimmt ist, auch ohne Mahnung) nicht leistet und er die Verzögerung zu vertreten hat. Der Gläubiger hat außer dem weiter bestehenden Erfüllungsanspruch einen Anspruch auf Ersatz des ihm infolge des V. entstandenen Schadens (V.-Schaden), wobei als Mindestschaden ohne weiteren Nachweis von einer Geldschuld mindestens 4 % V.-Zinsen (unter Kaufleuten 5 %) verlangt werden können (soweit keine höheren Zinsen vereinbart sind). Er kann aber auch unter Ablehnung der Leistung Schadensersatz wegen Nichterfüllung verlangen, wenn die Leistung infolge des V. für ihn kein Interesse mehr hat. Beim gegenseitigen → Vertrag ist dies jedoch erst dann möglich, wenn er dem Schuldner eine angemessene Frist mit der Erklärung bestimmt hat, daß er die Annahme der Leistung nach Ablauf der Frist ablehne; einer Fristsetzung bedarf es nicht, wenn Erfüllung für Gläubiger kein Interesse mehr hat; nach Verstreichen der Frist und bei mangeldem Interesse an Erfüllung kann Gläubiger auch vom Vertrag zurücktreten, wobei er zusätzlich den V.-Schaden verlangen kann. Während des

Schuldner-V. haftet der Schuldner nicht nur für Vorsatz und Fahrlässigkeit, sondern auch für Zufall.

II. *Gläubiger-V.* ist die nicht rechtzeitige Erfüllung einer Mitwirkungspflicht, insbes. Abnahmepflicht, des Gläubigers einer Leistung. Setzt voraus, daß die Leistung dem Gläubiger so, wie sie zu bewirken ist, tatsächlich angeboten wird. Ein wörtliches Angebot genügt, wenn der Gläubiger dem Schuldner erklärt hat, daß er die Leistung nicht annehmen werde, oder wenn zur Bewirkung der Leistung eine Handlung des Gläubigers erforderlich ist (insbes. Abholung). Bei nur vorübergehender Annahmeverhinderung tritt Gläubiger-V. nur dann ein, wenn der Schuldner die Leistung vorher angekündigt hat. Während des Gläubiger-V. hat der Schuldner nur Vorsatz und grobe Fahrlässigkeit zu vertreten; von einer verzinslichen Geldschuld braucht er keine Zinsen mehr zu zahlen. Bei beweglichen Sachen kann er sich durch Hinterlegung oder Versteigerung von seiner Schuld befreien, bei einem Grundstück kann er nach Androhung den Besitz aufgeben. Bei einer → Gattungsschuld geht die → Gefahr des zufälligen Untergangs auf den Gläubiger über. Für etwaige Aufwendungen (z.B. Transportkosten) kann der Schuldner Ersatz verlangen.

Veto

(lat.: ich verbiete); Einspruch; z.B. V. eines ständigen Mitglieds des Sicherheitsrates der Vereinten Nationen (ist strenggenommen aber gar kein V., weil die UNO-Charta die *Zustimmung* der ständigen Mitglieder vorschreibt; ohne diese kommt gar kein Beschluß zustande, gegen den Einspruch eingelegt werden könnte).

Visum

(lat.: gesehen); auch Sichtvermerk; im Paß eingetragene, amtliche Bestätigung, daß Einreise, Durchreise, Ausreise oder Aufenthalt in einem fremden Staat erlaubt werden. Je nach Land unterschiedlich geregelt. In den meisten westeuropäischen Staaten für kurzfristige Aufenthalte nicht mehr erforderlich. Ausländer, die in der Bundesrepublik einer → Aufenthaltserlaubnis bedürfen, können diese in Form eines Sichtvermerks einholen, wenn sie in der Bundesrepublik arbeiten wollen.

Volk

Gemeinschaft von Menschen, die durch ihre gemeinsame Herkunft, Geschichte, Kultur und meist auch Sprache verbunden sind.

Völkermord

auch Genozid; Straftat, die in der völligen oder teilweisen Vernichtung einer nationalen, rassischen, religiösen oder durch ihr Volkstum bestimmten Gruppe als solcher besteht (z.B. durch Tötung von Gruppenmitgliedern). Mit lebenslanger Freiheitsstrafe bedroht (in minder schweren Fällen – mit Ausnahme der Tötung – mit Freiheitsstrafe nicht unter 5 Jahren); verjährt nicht. Gleichzeitig durch die Internationale Konvention zur Verhütung und Bestrafung des V. zum international zu ächtenden Verbrechen erklärt.

Völkerrecht

Recht, das die hoheitlichen Beziehungen zwischen den Staaten regelt, aber auch zwischen Staaten und internationalen Organisationen und zwischen internationalen Organisationen untereinander. *Quellen des V.* sind völkerrechtliche Verträge, das Völkergewohnheitsrecht und die allgemeinen Rechtsgrundsätze. Vökerrechtliche Verträge tragen die verschiedensten Bezeichnungen wie z.B. Staatsvertrag, Abkommen, Konvention, Pakt, Protokoll.

Volksabstimmung

unmittelbare Mitwirkung des Volkes an der Gesetzgebung durch *Volksbegehren* und *Volksentscheid.* Im Grundgesetz nicht vorgesehen (Ausnahme: Neugliederung des Bundesgebietes), jedoch in mehreren Landesverfassungen.

Volksbegehren: Verfahren zur Verwirklichung des Verlangens einer gewissen Mindestanzahl von Staatsbürgern zur Einbringung eines Gesetzesentwurfs; bei Erreichen einer bestimmten Unterschriftenzahl muß das Parlament darüber abstimmen; Ablehnung führt zum Volksentscheid. *Volksentscheid, auch Referendum:* Abstimmung über eine bestimmte Gesetzesvorlage, insbes. nach einem Volksbegehren.

Volksbegehren
→ Volksabstimmung.

Volksdemokratie
in der marxistisch-leninistischen Theorie Staatstyp in der Übergangsphase von der kapitalistischen Klassengesellschaft zur kommunistischen klassenlosen Gesellschaft. Steht danach im Gegensatz zur sog. formalen oder bürgerlichen Demokratie. V. soll allein die reale Herrschaft des Volkes, d.h. der arbeitenden Klasse verkörpern, auch in der Wirtschaft. In der Wirklichkeit, etwa nach der Verfassung der Deutschen Demokratischen Republik, handelt es sich um einen sozialistischen Staat der Arbeiter und Bauern, um die politische Organisation der Werktätigen in Stadt und Land unter Führung der Arbeiterklasse mit ihrer leninistisch-marxistischen Partei. Die kommunistische SED (Sozialistische Einheitspartei Deutschlands) übt die entscheidende Macht aus in Form des Bündnisses aller Parteien und Massenorganisationen in der sog. Nationalen Front. Es gibt keine parlamentarische Opposition und keine unabhängigen Gerichte.

Volksentscheid
→ Volksabstimmung.

Volkssouveränität
Grundprinzip der Demokratie, wonach die Staatsgewalt vom Volke ausgeht.

Volksverhetzung
Straftat, die begeht, wer in einer Weise, die geeignet ist, den öffentlichen Frieden zu stören, die Menschenwürde anderer dadurch angreift, daß er zum Haß gegen Teile der Bevölkerung aufstachelt, zu Gewalt- oder Willkürmaßnahmen gegen sie auffordert oder sie beschimpft, böswillig verächtlich macht oder verleumdet.

Volksvertretung
→ Parlament.

Volljährigkeit
Lebensalter, in dem der Jugendliche rechtlich zum Erwachsenen wird. Damit ist er voll geschäftsfähig. Tritt mit Vollendung des 18. Lebensjahres ein (um 0 Uhr des Geburtstages). (Vgl. auch → Wahlrecht, → Ehefähigkeit, → Strafmündigkeit)

Vollmacht
die durch Rechtsgeschäft erteilte → Vertretungsmacht (oft auch die V.-Urkunde). Sie wird durch einseitiges, grds. nicht formbedürftiges Rechtsgeschäft (Bevollmächtigung) entweder gegenüber dem zu Bevollmächtigenden *(Innen-V.)* oder gegenüber dem von dem vorzunehmenden Rechtsgeschäft Betroffenen oder gegenüber der Allgemeinheit *(Außen-V.)* erteilt. Nach ihrem Inhalt und Umfang unterscheidet man *Spezial-V.* (nur für ein bestimmtes Rechtsgeschäft), *Art-V.* (für eine bestimmte Gattung von Rechtsgeschäften) und *General-V.* (für alle Rechtsgeschäfte, bei denen Vertretung zulässig ist). Sonderfälle sind im Handelsrecht → *Handlungs-V.* und → *Prokura* sowie im Verfahrensrecht *Prozeß-V.* Die V. kann grds. jederzeit widerrufen werden.
Keine eigentliche V. ist die *Duldungs-V.* (wenn jemand weiß, daß ein anderer trotz fehlender V. als Vertreter für ihn auftritt, aber nichts dagegen unternimmt) und die *Anscheins-V.* (wenn jemand zwar nicht weiß, daß ein anderer als Vertreter für ihn auftritt, es aber bei pflichtgemäßer Sorgfalt hätte erkennen und verhindern können, und wenn infolgedessen der Anschein für einen Dritten entstanden ist, der Vertretene kenne und dulde das Handeln des Vertreters); sie werden jedoch weitgehend entsprechend behandelt.

Vollrausch
Straftat, die begeht, wer sich vorsätzlich oder fahrlässig durch alkoholische Getränke oder andere berauschende Mittel in einen Rausch versetzt hat, in diesem Zustand eine rechtswidrige Tat

begeht (sog. Rauschtat) und ihretwegen nur deshalb nicht bestraft werden kann, weil er infolge des Rausches schuldunfähig war oder weil dies nicht auszuschließen ist. Beim V. bezieht sich das Verschulden nur darauf, daß der Täter sich in einen Rausch versetzt hat; erstreckt es sich auch auf die rechtswidrige Tat, hat der Täter also gewußt oder damit gerechnet, er werde im Rausch eine bestimmte Straftat begehen, so wird er wegen dieser, und nicht wegen V. bestraft (sog. actio libera in causa; lat. = freies Handeln in der Verursachung).

Vollstreckbarkeit
die Vollstreckungsreife eines → Vollstreckungstitels. Vollstreckbar sind die rechtskräftigen oder für vorläufig vollstreckbar erklärten Vollstreckungstitel. Die V. ist Voraussetzung für die Erteilung der Vollstreckungsklausel. *Vorläufige V.* wird im Zivilprozeß grds. bei Urteilen, die mit der Verkündung noch nicht rechtskräftig werden, gerichtlich gegen oder ohne Sicherheitsleistung angeordnet (im Verwaltungsprozeß bei Anfechtungs- und Verpflichtungsklagen auf die Kosten beschränkt; in der Arbeitsgerichtsbarkeit kraft Gesetzes ohne Sicherheitsleistung).

Vollstreckung
zwangsweise Durchsetzung eines privat- oder öffentlich-rechtlichen Anspruchs durch staatliche Organe. Vgl. → Zwangsvollstreckung, → Strafvollstreckung, → Verwaltungsvollstreckung.

Vollstreckungsbefehl
frühere Bezeichnung für → Vollstreckungsbescheid.

Vollstreckungsbescheid
der im → Mahnverfahren auf der Grundlage des → Mahnbescheides bei Fehlen eines → Widerspruchs erlassene → Vollstreckungstitel. Gegen den V. ist Einspruch möglich. Vgl. auch Abbildung Mahnverfahren S. 277.

Vollstreckungsgericht
Gericht, dem in der Zwangsvollstreckung die Anordnung von Vollstreckungshandlungen und die Mitwirkung an solchen in vom Gesetz ausdrücklich bestimmten Fällen zugewiesen ist; allein zuständig ist das Amtsgericht. Es entscheidet durch den Richter oder den Rechtspfleger.

Vollstreckungsorgan
staatliches Organ, das die Zwangsvollstreckung durchführt; grds. der Gerichtsvollzieher, ferner das Vollstreckungsgericht, das Prozeßgericht und das Grundbuchamt.

Vollstreckungsschutz
die Beschränkung oder gänzliche Untersagung der Zwangsvollstreckung. Bereits im Urteil kann die Zwangsvollstreckung ausnahmsweise überhaupt ausgeschlossen oder nur gegen Sicherheitsleistung zugelassen, jedenfalls aber dem Schuldner ihre Abwendung durch Sicherheitsleistung gestattet werden. In der Zwangsvollstreckung kann das Vollstreckungsgericht u.a. eine Vollstreckungsmaßnahme ganz oder teilweise aufheben, untersagen oder einstweilen einstellen, wenn sie wegen ganz besonderer Umstände eine sittenwidrige Härte bedeuten würde.

Vollstreckungstitel
Entscheidung oder beurkundete Erklärung, aus der nach dem Gesetz die Zwangsvollstreckung zugelassen ist. Dazu zählen insbes. (rechtskräftige oder für vorläufig vollstreckbar erklärte) → Urteile, → Prozeßvergleiche, → Vollstreckungsbescheide und vollstreckbare Urkunden. Ein V. ist Voraussetzung für die Zwangsvollstreckung.

Vollstreckungsvereitelung
Straftat, die begeht, wer bei einer ihm drohenden Zwangsvollstreckung Bestandteile seines Vermögens veräußert oder beiseite schafft in der Absicht, die Befriedigung des Gläubigers zu unterlaufen. Vgl. auch → Strafvereitelung.

vollziehende Gewalt
→ Exekutive.

Vollziehung
die Ausführung einer Anordnung. Im Verwaltungsrecht kann unter bestimm-

ten Voraussetzungen die *sofortige V.* eines Verwaltungsaktes angeordnet werden, wodurch die aufschiebende Wirkung von Widerspruch und Anfechtungsklage entfällt. Zur V. im Strafrecht → Strafvollzug.

Vollzug
→ Strafvollstreckung, → Strafvollzug.

Voraus
im Erbrecht der Anspruch des überlebenden Ehegatten auf die zum ehelichen Haushalt gehörenden Gegenstände (soweit sie nicht Zubehör eines Grundstückes sind) und die Hochzeitsgeschenke. Gilt nur für den Ehegatten, der gesetzlicher (nicht durch Testament eingesetzter) Erbe ist, und zwar zusätzlich zu seinem Erbteil; neben Verwandten der ersten Ordnung (→ Erbfolge) allerdings nur, soweit er diese Gegenstände zur Führung eines angemessenen Haushalts benötigt.

Vorbeugehaft
Haft zur Verhinderung einer Straftat. Ist grds. unzulässig. In eng begrenzten Fällen kann (nach der StPO) aber die Wiederholungsgefahr ein → Haftgrund sein.

Vorerbe
Person, die zunächst als Erbe berufen ist, wobei ihre Verfügungsbefugnis jedoch gewissen Einschränkungen unterliegt, bis zu einem bestimmten späteren Zeitpunkt (Nacherbfall) eine andere Person Erbe (Nacherbe) wird.

Vorführung
die Erzwingung des Erscheinens einer Person vor einer Behörde oder vor Gericht. Erfolgt auf Grund eines *V.-Befehls,* der sich vom → Haftbefehl dadurch unterscheidet, daß der Betroffene erst zum spätest notwendigen Zeitpunkt in Gewahrsam genommen wird. Zulässig z.B. gegenüber einem unentschuldigt ausgebliebenen Angeklagten (nach vorheriger schriftlicher Androhung für den Fall des Ausbleibens); gegenüber einem Wehrpflichtigen, der unentschuldigt z.B. der Musterung fernbleibt.

Vorgesetzter
Beamter, der einem anderen Beamten in seiner dienstlichen Tätigkeit Weisungen erteilen kann. Zum Begriff des *Dienst-V.* vgl. → Dienstherr. Für *militärische V.* gelten Sonderregeln.

Vorkaufsrecht
vertraglich oder gesetzlich begründetes Recht, durch einseitige Erklärung in einen Kaufvertrag anstelle des Käufers einzutreten. *Schuldrechtliches V.:* entsteht durch Vertrag mit dem späteren Verkäufer; kann sich auf bewegliche Sachen und auf Grundstücke beziehen. Kaufvertrag kommt unter den Bedingungen zustande, die der Verkäufer mit dem ursprünglichen Käufer vereinbart hat. *Dingliches V.:* nur an Grundstücken zulässig; kann im Grundbuch eingetragen werden, auch zugunsten des jeweiligen Eigentümers eines anderen Grundstücks; hat Dritten gegenüber die Wirkung einer → Vormerkung. *Gesetzliches V.:* besteht insbes. für Gemeinden (z.B. nach dem Bundesbaugesetz).

Vorlageverfahren
die Aussetzung eines gerichtlichen Verfahrens bei gleichzeitiger Einholung einer Entscheidung des Bundesverfassungsgerichts. Hat nach *Art. 100 GG* zu erfolgen, wenn ein Gericht ein Gesetz, auf dessen Gültigkeit es bei seiner Entscheidung ankommt, für verfassungswidrig hält (konkrete → Normenkontrolle), wenn in einem Rechtsstreit zweifelhaft ist, ob eine Regel des Völkerrechts Bestandteil des Bundesrechts ist und ob sie unmittelbar Rechte und Pflichten für den einzelnen erzeugt, und wenn ein Landesverfassungsgericht bei der Auslegung des GG von einer Entscheidung des Bundesverfassungsgerichts oder eines Landesverfassungsgerichts abweichen will.

Vormerkung
vorläufige Grundbucheintragung zur Sicherung eines Anspruchs auf Eintragung einer dinglichen Rechtsänderung (→ dingliches Recht) an Grundstücken und Grundstücksrechten. Bewirkt, daß eine Verfügung, die nach der Eintra-

gung der V. über das Grundstück oder ein Grundstücksrecht getroffen wird, insoweit unwirksam ist, als sie den Anspruch vereiteln oder beeinträchtigen würde (relative Verfügungsbeschränkung). Sichert außerdem den Rang des Rechtes, d.h. das gesicherte Recht wird später mit dem Rang der V. eingetragen. Praktisch besonders wichtig ist die *Auflassungs-V.* bei der Übertragung des Eigentums an einem Grundstück.

Vormund

vom Vormundschaftsgericht zur Führung einer Vormundschaft bestellte Person. Die Auswahl des V. obliegt grds. dem Vormundschaftsgericht; Verwandte und Verschwägerte sind zunächst zu berücksichtigen. Ein Recht auf Bestellung zum V. hat, wer von den Eltern des Mündels durch letztwillige Verfügung als V. benannt worden ist. Falls keine Einzelperson vorhanden ist, kann auch ein rechtsfähiger Verein, der vom Landesjugendamt hierzu für geeignet erklärt worden ist oder das Jugendamt als V. berufen werden. Zur Übernahme einer Vormundschaft ist jeder Deutsche verpflichtet; Ablehnung ist nur aus bestimmten (tatsächlichen) Verhinderungsgründen möglich (z.B. Krankheit, Alter über 60 Jahre, Belastung durch eigene Familie oder andere Vormundschaft).

Vormundschaft

vom Vormundschaftsgericht angeordnete Fürsorge- und Verwaltungstätigkeit für Minderjährige, die nicht unter elterlicher Sorge stehen sowie für Volljährige, die entmündigt sind. Der → Vormund hat das Recht und die Pflicht, für die Person und das Vermögen des → Mündels zu sorgen, insbes. den Mündel zu vertreten (gesetzlicher Vertreter). Im Unterschied dazu → Pflegschaft. Bestimmte besonders wichtige Geschäfte bedürfen der Genehmigung des → V.-Gerichts (z.B. Verfügung über ein Grundstück). Der Vormund ist in seiner Geschäftsführung zwar grds. selbständig, steht aber unter der Aufsicht des V.-Gerichts. Die V. endet insbes. bei Volljährigkeit oder Tod des Mündels, bei Eintritt oder Wiedererlangung der elterlichen Sorge und (bei Volljährigen) durch die Aufhebung der Entmündigung. Nach Beendigung seines Amtes hat der Vormund dem Mündel das verwaltete Vermögen herauszugeben und über die Verwaltung Rechenschaft abzulegen.

Vormundschaftsgericht

Abteilung des Amtsgerichts, die vor allem zur Bestellung und Überwachung eines Vormunds oder Pflegers, zur Aufsicht über die Eltern in der Ausübung der elterlichen Sorge, zur Betreuung der nichtehelichen Kinder und zur Mitwirkung bei Legitimation und Adoption von Kindern zuständig ist.

Vorname

derjenige Bestandteil des Namens einer Person, den diese vor ihrem Familiennamen trägt. Wird ihr vom Personensorgeberechtigten (bei Findelkindern oder anderen Personen, deren Personenstand nicht feststellbar ist, von der Behörde) erteilt und ist mit der Eintragung im Geburtenbuch (→ Personenstandsbuch) nicht mehr frei veränderbar. Muß dem Geschlecht entsprechen (Ausnahme: Maria als 2. Vorname eines Jungen).

Vorrang des Gesetzes

Grundsatz, daß der in Form eines Gesetzes geäußerte Staatswille rechtlich jeder anderen staatlichen Willensäußerung vorgeht. Ist eine Ausprägung des Grundsatzes der Gesetzmäßigkeit der Verwaltung. Von Bedeutung vor allem für das Verhältnis der Verordnungen zu den Gesetzen. Jeder Verstoß einer rangniederen Norm gegen eine ranghöhere führt zur Nichtigkeit der niederen Norm (oberste Norm: Verfassung, darunter die (einfachen) Gesetze, darunter die Rechtsverordnungen und Satzungen), wobei Bundesrecht (soweit der Bund Gesetzgebungskompetenz hat) Landesrecht bricht.

Vorsatz

im Zivil- wie im Strafrecht das Wissen und Wollen des rechtswidrigen Erfolges. Man unterscheidet den direkten V.

(dolus directus, unbedingter V.) vom indirekten V. (dolus eventualis, Eventual-V., bedingter V.).
Beim *direkten V.* sieht der Täter den Erfolg seines Handelns als sicher voraus (so z.B. auch dann, wenn jemand ein Haus anzündet, obwohl er weiß, daß im obersten Stockwerk einsam ein gelähmter Mann wohnt; auch wenn der Täter nur will, daß das Haus abbrennt, so handelt er doch hinsichtlich des Todes des Mannes mit direktem V., weil er den Tod als sicher voraussieht).
Beim *indirekten V.* hält der Täter den Erfolg seines Handelns für möglich und nimmt ihn billigend in Kauf (z.B. steckt jemand ein Haus an, obwohl er weiß, daß Leute darin wohnen; auch wenn der Täter nur will, daß das Haus abbrennt, so handelt er doch hinsichtlich des Todes der Bewohner mit indirektem V., wenn er damit rechnet, daß diese zu Hause sein könnten). Der indirekte V. ist von der bewußten Fahrlässigkeit abzugrenzen (z.B., wenn der Täter es zwar für möglich hält, die Bewohner könnten zu Hause sein, aber darauf hofft, daß dies doch nicht der Fall sei). Indirekter V. reicht meistens aus (Ausnahme: z.T., wenn das Gesetz wissentliches Handeln, immer, wenn es Absicht oder Handeln wider besseres Wissen voraussetzt).
Der V. steht im Gegensatz zur → Fahrlässigkeit.

Vorsitzender
oft der Leiter eines Kollegialorgans (z.B. Vorstand, Aufsichtsrat). Bei einem Kollegialgericht (z.B. Zivilkammer) der Richter, dem gesetzlich bestimmte Zuständigkeiten (z.B. Leitung der mündlichen Verhandlung) übertragen sind; bei Abstimmungen hat er jedoch grds. gleiches Stimmrecht wie ein Beisitzer. V. ist nicht zu verwechseln mit der Richteramtsbezeichnung „Vorsitzender Richter“. V. in einer Gerichtsverhandlung kann entweder Richter oder Vorsitzender Richter sein.

Vorstand
das geschäftsführende Organ (z.B. eines Vereins, einer Aktiengesellschaft).

Vorstrafe
zeitlich vor einer Verurteilung liegende Strafe. Sie kann sich in verschiedener Hinsicht negativ auswirken. So fällt sie i. d. R. bei der → Strafzumessung ins Gewicht, begründet unter bestimmten Voraussetzungen wegen → Rückfalls eine erhöhte Mindeststrafe und kann zu Führungsaufsicht oder Sicherungsverwahrung führen. Unterliegt eine V. der → Straftilgung, so gilt sie als im Rechtsverkehr nicht existent und darf nicht mehr zum Nachteil des Verurteilten verwertet werden.

Vortäuschen einer Straftat
Straftat, die begeht, wer entgegen besserem Wissen vortäuscht, daß eine rechtswidrige Tat begangen worden sei oder (nur bei bestimmten Fällen des Landfriedensbruchs) bevorstehe, oder wer über den Beteiligten einer solchen Tat zu täuschen versucht. Die Behauptung muß gegenüber einer Behörde erfolgt sein, um ein Einschreiten auszulösen.

Vorteil
allgemein ein Nutzen, eine Vergünstigung.

Vorteilsannahme
Straftat, die ein Amtsträger, ein für den öffentlichen Dienst besonders Verpflichteter, ein Richter oder Schiedsrichter begeht, wenn er einen Vorteil als Gegenleistung dafür fordert, sich versprechen läßt oder annimmt, daß er eine Diensthandlung vorgenommen hat oder künftig vornehme. Handelt es sich um eine pflichtwidrige Diensthandlung, so liegt → Bestechlichkeit vor. Bei Ermessensentscheidungen reicht es schon, wenn der Betreffende sich bereit gezeigt hat, sich bei der Ausübung seines Ermessens durch den Vorteil beeinflussen zu lassen, um ihn wegen Bestechlichkeit zu bestrafen.

Vorteilsgewährung
Straftat, die begeht, wer einem Amtsträger, einem für den öffentlichen Dienst besonders Verpflichteten oder einem Soldaten der Bundeswehr als Gegenleistung dafür, daß er eine in seinem

Ermessen stehende Diensthandlung künftig vornehme, einen Vorteil anbietet, verspricht oder gewährt.

Vorverfahren
zeitlich vor dem (Haupt-) Verfahren liegendes Verfahren (z.B. → Ermittlungsverfahren, → Widerspruchsverfahren).

Votum
(lat.: Gelübde; Stimme, Stimmrecht); Beurteilung, Stimmabgabe, z.B. innerhalb eines Spruchkörpers (Gericht) oder bei Wahlen; vgl. auch → Mißtrauens-V.

W

Waffe
→ Waffenrecht.

Waffenrecht
hpts. im Waffengesetz enthaltene Rechtsnormen, die insbes. eine Erlaubnispflicht für die Waffenherstellung, den Waffenhandel, den Erwerb und Besitz von Waffen (Waffenbesitzkarte) und das Führen von Waffen (Waffenschein) begründen.
Der Gebrauch von Waffen durch die *Polizei* ist ein Fall des → unmittelbaren Zwanges.
Im *Strafrecht* ist der Begriff Waffe nicht nur im technischen Sinn zu verstehen, sondern als Oberbegriff für alle gefährlichen Werkzeuge.

Wahl
die durch Abstimmung erfolgende Berufung einer Person in ein Amt. Vgl. auch → W.-Beamter, → W.-Delikt, → W.-Geheimnis, → W.-Periode, → W.-Prüfung, → W.-Recht, → W.-System.

Wahlbeamter
Beamter, der auf Grund einer Wahl in das Beamtenverhältnis berufen wird (z.B. Bürgermeister, Landrat). Wird grds. nur auf Zeit gewählt (Beamter auf Zeit).

Wahldelikt
im Zusammenhang mit einer Wahl begangene Straftat. W. sind: Wahlbehinderung, -fälschung, -unterlagenfälschung, Verletzung des Wahlgeheimnisses, Wählernötigung, -täuschung, -bestechung. Als Nebenfolge kann zu einer Freiheitsstrafe die Aberkennung des aktiven und passiven Wahlrechts kommen.

Wahlgeheimnis
Grundsatz einer demokratischen Wahl, wonach es geheim bleiben muß, für wen der einzelne Wähler seine Stimme abgegeben hat. Dazu sind im Wahllokal Vorkehrungen zu treffen, daß der Wähler seinen Stimmzettel unbeobachtet kennzeichnen und in den Wahlumschlag legen kann. Für die Aufnahme der Umschläge sind Wahlurnen zu verwenden, die die Wahrung des W. sicherstellen.

Wahlperiode
(lat.: periodus = Umlauf, Kreislauf, regelmäßig Wiederkehrendes); Zeitraum, für den ein Parlament oder eine sonstige Vertretungskörperschaft (z.B. Betriebsrat) gewählt wird. Vgl. auch → Legislaturperiode.

Wahlprüfung
Verfahren, in dem über die Gültigkeit einer Wahl entschieden wird. Bei der Wahl zum Bundestag ist die W. Sache des Bundestages, dessen Entscheidung von einem W.-Ausschuß vorbereitet wird. Dagegen ist die Beschwerde an das Bundesverfassungsgericht zulässig.

Wahlrecht
alle Vorschriften, die das Verfahren bei öffentlichen Wahlen regeln sowie das Recht des einzelnen zu wählen (*aktives W.;* Voraussetzungen: deutsche Staatsangehörigkeit, Mindestalter 18 Jahre, Wohnsitz oder dauernder Aufenthaltsort seit mindestens 3 Monaten im Wahlgebiet) und gewählt zu werden (*passives W.;* Voraussetzungen: deutsche Staatsangehörigkeit seit mindestens 1 Jahr, Mindestalter 18 Jahre).
Wahlen müssen im demokratischen Staat allgemein (jeder darf teilnehmen), gleich (jede Stimme zählt gleich viel), unmittelbar (es darf niemand zwischen Wähler und Wahlbe-

werber geschaltet sein), frei und geheim sein. Gleichheitsgrundsatz wird durch Sperrklauseln eingeschränkt, wonach Einzug einer Partei ins Parlament von der Erreichung eines gewissen Mindestprozentsatzes an Stimmen (höchstens 5 %) abhängig gemacht werden kann; ist zur Erhaltung der Funktionsfähigkeit des Parlaments gerechtfertigt.

Wahlsystem

rechtliche Ordnung der Grundsätze, nach denen eine Vertretungskörperschaft gewählt wird: Man unterscheidet im wesentlichen nach Mehrheitswahl und Verhältniswahl. Mischform ist möglich.

Bei der *Mehrheitswahl* (auch Persönlichkeitswahl) erfolgt eine Einteilung in so viele Wahlkreise, wie Abgeordnete zu wählen sind. Gewählt ist die Person, die in einem Wahlkreis die meisten Stimmen erhält. Die Stimmen des oder der Verlierer werden nicht berücksichtigt.

Bei der *Verhältniswahl* wird eine Partei gewählt. Alle Parteien werden entsprechend ihres Stimmenanteils im gesamten Wahlgebiet bei der Sitzverteilung berücksichtigt.

Für die Wahl zum Deutschen Bundestag gilt ein *kombiniertes W.:* Jeder Wahlberechtigte hat zwei Stimmen, eine Erststimme für einen Wahlkreiskandidaten und eine Zweitstimme für eine Partei. Ausschlaggebend sind die Zweitstimmen; die Erststimmen sind nur im Fall sog. Überhangmandate von Bedeutung, d.h. wenn eine Partei auf Grund der Erststimmen mehr Mandate erringt, als ihr auf Grund der Zweitstimmen zustehen. Die Sitzverteilung auf Grund der Zweitstimmen erfolgt nicht mehr nach dem → d'Hondtschen Höchstzahlverfahren, sondern nach dem Umrechnungsverfahren von Hare und Niemeyer, das die kleinen Parteien besser stellt als bisher. Parteien, die im gesamten Bundesgebiet weniger als 5 % der Zweitstimmen oder nicht mindestens in 3 Wahlkreisen ein Direktmandat erzielen, kommen überhaupt nicht in den Bundestag.

Wahlverteidiger

der vom Beschuldigten zur Wahrnehmung seiner Rechte gewählte Verteidiger, im Gegensatz zum → Pflichtverteidiger, der dem Beschuldigten vom Gericht bestellt wird.

Wahrheitspflicht

die Pflicht, im Prozeß Erklärungen über tatsächliche Umstände vollständig und der Wahrheit gemäß abzugeben, d.h. keine Tatsachen wider besseres Wissen zu behaupten oder zu bestreiten. Gilt für Zeugen und Sachverständige in allen Verfahrensarten sowie für die Parteien eines Zivilprozesses bzw. die Beteiligten aller anderen Verfahrensarten mit Ausnahme des Strafprozesses. Die Verletzung der W. kann Strafbarkeit (z.B. wegen → Falschaussage) und Schadensersatzpflichten zur Folge haben.

Wahrnehmung berechtigter Interessen

die Vertretung nicht gegen Recht und gute Sitten verstoßender Belange, insbes. eigener, aber auch solcher der Allgemeinheit und fremder (nur bei naher Beziehung, z.B. Vormund, Rechtsanwalt). Wer in dieser Absicht den Tatbestand eines Beleidigungsdeliktes erfüllt, handelt nur dann rechtswidrig, wenn Form und Umstände seiner Äußerungen beleidigend sind.

Währung

i. w. S. die gesetzliche Ordnung des Geldwesens eines Staates, i. e. S. die Geldeinheit, das gesetzliche Zahlungsmittel.

Waise

Kind, das einen Elternteil *(Halb-W.)* oder beide Eltern *(Voll-W.)* durch deren Tod verloren hat. Es kann unter Vormundschaft gestellt werden. W. erhalten, soweit der oder die Verstorbenen in der Sozialversicherung versichert waren, *W.-Rente,* die in der Rentenversicherung 10 (für Halb-W.) bzw. 20 % (für Voll-W.) der Erwerbsunfähigkeitsrente des Versicherten beträgt, in der Unfallversicherung 20 % des Arbeitsverdienstes des Verstorbenen. W. von Beamten steht *W.-Geld* zu.

Wandelung
die Rückgängigmachung eines Kaufes oder eines Werkvertrages wegen eines vom Verkäufer oder Unternehmer zu vertretenden → Sachmangels (→ Gewährleistung). W. ist vollzogen, wenn sich der Verkäufer oder der Unternehmer auf Verlangen des Käufers oder Bestellers mit ihr einverstanden erklärt hat oder entsprechend verurteilt worden ist (wobei der Käufer oder Besteller nicht erst auf Zustimmung zur W. klagen muß, sondern gleich auf Rückzahlung des Kaufpreises klagen kann). Beide Seiten sind verpflichtet, die empfangenen Leistungen einander Zug um Zug zurückzugewähren; der Verkäufer oder der Unternehmer hat den Kaufpreis einschl. 4 % Zinsen und evtl. entstandene Kosten (z.B. für Transport) zurückzuerstatten, der Käufer oder Besteller die Kaufsache zurückzugeben.

Ware
eine bewegliche Sache im Handelsverkehr.

Warenzeichen
auch (Schutz-) Marke; Kennzeichen, das dazu dient, die Waren eines Gewerbetreibenden von den Waren anderer zu unterscheiden. Es kann Wort-, Bild- oder kombiniertes Wort-Bild-Zeichen sein. Durch die Eintragung des W. in die beim Patentamt geführte Zeichenrolle erlangt der Inhaber des W. ein ausschließliches Benutzungsrecht für die Dauer von 10 Jahren, das gegen weitere Gebühren um jeweils weitere 10 Jahre verlängert werden kann.

Wasserrecht
die Gesamtheit derjenigen Rechtsvorschriften, die sich auf Gewässer, insbes. deren Benutzung und Schutz beziehen. Für den Bereich des Wasserwirtschaftsrechts hat der Bund das Wasserhaushaltsgesetz erlassen (Rahmengesetzgebung) sowie für den Bereich des Wasserwegerechts das Bundeswasserstraßengesetz (konkurrierende Gesetzgebung); im übrigen ist das W. landesgesetzlich geregelt.

Wechsel
schuldrechtliches → Wertpapier, das in einer bestimmten Form ausgestellt, ausdrücklich als W. bezeichnet werden muß und die Anweisung enthält, eine bestimmte Geldsumme zu zahlen. Erforderlich ist die Angabe dessen, der zahlen soll (Bezogener), der Verfallzeit, des Zahlungsortes, des Namens dessen, an den zu zahlen ist, des Tages und des Ortes der Ausstellung sowie die Unterschrift des Ausstellers. W. ist meist gezogener W. *(Tratte)*; außerdem gibt es den eigenen oder *Sola-W.*, bei dem der Aussteller nicht einen Bezogenen zur Zahlung anweist, sondern selbst zu zahlen verspricht. W. kann auf Sicht (d.h. bei Vorlage, *Sicht-W.)* oder auf eine bestimmte Zeit nach Sicht *(Nach-Sicht-W.)* oder nach Ausstellung *(Dato-W.)* oder auf ein bestimmtes Datum *(Tag-W.)* lauten. Die *Übertragung* des W. erfolgt durch Indossament (→ Wertpapier). Jeder, dessen Indossament sich auf dem W. befindet, ist wechselmäßig verpflichtet und haftet den Nachmännern. Die Annahme des W. (Akzept) durch den Bezogenen erfolgt durch Unterschrift.
Der Inhaber hat den W. am Zahlungstage oder einem der beiden folgenden Werktage zur Zahlung vorzulegen. Mangels Zahlung kann der Inhaber gegen den Indossanten, den Aussteller und die anderen W.-Verpflichteten bei Verfall des W. Rückgriff nehmen. Die Verweigerung der Annahme oder der Zahlung muß durch eine öffentliche Urkunde (Protest) festgestellt werden. Die Ansprüche aus dem W. können im W.-Prozeß verfolgt werden. Im W.-Prozeß sind die Ladungsfristen abgekürzt. Außerdem sind die Einwendungen gegen den Anspruch beschränkt.

Wechselprozeß
Unterfall des → Urkundenprozesses.

Wechselrecht
die Gesamtheit der den → Wechsel betreffenden Rechtsvorschriften. Auf Grund eines internationalen Abkommens von vielen Ländern (Ausn. z.B. England, USA) gleichlautend geregelt, in der Bundesrepublik Deutschland ins-

bes. im Wechselgesetz. Behandelt in erster Linie Ausstellung und Form des gezogenen Wechsels, seine Übertragung durch Indossament, seine Annahme durch den Bezogenen, seinen Verfall, seine Einlösung (Zahlung) sowie den Rückgriff mangels Annahme und mangels Zahlung.

Wegfall der Geschäftsgrundlage
→ Geschäftsgrundlage.

Wegnahmerecht
Recht, eine Einrichtung, mit der jemand eine Sache versehen hat, wegzunehmen, sobald er die Sache herausgeben muß. So darf z.B. der Mieter eine eingebaute Heizungsanlage wieder ausbauen, wenn er auszieht, auch wenn diese zu einem wesentlichen → Bestandteil des Gebäudes geworden ist. Der Wegnehmende hat die herauszugebende Sache auf seine Kosten wieder in den ursprünglichen Zustand zu bringen.

Wehrbeauftragter
nach dem Vorbild des schwedischen → Ombudsmans geschaffenes Hilfsorgan des Bundestages zum Schutz der Grundrechte der Soldaten und zur Ausübung der parlamentarischen Kontrolle über die Bundeswehr. Er kann vom Bundesverteidigungsminister und allen Wehrdienststellen Auskunft und Akteneinsicht verlangen sowie jederzeit unangemeldet alle Truppen und Dienststellen besuchen. Jeder Soldat hat das Recht, sich einzeln ohne Einhaltung des Dienstweges unmittelbar an den W. zu wenden und darf dafür nicht benachteiligt werden. Der W. ist weisungsunabhängig, abgesehen von allgemeinen Richtlinien, die der Bundestag oder der Verteidigungsausschuß erlassen können. Der W. erstattet jährlich einen schriftlichen Gesamtbericht. Er wird auf fünf Jahre vom Bundestag gewählt (Wiederwahl möglich).

Wehrdienst
Dienst als Soldat. Kann auf → Wehrpflicht beruhen oder freiwillig sein. Begründet ein besonderes Dienst- und Treueverhältnis zwischen dem Bund und dem Wehrdienstleistenden.

Wehrdienstverweigerung
→ Kriegsdienstverweigerung.

Wehrpflicht
Pflicht jedes mindestens 18jährigen deutschen, wehrfähigen Mannes, Wehrdienst zu leisten. W. gliedert sich in einen 15monatigen Grundwehrdienst, den Wehrdienst während einer anschließenden 12monatigen Verfügungsbereitschaft, spätere Wehrübungen und u. U. den unbefristeten Wehrdienst im Verteidigungsfall. Bei anerkannten Kriegsdienstverweigerern tritt an die Stelle des Wehrdienstes der → Zivildienst. W. gilt nur in der Bundesrepublik Deutschland, nicht in Westberlin. Während der Ableistung der W. wird der bisherige Arbeitsplatz geschützt (Arbeitsverhältnis ruht, darf nicht gekündigt werden).

Wehrrecht
national gesehen die Gesamtheit der sich auf die militärische Verteidigung der Bundesrepublik Deutschland durch die Bundeswehr beziehenden Normen; international insbes. die Haager Landkriegsordnung sowie die vier Genfer Konventionen.

Wehrstrafrecht
speziell für Soldaten geltendes Strafrecht, geregelt im Wehrstrafgesetz, das einige vom allgemeinen Teil des Strafgesetzbuchs abweichende Bestimmungen enthält (z.B. Handeln auf Befehl, → Strafarrest) sowie die besonderen Bestimmungen über militärische Straftaten (z.B. Wehrdienstentziehung, → Fahnenflucht, militärischer Ungehorsam). Die Anwendung des Jugendstrafrechts ist für die Dauer des Wehrdienstverhältnisses eines Jugendlichen oder Heranwachsenden eingeschränkt.

Wehrüberwachung
die Überwachung der nicht dienenden Wehrpflichtigen zur Gewährleistung kurzfristiger Einsatzbereitschaft der Streitkräfte im Falle eines Krieges. Begründet insbes. Meldepflichten (z.B. bei Wohnungswechsel).

Weisung
allgemein eine Anweisung zu einem

Verhalten.
I. Im *Jugendstrafrecht* ist W. ein Gebot oder Verbot, das die Lebensführung des Jugendlichen regeln und dadurch seine Erziehung fördern und sichern soll (z.B. das Verbot, mit bestimmten Leuten zu verkehren oder Vergnügungsstätten zu besuchen). W. sind → Erziehungsmaßregeln. Kommt der Jugendliche den W. nicht nach, kann Jugendarrest angeordnet werden.
II. Im *Verwaltungsrecht* sind vorgesetzte Behörden grds. berechtigt, nachgeordneten Behörden allgemein oder im Einzelfall W. zu erteilen.

Weisungsrecht
→ Weisung, → Gehorsamspflicht.

Werk
die Herstellung eines bestimmten Arbeitsergebnisses sowie das Ergebnis selbst (→ Werkvertrag, → Werklieferungsvertrag). Im Arbeitsrecht wird auch der Betrieb als W. bezeichnet.

Werklieferungsvertrag
Vertrag, bei dem sich der eine Teil verpflichtet, ein Werk aus einem von ihm zu beschaffenden Stoff herzustellen. Handelt es sich um vertretbare → Sachen, so finden die Vorschriften über den Kauf entsprechende Anwendung; bei unvertretbaren Sachen (z.B. Maßanzug) gilt teils Kaufrecht und teils Werkvertragsrecht.

Werkvertrag
Vertrag, bei dem sich der eine Teil (Unternehmer) zur Herstellung eines Werkes, der andere Teil (Besteller) zur Entrichtung der vereinbarten (ansonsten der üblichen) Vergütung verpflichtet. Gegenstand des W. kann sowohl die Herstellung (z.B. Bau eines Hauses) oder Veränderung einer Sache (z.B. Reparatur) als auch ein anderer durch Arbeit oder Dienstleistung herbeizuführender Erfolg (z.B. Taxifahrt) sein. Im Unterschied zum Dienstvertrag schuldet der Unternehmer nicht nur eine Tätigkeit als solche, sondern einen Erfolg (das Werk).
Der Unternehmer hat das Werk mangelfrei herzustellen; andernfalls kann der Besteller zunächst Nachbesserung und nach fruchtlosem Ablauf einer zur Nachbesserung gesetzten Frist auch → Wandelung oder → Minderung bzw. bei Verschulden des Unternehmers auch Schadensersatz wegen Nichterfüllung verlangen. Diese Ansprüche des Bestellers verjähren in 6 Monaten, bei Arbeiten an einem Grundstück in 1 Jahr, bei Bauwerken in 5 Jahren nach Abnahme des Werkes (falls Geltung der → Verdingungsordnung für Bauleistungen (VOB) vereinbart ist, jedoch in nur 2 Jahren) und nur bei arglistigem Verschweigen in 30 Jahren. Ein mangelfreies Werk verpflichtet den Besteller zur Abnahme, d.h. zur Entgegennahme und Billigung, wobei i. d. R. gleichzeitig die Vergütung fällig wird. Zur Sicherung seiner Forderungen aus dem W. hat der Unternehmer ein gesetzliches Pfandrecht an den von ihm hergestellten oder ausgebesserten beweglichen Sachen des Bestellers, wenn sie in seinen Besitz gelangt sind (Unternehmerpfandrecht).

Wert
die Einschätzung eines Gegenstandes, die sich in dem Preis ausdrückt, der als Entgelt gezahlt wird oder werden würde. *Gemeiner* (objektiver) *W.* ist der W., den der Gegenstand für jedermann hat, *subjektiver W.* der W. für eine bestimmte Person.

Wertpapier
Urkunde, die ein privates Vermögensrecht derart verbrieft, daß seine Ausübung vom Besitz der Urkunde abhängig ist. Man unterscheidet nach dem Inhalt des verkörperten Rechts *schuldrechtliche W.* (z.B. Wechsel, Scheck), *sachenrechtliche W.* (z.B. Hypothekenbrief) und *Mitgliedschaftspapiere* (z.B. Aktie); ferner nach der Art, wie der Berechtigte bestimmt wird, *Rekta- oder Namenspapiere* (die auf den Namen einer bestimmten Person lauten; z.B. Hypothekenbrief), *Orderpapiere* (die außer der Bezeichnung eines bestimmten Berechtigten den Zusatz „oder an dessen Order" enthalten; der Berechtigte kann das Recht durch Übergabe des W. und eine entsprechende Erklärung, meist auf der Rückseite (Indossa-

ment; von ital.: in dorso = auf dem Rücken) übertragen; z.B. Wechsel) und *Inhaberpapiere* (die keine bestimmte Person, sondern den jeweiligen Inhaber berechtigen; z.B. Inhaberschuldverschreibung).

Wertpapierrecht

das die → Wertpapiere betreffende Recht; geregelt im Bürgerlichen Gesetzbuch, im Handelsgesetzbuch, im Aktiengesetz, im Scheckgesetz und im Wechselgesetz.

Wesensgehaltsgarantie

die Garantie des Grundgesetzes, daß kein Grundrecht in seinem Wesen angetastet werden darf. Bedeutet, daß es eine absolute Grenze für Eingriffe in ein Grundrecht gibt, wobei es auf die Schwere des Eingriffs für den einzelnen ankommt (so daß diese Grenze überschritten ist, wenn ein Grundrecht zwar noch für die Mehrheit der Bevölkerung bestehen bleibt, einzelnen aber ganz entzogen wird). Der Wesensgehalt ist dann angetastet, wenn der einzelne zum Objekt des staatlichen Handelns gemacht wird, insbes., wenn ihm der Gebrauch eines Grundrechts durch Voraussetzungen erschwert wird, auf deren Erfüllung er keinerlei Einfluß hat.

wesentlicher Bestandteil

→ Bestandteil.

Wettbewerb

das Bestreben voneinander unabhängiger Gewerbetreibender, auf dem Markt vor den Mitbewerbern zu Geschäftsabschlüssen zu gelangen. Maßgebend ist vor allem Werbung, Waren- und Preisgestaltung. Es herrscht W.-Freiheit, die durch das Gesetz gegen Wettbewerbsbeschränkungen gesichert werden soll. Der W. wird eingeschränkt durch das Gesetz gegen → unlauteren W.

Wettbewerbsrecht

Gesamtheit der Vorschriften, die auf den Wettbewerb Bezug haben, durch ihn bedingt sind und die ihn im Geschäftsverkehr regeln. Zum W. gehören die Bestimmungen des Gesetzes gegen unlauteren Wettbewerb, das Namensrecht im BGB, die Firmenvorschriften im HGB, das Warenzeichenrecht. Ziel: der Schutz von Mitbewerbern und Kunden vor unlauterem Verhalten. Ziel des Rechts der Wettbewerbsbeschränkungen ist der Schutz der Handlungsfreiheit der Marktteilnehmer und des Wettbewerbs.

Wette

Vertrag, bei dem sich zwei oder mehrere Personen zur Bekräftigung widerstreitender Behauptungen versprechen, daß dem, dessen Behauptung sich als richtig erweist, ein Gewinn zufallen soll; auch die entsprechende einseitige Verpflichtung ist W. Die W. unterscheidet sich vom Spiel durch ihren Zweck; er besteht nicht in Unterhaltung oder Gewinn (so aber z.B. die Renn-„W." bei Pferderennen; sie ist keine W., sondern → Spiel), sondern in der Bekräftigung eines ernsthaften Meinungsstreits. Durch eine W. wird keine Verbindlichkeit begründet, doch kann das bereits Geleistete nicht wegen fehlender Verbindlichkeit zurückgefordert werden.

Widerklage

Klage, die vom Beklagten in dem selben Verfahren gegen den Kläger erhoben wird. Sie wird wie eine selbständige → Klage behandelt. Setzt einen rechtlichen Zusammenhang mit der Klage voraus (z.B. Zahlung des Kaufpreises und Schadensersatz wegen Nichterfüllung).

Widerruf

I. Im *Verwaltungsrecht* die Aufhebung eines rechtmäßigen → Verwaltungsakts.

II. Im *Privatrecht* eine empfangsbedürftige Willenserklärung, die eine – meist noch nicht endgültig wirksame – Willenserklärung von Anfang an beseitigt. Vgl. im einzelnen → Abzahlungskauf, → Testament, → Willenserklärung, → Schenkung, → Vollmacht.

III. Im *Verfahrensrecht* vgl. → Prozeßvergleich.

Widerspruch

I. *Vorläufige Grundbucheintragung,*

die im Falle einer Unrichtigkeit des Grundbuchs den wahren Berechtigten bis zur Berichtigung des Grundbuchs schützt. Zerstört den → öffentlichen Glauben des Grundbuchs, so daß kein gutgläubiger Erwerb möglich ist.
II. Im *Zivilprozeß* Bezeichnung für → Rechtsbehelfe gegen verschiedene gerichtliche Entscheidungen (z.B. Mahnbescheid, einstweilige Verfügung), die zu einer Überprüfung der angefochtenen Entscheidung in derselben Instanz führen.
III. Im *Verwaltungsrecht* der Rechtsbehelf gegen einen Verwaltungsakt. Ist innerhalb eines Monats, nachdem der Verwaltungsakt dem Betroffenen bekannt gegeben worden ist, schriftlich oder zur Niederschrift bei der Behörde zu erheben, die den Verwaltungsakt erlassen hat. Enthält dieser keine ordnungsgemäße Rechtsmittelbelehrung, so ist W. innerhalb eines Jahres zulässig. Mit der Erhebung des W. beginnt das → Verwaltungsverfahren, das als → Vorverfahren Voraussetzung für das Verwaltungsstreitverfahren (Verwaltungsprozeß) ist. Vgl. → Widerspruchsbescheid, → Widerspruchsverfahren und Abbildung Mahnverfahren S. 277.

Widerspruchsbescheid

der auf einen → Widerspruch hin erlassene Verwaltungsakt derjenigen Behörde, die über den Widerspruch zu entscheiden hat (Widerspruchsbehörde). Ergeht, wenn die Behörde (die den Verwaltungsakt erlassen hat) dem Widerspruch nicht abhilft; wird meist von der nächsthöheren Behörde erlassen.

Widerspruchsverfahren

Verwaltungsverfahren, in dem nach Einlegung eines Widerspruchs gegen einen Verwaltungsakt dieser auf seine Rechtmäßigkeit und Zweckmäßigkeit behördlich nachgeprüft wird. Das W. ist notwendige Voraussetzung für die Erhebung einer Anfechtungs- oder Verpflichtungsklage. Es beginnt mit der Einlegung des Widerspruchs und endet, wenn diesem nicht abgeholfen wird, mit dem → Widerspruchsbescheid. Vgl. → Suspensiveffekt.

Widerstand gegen die Staatsgewalt

i. w. S. Sammelbezeichnung für Straftaten gegen die inländische Staatshoheit; dazu gehören die öffentliche Aufforderung zu strafbaren Handlungen, Gefangenenbefreiung und Gefangenenmeuterei sowie Widerstand gegen Vollstreckungsbeamte; i. e. S. nur letzteres. Besteht darin, daß jemand einem Amtsträger oder Soldaten der Bundeswehr (bzw. einer Person, die die Rechte und Pflichten eines Polizeibeamten hat oder Hilfsbeamter der Staatsanwaltschaft ist, ohne Amtsträger zu sein), der zur Vollstreckung von staatlichen Anordnungen berufen ist, bei der Vornahme solcher Dienstleistungen mit Gewalt oder durch Drohung mit Gewalt Widerstand leistet oder ihn dabei tätlich angreift. *Nicht strafbar* ist der Widerstand gegen rechtswidrige Diensthandlungen; auch wer irrig an eine rechtmäßige Diensthandlung glaubt, wird nicht bestraft. Bei irriger Annahme einer rechtswidrigen Diensthandlung kann die Strafe gemildert oder ganz von ihr abgesehen werden.

Widerstandsrecht

das in *Art. 20 Abs. 4 GG* verankerte Grundrecht, falls andere wirksame Abhilfe nicht möglich ist, gegen jeden Widerstand zu leisten, der es unternimmt, die freiheitlich-demokratische Grundordnung zu beseitigen (also auch gegen die öffentliche Gewalt). Nur als äußerstes Mittel zur Wiederherstellung der rechtsstaatlichen Ordnung anerkannt. Muß das letzte verbleibende Mittel gegen offenkundiges Unrecht sein.

Widmung

Hoheitsakt, der die Eigenschaft als öffentliche → Sache begründet und zugleich ihre Zweckbestimmung festlegt. Erfolgt durch Gesetz, Verordnung, Satzung, Verwaltungsakt oder (seltener) Gewohnheitsrecht. Durch Änderung der W. kann die Zweckbestimmung der öffentlichen Sache erweitert oder beschränkt werden. Die vollständige Aufhebung erfolgt durch Entwidmung (im Straßen- und Wegerecht als Einziehung bezeichnet), die den Gemeingebrauch beendet.

Wiederaufnahmeverfahren
erneute Durchführung eines bereits rechtskräftig abgeschlossenen Verfahrens.
I. Erfolgt im *Zivilprozeß* durch → Nichtigkeitsklage oder durch → Restitutionsklage. Die zulässige Klage beseitigt die → Rechtskraft und führt zur erneuten Verhandlung über den gleichen Gegenstand.
II. Im *Strafprozeß* ist das W. an z. T. unterschiedliche Voraussetzungen geknüpft, je nachdem, ob es zugunsten oder zuungunsten des Verurteilten beantragt wird. Erweist sich der Antrag als zulässig und begründet, so ordnet das Gericht die Wiederaufnahme des Verfahrens und die Erneuerung der Hauptverhandlung an.

Wiedereinsetzung in den vorigen Stand
gerichtliche oder behördliche Entscheidung, mit der die Wirkung der Versäumung bestimmter prozessualer Fristen (z.B. für die Einlegung eines Rechtsmittels) oder (nur im Strafprozeß) eines Termins beseitigt wird. W. ist möglich, wenn der Betreffende ohne sein Verschulden an der Einhaltung der Frist verhindert war (z.B. bei Erkrankung); dabei steht das Verschulden des gesetzlichen Vertreters oder des Prozeßbevollmächtigten im Zivilprozeß dem der Partei gleich. W. muß innerhalb bestimmter Fristen (im Zivilprozeß innerhalb von 14 Tagen nach Behebung des Hindernisses) beantragt werden; die Prozeßhandlung ist innerhalb der Antragsfrist nachzuholen; die Gründe für die Versäumung müssen glaubhaft gemacht werden.

Wild
die wilden Tiere, die dem → Jagdrecht unterliegen.

Wilderei
→ Jagdwilderei, → Fischwilderei.

Wildschaden
der vom Wild (an Grundstücken) verursachte Schaden. Zur Verhütung von W. sind Jagdausübungsberechtigter sowie Eigentümer oder Nutzungsberechtigter eines Grundstücks berechtigt, das Wild vom Grundstück abzuhalten oder zu verscheuchen und kann der Jagdausübungsberechtigte u. U. zur Verringerung des Wildbestandes verpflichtet werden. Zum Ersatz eines durch Schalenwild, Wildkaninchen oder Fasane verursachten W. an einem Grundstück, das zu einem gemeinschaftlichen Jagdbezirk gehört, ist die Jagdgenossenschaft verpflichtet.

Wille
die Fähigkeit des Menschen, sich auf Grund bewußter Beweggründe für ein Verhalten zu entscheiden. Vgl. auch → Willenserklärung.

Willenserklärung
die Äußerung des auf einen rechtlichen Erfolg gerichteten Willens (z.B. Antrag zum Abschluß eines Vertrages). Bildet den wichtigsten Teil eines Rechtsgeschäfts. Erfordert Handlungswille (Wille, die zur W. führende Handlung überhaupt vornehmen zu wollen), Erklärungswille (das Bewußtsein, mit der Handlung rechtsgeschäftliche Erklärungen abzugeben) und Geschäftswillen (Wille, eine bestimmte Rechtsfolge herbeizuführen). Zu unterscheiden sind W., die einem anderen gegenüber abzugeben sind (*empfangsbedürftige W.*, dies sind die meisten) und *nicht empfangsbedürftige W.* (z.B. Testament). Empfangsbedürftige W. werden erst mit ihrem Zugang wirksam, d.h. wenn die W. unter Anwesenden wahrgenommen und verstanden werden kann, und soweit es sich um eine W. gegenüber einem Abwesenden handelt, so in dessen Einflußbereich gelangt, daß unter gewöhnlichen Umständen nach der Verkehrssitte damit zu rechnen ist, daß der Empfänger von ihr Kenntnis nehmen kann (z.B. Einwurf in den Hausbriefkasten, wenn und sobald mit Leerung zu rechnen ist).

Willensmangel
i. e. S. bei einer Willenserklärung das Fehlen eines Willens überhaupt oder

das Fehlen eines der Erklärung entsprechenden Willens (z.B. nicht ernstliche Willenserklärung, Irrtum); i. w. S. jeder Mangel einer Willenserklärung (z.B. bei Drohung, Täuschung, Formmangel, Gesetzesverstoß, Sittenwidrigkeit). Führt zu Nichtigkeit oder Anfechtbarkeit.

Willkürverbot
das aus dem Gleichheitsgrundsatz folgende Verbot, staatliches Handeln durch unsachliches und unmotiviertes Verfahren zu mißbrauchen und damit ohne angemessenen Grund Gleiches ungleich und Ungleiches gleich zu behandeln.

Wirkung
allgemein die Folge eines Verhaltens. *Konstitutive* (rechtsbegründende) *W.* liegt vor, wenn ein Verhalten einen rechtlichen Erfolg erst begründet, aufhebt oder gestaltet (z.B. erlangt der (nicht wirtschaftliche) Verein Rechtsfähigkeit durch Eintragung im Vereinsregister); *deklaratorische* (klarstellende) *W.*, wenn ein rechtlicher Erfolg lediglich festgestellt, bezeugt oder klargestellt wird (z.B. die Eintragung des Erben als Grundstückseigentümer anstelle des Erblassers). Die *aufschiebende W.* (z.B. von Rechtsmitteln und bei Verwaltungsakten auch von Widerspruch und Anfechtungsklage) läßt eine Rechtsfolge erst später eintreten.

Wirtschaft
die Gesamtheit der Einrichtungen und Maßnahmen zur planvollen Deckung des menschlichen Bedarfs (des einzelnen (z.B. Haus-W.) oder der Allgemeinheit (z.B. Volks-W.)) an Gütern und Dienstleistungen.

Wirtschaftskriminalität
(lat.: criminalis = das Verbrechen betreffend); auch white collar criminality (engl. = Weiße-Kragen-Kriminalität); die Begehung von Straftaten im Bereich der Wirtschaft (z.B. Steuerhinterziehung, Bestechung, Kreditbetrug, Subventionsbetrug, Konkursstraftaten).

Wirtschaftsrecht
Gesamtheit der Normen, welche die selbständige Erwerbstätigkeit in Industrie, Handel, Handwerk, Landwirtschaft und Verkehr begrenzen und lenken. Dazu gehören die Vorschriften über die Zulassung zu Beruf und Gewerbe und die Vorschriften der staatlichen Wirtschaftslenkung und Wirtschaftsförderung, außerdem das Recht der Wettbewerbsbeschränkungen, das Recht der Organisationen, der Kammern und Verbände und das Außenwirtschaftsgesetz sowie das Wirtschaftsverfassungsrecht, das die Verfassungsvorschriften umfaßt, welche die Wirtschaft betreffen. Wesentlich sind dabei die wirtschaftlichen Grundfreiheiten, die durch die Grundgesetzartikel 2 (allgemeine Handlungsfreiheit), 14 (Eigentum) und 12 (Berufsfreiheit) geprägt werden.

Wissenschaftsfreiheit
Freiheit von Lehre und Forschung. In *Art. 5 Abs. 3 GG* garantiertes Grundrecht, das einerseits eine Garantie der Einrichtung wissenschaftlicher Hochschulen mit Anspruch auf Selbstverwaltung und Sicherung ihrer Arbeit durch den Staat beinhaltet und andererseits dem einzelnen Wissenschaftler ein subjektives Recht auf Nichteinmischung des Staates in seine wissenschaftliche Tätigkeit gibt. Es tritt neben die ohnehin gewährleistete → Meinungsfreiheit.

Witwe(r)
der nach dem Tod eines Ehegatten zurückbleibende andere Ehegatte (solange er nicht wieder geheiratet hat). Die Witwe eines in der gesetzlichen Rentenversicherung oder in der gesetzlichen Unfallversicherung Versicherten erhält eine *Witwenrente,* die 60 % der Versichertenrente bzw. 30 % (in bestimmten Fällen 40 %) des Arbeitsverdienstes des Verstorbenen beträgt. Ein Witwer erhält die entsprechende *Witwerrente* nur, wenn seine verstorbene Ehefrau den Unterhalt der Familie überwiegend bestritten hat. Das Bundesverfassungsgericht hat den Gesetzgeber zu einer Neuregelung verpflichtet, um für die

Zukunft eine Ungleichbehandlung von Frau und Mann auszuschließen. Die Witwen der Beamten, Richter und Soldaten erhalten Witwengeld; entsprechendes gilt für die Witwer.

Wohngeld
staatlicher Zuschuß zu den Aufwendungen für Wohnraum, für Mieter einer Wohnung als Mietzuschuß, für Eigentümer eines Eigenheims oder einer Eigentumswohnung als Lastenzuschuß. Wird gewährt, wenn das Familieneinkommen unter Berücksichtigung der zum Haushalt zu rechnenden Personen bestimmte Höchstgrenzen nicht erreicht und die Miete oder Belastung das aus der W.-Tabelle ersichtliche zumutbare Maß übersteigt.

Wohnraum
jeder Raum innerhalb eines Gebäudes, der zur dauernden privaten Nutzung (z.B. Schlafen, Kochen) geeignet und bestimmt ist. Er wird im Mietrecht besonders geschützt (→ Mieterschutz). Landesrechtlich kann die Zuführung von W. zu anderen als Wohnzwecken *(Zweckentfremdung von W.)* von einer Genehmigung abhängig gemacht werden.

Wohnsitz
der räumliche Lebensmittelpunkt eines Menschen; ihm entspricht bei juristischen Personen der Sitz. Der W. ist zu unterscheiden vom Aufenthaltsort (→ Aufenthalt). Begründet wird der W. durch ständige Niederlassung an einem Ort und aufgehoben durch die Aufhebung der Niederlassung mit dem Willen, sie aufzugeben. Minderjährige teilen den Wohnsitz ihrer Eltern; Berufssoldaten haben ihren W. am Standort. Eine Person kann gleichzeitig mehrere W. haben. Der W. hat u.a. Bedeutung für den → Erfüllungsort, den allgemeinen → Gerichtsstand und das allgemeine → Wahlrecht. Einen W. im Sinne des Steuerrechts hat jemand dort, wo er eine Wohnung innehat unter Umständen, die darauf schließen lassen, daß er die Wohnung beibehalten und benutzen wird.

Wohnungseigentum
Sondereigentum an einer Wohnung in Verbindung mit dem Miteigentumsanteil am Haus bzw. Grundstück. Ist eine Ausnahme von dem Grundsatz, daß wesentliche → Bestandteile nicht Gegenstand besonderer Rechte sein können. Zum Sondereigentum gehören die Wohnräume und deren Bestandteile, zum Miteigentum alle übrigen Einrichtungen, die für den Bestand und die Unterhaltung des Hauses erforderlich sind oder dem gemeinsamen Gebrauch dienen (z.B. Treppenhaus). Sondereigentum und Miteigentum sind untrennbar miteinander verbunden.

Wohnungsrecht
Recht, ein Gebäude oder einen Teil eines Gebäudes (z.B. Stockwerk) unter Ausschluß des Eigentümers als Wohnung zu benutzen (wird z.B. in Altenteilsverträgen vereinbart). W. ist eine beschränkte persönliche → Dienstbarkeit, auf die weitgehend die Vorschriften über den → Nießbrauch entsprechende Anwendung finden.

Wohnung, Unverletzlichkeit der
die Unantastbarkeit eines räumlichen Bereiches, in dem der einzelne im Kreise seiner Familie ungestört und unbeobachtet tun und lassen darf, was er will; als Grundrecht für jedermann gewährleistet. Zur Zulässigkeit von → Durchsuchungen siehe dort. Im übrigen dürfen Eingriffe und Beschränkungen nur zur Abwehr einer gemeinen Gefahr oder einer Lebensgefahr für einzelne Personen sowie auf Grund eines Gesetzes auch zur Verhütung dringender Gefahren für die öffentliche Sicherheit und Ordnung erfolgen.

Wort, letztes
→ letztes Wort.

Wucher
die Ausbeutung der Zwangslage, der Unerfahrenheit, des Mangels an Urteilsvermögen oder der erheblichen Willensschwäche eines anderen dadurch, daß jemand sich oder einem Dritten für eine Leistung Vermögensvorteile versprechen oder gewähren

läßt, die in einem auffälligen Mißverhältnis zu der Leistung stehen. W. ist ein Fall der → Sittenwidrigkeit. Ein wucherisches Rechtsgeschäft ist nichtig. Strafbar ist der *Miet-W.*, der *Kredit-W.* und der sich auf sonstige Leistungen beziehende W. *(Leistungs-W.)* sowie der sich auf die Vermittlung einer Leistung beziehende W. *(Vermittlungs-W.)*.

Z

Zahlung
die Übereignung von Geld, meist zur Erfüllung einer Geldschuld (Bar-Z.). Die anstelle von Bar-Z. erfolgende Hingabe eines Schecks oder Wechsels ist nur eine → Leistung erfüllungshalber.

Zahlungsbefehl
frühere Bezeichnung für → Mahnbescheid.

Zahlungseinstellung
die trotz einer bestehenden Zahlungspflicht erfolgende Beendigung der Zahlungen infolge eines nicht nur vorübergehenden Mangels an Geldmitteln. Z. deutet auf → Zahlungsunfähigkeit hin.

Zahlungsmittel
alle Geldarten und geldgleichen Forderungsrechte, die zur Zahlung verwendet werden. Dazu gehören: Bargeld (Banknoten der Deutschen Bundesbank und Münzgeld), Buchgeld (→ Geld) und Geldersatz (z.B. Wechsel, Scheck).
Gesetzliches Z. ist ein Z., mit dem ein Zahlungsverpflichteter gegenüber dem Berechtigten eine Geldschuld rechtswirksam tilgen kann. Der hieraus folgende Annahmezwang kann unbeschränkt (bei Banknoten) oder beschränkt sein (bei Münzen, die im gewöhnlichen Zahlungsverkehr nur bis zum Betrag von 200 DM, soweit sie auf DM lauten und bis zu 5 DM, falls sie auf Pfennige lauten, in Zahlung genommen zu werden brauchen).

Zahlungsunfähigkeit
auf dem Mangel an Zahlungsmitteln beruhendes, dauerndes Unvermögen, fällige Geldschulden zu erfüllen; ist zu vermuten bei → Zahlungseinstellung. Z. ist Voraussetzung für die Eröffnung des Konkurs- oder Vergleichsverfahrens.

Zechprellerei
Straftat, die begeht, wer den Wirt bei der Bestellung von Speisen und Getränken über seine Zahlungsfähigkeit oder -willigkeit täuscht. Muß nicht ausdrücklich, sondern kann auch stillschweigend dadurch geschehen, daß der Täter etwas bestellt. Z. ist als → Betrug strafbar.

Zeitlohn
Lohn, der nach der Arbeitszeit ohne Rücksicht auf das Arbeitsergebnis bemessen wird (z.B. Stundenlohn). *Gegensatz:* → Akkordlohn.

Zensur
(lat.: censura = Prüfung); staatliche Kontrolle von Veröffentlichungen in Presse, Rundfunk, Fernsehen und Film. Nach *Art. 5 Abs. 3 GG* ist die Z. im Sinne einer Vorzensur (d.h. vor Veröffentlichung) verboten.

Zerrüttung
→ Ehescheidung.

Zeuge
Person, die über Tatsachen, die sie selbst wahrgenommen hat, aussagen soll. Z. kann nicht sein, wer Partei, Beteiligter oder Beschuldigter ist; auf Alter und Geisteszustand hingegen kommt es nicht an; diese sind nur bei der *Bewertung* der Aussage zu berücksichtigen. Z. ist zum Erscheinen, zur Aussage und zur Beeidigung vor Gericht verpflichtet; andernfalls können Beugestrafen ausgesprochen oder Vorführung angeordnet werden. Z. erhält Entschädigung (z.B. Fahrtkosten und Verdienstausfall). Bestimmte Personen

haben ein → Zeugnisverweigerungsrecht.

Zeugnis

allgemein eine Aussage, insbes. eines Zeugen oder einer Urkunde über bestimmte Leistungen, und ihre Bewertung; auch die Urkunde selbst wird Z. genannt.

I. *Schul-Z.:* wird über die Leistungen eines Schülers während eines bestimmten Zeitabschnitts oder nach Ablauf eines Schuljahres sowie nach Abschluß einer Schullaufbahn (Abschluß-Z.) ausgestellt. Grob ungerechte Zensuren in einem Z. können (anders als z.B. die Note einer einzelnen Klassenarbeit) vor dem Verwaltungsgericht angefochten werden.

II. *Z.*, das *bei Beendigung eines Arbeits- oder Ausbildungsverhältnisses* dem Arbeitnehmer oder Auszubildenden auf sein Verlangen vom Arbeitgeber ausgestellt werden muß. Es erstreckt sich stets auf Art und Dauer der Beschäftigung (einfaches Z.), auf Verlangen auch auf Leistung und Führung. Es soll einerseits wahrheitsgetreu sein, da der Arbeitgeber sich andernfalls dem Arbeitnehmer oder nachfolgenden Arbeitgebern gegenüber schadensersatzpflichtig macht; andererseits soll es aber auch nichts enthalten, was den Betreffenden in seinem weiteren beruflichen Fortkommen schädigen könnte.

Zeugnisverweigerungsrecht

das Recht, trotz der grds. für jeden Staatsbürger bestehenden Verpflichtung, als Zeuge vor Gericht auszusagen, die Aussage zur Sache abzulehnen. Kann auf engen persönlichen Beziehungen (z.B. Verwandtschaft) beruhen oder der Wahrung eines Berufsgeheimnisses (z.B. bei Geistlichen, Ärzten, Rechtsanwälten, Abgeordneten, Journalisten) dienen. Bei letzteren entfällt das Z., wenn sie von der Schweigepflicht entbunden worden sind. Vgl. auch → Auskunftsverweigerungsrecht.

Zins

Gegenleistung für die Überlassung von Kapital (Geld oder andere vertretbare → Sachen), angegeben in Bruchteilen des Kapitals (Prozent) für eine bestimmte Dauer. Während die Verpflichtung zur Kapitalrückgabe Hauptschuld ist, ist die Verpflichtung zur Zahlung von Z. Nebenschuld, so daß z.B. der sog. Mietzins kein Zins ist, da er selbst die Hauptschuld ist. Eine Z.-Schuld kann kraft Gesetzes entstehen (insbes. *Verzugs-Z., Prozeß-Z.,* allgemeine Z.-Pflicht unter Kaufleuten); im übrigen muß sie vereinbart werden. *Z.-Satz* beträgt im Zweifel 4 %, bei beiderseitigen Handelsgeschäften von Vollkaufleuten 5 %.

Eine im voraus getroffene Vereinbarung, daß fällige Z. wieder Z. tragen sollen *(Zinseszins),* ist grds. nichtig (Ausn. gelten für Einlagen bei Banken und Sparkassen sowie für den Überschuß eines Kontokorrents).

zivil

(lat.: civilis = bürgerlich).

Zivildienst

von anerkannten Kriegsdienstverweigerern in Erfüllung ihrer Wehrpflicht anstelle des Wehrdienstes zu leistender Ersatzdienst. Z.-Leistende erfüllen Aufgaben, die der Allgemeinheit dienen, vorrangig im sozialen Bereich. Z. dauert 20 Monate (entspricht in etwa dem Wehrdienst, bei dem zu einem 15-monatigen Grundwehrdienst noch die Verpflichtung zu Verfügungsbereitschaft und Wehrübungen hinzukommt).

Zivilgerichtsbarkeit

Gerichtsbarkeit im Bereich des Zivilrechts (→ Privatrecht). Teil der → ordentlichen Gerichtsbarkeit, neben der → Strafgerichtsbarkeit. Gliedert sich in die streitige Gerichtsbarkeit und die → freiwillige Gerichtsbarkeit. Die Z. wird ausgeübt von den Amts- und Landgerichten, den Oberlandesgerichten und dem Bundesgerichtshof.

Zivilkammer

→ Kammer.

Zivilprozeß

das Verfahren vor den ordentlichen Gerichten in bürgerlichen Rechtsstreitigkeiten. Besteht aus dem Erkenntnisverfahren und (u.U.) dem Vollstreckungsverfahren (Zwangsvollstreckung). Geregelt insbes. in der Z.-Ordnung (ZPO). Es gelten insbes. der → Verhandlungs- und der → Verfügungsgrundsatz.

Zivilrecht
→ Privatrecht.

Zoll
eine beim Überqueren einer Gebietsgrenze (Z.-Gebiet) erhobene Abgabe (→ Steuer) auf die Ein- oder Ausfuhr von Waren. Die Gebietsgrenze ist nach Beseitigung der früheren Binnen-Z. meist mit der Grenze des Staates oder in einer Z.-Union mit der Grenze der Staatengemeinschaft identisch. Besonders wichtig ist der Einfuhr-Z. Ausfuhr-Z. sind im gemeinsamen Z.-Tarif der EG nicht enthalten. Durchfuhr-Z. sind unzulässig. Man unterscheidet *Finanz-Z.*, die der Erzielung von Einnahmen und *Schutz-Z.*, die dem Schutz einheimischer Erzeugnisse dienen.

Zubehör
bewegliche Sache, die, ohne → Bestandteil der Hauptsache zu sein, dem wirtschaftlichen Zweck der Hauptsache zu dienen bestimmt ist und zu ihr in einem dieser Bestimmung entsprechenden räumlichen Verhältnis steht; letztlich entscheidend ist die Verkehrsanschauung (z.B. bei einem landwirtschaftlichen Betrieb Gerät und Vieh). Z. ist zwar an sich eine rechtlich selbständige Sache, aber durch viele Bestimmungen mit dem rechtlichen Schicksal der Hauptsache verbunden (z.B. erstreckt sich der Grundstückskauf i. d. R. auf das Z.).

Zuchthaus
früher die schwerste Art der Freiheitsstrafe (zwischen 1 und 15 Jahren oder lebenslang) und die Gebäude zu ihrer Vollstreckung. Nach Zusammenfassung mit den anderen Strafarten (Gefängnis, Haft) zu einer → Einheitsstrafe wird heute nur noch zu „Freiheitsstrafe“ verurteilt.

Züchtigung
körperliche Bestrafung aus Erziehungsgründen (z.B. Prügel). Sie stellt eine Körperverletzung dar, falls sie nicht durch ein Z.-Recht gerechtfertigt ist.

Züchtigungsrecht
Recht zur Züchtigung einer anderen Person. Soweit ein Z. besteht, ist es ein Rechtfertigungsgrund für die ansonsten vorliegende Körperverletzung. Den Eltern steht ein Z., welches das durch den Erziehungszweck gebotene Maß nicht überschreitet, auf Grund ihrer Personensorge zu; entwürdigende Erziehungsmaßnahmen sind jedoch verboten. Dem Lehrer steht nach dem geltenden Schulrecht der Länder kein Z. mehr zu. Auch der Lehrherr hat kein Z., so wie es auch der Allgemeinheit i. d. R. nicht erlaubt ist, fremde Kinder zu züchtigen.

Zuchtmittel
Maßnahmen gegen straffällige Jugendliche, die verhängt werden, wenn zwar → Jugendstrafe noch nicht geboten ist, → Erziehungsmaßregeln aber auch nicht mehr ausreichen, weil dem Jugendlichen eindringlich zum Bewußtsein gebracht werden muß, daß er für das von ihm begangene Unrecht einzustehen hat. Z. sind → Verwarnung, Erteilung von → Auflagen und → Jugendarrest.

Zufall
im Schuldrecht ein weder vom Schuldner noch vom Gläubiger zu vertretendes Ereignis (z.B. Unwetter). Teilweise wird dennoch gehaftet. Der Z. steht im Gegensatz zur schuldhaften Verursachung.

Zugabe
im Geschäftsverkehr eine unentgeltliche Zuwendung an einen Kunden neben der Ware oder Leistung. Z. sind als Wettbewerbsverstöße grds. verboten (Ausn.: z.B. billige Reklameartikel, Kundenzeitschriften).

Zugewinn
der Betrag, um den das Vermögen eines Ehegatten bei Ende der Ehe sein Vermögen am Anfang der Ehe übersteigt.

Zugewinnausgleich
bei der → Zugewinngemeinschaft der Ausgleich des → Zugewinns der Ehegatten bei Beendigung der Ehe, insbes. bei Tod oder Ehescheidung. Z. erfolgt beim *Tod* eines Ehegatten durch pauschale Erhöhung des gesetzlichen Erbteils des überlebenden Ehegatten um ein Viertel des Nachlasses (jedoch nur, wenn der überlebende Ehegatte Erbe geworden ist oder ein Vermächtnis erhalten hat); in allen anderen Fällen und insbes. bei *Scheidung* hat der Ehegatte mit dem höheren Zugewinn die Hälfte des Überschusses an den anderen Ehegatten zu zahlen.

Zugewinngemeinschaft
der gesetzliche → Güterstand, bei dem sowohl das in die Ehe eingebrachte, als auch das während der Ehe erworbene Vermögen beider Ehegatten getrennt bleibt und grds. von jedem Ehegatten selbst verwaltet wird. Der → Zugewinn wird erst nach Beendigung der Ehe ausgeglichen (→ Zugewinnausgleich). Andere Güterstände (z.B. → Gütertrennung) können durch → Ehevertrag vereinbart werden.

Zuhälterei
Straftat, die begeht, wer einen anderen, der der Prostitution nachgeht, ausbeutet oder seines Vermögensvorteils wegen einen anderen bei der Ausübung der Prostitution überwacht, deren Umstände (Zeit, Ort) bestimmt oder Maßnahmen trifft, die den anderen davon abhalten sollen, die Prostitution aufzugeben oder gewerbsmäßig die Prostitutionsausübung durch Vermittlung sexuellen Verkehrs fördert; weitere Voraussetzung ist in allen Fällen, daß die in dieser Hinsicht unterhaltenen Beziehungen über den Einzelfall hinausgehen.

Zulässigkeit
allgemein die rechtliche Erlaubtheit eines Verhaltens. Im → Verfahrensrecht ist die Z. einer Klage oder eines Rechtsmittels deren *formelle* Erlaubtheit; sie ist gegeben, wenn sämtliche → Prozeß- bzw. Rechtszugsvoraussetzungen vorliegen. Sie ist Voraussetzung für die Prüfung der Begründetheit. Bei fehlender Z. wird die Klage oder das Rechtsmittel ohne Prüfung des Vorbringens zur Sache als unzulässig abgewiesen.

Zulassung
die Eröffnung des Zugangs durch eine öffentlich-rechtliche Erlaubnis, z.B. zu einem Gewerbe oder Beruf, zum Straßenverkehr, zur Benutzung öffentlicher Einrichtungen; z.T. auch zur Einlegung eines Rechtsmittels (→ Nichtzulassungsbeschwerde).

Zurechnungsfähigkeit
→ Schuldfähigkeit, → Deliktsfähigkeit, → Geschäftsfähigkeit.

Zurückbehaltungsrecht
das Recht des Schuldners, seine Leistung zu verweigern, bis die ihm gebührende Leistung bewirkt wird, wenn er aus demselben rechtlichen Verhältnis, auf dem seine Verpflichtung beruht (es genügt ein innerer Zusammenhang, sog. Konnexität), einen fälligen Gegenanspruch gegen den Gläubiger hat. Eine Klage des Gläubigers führt zur Verurteilung zur Leistung Zug um Zug.

Zuschlag
bei einer *Versteigerung* die Annahme des Meistgebotes. Der Z. führt zu einem privat- oder öffentlich-rechtlichen Vertrag zwischen dem Meistbietenden und dem Versteigerer (z.B. Gerichtsvollzieher) bzw. dem durch diesen Vertretenen (z.B. Staat). Auf Grund des Vertrages ist bei privaten Versteigerungen die ersteigerte Sache zu übereignen (bei Grundstücken) bzw. abzuliefern (bei beweglichen Sachen); bei öffentlichen Versteigerungen ist gleichfalls die ersteigerte (bewegliche) Sache abzuliefern. In der → *Zwangsversteigerung* hingegen ist der Z. ein Beschluß des Versteigerungsgerichtes, mit dessen Verkündung das Eigentum am Grundstück (einschließlich mitversteigertem Zubehör) auf den Erwerber übergeht.

Zuständigkeit
die Berechtigung und Verpflichtung zur Wahrnehmung einer Aufgabe. Man unterscheidet funktionelle, sachliche und → örtliche Z. Die *funktionelle*

Z. betrifft die Frage, welche sachlich und örtlich zuständige Behörde innerhalb der Behördenorganisation die einzelnen Aufgaben wahrzunehmen hat (insbes. Instanzenzug) bzw. welches Rechtspflegeorgan in ein und derselben Sache tätig zu werden hat (z.B. Z. im Rechtsmittelzug). Die *sachliche Z.* betrifft die Frage, welche Behörde die Aufgabe wegen ihres Gegenstandes (z.B. Baugenehmigung) wahrzunehmen hat bzw. welches Gericht erster Instanz die Sache wegen deren Art zu erledigen hat (z.B. bei einem Streitwert unter 5000 DM). Vgl. ferner → Kompetenzkonflikt, → Gesetzgebungskompetenz.

Zustellung

der in gesetzlich vorgeschriebener Form zu bewirkende und zu beurkundende Vorgang, durch den einer Person Gelegenheit zur Kenntnisnahme eines Schriftstückes verschafft wird. Kann auf Betreiben der Parteien oder von Amts wegen erfolgen und geschieht hpts. im Wege der – mit Hilfe des Gerichtsvollziehers beantragten – Übergabe einer Ausfertigung oder beglaubigten Abschrift durch die Post mit Postzustellungsurkunde. In einem Rechtsstreit muß an die Prozeßbevollmächtigten zugestellt werden. *Öffentliche Z.* ist die vor allem bei unbekanntem Aufenthalt zulässige Z. durch öffentliche Bekanntmachung.

Zustimmung

Erklärung des Einverständnisses mit einem von anderen Personen abgeschlossenen Rechtsgeschäft (z.B. eines beschränkt Geschäftsfähigen). Die vorherige Z. wird als Einwilligung, die nachträgliche als Genehmigung bezeichnet.

Zustimmungsgesetz

Bundesgesetz, das der Zustimmung des Bundesrates bedarf (*Gegensatz:* → Einspruchsgesetz). Z. sind nur solche, bei denen die Zustimmung im Grundgesetz ausdrücklich vorgeschrieben ist; es sind meist Gesetze, durch die wichtige Länderinteressen berührt werden. Vgl. auch → Staatsvertrag und Abbildung Gesetzgebungsverfahren S. 272 f.

Zwang

die physische oder psychische Einwirkung gegen die freie Entfaltung einer Person. Im Rechtsstaat ist der Mensch durch Grundrechte und durch Gesetze vor Z. weitgehend geschützt; staatlicher Z. darf nur in eng begrenztem Rahmen auf Grund von Gesetzen ausgeübt werden. Zulässig sind sowohl mittelbarer Z. (z.B. durch Zwangsgeld oder Einwirkung auf Sachen) als auch → unmittelbarer Z. (durch körperliche Gewalt und ihre Hilfsmittel). Vgl. auch → Zwangsgeld, → Zwangsmittel, → Zwangsversteigerung, → Zwangsvollstreckung, → Verwaltungsvollstreckung, → Verwaltungszwang, → Abschlußzwang, → Wucher.

Zwangsgeld

in der Verwaltungsvollstreckung ein → Zwangsmittel, das zur Anwendung kommt, wenn jemand die Verpflichtung zu einer Handlung nicht erfüllt, die nur von ihm selbst vorgenommen werden kann und nur von seinem Willen abhängt (vertretbare Handlung), ferner, wenn jemand der Verpflichtung, eine Handlung zu dulden oder zu unterlassen, zuwiderhandelt und in Fällen, in denen Ersatzvornahme (→ Zwangsmittel) unangebracht erscheint (z.B. wenn der Betreffende die Kosten nicht tragen kann). Z. kann zwischen 3 und 2000 DM betragen.
Auch in der → *Zwangsvollstreckung* kann bei unvertretbaren Handlungen (Ausnahmen: bei Verurteilung zur Herstellung der ehelichen Lebensgemeinschaft und zur Leistung von Diensten aus einem Dienstvertrag) ein Z. angeordnet werden, und zwar durch das Gericht in Höhe von 5 bis 50 000 DM.
Bei *Nichtzahlung des* Z. kann auf Antrag einer Verwaltungsvollstreckungsbehörde vom Verwaltungsgericht nach Anhörung des Betroffenen Ersatzzwangshaft von einem Tag bis zu zwei Wochen angeordnet werden, wenn bei Androhung des Z. auf diese Möglichkeit hingewiesen worden ist. In der Zwangsvollstreckung gibt es ersatzweise eine bis zu sechsmonatige Zwangshaft.

Zwangsmittel
Mittel zur Durchführung des → Verwaltungszwangs. Dies sind: die Ersatzvornahme (Ausführung einer Handlung auf Veranlassung der Vollstreckungsbehörde durch einen anderen als den zur Handlung Verpflichteten, aber auf dessen Kosten. Beispiel: Baupolizeibehörde läßt baufällige Mauer auch ohne Mitwirkung des Eigentümers durch Abbruchunternehmer einreißen); die Verhängung von → Zwangsgeld (früher Zwangsstrafe); der → unmittelbare Zwang. Alle Z. müssen grds. schriftlich mit angemessener Frist angedroht werden. Bleibt die Androhung erfolglos, so können die Z. so oft wiederholt und hierbei auch erhöht oder gewechselt werden, bis die Verpflichtung erfüllt ist.

Zwangsversteigerung
Form der → Zwangsvollstreckung in ein Grundstück, bei der das Grundstück zwangsweise veräußert wird und die Gläubiger dann aus dem Erlös befriedigt werden. Vgl. auch → Versteigerung.

Zwangsvollstreckung
von staatlichen Organen (Gerichtsvollzieher, Vollstreckungsgericht) durchgeführtes Verfahren, das dem Gläubiger durch zwangsweisen Eingriff in das Vermögen des Schuldners die Durchsetzung oder Sicherung seines Anspruchs ermöglicht. Hauptsächlich in der ZPO geregelt; gilt grds. aber auch für die Z. von Vollstreckungstiteln anderer Gerichtsbarkeiten. Voraussetzung für eine Z. ist das Vorliegen eines mit einer Vollstreckungsklausel versehenen → Vollstreckungstitels (vollstreckbare Ausfertigung) und dessen Zustellung an den Vollstreckungsschuldner. Die Art der Z. richtet sich nach der Art des verfolgten Anspruchs und der Art der zu verwertenden Sache.

I. *Z. wegen Geldforderungen:* 1. in das *bewegliche Vermögen:* erfolgt durch Pfändung, bei beweglichen Sachen durch den Gerichtsvollzieher, bei Forderungen und anderen Vermögensrechten durch das Vollstreckungsgericht; 2. in das *unbewegliche Vermögen:* erfolgt durch Eintragung von Zwangshypothek, Zwangsverwaltung und → Zwangsversteigerung.

II. Z. wegen der *Herausgabe von Sachen.*

III. Z. wegen *Handlungen oder Unterlassungen.* Zur Abgabe einer Willenserklärung ist keine Z. erforderlich, da das Urteil die Willenserklärung ersetzt.

Zweckverband
der Zusammenschluß von Gemeinden oder Gemeindeverbänden zur gemeinsamen Erfüllung bestimmter, sie gemeinsam angehender Aufgaben (z.B. Verkehrseinrichtungen). Der Z. ist eine öffentlich-rechtliche Körperschaft und verwaltet sich selbst in eigener Verantwortung, aber unter staatlicher Aufsicht. Z. kann auf freiwilliger Einigung (Freiverband) oder Zwangszusammenschluß durch die zuständige Behörde (Pflichtverband) beruhen. Zu seiner Finanzierung erhebt der Z. von seinen Mitgliedern Umlagen.

Zweikammersystem
→ Kammer, → Parlament.

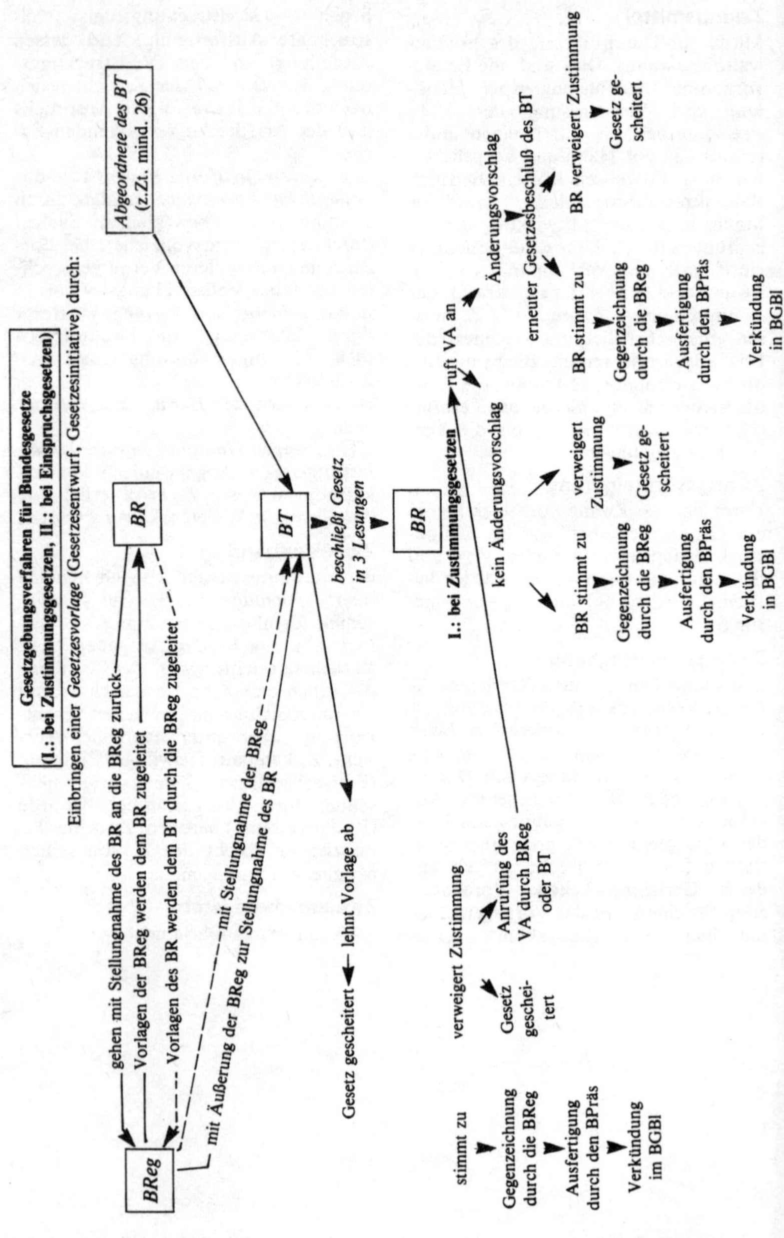
Gesetzgebungsverfahren für Bundesgesetze
(I.: bei Zustimmungsgesetzen, II.: bei Einspruchsgesetzen)
Einbringen einer Gesetzesvorlage (Gesetzesentwurf, Gesetzesinitiative) durch:
BReg
BR
Abgeordnete des BT
(z.Zt. mind. 26)
gehen mit Stellungnahme des BR an die BReg zurück
Vorlagen der BReg werden dem BR zugeleitet
Vorlagen des BR werden dem BT durch die BReg zugeleitet
mit Stellungnahme der BReg
mit Äußerung der BReg zur Stellungnahme des BR
BT
beschließt Gesetz
in 3 Lesungen
lehnt Vorlage ab
Gesetz gescheitert
BR
I.: bei Zustimmungsgesetzen
kein Änderungsvorschlag
ruft VA an
Änderungsvorschlag
erneuter Gesetzesbeschluß des BT
BR stimmt zu
Gegenzeichnung durch die BReg
Ausfertigung durch den BPräs
Verkündung in BGBl
BR verweigert Zustimmung
Gesetz gescheitert
verweigert Zustimmung
Gesetz gescheitert
Anrufung des VA durch BReg oder BT
stimmt zu
Gegenzeichnung durch die BReg
Ausfertigung durch den BPräs
Verkündung im BGBl

II.: bei Einspruchsgesetzen

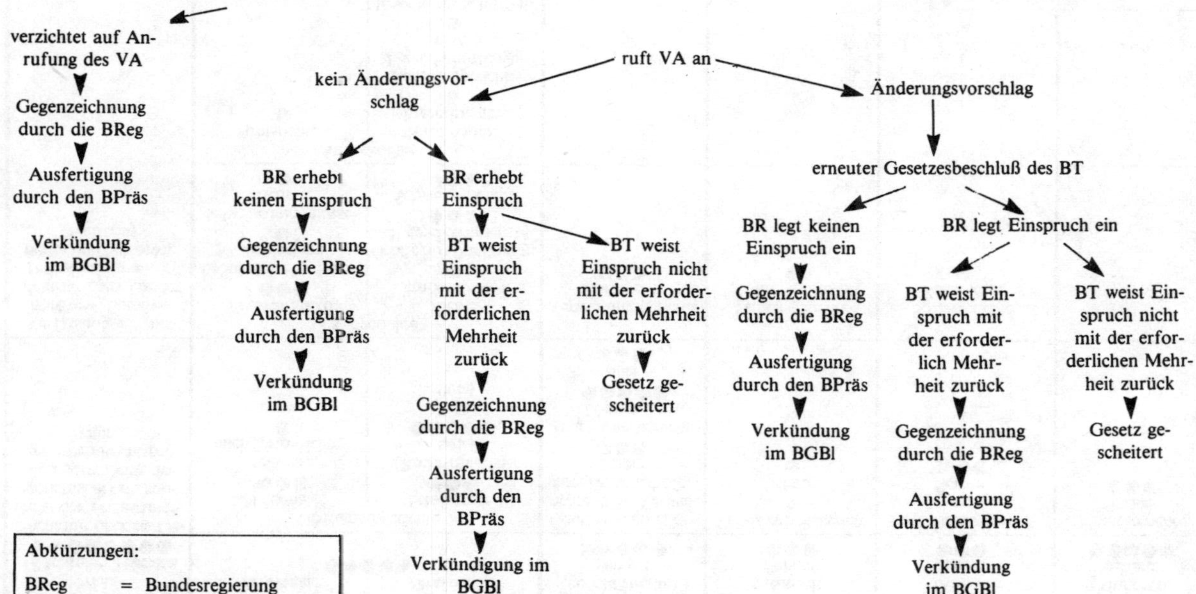

Abkürzungen:

BReg	=	Bundesregierung
BT	=	Bundestag
BR	=	Bundesrat
BPräs	=	Bundespräsident
BGBl	=	Bundesgesetzblatt
VA	=	Vermittlungsausschuß

Gerichtsorganisation in der Bundesrepublik Deutschland

Verfassungsgerichtsbarkeit	*Ordentliche Gerichtsbarkeit*	(Allgemeine) *Verwaltungsgerichtsbarkeit*	*Arbeitsgerichtsbarkeit*	*Sozialgerichtsbarkeit*	*Finanzgerichtsbarkeit*
Bundesverfassungsgericht (Karlsruhe) 2 Senate: ●●●●●●●● Nicht nur oberstes Gericht der Verfassungsgerichtsbarkeit, sondern gleichzeitig der gesamten Rechtsprechung	Bundesgerichtshof (Karlsruhe) Zivilsenate: Strafsenate: ●●●●●	Bundesverwaltungsgericht (Berlin) Senate: ●●●●●	Bundesarbeitsgericht (Kassel) Senate: ○●●●○	Bundessozialgericht (Kassel) Senate: ○●●●○	Bundesfinanzhof (München) Senate: ●●●●●
	Oberlandesgerichte Zivilsenate: ●●● teilweise auch Einzelrichter: ● Strafsenate: ●●● (Rechtsmittelinstanz) ●●●●● (1. Instanz)	Oberverwaltungsgerichte (bzw. Verwaltungsgerichtshöfe) Senate: ●●● (nach Landesrecht auch ●●●●● oder ○●●●○)	Landesarbeitsgerichte Senate: ○●○	Landessozialgerichte: Senate: ○●●●○	Finanzgerichte Senate: ○●●●○
Verfassungsgerichtshöfe bzw. Staatsgerichtshöfe der Länder (mit Ausnahme von Berlin und Schleswig-Holstein)	Landgerichte Zivilkammern: ●●● Kammern für Handelssachen: ○●○ teilweise auch Einzelrichter: ● Kleine Strafkammern: ○●○ Große Strafkammern: Jugendkammern: ○●●●○ Schwurgerichte: ○○○●●●○○○	Verwaltungsgerichte Kammern: ○●●●○	Arbeitsgerichte Kammern: ○●○	Sozialgerichte Kammern: ○●○	
	Amtsgerichte Amtsrichter: ● Strafrichter: Jugendrichter: ● Schöffengericht: Jugendschöffengericht: ○●○ Erweitertes Schöffengericht: ○●●○				

● = Berufsrichter
○ = ehrenamtlicher Richter

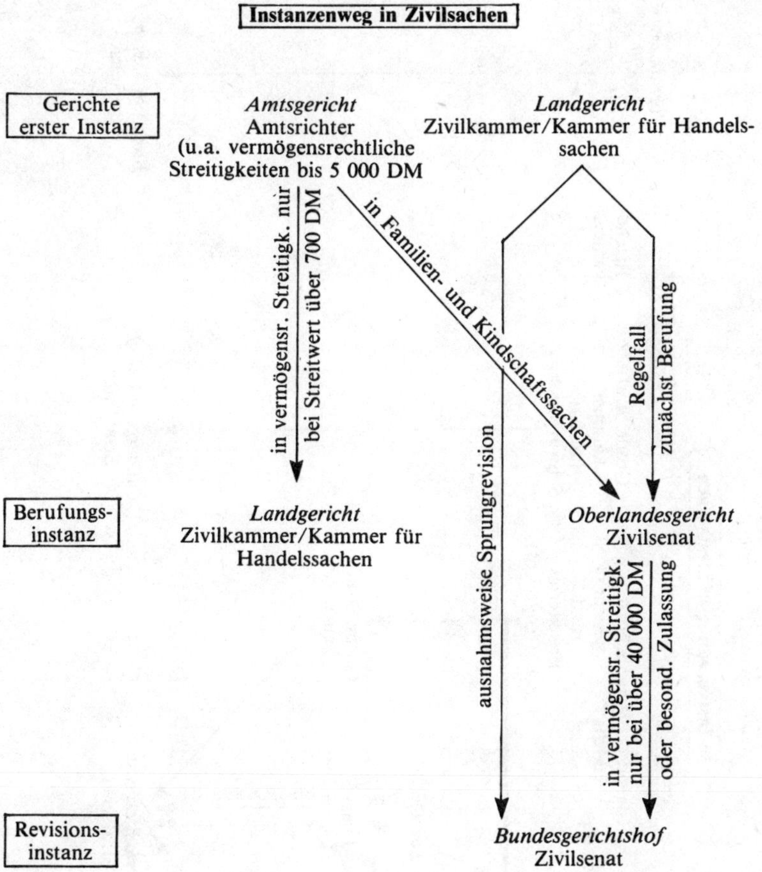
Instanzenweg in Zivilsachen
Gerichte erster Instanz
Amtsgericht
Amtsrichter
(u.a. vermögensrechtliche Streitigkeiten bis 5 000 DM
Landgericht
Zivilkammer/Kammer für Handelssachen
in vermögensr. Streitigk. nur bei Streitwert über 700 DM
in Familien- und Kindschaftssachen
Regelfall zunächst Berufung
ausnahmsweise Sprungrevision
Berufungsinstanz
Landgericht
Zivilkammer/Kammer für Handelssachen
Oberlandesgericht
Zivilsenat
in vermögensr. Streitigk. nur bei über 40 000 DM oder besond. Zulassung
Revisionsinstanz
Bundesgerichtshof
Zivilsenat

Instanzenweg in Strafsachen

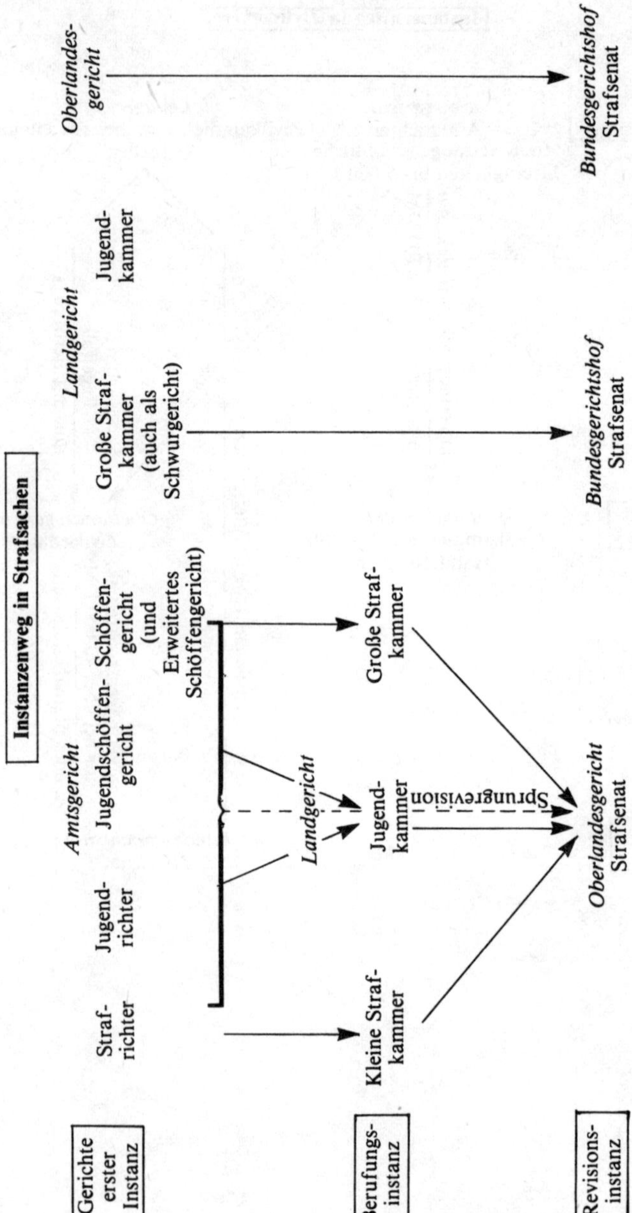

Mahnverfahren

Antragsteller stellt bei dem für seinen Wohnsitz (bei einer juristischen Person für deren Sitz) zuständigen Amtsgericht einen *Antrag auf Erlaß eines Mahnbescheids*, durch den der Antragsgegner (Schuldner) aufgefordert wird, eine bestimmte Geldsumme nebst Zinsen und Kosten innerhalb von 2 Wochen ab Zustellung des Mahnbescheids an den Antragsteller (Gäubiger) zu zahlen. Antrag muß auf amtlich vorgeschriebenem Formular erfolgen, das im Papierwarengeschäft erhältlich ist. Antragsteller hat ferner die Gerichtskosten einzuzahlen, wofür er vom Amtsgericht Kostenmarken erhält, die er zum Nachweis der Einzahlung auf das Antragsformular kleben muß.

↓

Amtsgericht prüft (durch den Rechtspfleger) die formellen Voraussetzungen für den Erlaß eines Mahnbescheids, nicht jedoch, ob der Zahlungsanspruch berechtigt ist. *Erläßt* bei Vorliegen der Voraussetzungen den *Mahnbescheid*, stellt ihn dem Antragsgegner zu und teilt dem Antragsteller den Tag der Zustellung mit.

→ *Antragsgegner zahlt jetzt*
↓
Mahnverfahren beendet

→ *Antragsgegner unternimmt nichts*
↓
Antragsteller beantragt Erlaß eines Vollstreckungsbescheids (frühestens 2 Wochen nach Zustellung des Mahnbescheids, spätestens innerhalb von 6 Monaten)
↓
Amtsgericht erläßt Vollstreckungsbescheid und stellt ihn dem Antragsgegner zu

→ *Antragsgegner zahlt*
↓
Mahnverfahren beendet

→ *Antragsgegner unternimmt wieder nichts*
↓
Zwangsvollstreckung

→ *Antragsgegner erhebt Einspruch* (innerhalb von 2 Wochen nach Zustellung des Vollstreckungsbescheids; schriftlich oder zu Protokoll der Geschäftsstelle des Amtsgerichts; Begründung nicht erforderlich). Bei schon begonnener Zwangsvollstreckung empfiehlt sich *ferner* ein *begründeter Antrag auf einstweilige Einstellung der Zwangsvollstreckung*, die jedoch nur gegen Sicherheitsleistung erfolgt.
→ *Übergang ins streitige Verfahren* (entsprechend wie nach Widerspruch)
↓
Zwangsvollstreckung (entsprechend wie nach Widerspruch)

→ *Antragsgegner legt Widerspruch ein* (innerhalb von 2 Wochen nach Zustellung des Mahnbescheids; schriftlich oder zu Protokoll der Geschäftsstelle des Amtsgerichts; Begründung nicht erforderlich). Ein verspäteter Widerspruch wird als Einspruch behandelt.
→ *Übergang ins streitige Verfahren (Klageverfahren)*, wenn Antragsteller oder Antragsgegner dies beantragt, was auch schon vorsorglich im Antrag auf Erlaß des Mahnbescheids erfolgen kann. Amtsgericht gibt den Rechtsstreit an das im Mahnbescheid für diesen Fall bezeichnete Gericht ab.
↓
Zwangsvollstreckung, falls Beklagter rechtskräftig verurteilt oder das Urteil für vorläufig vollstreckbar erklärt worden ist.